JN253231

真珠院という真珠

浄土教小智識

第十七世住職
真誉道彦

西田書店

まえがき

本書を刊行するにあたって書名を『真珠院という真珠—浄土教小智識』と名づけることとしました。些か直截にすぎる書名かと思いますが、この寺を護り、慈しみ、愛することは、住職として当然のこととはいえ、第二次世界大戦・太平洋戦争で全く灰燼に帰した当院を、先々代第十六世開誉俊瑞上人と共に、また上人遷化後はその遺志を受け継ぎ、檀家の皆様の篤志のもと、今日まで育ててきたことに格別の感慨があり、その気持ちを卒直に表したいとの思いから前記の如き命名になった次第です。

また当院の寺名は、徳川家康公の生母於大の方（伝通院殿）の生家水野家の後継者水野忠清《ただきよ》公が開基であり、その法名、真珠院殿廓誉全忠大居士に因み、以降、水野家歴代の菩提寺として存在してきたことも「真珠」という言葉に特別な意義を感じるものがあるからです。まさに当院は小衲にとっての「真珠」なのです。

こうした当寺についてのもろもろの気持の一端をすこしでも皆様にお伝えできることを願い、年四回のことですが、寺報「真珠」をお配りしてきました。寺報も小衲在任約三十五年間だけでも百四十号の発行を数えることになります。

寺報ではご承知のとおり、四頁に折々の雑感と当寺の行事の告知、それに宗祖法然上人の事蹟や浄土宗の基礎的な智識等を付したものですが、昨今何人かのお檀家の方から、それらを通読してみたいから、住職を退任して時間的な余裕もあるだろうから、一冊にまとめてみてはという声を賜ることがありました。もちろん小吶の適性能力から大いに逡巡するところでしたが、自己への反省をふくめ、法然上人と上人によって確立された浄土教が、どのように真珠院の運営に活かされてきたかを、系統立てて考えてみることは強ち無駄ではなかろうと考え直し、本書作成に踏み切ることを決心いたしました。

なお、この場合、全体を二部に分け、第一部は「浄土宗の基本」と題し、当院存続の基である法然上人の事蹟とその教義について、またその教義を正確に伝える儀法五重相伝といった、本堂で法衣を纏って語るような法話ともいえる文を収録し、第二部は、身辺におきる社会的事象等を中心に、第一部で得た仏教的智識を通して感じたことを、エッセイというには憚れるほんの〝手すさび〟としてまとめた小文を収録しました。ここでは法衣を普段着に着替え仏教を身近に感じてくださることを希って書いたものですし、時代の経過により色褪せたものも多々あることですが、ご海容の上、何らかの「生きるヒント」をお汲み取り下さりつつお読みいただければ幸いです。当部を「宗教と暮らし」と題したのもかかる意味からに他なりません。

平成二十九年秋彼岸会

真珠院第十七世真誉道彦

真珠院という真珠――浄土教小智識　目次

まえがき

第一部　浄土宗の基本

「法然上人行状絵図」に見る上人の生涯

法然上人のおことば（十話）

結縁五重相伝（紙上抄録）

勤行式差定（おつとめのじゅんじょ）

経典の一句解説

仏教用語ア・ラ・カルト

第二部　宗教と暮らし

●平成元年〜平成5年

●平成6年〜平成10年

第一部

浄土宗の基本

「法然上人行状絵図」に見る上人の生涯

『圓光大師傳』（四十八巻本）表紙

「法然上人行状絵図」について

宗祖法然上人の御誕生から出家、比叡登山と立教開宗、道俗の帰依、流罪と放免、一枚起請文、病臥と寂滅……上人の生涯の事跡をあらわした絵伝は、上人滅後二十五年の嘉禎三年（一二三七年）に作られた「伝法絵」四巻以降、すこぶる数が多く、またその形態も巻子本や掛軸、彩色画や版画と多彩をきわめております。しかもそれらのほとんどが大勢の人々に法然上人の御教えを伝え拝んでいただく、〝絵解《えと》き〟として使用されています。

これらのうち最も重要なものは、現在京都の総本山知恩院に宝蔵されている絵伝で、十四世紀早々、後伏見上皇の勅命により、知恩院第八世舜昌法印が撰述し、土佐派一門の絵師達が画図を加えた二三七章四十八巻本、一般に「勅修御伝」とか「四十八巻本」と呼ばれている絵詞伝です。文辞雄麗典雅、記事該博詳密、わが国絵巻物中でも屈指の逸品とされております。

法然上人は諸宗のお祖師方の中で最も多く七つも大師号を天皇さまから賜わっておられますが、東山天皇から「圓光大師」の号を贈られたのを記念して、知恩院で「勅修御伝」の版画による複製が作られました。元禄十三年春仏涅槃日に版行、この折の記念すべき貴重な絵伝です。

一、生誕

私達浄土宗の開祖法然上人は、今から八八〇年前、崇徳天皇の長承二年（一一三三）四月七日正午、美作国久米南条稲岡庄（現・岡山県久米郡）の押領使《おうりょうし》（荘園の警備役）、漆間時国《うるまのときくに》の長子としてお生まれになられました。御伝によれば、時国公夫婦には、長い間子宝に恵まれず、そのため夫婦は近くの岩間観音に参籠祈願され、ある夜、妻の秦氏は剃刀を呑む夢を見て懐妊されたとあります。時国公は夢の話を聞くと、剃刀は頭髪を剃る道具であり、しかも非常に鋭利なものであるから、そのような剃刀を呑むということは、生まれる子はきっと男子であって、将来自らも出家し他の人をも出家に導くような、智慧深遠な仏法の棟梁とも云うべき高僧になるであろう、と夢判断し大変よろこばれたと伝えられています。

このような受胎懐妊の夢想は、法然上人の場合のみでなく、高僧・偉人の出生説話には多く伝えられるところで、聖徳太子の母は金色の観音菩薩像を呑んだ夢を見て懐妊したといわれ、豊臣秀吉や日蓮上人の母は太陽が懐に飛び込んで懐妊したとされ、同様のことはキリストの母マリアの受胎についても云われるところです。

受胎伝説の詮索はさておいて、月満ちてお生まれになった上人は幼名を勢至丸《せいしまる》と申しますが、もちろん阿弥陀如来の脇侍仏である智慧と慈悲を象徴する勢至菩薩にあやかって夢にも因んで付けられたお名前です。幼少の頃から、いつも西方浄土に向って思念するという中国天台宗の祖師智顗《ちぎ》という方の幼い時と少しも変わらない振る舞いであったということです。

二、父の死と出家

出生の折の瑞兆、幼少の頃の振る舞いからいって、やがては天下第一の高僧になる運命を約束されたような勢至丸ですが、この運命を決定づける大事件が九才の春に起きました。それは稲岡庄の押領使である父時国が、預所《あづかりどころ》（荘園管理者）の源内武者明石定明《さだあきら》と仲違し争い、ついに突然の夜襲を受けて殺害されるという事件です。

不意をつかれ、しかも多勢に無勢、家来達もつぎつぎに討たれた挙句重傷を負わされ、今はこれまでと覚悟を決めた時国は、臨終の枕辺に幼少の勢至丸を呼び「汝、さらに「会稽《かいけい》の恥《はじ》」を思い、敵人を恨むる事なかれ。そのあだ代々《よよ》につきがたかるべし。しかし早く俗をのがれ家を出てわが菩提をとぶらひ、自らの解脱を求んには……。」と云って西に向い合掌して絶命した、と「勅修御伝」は伝えています。当時は末法の世で、保元・平治の乱、そして源平の闘いと争いが続き、討ちつ討たれつが世の習いであり、とくに上人の生まれた武士の階層では「仇を討つ」ことが決まりであった世の中でした。

その時代に「自分がこうして死ぬのは前世の宿業である。もしお前がそれを恨みに思って敵を討てば、また敵の子がお前を討ち、つきるところがなくなる。それよりも一日も早く出家し、この討ち討たれるというはてしない罪悪の積み重ねの修羅地獄への道を断ち切って、敵も味方も救われる永遠の道を求め

法然上人の父、時国は夜襲を受けて死を覚悟するが、子、勢至丸には出家を勧め、仇討ちを禁じます。図は西に向かって合掌したあと絶命する時国の姿です。

てほしい」とした遺言を遺したのです。何と次元の高いことではないでしょうか。

　後年、法然上人は「父の遺言わすれがたく」と述懐されておられるところからいっても、法然上人の、罪人なりとても往生す、というみ教えは、父の遺言から生まれたといっても差支えないことでしょう。

　さて、父を失い母一人子一人となった上人一家のその後の困難は想像に難くありません。しかし、父の遺言が脳裏を離れず、「母世にいまさん程は、晨昏（朝・晩）の礼をいたし孝をつとむべしといえど、有為を厭い無為に入るは、真実の報恩なり（御伝）」と決心し、母と別れ叔父の智鏡房観覚《ちきょうぼうかんがく》が住職を勤める菩提寺へ入り出家することになります。

三、求道、法然房源空の誕生

　九歳で母の弟の智鏡房観覚の寺に入った法然上人ですが、教えればたちまち習熟する甥の非凡な才能を逸早く見抜かれた観覚は、辺地の小寺でその才能を朽ちさすのを惜んで、当時の最高学府たる比叡山で本格的に修学さすことに決め、上人十五歳の折、比叡山西塔北谷の持宝房源光《じほうぼうげんこう》の許に『進上、大聖文殊像一体』の添え状を付けて、上人を送りました。

　比叡山での最初の師である、この源光も、上人の抜群の器量に感歎し、天台宗の奥義を究めさすため、日本仏教史を記した「扶桑略記《ふそうりゃっき》」の著者で当時屈指の学僧であった皇円《こうえん》に上人を預けます。この時、上人は正式に大乗戒を受け正当な出家僧となられるのです。

当時、屈指の学僧であった皇円に預けられた上人は、正式に大乗戒を受けて出家僧となります。図はそのための剃髪に臨んだ若き上人です。

その後皇円の下で天台宗の根本聖典である「法華三大部」六十巻を読破し、天台教学の奥義を究められました。当時の騒乱は比叡山にもその影響が及んで山も何やら騒然とした有様でした。これを忌みもっと静寂な地で勉学することを求めた上人は、十八歳の折、皇円の下を辞して西塔黒谷の慈眼房叡空《じげんぼうえいくう》の許に居を移します。

黒谷に移った上人は、比叡山最初の師である源光の「源」の字と、最後の師叡空の「空」の字をいただき、実名を「源空」と改めます。ここに法然房源空《ほうねんぼうげんくう》上人が誕生しました。叡空上人の下で黒谷に落着かれた法然上人は、承安五年（一一七五）山を去られるまでの二十五年間「勅修御伝」によれば「偏《ひとえ》に名利をすて、一向に出要をもとむる心切なり。（略）生死をはなるべきということを、あきらめんために、一切経を披閲《ひえつ》すること数遍に及び、自他宗の章疏《しょうそ》、眼にあてずということなし」という、すさまじいまでの修学三昧の日々を送ることになるのです。

四、修学と自省

二十五年間に亘る叡山での上人の修学の有様についての詳しい記録はあまり残っておりません。勅修御伝四十八巻本でも、この間については第四巻・第五巻の僅か二巻にまとめられているだけです。しかし、道を求めて修学に励めば励むほど求めるものは遠のく、といった苦しみの毎日であったことは想像に難くありません。

このことは、保元の乱が起きた上人の二十四歳の年、山を下りて当時三国伝来の生身の釈迦像として貴賤の崇信を集めていた嵯峨の釈迦堂に七日間参籠して、求道の成就を祈願されている記事からも伺われます。この折、救いを求めている市井の人々のいかに多いかを見て、とかく今までの勉学が自身の満足のためのものに近かったことを悔やまれ、こういう大衆庶民こそが救われる道を求めなければならないことを痛感されたものと思われます。

そこで上人は、参籠の後すぐに南都へ向われ、法相宗の学匠蔵俊《ぞうしゅん》を訪ね、ついで三輪宗の寛雅《かんが》、さらに仁和寺に赴いて華厳宗の慶雅《けいが》に会われますます学を深められます。帰山後はもちろん一層修学に励まれ、いつしか「知恵第一の法然房」の名が天下に知られるほどでした。しかし、上人自身は、

「凡そ仏教多しといえど、所詮は戒《かい》・定《じょう》・慧《え》の三学をば過ぎず。（略）而るに凡夫はこの身は戒行に於いて一戒をもたもてず。禅定《ぜんじょう》に於いて一もこれを得ず。凡夫の心は散乱して動じやすく一心も静まり難し（略）。悟りの正智なによりてかおこらんや。若し悟りの正智なくば、いかでか悪業煩悩のきずなを断たんや（略）。悲しきかな悲しきかな、いかがせんいかがせん。ここに我等如きは戒定慧の三学の器にあらず。この三学のほかに、我心に相応する法門ありや。我身に堪えたる修行やある…」

という自省のお言葉がすべてを語る痛恨の日々であったのです。

五、立教・開宗、お念仏への悟り

おおよそ仏教徒が目指す最終の目的は、一口で言えば往生成仏（悟りを得ること）ですが、それは戒・定・慧の三学を学び、完全に自分のものにすることが必要で、知恵第一の法然房といわれた上人すら、「我等ごときは三学の器にあらず」と歎かれたほど、至難のことなのです。しかし、懊悩はてしない法然上人も、恵《え》心《しん》僧《そう》都《ず》源信《げんしん》の導きによって、三十才を過ぎる頃から、少しづつ「わが心に相応する法門」「わが身にたえたる修行」の輪郭が見えはじめてきたようです。

恵心僧都は上人よりほぼ一世紀前の天台宗の僧で、その著『往生要集』は早くから阿弥陀仏の極楽へ往生することを説くものとして良く知られてはいました。しかし、当時最も権威ある学問とされていた天台教学の影響があって、恵心僧都の説く往生の行＝念仏は、み仏や浄土の相好《おすがた》を観念《ふかくおもう》する念仏を主とするものであって、み仏の名を称える念仏は従にすぎない、と理解されていました。しかし、上人は『往生要集』を心読した結果、従来「従」とされていた称名念仏こそ『往生要集』の眼目であり、僧都の本意ではなかったかと気付かれ、それ以後一層深く浄土教の研学に励まれたのでした。

そしてついに承安五年（一一七五）の春四十三歳の折り、唐僧善導大師《ぜんどうだいし》が著した『観経疏《かんぎょうのしょ》』の一文「一心専念弥陀名号、行往座臥不問時節久近、念々不捨者、是名正定之業、順彼仏願故」（歩けば歩きながら、止まれば止まりながら、座れば座りながら、寝た時は寝ながらで結構ではあるが、ふた心なく一筋に南無阿弥陀仏と口に唱えて、お念仏する時間の長短はどうであろうと、これを片時も怠らないなら往生することが出来るのであって、これを正定の業と申して浄土往生の根本業とする。なぜなら、これこそ阿弥陀様が本願として選定されたお念仏の行だからである）に行き当り、称名念仏こそ、末世の時代であっても、百人が百人ながら往生できるわが身にたえる行であると確信をもたれたのです。もちろ

法然上人よりおよそ一世紀前、『往生要集』を著した天台宗の僧、恵心僧都の導きによって、「称名念仏」こそが往生できる行であるとの確信を得る法然上人。

ん、み仏の相好を拝することも、お経を読誦することも貴い行には違いありませんが、必ず往生できると百パーセント保証できる唯一のものは〝南無阿弥陀仏〟と声を出すお念仏だとされたのです。

かくして上人は「一向専修の身となりたまひにしかば、つひに四明《しめい》の巌洞《がんどう》（比叡山のこと）をいでて、西山の広谷《ひろたに》という所に居をしめたまひき。幾ほどなくて、東山吉水《よしみず》のほとりに移り住みたまふ（略）。尋ね至る者あれば、浄土の法を述べ念仏の行を勧めらる。化導《けどう》日に従ひて盛りに、念仏に帰する者雲霞のごとし」（勅修御伝六巻）の通り、現在の知恩院の辺りに住われ、念仏弘通《ぐづう》の道を歩まれることになるのです。

六、大原談義、雲集する碩学

法然上人の全く新しい教えが評判になると、旧来の教えを固守せんとする学僧達がこの教えの是非を質《ただ》してみようとすることにもなります。こうした人々の一人に、後に六十一代天台座主《ざす》になった顕真《けんしん》法印がおります。顕真は叡山の学僧でしたが、四十三歳の折今まで学んで来た悟りの道について疑問を生じ、大原の里に隠遁します。その頃法然上人の評判を聞いて心をひかれ、その要旨を聞き質さんとして、文治二年（一一八六）大原勝林院に上人をお招きします。

記録によると、大原談義の噂を聞いて当時の高僧明遍《みょうへん》・貞慶《じょうけい》等々をはじめ、法然の理解者であり東大寺再建で有名な重源《ちょうげん》等三百余人「諸宗の碩学雲の如く集り、星の如くに到る」有様でした。

さて、談義は、「論壇往復すること一日一夜なり。上人、法相・三論・華厳・天台・真言・仏心等の

法然上人は、後に第六十一代天台座主になった顕真法印に招かれ、大原勝林寺に参集した諸宗の学僧たちから一日一夜に亘る質問を受けた後、「満座の衆信伏しにけり」との結果となった有名な大原談義。この談義により法然上人は多くの碩学たちからの信認を得ることになりました。

諸宗にわたりて、凡夫の初心より仏果の極位に至るまで、修業の方軌、得度の相貌（生死を越えて悟りに至るまでの細かい様相）つぶさに述べたまひて、これらの法皆義理深く利益すぐれたり。桟法（教わる人の能力と仏の教え）相応せば得脱くびすを巡らすべからず。但し法然ごときの頑愚のたぐいは、更にその器にあらざるゆえに、悟り難く惑いやすし。（略）有知無知を論ぜず、持戒破戒を選ばず、無漏《むろ》無生の国（西方浄土）に生まれて長く不退を証する事、ただ浄土の一門念仏の一行なり。（略）と涯分の自証（謙虚に自説）をのたまひければ、法印より始めて満座の衆信伏しにけり」（勅修御伝十四巻）という次第で終り、法然上人の教学は満座の碩学達に認められることになったのです。

七、九条兼実と選択集

大原談義の結果、仏教界に於ける上人の存在は大きくクローズアップされ、僧侶庶民はもとより、公家や武士の間にも多くの帰依者が出ることになりました。宮中におかれても後白河法皇・高倉天皇等の御理解が得られ、中には上人から授戒を受けられた方もおられます。こうした貴賤僧俗の帰依者の中でも上人を語る上で欠かせない者が、九条兼実《くじょうかねざね》です。

兼実は藤原氏の最盛期を築いた藤原道真以来の藤原北家の嫡流の生れであり、十六歳で内大臣、その後平家全盛の折には清盛を批判して政界を退いたものの、源頼朝が幕府を開くや政界に復帰、摂政ついで太政大臣になり、十年余の間政界の中心に座していた有力者です。兼実はその邸宅の所在地から九条殿とか月輪殿《つきのわどの》とか云われ、またその弟には『愚管抄《ぐかんしょう》』の著者であり、天台座主《ざす》をつとめた慈円《じえん》がおります。兼実の日記『玉葉《ぎょくよう》』にはじめて法然上人のことが載ったのは文治五年八月の条ですから、兼実四十一歳・上人五十七歳の頃から二人の親交がはじまり、ついに法然を戒師にして彼は授戒を受けます。この兼実のたっての懇請によって、専修念仏の深旨をまとめたのが『選択集《せんちゃくしゅう》』ですが、その要旨を『勅修御伝』（第十八巻）から引用すれば、

「それ速かに生死を離れんと思はば、二種の勝法の中にしばらく聖道門を差し置きて選びて浄土門に入れ。浄土門に入らんと思はば、正雑《しょうぞう》二行の中にしばらく諸の雑行をなげすてて選びて正行に帰すべし。正行を修せんと思はば、正助二業《ごう》の中になほ助業をかたはらにして選びて正定《しょうじょう》を専らにすべし。正定の

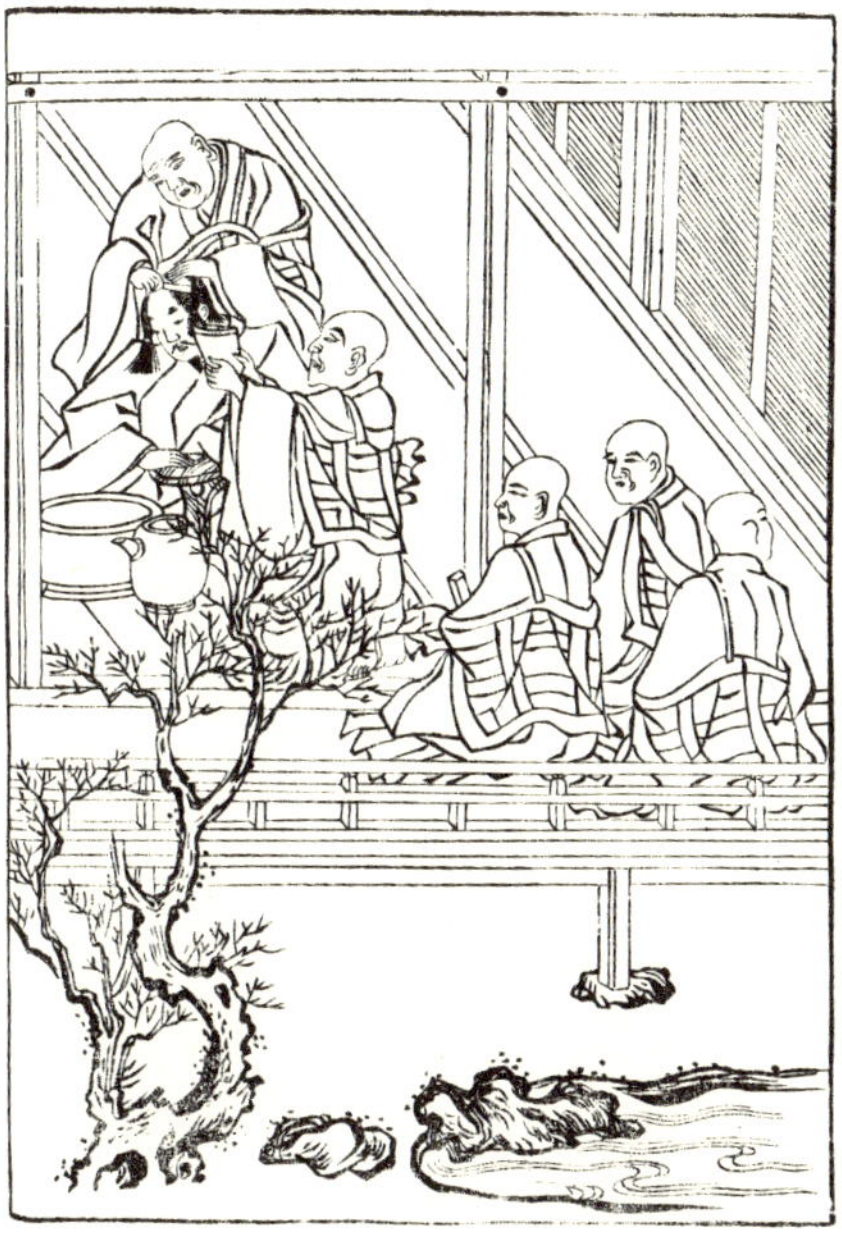

大原談義の後、さまざまな階層からの帰依者をみましたが、中でも時の右大臣、九条兼実（月輪殿）との親交は深く、九条兼実は上人を戒師として受戒をうけるに至ります。

業というは、即ちこれ仏の御名を称するなり。名を称すれば必ず生まるる事を得、仏の本願によるが故に。」

で、宗祖の立教開宗の公式宣言ともいえる書です。

八、法難と七箇条起請文

法然上人の教えは、日を追って全国の人々の間に広がって行くことになります。しかし、多くの人々の中には上人の教えの本義を理解しないで、他の信仰を持っている人を軽蔑したり、お念仏で救われるなら悪いことをしてもかまわぬ、とまで云いふらす者まで現れもしました。

『勅修御伝』（三十一巻）には「上人の勧化、一朝にみち四海におよぶ。しかるを門弟のなかには専修に名をかり本願に事よせて放逸のわざをなすものおほかりけり」と記されております。

こうなれば社会的にも問題化されます。実際、比叡山からも奈良興福寺からも念仏停止の訴えが、朝廷に出されます。上人はこのことに心を痛められ、「念仏の本義もを弁きまえもしないのに他宗を批判したり、真面目に修業に励んでいる人達を誹謗しないこと、お念仏には持戒はいらないといって破戒を犯さないこと、教義についてもよくよく理解を深めるよう努めること」と第七箇条の誓約文をしたため、朝廷の理解を得ようとされます。

このような矢先、後鳥羽上皇の熊野詣の留守に、院に仕える鈴虫・松虫という二人の女房が、上人の弟子の安楽房と住蓮房の声明念仏にひかれて出家し尼になってしまう事件が起きてしまいました。これが上皇の逆鱗にふれ、ついに建永二年（一二〇七）九条兼実の救済運動にもかかわらず、上人の四国流罪と門弟の処罰が決まりました。上人七十五歳の時です。門弟の一人親鸞上人は越後に流されるのです。

九、配流と地方感化

建永二年二月二十七日、法然上人に対し四国流罪の宣旨が下り、土佐に流されることになりました。門弟にとって、また多くの帰依者にとって大変な悲しみでありました。もちろん弟子の中には、〝今後はお念仏の教えを説かないから、罪をゆるしてほしい〟と朝廷にお願いしてはどうか、と申し出る人もおりました。しかし、上人は「流刑さらに恨みとすべからず。そのゆえは、齢すでに八旬《やそじ》に迫りぬ。たとひ師弟同じ都に住すとも、娑婆の離別近きにあるべし。（略）しかのみならず念仏の興行洛陽（京都）にして年久し。辺鄙《へんぴ》におもむきて田夫野人を勧めん事年ごろの本意なり。しかれども時至らずして素意いまだ果さず。今事の縁によりて年ごろの本意を遂げん事。すこぶる朝恩ともいふべし（勅修御伝三十三巻）」と、流罪がかえって地方の人々に念仏を弘める好機であると言われ、厳しい宗教的態度を示されたのであります。

そうして同年三月、いよいよ四国に向われるのですが、記録によると上人との別れをおしみ輿につきそう者数を知らずとあります。

四国配流の途上、別れを惜しむ多くの人たちに船中から
教えを授ける法然上人。とりわけ遊女の身を嘆く女たち
に、「阿弥陀仏の本願はあなた達のためにあるのです」
と労り教える上人は、配流を年来の希いと受け止めます。

伏見鳥羽から舟に乗られた上人は、ひとまず播磨国（兵庫）の港町に着かれますが、ここで「永年生き物を殺すことを生業としているので、もしや来世は地獄に……」と嘆く老漁師や、「女人ましてや遊女の身では往生は無理……」と悲しむ遊女に、「阿弥陀仏の本願は、あなた達のような人のためにこそあるのです。お念仏さえはげめばよいのです」と労わり教える等、地方の人々に教えを弘めたいという年来の希いを実行されております。こうして約一ヵ月の旅の後、讃岐国の小松庄（高松市郊外）の生福寺（現法然寺）に落着かれます。

四国での上人についての記録はあまり残っておりませんが、弘法大師ゆかりの善通寺に「法然塚」という石塔が存したり、各地に念仏踊りが今でもさかんなこと等から、上人の感化がいかに大きかったか想像に難くありません。

十、帰洛と往生極楽

南都興福寺等の奏状によって四国配流が実行されたものの、九ケ月の短期間で放免の宣旨が下され、法然上人は再び京都に迎えられることになります。もっとも直接京都に入ることは許されず、約四年間摂津の勝尾寺の二階堂に滞在され、帰洛された時すでに七十九歳の高齢でありました。

天台座主慈円のはからいによって大谷の禅房（知恩院勢至堂の地）に五年振りに落着かれた上人でしたが、高齢になってからの流罪といった心労のためか、明けて建暦二年正月早々から病の床に就かれるようになってしまいます。けれども病床に臥せられても上人は、お念仏を声高に申されて絶えず、看護のお弟子さん達もかわるがわる上人のお念仏に助声いたします。しかし、お食事は日に日にすすまなくなり、いよいよ臨終の近づいたことを知った弟子の勢観房源智は、正月二十三日に上人の枕べに進み御遺言として念仏の肝要を一紙にとどめていただきたいと願い出たのであります。

そこで上人は病床の中より起きて筆をとり一紙にしたためられたものが「一枚起請文」であります。極めて簡単な短い文章ですが、念仏往生の極意がすべて集約された全仏教の心髄といって過言でない文

病床に臥す法然上人はこのとき七十九歳でしたが、この病床で弟子の勢観房源智の要請によってかの有名な「一枚起請文」を認めたのでした。

章です。

かくしていよいよ入滅の日、正月二十五日を迎えるのですが、『勅修御伝』には次のように記しています。

「二十五日の午《うま》の刻よりは念仏の御声やうやくかすかにして高声は時々交はる。正しく臨終にのぞみたまふ時、慈覚大師の九条の袈裟を掛け頭北面西《ずほくめんざい》にして、「光明遍照十方世界念仏衆生摂取不捨」の文を唱えてねぶるが如くして息絶えたまひぬ。音声とどまりて後、なほ唇舌を動かしたまふこと十余遍ばかりなり。面色ごとにあざやかにして形容笑めるに似たり。春秋八十に満ちたまふ。釈尊の入滅に同じ。寿算の等しきのみにあらず干支《えと》また共に壬申《みずのえさる》なり。あに奇特にあらずや。恵燈すでに消え、仏日また没しぬ。」

十一、滅後の法難と門流

法然上人が亡くなられた後、ほんの暫くの間は浄土教批難の動きは弱まっていましたが、没後も一向に念仏信仰の火が衰えないため、やがて再び専修念仏の徒に対する圧力が強まってきます。その中で最大のものが「嘉禄《かろく》の法難」とよばれるものです。

この弾圧について『勅修御伝』（四十二巻）に「爰《ここ》に上野国《こうづけのくに》より登山し侍《はべ》りける並榎《なみえ》の堅者定照《じょうしょう》、ふかく上人念仏の弘通をそねみ申《まおし》て、弾選択《だんせんちゃく》という破文を作りて隆寛律師《りゅうかんりっし》の庵に送るに、律師また顕選《けんせん》

択《ちゃく》という書を記してこれに答う。その詞《ことば》に、汝が僻破《へきは》の当らざる事、たとえば晴天の飛礫《ひりゃく》の如しとぞあざむかれて侍る。定照いよいよ憤りてことを山門にふれ、衆徒の蜂起をすすめ、貫主浄土寺園基《えんき》に訴え、奏聞をへて隆寛幸西《こうさい》等を流刑せしめ、あまつさへ上人の大谷の墳墓《つか》を破却して、死骸を鴨川にながすべきよし結構す」とあり、隆寛・幸西といった上人の高弟達を流刑にするだけでなく、御遺骨まで暴《あば》いて棄てようという有様です。そこで門弟の一人幸阿弥陀仏《こうあみだぶつ》等は止むをえず上人の御遺体を掘り起し、粟生《あわお》野で荼毘《だび》に付し、それからは壺に納めて難を逃れまわることにします。もちろん後日、火葬された御遺

骨は知恩院の地に無事葬られます。

しかし、浄土の教えはこうした弾圧によって絶えるということがないことは言を俟ちません。むしろ京都から逐い出された門弟達によって本格的に全国的に広がりはじめます。源智上人は関西の地に、隆寛上人は駿河の地に、親鸞上人また北陸から関東にかけて教えを弘めます。そして、聖光房弁長上人は九州の地を本拠に念仏の弘通に努めます。

法然上人には「汝は宝器なり」と言明した弟子、聖光房弁長上人がいました。その兄弟弟子の源智上人も「先師（法然上人）の念仏の義道をたがえず申す人は鎮西の聖光房なり」とその学識と高潔な人柄を讃えます。今日、私たちが受け継ぐ浄土の教えは、法然上人と聖光上人（鎮西派）の二祖の教えによるものです。

この聖光房弁長上人こそ、浄土宗の二祖上人であります。『勅修御伝』によると、兄弟子の源智上人は弁長を「先師（法然上人）の念仏の義道をたがえず申す人は鎮西《ちんぜい》の聖光房なり」とほめたたえ、法然上人みずからも「汝は法器なり」といっていることから、宗祖法然上人の後を継ぐ二祖上人として申し分のない高僧であります。今日私達が受け継いでいる浄土の教えは、この聖光上人の流れを汲む、鎮《ちん》西《ぜい》派《は》と呼ばれる教えです。

阿弥陀三尊来迎図　阿弥陀如来が観音菩薩と勢至菩薩を従え、往生者を極楽浄土に迎える様子を描く。

法然上人のおことば（十話）

（一話）元久の法話

無常の風ひとたび吹きて有為の露長く消えぬれば、これを広野に捨てこれを遠き山に送る。屍《かばね》はついに苔の下にうづもれ、魂はひとり旅の空に迷う。

妻子眷属は家にあれども伴なはず、七珍万宝は蔵に満てれども益なし。

ただ身に従うものは後悔の涙なり。

ついに閻魔の庁に至りぬれば、罪の浅深を定め、業の軽重を考えらる。

法王罪人に問ひていわく「なんじ仏法流布の世に生まれて、何ぞ修行せずしていたづらに帰り来たるや」。

その時にわれらいかが答えんとする。

すみやかに出要を求めて、空しく帰る事なかれ。


（釈意）考えてもごらんなさい。諸行無常の真理によって、生まれてきた以上は避けることが絶対不可能な死が到来したならば、死体は人里離れたところに土葬されるしかない。ただ後には、救われなかった魂が、落ちつく所もなくさまようばかりである。

妻子一族の者は元のまま家に残っていても連れ歩くわけにはいかず、珍品財宝がどれほどあっても死に行く身には何の役にも立たない。ひとりわが身につきまとうものは、在世中の間違った生き方を悔む涙だけである。

とうとう初七日になってエンマ法王の前に引き出されるや、在世中に犯した罪が浅いの深いのと判定され、悪行のたたりの軽重が決められる。その時エンマ法王は亡者に云うだろう。

「どうして、お前はお釈迦さまが説かれた尊い教えがあるのにそれに従った正しい生活をしようとしないで、迷いの世界に帰って来たのだ」こう聞かれた時、弁解のしようがないではないか。

世の人々よ、一刻も早く心を改め素直になって、仏さまの説かれる人間としての正しい生き方を学び、決して三悪道の迷いの世界に再び戻ったりすることがないように心掛けなさい。

(二話) 勅修御伝

おほよそ仏教多しといえども、所詮戒《かい》・定《じょう》・慧《え》の三学をば過ぎず。

いはゆる小乗の戒定慧、大乗の戒定慧、顕教《けんぎょう》の戒定慧、密教の戒定慧なり。

しかるにわがこの身は、戒行において一戒をも保たず、禅定《ぜんじょう》において一つもこれを得ず。

(略)凡夫の心は物に従って移りやすく、たとえば猿猴《えんこう》の枝に伝うがごとし、誠に散乱して動じやすく、一心静まり難し。

無漏《むろ》の正知《しょうち》何によりてか起らんや。

もし無漏の知剣なくば、いかでか悪行煩悩のきづなを断たんや。

悪行煩悩のきづなを断たずば、何ぞ生死繋縛《けいばく》の身を解脱する事を得んや、悲しきかな悲しきかな、いかがせんいかがせん。

（釈意）宗祖様は次のように仰せられています。

お釈迦さまは数多くのことを私達に教えて下さいましたが、要約すれば戒（悪を止め、善を作《な》すこと）・定（心を統一して迷い惑わされることがないこと）・慧（物事の真実を見究わめる最高の知恵）の三つを学び身に修することと言えます。

それが世間で言うところの小乗教の戒定慧、大乗教の戒定慧、天台宗等で説く戒定慧、真言密教の戒定慧である。

かように戒定慧が最も大切な教えであるのに、自分自身は、持戒の修業においては一つの戒を守り通すことすら出来ないし、心を静め思いを凝らすことも容易ではない。

私のような凡人の心は乱れて動揺しやすく、まるで枝から枝へ絶えず動き回っている猿のようである。このような有様ですから、真実を悟り迷いを断ち切る知恵などどうして起こりましょうか。

このような知恵がなくて、どうして鋭い剣が難なく物を切断するように、悪行煩悩を断ち切ることが出来ましょう。

思えば思うほど悲しい身ではある。この苦しみからのがれる方法は一体どこにあるのでしょうか。

（三話）津戸為守への返書

仏の御心は、慈悲をもて体とする事にて候ふなり。

されば観無量寿経には『仏心とは大慈悲これなり』と説かれて候ふ。

善導和尚この文を受けて『この平等の慈悲をもては、あまねく一切を摂す』と釈したまへり。

一切のことば広くして漏るる人候ふべからず。

されば念仏往生の願は、これ弥陀如来の本地の誓願なり。

余の種々の行は本地の誓ひにあらず。

釈迦も世にいでたまふ事は、弥陀の本願を説かんとおぼしめす御心にて候へども、衆生の機縁に従ひ給ふ日は、余の種々の行をも説きたまふは、これ随機《ずいき》ののりなり。

仏の自らの御心の底には候はず。


（釈意）お念仏する者は必ず往生せしめようとの阿弥陀さまの御心は、慈《いつく》しみ悲《あわ》れむという事を根本とするものであります。

ですから、浄土三部経の一つである観無量寿経でも『仏の心とは、一切の人々を差別することなく慈しみ悲《あわ》れみたまう心である』と述べております。

高祖善導様もこの句を受けて『阿弥陀さまは、この差別なく救い上げようという慈しみとあわれみの心をもって、ダレカレの区別なく一切の人々をお救い取り下さる』と解説しておいでなされます。この一切という語句は、意味が広いのであるから、この中に含まれず漏れ落ちる人がいる訳はありません。ですから念仏往生の誓願は、実に阿弥陀さまが真底の本心からお立てになった誓願といえます。

お念仏以外の他の行は、便法だと思って下さい。お釈迦さまがこの人間界にお生れになったのも、実は阿弥陀さまのこの誓願を説き示そうという御心からです。

しかし、人々には教えを受け入れる心に勝劣があり、仏性を聞く因縁もまちまちですから、いろいろな修法をもお説きになったのであって、お釈迦さまのご本心の教えではないものといえましょう。

(四話) 大胡《おおご》太郎実秀《さねひで》への状㈠

念仏というは、仏の法身《ほっしん》を憶念するにもあらず、仏の相好《そうごう》を観念するにもあらず、ただ心をいたして、もはら阿弥陀仏の名号を称念する、これを念仏とは申すなり、かかるがゆえに称我名号といふなり。

念仏の外の一切の行は、これ弥陀の本願にあらざるがゆえに、たとひめでたき行なりといへども、念仏には及ばざるなり。

大方その国に生まれんと思はん者は、その仏の誓ひに従ふべきなり。

されば、弥陀の浄土に生まれんと思はん者は弥陀の誓願に従うべきなり。
本願の念仏と本願にあらざる余行と、更にたくらぶべからず。
（略）衆生の生死《しょうじ》を離るる道、仏の教へさまざまに多く候へども、このごろ、人の生死を離れ三界をいづる道は、ただ極楽に往生し候うばかりなり。

（釈意）このお念仏と申しますのは、〝仏とは何ぞや…〟と、理屈で理解しようとしたり、仏さまのお姿やお顔を心に思い浮かべたりするという事ではなく、ひたすら素直な心で、一筋に阿弥陀様のみ名を口に唱えることで、それでこそお念仏と申すのであります。

そこで、仏さまも〝わが名を称えよ〟と云っておられるのです。

お念仏以外の総べての修行は、阿弥陀様が特に本願として約束してはおいでにならないから、よしや立派な修行であろうとも、お念仏の功徳のすぐれているのにはとてもかないません。

一般にその仏の浄土に生まれたいと願う者は、その仏さまがたてられた誓願に従った行をしなければなりません。ですから阿弥陀様の極楽浄土に生まれようと望む者は、阿弥陀様の誓われた約束の通りの行をしなければなりません。

本願としてお定めになったお念仏と、本願ではないお念仏以外の行とでは全く比較になりません。

人々が凡悩になやみ迷い、いたずらに生き死にを繰り返すだけの因縁に縛りつけられた世界から逃れる方法については、お釈迦さまもいろいろ説いて下さってはいますが、末世たる此の頃の人にとっては、たった一つ、お念仏によって極楽に往生し、阿弥陀様のお力によって苦しみ迷いから逃がしていただく方法しか外にありません。

（五話）大胡《おおご》太郎実秀《さねひで》への状(二)

本願といふは、阿弥陀仏のいまだ仏にならせたまはざりし昔、法蔵菩薩と申ししいにしえ、仏の国土を浄《きよ》め衆生を成就《じょうじゅ》せんがために、世自在王如来《せじざいおうにょらい》と申す仏の御前にて、四十八願を起したまひしその中に、一切衆生の往生のために、一つの願を起こしたまへり。

これを念仏往生の本願と申すなり。

即ち無量寿経の上巻にいはく、『もしわれ仏を得たらんに、十方の衆生至心《ししん》に信楽《しんぎょう》して、わが国に生まれんと欲して、ないし十念せんに、もし生まれずんば正覚《しょうがく》を取らじ。』

善導和尚この願いを釈してのたまはく『もしわれ仏を成ぜんに、十方の衆生、わが名号を称ふること下《しも》十声《しょう》に至るまで、もし生まれずんば正覚を取らじ。かの仏、今現に世にましまして成仏したまへり。まさに知るべし本誓《ほんぜい》の重願《じゅうがん》むなしからずと。衆生称念すれば必ず往生することを得。』

（釈意）本願と申しますことは、阿弥陀様がまだ悟りを得ておいでにならなかった過去世、即ち法蔵菩薩と名乗って修行に明け暮れされていた大昔、自分が仏になった時に開く国は、全く汚れのない清浄なものとし、そこに生きる者は総べてを完全円満なものになしたいと、世自在王如来と申し上げる仏の御前で、四十八の誓願を起こされたが、その一つにどんな人でもこの清浄な国、即ち極楽に往き生まれることができるようにするための誓願があり、これを念仏往生の本願と申すのです。

無量寿経の上巻に、その誓願を次のように記してあります。

『仮にこの自分（法蔵菩薩）が悟りを得て仏になったならば、何処の誰れでも、素直にわしの本願を信じて往生を願い、わしが開き構えている極楽国土に生じたいと願って、生涯続けていたならもちろん、たとえ僅か十遍でもわしの名を呼んで救いを求めるお念仏をしたならば、極楽に往生させてあげよう。そして称名したにも不拘ず万に一人でも往生さすことが出来ないならば、わしは決して悟りを得たものとはならない。』

高祖善導大師はこの本願を解釈して、『阿弥陀様が修行時代に、自分が仏と云われる身になった時、多くの人々の中で、最低お念仏十声しかしない者でも往生せしめ得ないならば、仏にはならないと仰せられたが、かの仏は今まさにこの世にましまして成仏なされて阿弥陀様となっておいでになる。つまり、この仏がお約束になった大切な本願は、決して事実無根空絵事ではないという事を確信できます。だから人々がお念仏すれば間違いなく往生することができます。』と申されています。

（六話）伊賀国の黒田上人への手紙

本願に乗ずる事は信心の深きによるべし。

受けがたき人身を受けて、会ひ難き本願に会ひて、起し難き道心を起して、離れ難き輪廻《りんね》の里を離れて、生まれ難き浄土に往生せん事、喜びの中の喜びなり。罪は十悪五逆の者も生ずと信じて、少罪をも犯さじと思うべし。罪人なお生まる、いはんや善人をや。行は一念十念なおむなしからずと信じて、無間に修すべし。一念なほ生まる、いはんや多念をや。

（釈意）南無阿弥陀仏と称えさえすれば救ってあげようという阿弥陀様の本願に、真実に乗ずることが出来て救われるのは、この本願を素直な心でしみじみ信ずることが基本的に必要です。

無数に存在する生物の中にありながら選りに選って人間として生まれ、しかも何日何処《いつどこ》で聞けるかもわからない阿弥陀様の本願を聞き知ることが出来て、その上、なかなか起こし難いほとけ心なのに起こすことが出来て、離れようとしても離れることが難かしいぐるぐる巡りの迷いの世界をのがれ出て、生まれたいと思ってもとても生まれることが叶いそうになかった極楽浄土に往生できるとは、これ以上の喜びは無いほどの喜びです。

このような訳ですから、念仏往生を願う人は、十悪五逆を犯すような重罪人ですら往生することが出来る程の貴い貴い本願を汚すことがないよう、少罪さえ犯すまいと心掛けることが大切です。

罪人さえ往生できる念仏です。どうして今更心を正す必要もない善人が往生できないことがありましょうか。それほど貴く真実な本願です。

ですから、お念仏の勤めも心さえともなっていれば、一遍でも十遍でもよいという有難さをよくよく信ずるならば、口に任せて絶えず称えることにならざるを得ないことでしょう。一度のお念仏でも良いというのです。

どうして何度も称えてはならないなどということがありましょうか。何度でもお称えするのがよろしいのです。

（七話）百四十五箇条問答㈠

必ず仏を見、糸（註）をひかへ候はずとも、われ申さずとも、人の申さん念仏を聞きても、死に候はば浄土には往生し候ふべきやらん。
答　必ず糸を引くといふ事候はず。仏に向かひ参らせねども、念仏だにもすれば往生し候ふなり。又聞きてもし候ふ。それは良く良く信心深くての事にて候ふ。

（釈意）臨終に際しては、必ず仏さまを拝み、五色の引接紐《いんじょうひも》（註）を結び合はないでも、また自分自身でお念仏しなくても、または傍にいる人のお念仏を聞くだけでも、死にました後で浄土に往生することができるでしょうか。

お答え。必ず五色糸を結び合わなければならないということはありません。お仏像に向い合って拝まなくても、お念仏さえ唱えれば往生できます。またお念仏の声をお聞きするだけでも往生いたします。しかしそれには、普段からよくよく深い信念をお持ちになっていることが望ましいことです。

（註）臨終の念仏者を迎えに来られた阿弥陀仏の光明の聖浄さを象徴する青・黄・赤・白・黒（紫）の五色の糸のこと。この糸を阿弥陀仏像の御手と臨終の念仏者の手に掛け渡し、仏さまに必ずお浄土に引接していただく願いをこめる風習が、その当時はさかんに行われていた。現在、当院では葬儀にあたり事情さえ許せば「五色糸紐掛け」を執り行っております。

（八話）百四十五箇条問答㈡

にら・ひる・ししを食ひて香うせ候はずとも、常に念仏は申し候ふべきやあらん。

答え　念仏は何にもさはらぬ事にて候ふ

酒飲むは罪にて候ふか

答え　誠には飲むべくもなけれども、この世の習ひ。

心に妄《もう》念のいかにも思はれ候ふは、いかが候ふべき。

答え　ただ良く良く念仏を申させたまへ

（釈意）ニラとかニンニク、また獣肉などを食べて、口の中が臭《にお》ったままで洗い清めないでも、お念仏は絶えず申した方がよろしいでしょうか。

お答え。お念仏する事には、どんなことでも差しつかえありません。

酒を飲むというのは、罪になるのでしょうか。

お答え。実際には飲まない方がよろしいのですが、これは世間の習わしの一つでもあるから、ある程度の事は止むを得ないでございましょう。

心の中にあれこれ迷いの心がどうしても浮かんでまいりますが、これはどうしたらよろしゅうございましょうか。

お答え。さような事は気になさらず、一筋にねんごろにお念仏なさいませ。そのような時にこそお念仏に励めば、迷い心は必ず静まります。

（九話）北条政子への返書㈠

御文詳しく承り候ひぬ。

さては念仏の功徳をば、仏も説き尽くし難しとのたまへり。又智恵第一の舎利弗《しゃりほつ》、多聞第一の阿難《あなん》も、念仏の功徳は知り難しとのたまひし広大の善根にて候へば、まして源空なんど、申し尽くすべしとも覚え候はず。

（略）弥陀の昔誓ひたまひし本願は、あまねく一切衆生のためなれば、有知・無知、有才・無才、善人・悪人、持戒・破戒、たとき・卑しき、男・女も隔てず、若しは仏の在世の衆生、若しくは仏の滅後の衆生、若しは釈迦の末法万年の後、三宝皆うせて後の衆生までも、ただ念仏ばかりこそ、現当の祈りになり候ふめれ。


（釈意）お手紙確かに承はり細かにお読みいたしました。

さて、お念仏のご功徳は、お釈迦さまですらその全てについて説き盡くすことはできないほどだと申されております。また、お釈迦さまの十大弟子の一人で頭脳第一といわれた舎利弗尊者も、また同じ知識第一といわれた阿難尊者も、お念仏のご利益については十分知りつくすことは困難だとおっしゃられたくらい限りない功徳でございます。ですから拙僧ごとき十分にお話し申し上げる事が出来ようとも存じません。しかし折角の申し越しですのでご返事申し上げます。

阿弥陀様がおたてになった誓願は、総べての命ある者を救うためのものですから、智恵のある人ない人、才能のある人ない人、良い人悪い人、仏戒をよく守る人ついつい戒を破ってしまう人、身分の高い人低い人、男でも女でも、全く差別はありません。

それどころか、お釈迦が在生中で仏法が正しく広まっていた頃の人々は云うまでもありませんが、お釈迦様がお亡くなりになられたすぐ後の時代の人々はもちろん、仏滅後何万年も過ぎて、仏法僧の三宝すらなくなった時代の人々でも、わずかにお念仏だけが、人々の信心に応えうる祈りであると、無量寿経にも説かれているところでございます。

(十話) 北條政子への返書(二)

念仏の行を信ぜざらん人に会ひて、御物語り候はざれ。いかにいはんや宗論し候ふべからず。あながちに異解異学の人を見て、これをあなづりそしる事候ふべからず。いよいよ重き罪人になさん事不便《ふびん》に候ふべし。

(略) 震旦《しんたん》・日本の聖教を取り集めて、この間開き見考へ候ふに、念仏を信ぜぬ人は、先生《せんしょう》に重き罪を造りて、地獄に久くありて、また地獄へ返るべき人なり。

返すがへす、専修念仏を現当の祈りとは申し候ふべきなり。この言葉、これ経論にて候ふなり。

（釈意）お念仏の行を信じようとせず、ただ批難だけする人にお会いなされても、お念仏の事を強くおすすめなさいませんように。まして宗派の議論などされてはなりません。見解を異にし、修学を異にされている人を見て、軽蔑《けいべつ》したり、悪く言ったりしてはなりません。

もしそのようなことをして、こうした人々をますます依怙地《いこじ》にさせ、阿弥陀さまの本願にすら漏れる罪深い人にしてしまっては、かわいそうでございます（慈愛あふれる父母の心で守ってあげましょう）。

中国やわが国の仏書経典を集めて、近頃よくよく読み考えてみますが、お念仏を信じようとなさらない人は、過去世においてよほど重い罪を犯したため、長い間地獄におちていた人であり、折角今生においては人間に生まれてきたのに、来世は再び地獄に堕ちてしまう人ではないかと思います。

つくづく専修念仏はこの世のためのものであり、同時に後の世のための信仰と申すことができましょう。ここにわたくしが申し上げます言葉は、決して私見などではなく、全部経論に示されているところでございます。

結縁五重相伝〈紙上抄録〉

はじめに――「結縁五重相伝《けちえんごじゅうそうでん》」について

私達の信仰「浄土宗」の宗義の秘儀を誤りなく理解し相伝する儀法に「五重相伝」があります。古くからいろいろな形式が秘伝として伝えられてきたようですが、これらを集大成し秩序立て明確な規則として定め、現在でも守られている儀法は、明徳四年（一三九三年）に浄土宗七祖了誉《りょうよ》聖冏《しょうげい》上人が主唱され定められた伝法です。

聖冏上人は室町時代初期の方で、浄土宗中興の大偉業者と崇《あが》められており、多くの学僧を育成されたばかりか、一般大衆の教化にも努められ、眉間に三ケ月形の瑞相《ずいそう》があったことから三ケ月上人と呼ばれて親しまれ、道俗の帰信をあつめられた方です。また、当真珠院と関係の深い伝通院の開山上人としても有名な大上人です。

この聖冏上人が定められた五重相伝は、ここでは不必要なので詳述いたしませんが、前行・正行・別行等百ヶ日以上の日時をかけて三巻七書《さんがんひちしょ》と呼ばれるかなりの量の浄土教関係の書物を学ぶ書伝《しょでん》と、勉学の合い間に行われる口伝とから構成されている厳しい行です。その後、幾度か改変されて現行伝法として規則化され実行されています。ただし、以上は僧侶すなわち能化《のうけ》の五重相伝で「総五重」とか「大五重」と呼ばれているものです。

この外に一般在家信者のため定められた「結縁五重《けちえんごじゅう》」という儀法があります。

浄土宗の宗儀の秘奥を、一般在家信者の方々でも、誤りなく理解し相伝していただくための儀法で、

「化他《けた》五重」とか「在家五重」とも云われます。

結縁五重は、三河国岡崎の大樹寺の開山として名高い青蓮社勢挙愚底《ぐてい》上人が、徳川家康公より六代前のご先祖、岡崎城主松平親忠《ちかただ》公に授けたのが始まりと伝えられています。愚底上人は室町中期の人で京都に生まれ、出家の後各地を歴訪し教化勉学し、後に岡崎に常在し、親忠公の帰依を受け、在家の人として始めて五重相伝を親忠公に授けたものです。その後、知恩院第二十三世門主となられますが、七年後に再び岡崎の大樹寺に帰住し七十三歳で遷化されています。愚底上人に始まる在家のための五重相伝は、その後しばらくの間は、時と人とを選びながら折にふれ勤修されたようですが、家康公はこの法が乱用されることを怖れ、在俗授法禁止令を出しております。長い中断の後、明治時代に入って復活し、今では大本山はもちろん各地の寺院でも条件次第で執行しています。当院では昭和五十四年、先代住職の時、勤修しております。

以下、結縁五重で受者の方に語り伝えられる宗儀の要心を記します。なお、実際の五重相伝会では、礼拝をし、声を出して念仏し、懺悔道場での伝法《でんぼう》作法等〝行《ぎょう》〟が重要ですが、紙上のこと故、この部分は省略します。

五重とは

浄土宗の宗義の秘儀を了解し、揺ぎない大安心《あんじん》を体得する儀法を「五重」すなわち〝五ツ重ねる〟と称するのは、迷い易く動じ易い落ち着きのない私達凡夫を、五つの段階を経て、序々に不動の安心を得るまでに導き高めて行く方法をとっているからです。ここでは簡易化した表現を用いざるを得ませんが、次にこの五段階の概略を先ず記します。

第一段階、すなわち「初重」とは、宗祖法然上人御作の「往生記」を拝読することによって、人間とはどのような存在なのか、そして私達人間の能力とはどの程度のものなのか、そのような私達が生きている現代とはどういう社会なのか、…という私達自身とそれをとりまく環境条件を、率直ありのままに認識する、このことが初重の眼目です。

第二段階、このような私達が、社会の諸条件の下で生きて行くために必要なものは何なのだろうか、少しでも向上し安らぎと慈しみの心を持ちつづけるための方法とはどういう教えなのか、について二祖聖光上人作の「末代念仏授手印《まつだいねんぶつじゅしゅいん》」によって学ぶのが第二段階、二重です。

第三段階、ついで、三祖良忠上人作の「領解《りょうげ》末代念仏授手鈔《しょう》」を通し、いかにも二祖上人が示された教えこそ、宗祖法然上人が説かれた念仏の教えそのものであり、私達が選びとるべき唯一の教えであることを再確認することが、第三段階、三重です。

いろいろな因縁から生を受けたこの世を、目的をもって立派に生きて行くにしては、現代のこの娑婆《しゃば》世界はあまりにも汚《よご》れが非道く厳しく、また私達の力はあまりにも弱く乏《とぼ》しいことを、今更ながらに認識させられる「初重」、ついで「二重」「三重」の学習を通して、結局最後は阿弥陀如来の本願力を信じ、頼らざるを得ないことを確認することが結縁五重の前半の眼目です。

しかし、私達は学んだ知識が直ちに身についた知恵になるでしょうか。頭の中では解っていても、時にはあらぬ疑問が頭をかすめたり、ついつい過った行動をとったりするのが、凡夫である実際の私達ではないでしょうか。

第四段階、そこで、次の段階（四重）として、三重と同じ三祖良忠上人作の「決答授手印疑問鈔《けっとうじゅしゅいんぎもんしょう》」を学ぶ必要が生ずるのです。この書は周東（現千葉県）在住の学僧在阿《ざいあ》の疑問に対する上人の答えが記述された問答形式の内容の書です。学僧といえど私達と同じように、頭で解っているつもりでもなお起きてくる疑いに対し、上人は単純明快に両断し、浄土宗義をいっそう開顕され、本願念仏の正しさには疑問の余地は無いことを、私達に心底から了解させるのが、四重です。

その上でさらに、これまでに得た知識を真に身についた知恵にまで深めるため、中国浄土五祖の一人曇鸞《どんらん》大師作の「往生論註《ろんちゅう》」に従って、お念仏を口称しつつ、歴代祖師方が相承《そうひょう》してきたお念仏のご功徳を、心身で体解感得するのが、第五重です。

なお、五段階目にかぎり「五重」とだけ言わず、第をつけて「第五重」と言います。

以下、各段階の「重」について、もう少し詳しく解説いたします。

初重《しょじゅう》

（その1）

宗教とは、人生の目的を明らかにして、その目的に至る道を教えるものですが、お釈迦さまが説かれたことを簡単に一言すれば「人間存在を正しく認識し、煩悩《ぼんのう》（欲望）を滅《めっ》（適切に抑制）し、涅槃《ねはん》（寂静の境地）に至る」、ことを教えたものです。決して、徒《いたず》らに過去の追憶にふけったり、逆に死後の安楽を追い求めたりするだけのものではありません。もっと易《やさ》しい云い方をすれば、毎日喜びをもって働き、感謝の一日を送ること、すなわち〝幸福《しあわせ》〟に通ずる現在の生き方を大切にする教えなのです。ある原始教典に次のような譬喩譚《たとえばなし》があります。

大勢の仏教修行者達が熱心に修行していた。修行の邪魔をしようとした悪魔がバラモン（異教の高僧）に姿を変えて、「あなた達は若さにあふれている。それなのに青春を謳歌し愛欲の喜びを味わうことなく出家してしまった。現在の楽しみを捨てて、未来の楽しみを求めるようなことはすぐに止めるべきだ……」と忠告した。この言葉に修行者の代表は答えている。「バラモンよ、私達は現在の楽しみを捨てて未来の楽しみを求めているのではありません。私達は現在の楽しみこそ追求しているのです。肉欲愛欲は苦しみが多く、悩みが多く、未来にまで引継ぐ禍《わざわ》いに外なりません。釈尊は、抑制によってたった今から始まり未来に続く、楽しみのための道を教えられたのです」。この言葉を聞くとバラモンの悪魔は逃げ去って行った。

今ここで、肉欲愛欲の語で表現した欲望とは、燃えさかる焔火《ほのお》のような手のつけられない無秩序な〝貪欲《どんよく》〟を言います。

（その2）

窒素《ちっそ》と水素《すいそ》を基本に何種類かの元素が、未だに実験的に明確に説明できないような微妙な条件の下で結合して、最初の生命体＝生物が地球の海水中に誕生したのは、今から四〜五億年前と考えられています。それ以降現在までの数億年の間に、あるいはダーウィンの進化論の競争原理によって、あるいは地球外の宇宙から隕石《いんせき》に混った遺伝子物質の飛来等によって、あるいはまた神サマ仏サマのお働きとしか云い様がない要因によって生じた、地球上に生存する動植物の種類、またその個体数は、まさに無数無限といって差し支えないことはご承知の通りです。

この無数の生物の中にあって、私達はどうして、シイタケでなくゴキブリでもなく、トマトでなく犬でもなく、人間として生まれ生きているのでしょうか。生命をあやつる基《もと》である遺伝子から云えば、シイタケ・ゴキブリ・トマト・犬・人間……生物の遺伝子は共通しているものも多いのに、どうして私達は人間なのでしょうか。しかも、白色人種でなく黒色人種でもなく、タイ人でなく中国人でもなく、黄色人種の日本人の一人としてこの場にこうしているのでしょうか。

不可思議としか云い様がありません。経典の表現からすれば、〝盲亀《もうき》の浮木《ふぼく》に遭えるが如き有難いご因縁の賜物〟なのです。

こうしたことを考えたことのない子供達が、親に反抗して「オレのことは放っておいてくれ、親が勝手に作りやがって！　オレは好きで生まれて来たんじゃない……」と言ったりしますが、前記のような有難い結果の自分を考えれば、このような言葉は発しにくいものではないでしょうか。世間一般に「子供は神サマ仏サマからの贈りもの」と云いますが、前記の不可思議や、他の何万という精子を押しのけたヒトリだけが、たった一ツの卵子と受胎し育つという事実を考え合せれば「子供は神サマ仏サマに希って自己の意志で生まれてきた」と考えた方が相応しいのではないでしょうか。

年がら年中このことを考えている必要はありませんが、人間ならば時には〝今こうして生きている自分は、いかに貴い存在か〟確認することは必要です。

（その3）

前記したように、無数の生物の中にあって、選りによって人間の一人として生まれたことは、何とも貴い有難いことですが、さらによく考えてみると、一個の受精卵が二つに分裂し、それが四つに分割し、次々と分裂分化を繰返して、完成された人間として生まれ、母体から独立することも、不可思議かつ貴いことです。俗な言い方をすれば〝人間は母体で十月十日《つきとおか》を経て生まれる〟と言いますが、母体内で受精卵が赤ちゃんにまで育つ三〇〇余日間の過程は、地球上に最初の生命体が誕生してから今日までの、数億年間の進化の全過程が凝縮されたのにも相当する、理解を超えた不可思議な期間といえましょう。私達の遺伝子の中には、この不可思議な数億年間の全情報が、何らかの形で組み込まれているものと考えられます。詳述はできませんが、仏教の唯識論で説く阿頼耶識《あらやしき》（人間行動を司る最深層に秘蔵されている識心）の概念に共通するものといえましょう。この意味で、生涯の全ての行動が情報要素となって、遺伝子に影響を与えて次世代に受け継がれていくのです。

このように考えれば、〝人生をどのように生きるべきか〟は、どれほど重要であるかが、思い知らされることでしょう。


（その4）


以上、〝人間として生まれて来たことは、いかに希有《けう》で貴重なことか〟と述べてまいりました。私達はこの有難い事実を、時には心の底から自覚し、それに相似しい生き方を求め、可能なかぎりそれに順った生き方をすべきだと思います。

確かに私達は、どのような行動を起こすにしても、それなりに考え頭を働かせ気を配り、さまざまなことを推《お》し計ってはいます。しかし、時間の流れが急で変化の激しい現代の社会の中で行動する時、当面の問題を処理することに精一杯で、人間の存在価値にまで問題を掘り下げてから行動するなどということは、とても無理なのが実際でしょう。それは止むを得ないことではありますが、（その3）でも記しましたように、私達の日々の行動は、遺伝子組込みの生物学的原理によっても、また、仏教教理の因《いん》縁《ねん》の道理によっても、現在未来の自分自身を含めた多数の人に確実に影響をおよぼすのです。従って、少しでも日々の生き方が、人間の存在価値に適《かな》った誤りのない、しかもより良いものをもたらすものであるよう心掛けるべきと思います。

それにはどうしたら良いか。それが五重相伝の目的であり、その第一歩が初重の本論です。

（その5）

前述しましたように、不思議なご縁をいただいてこの世に生まれてきた以上、その重大さに相応しい生き方をしなければなりません。それなら、私達が生きていかなければならない〝この世〟とは、一体、どんな世界なのでしょうか。

見方、考え方によってさまざまな云い方ができるでしょうが、お釈迦さまは「この世はもろもろの苦＝四苦八苦《しくはっく》に充ちており、その苦を忍受《にんじゅ》して生きざるをえない堪忍土《かんにんど》＝娑婆《しゃば》である」と説かれております。ただし、ここで断《こと》わっておきたいことは、仏教で云う「苦」とは〝痛い〟〝苦しい〟といった直接的表面的な「苦」はもちろん含みますが、もっと広く、およそ〝耐《た》え忍《しの》ばなければならない状態〟すべてを意味するのです。

確かに私達は、日本がW杯サッカーで勝ち進めばうれしく、恋人とデートしている時は楽しいのです。しかしその時、少しでもこのうれしさがいつまでも続くよう勝負にこだわったり、恋人とのこの楽しい時間が永遠であるようにするにはどうしたらよいのだろうか、などと悩んだりしたとするならば、すでにその時から苦の領域に一歩踏み込んでいるのです。

人生は喜怒哀楽が織りなすドラマであって、この程度の〝うれしさ・楽しさ〟は人生のアクセサリーであり活力の元でもあり、許される範囲のものであることは云うまでもないことです。しかし、先に述べた「四苦八苦」は問題です。私達の人生の中で必ず体験し、耐え忍ばなければならない〝苦渋《くじゅう》中の苦〟です。この苦に充ちているのが、この世だというのです。

では、四苦八苦とはどのような「苦」なのでしょうか。

（その6）

四苦とは文字通り四ツの苦しみ、すなわち、生《しょう》（生まれること）・老《ろう》（生まれた以上、やがて老いること）・病《びょう》（時には必ず病気もすること）・死（そして、ついに死ぬこと）の苦しみです。これらは、人間だけでなく、地球上の全ての生物に共通した必然的宿命的な苦しみ、といえましょう。またこれら四苦は、それぞれ独立したものではなく、生まれて、老いて、病を得て、死ぬ、と一生の間に継続的に存在している苦であるのです。この意味で、お釈迦さまは「人生は苦の一生」と説かれたのです。

さて、生老病死の四苦に、愛別離苦《あいべつりく》（どんなに愛していても、いつかは離別しなければならない苦しみ）・怨憎会苦《おんぞうえく》（嫌《きら》いな人や、厭《いや》なことにも会わなければならない苦しみ）・求不得苦《ぐふとっく》（欲しいものほど手に入れることができない苦しみ）・五蘊盛苦《ごうんじょうく》（心身のアンバランスがおこす苦しみ）の四苦を加えて八苦といいます。この後者の四苦は、人間たるがゆえに味あわねばならない精神的な苦しみ、といえます。

次に、四苦八苦についてもう少し深く考えてみましょう。ただしこの場合、仏教で言う「苦」とは、語源的に「思うがままにならないこと」（避けようがないこと）の意味で、表面的な〝痛い〟〝胸苦しい〟といったことを超えた意義をもっていることを、はっきり理解していなければならないことです。

（その7）

「苦」という字は、「草」に「固（古）」を加えた字で、それを噛《か》むと二度と口に入れたくないと口を固く結びたくなるほどニガイ「苦菜《にがな》」から生れた字で、そこから〝にがい〟ばかりでなく〝くるしい〟という意味にも使われるようになった、と漢和辞典には記しています。しかし、「苦」の原因が、苦菜ならば吐き出して口を漱《すす》げばよいし、満員電車の中で体を押されて胸苦しいなら電車を降りれば済むことです。

ところで、以上述べたような仏教で説く四苦八苦のように、そうしたいのに思うがままにならないこと、避けたかったのに避けようがなかったこと等からくる〝こころの苦しみ〟だけは、どうしようもありません。例えば、北朝鮮の拉致《らち》事件で子供さんを突然奪われたまま亡くなられる被害者の親達の苦しみは、何人も代ってあげられない苦しみの中の苦しみ、四苦八苦の全てを含んでいるともいえる苦しみではないでしょうか。むしろこのような〝心の真底から湧き出す苦しみ〟は、真面目にものを考えようとする人、純粋誠実な生き方の人ほど、大きいものではないでしょうか。いや、人生を茶化して強がって生きている人だって、何かの拍子《ひょうし》に四苦八苦の一つに出食わすと、心の準備が無かっただけに、落ち込んでしまうのではないでしょうか。

さて、論理的詮索《せんさく》はさておいて、〝死ぬ〟ことはともかく〝死の苦〟だけは避けたい、というのが、私達凡夫の本音ではないでしょうか。

（その8）

四苦八苦の中でも、とりわけ「死の苦」だけはさけたいものだ、と述べましたが、それは他の諸苦は日時が経過したり、条件環境を変えたりすれば、多少でもその苦から脱《のが》れることもできますが、「死苦」だけは、その後どうなるのか全く未知―体験から得た正確な知識としては誰も教えてくれないし、法則や推測で正確に予見することも出来ないことから、不安や恐怖が倍加されることにあるからです。

私達は重い病気で苦しむ時など〝早く死んで楽になりたい〟などと言いますが、本当に楽になれるのでしょうか。確かに臨死体験者の中には〝無上の安楽感を味った〟と語る人もいますが、その反面、自殺に失敗した後、心身ともに異常状態に陥入ってしまう人が多くいますし、脳死者からの生体臓器の取出しに際しては、脳死者が異常反応を示す例が多く報道されています。それでなくても仏教では、死後の六道輪廻《ろくどうりんね》・苦界沈淪《くがいちんりん》の思想が根本に説かれています。死苦だけは特別といえるのではないでしょうか。

この意味で、死苦を超えることができる「こころ」さえ持ち、なおかつ六道輪廻から脱することができる生存中の正しい因縁の行を積んでさえいれば、他の諸「苦」を超えることは容易といえるでしょう。

（その9）

「生」苦にはじまり、とりわけ避けられるものなら避けたい「死」苦を最終に、四苦八苦の連続である一生を送らなければならない私達は、一体どうしたら、少しでも苦が軽く安らかな人生を送ることができるのでしょうか。

この疑問に答えられたのが、お釈迦さまであり、その解答の全容がいわゆる仏教というものなのです。そしてその内容を、さらに現代の私達にも通ずるように、やさしく集約されたのが法然上人なのです。

古代インド・シャカ族の王子として生まれた育った釈尊は、二十九歳の時、苦の無い人の道を求めて出家、数年間にわたる想像を絶する苦行と人智を超えた瞑想の末、西暦前四二八年十二月八日早朝、尼連禅河《ネーランジャラー》のほとりの菩提樹《ぼだいじゅ》の木の下で、明けの明星のまたたきの瞬間、豁然《かつぜん》と全てを悟ります。苦にみちているのが人生の実態であること（苦諦《くたい》）、何が原因でそうなるのか（集諦《じったい》）、それを消滅するにはどうしたらよいか（滅諦《めったい》）、そのためには、日々どのように生活すべきか（道諦《どうたい》）、という四つの聖なる真理（四聖諦《ししょうたい》）が、悟りの根本です。

これまで、苦諦について記しましたので、次は、集諦・滅諦・道諦の順で考えていきたいと思います。

（その10）

人の一生は、どうして避けたいものほど次々に起って、私たちを苦しみ続けるのでしょうか。お釈迦さまは、私たちが苦しむのには、それなりの原因があると教えられています。すなわち「この世のあらゆるものや事象は、すべて無数の因縁《いんねん》によって生起している。そのことを充分に理解しないまま、良いことはいつまでもそうあってほしい、悪いことはサッサとどこかへ行ってほしいと思う。自分に都合の良い欲と執着があること」、それが苦の原因であると考えられたのです。これら欲と執着を「煩悩」と云いますが、煩悩が集まって苦しみをつくるので、苦の原因を「集諦」といいます。

例えば、花は種子《たね》を撒《ま》くことによって芽生え、生育し、やがて花を咲かせます。花はいきなりパッと咲くわけではありません。種子を蒔くことが、花を咲かせるため欠かせない直接の原因、つまり「因」です。しかし、種子を蒔いただけで花が咲くものではありません。種子から花になるまでには、水や養分が必要ですし、太陽に恵まれることや、カラスに突つかれないことなどさまざまな条件が必要です。

この間接的な諸条件が「縁」です。
縁という条件の一ツが違っても結果は多様になります。種子から花への関係はまだ単純なことですが、生老病死を含め私たちにおこるあらゆるものや事象は、すべて計り知れないこの因縁の道理によって生起しているのです。思いがけないこと、避けたいようなことが起きてくるのも、因縁の如何によってなのです。この因縁の如何と、煩悩とのギャップから苦しみがおきるのです。

（その11）

すべての事象は、因縁の結果として存在しているのに過ぎないのに、私達の煩悩が、その時々の都合の善し悪し次第で、善悪の価値をその事象に与え、その結果、一喜一憂して苦しんでいる、というのが「集諦《じったい》」ということでした。
たとえば、〝健康でお金が有ること〟は、一般に希《のぞ》ましいこと、良いことであり「善」と思われています。しかし、本当にそうでしょうか。健康でお金があるばかりに、寄付を強要されたり、税金を課せられたりする「ソンなこと（？）」があります。一方、体が弱く貧乏なら、それらからいくぶん免れられます。それなら、寄付を強要されたり、税金を納めることは、それほど「ソン」なことなのでしょうか。他人に頼られれば嬉しいし、納税番付けの上位にランクされて収入が多いことを誇りに思うことだってあると思います。つまり、「健康」とか「お金」は、本来〝無色透明〟なものなのです。それらに、損得とか善悪といった価値をつけているのは、その時々のそれをとりまいている諸条件、云ってみれば各人の価値観によるのです。したがって、この価値観、それに大きく関わっている諸条件（「集諦」と見ることが出来ます）を除けば、「空」とか「無」と云う仏教用語で表現するしか説明できない、無色透明・純粋無垢な〝事象そのもの〟が存在しているだけです。このような〝事象の存在そのもの〟を「滅諦《めったい》」と云うのです。言葉を換えれば、私達が目指す、いわゆる「悟り」の世界とも云えます。

（その12）

お釈迦さまが説かれた「四聖諦《ししょうたい》」のうち「苦・集・滅諦」とは、すべての事象が、あたかも本来的に有している、と考えられがちな固有の価値は、仏教的思考の基本である因縁の道理からすれば、あくまでも各人の好き嫌いや都合の善し悪しといった物差しで計られた、相対的な評価に過ぎない、それなのに、その価値を絶対化し、一喜一憂し悩み苦しみながら人は一生を送っている、というものでした。

四聖諦の最後「道諦《どうたい》」とは、それならどうしたら苦の人生から逃れることができるのか、という「滅諦」を自己のものにするための方法論に属するものです。お釈迦さまは、具体的な方法として、八正《はっしょう》道《どう》を説かれています。すなわち、八つの正しい道とは次のようです。

正《しょう》　見《けん》―事象《ものごと》は正確に観察し知見する
正《しょう》　思《し》―そのものを正しく考える
正《しょう》　語《ご》―正しい言葉で正確に表現する
正《しょう》　業《ごう》―行為は誤りなく正しく行動する
正《しょう》　命《みょう》―正しい生活を送る
正精進《しょうしょうじん》―正しいことに向って努力する

正《しょう》　念《ねん》―正しく絶えず反省する
正《しょう》　定《じょう》―心を正しく保ち、精進統一する
以上の八正道を実践すれば、苦の人生から脱することができるのです。つまり、こうすれば因縁の道理が身体のすみずみにまで体得され、自身が「滅諦」そのものになり切れるとされる日々の生活行《ぎょう》です。と、説かれてはいますが、しかし……。

（その13）

苦の人生から逃れて、いわゆる悟りの世界「滅諦」に至るには、八正道の実践、すなわち「道諦」こそ必要とされるのです。しかし、果して八正道の完全実行は可能でしょうか。例えば、正見―事象《ものごと》を正確に観察し知見すること、云われればその通りでしょうが、変化の激しい忙しい現代の社会、じっくり観察し、あれこれ調べ上げ、十二分に納得しうる結論を出す―このようなことが可能でしょうか。もし、可能であったとしても、こうして得られた結論が正確とは、一体誰が決めるのでしょうか。正確とは何なのでしょうか。あの会社が製造した自動車だから絶対安全！と、正確な結論を出し、正見・正思を実行したつもりだったのに……、首長ともあろう偉い方が、しかも国会で発せられた言葉だから「正語」に間違いないと信じたのに……ということは、毎日のように見聞体験することです。
こう考えると、私達はまたまた混乱し、苦諦・集諦の振り出しに戻ってしまいます。どうしたら滅諦に行きつくのでしょうか。法然上人は『往生記』によって、私達が滅諦に行き難いその理由を、理論的に述べられております。

（その14）

宗祖法然上人は御作『往生記』で、世間の人の中には〝相手の言い分の方が正しく、理に適ったものだと解っていても、あくまで自説を曲げようとしない人〟など、タイプの違う四十人余りの人物像を具体的に挙げながら、強弱の差あるいは微妙な相違はあるものの、人間の本質的な心のうちには、疑心《ぎしん》（疑ぐり深く余計な心配ばかりする心）・懈怠《けたい》（視野が狭く直ぐずるけたがる心）・自力《じりき》（他を寄せつけたがらない自己中心的な狭い心）・高慢《こうまん》（自分だけが正しいとする思い上がった心）の四障《ししょう》（四種類の差し障《さわ》り＝煩悩）が存在するため、これがついつい何かの折には表に顕《あら》われて「往生」することを妨《さまた》げる、と教えられておられます。

ところで、『往生記』という題名にもなっているこの「往生」とは、どういう意味でしょうか。

往生とは、原語は「プラテジャ　ヤティ」と云い〝状態の転変〟つまり「更生」とか「全く新しく生まれ代った状態」を意味する語です。とかく一般には「肉体的な死の後のこと」だけを意味して使われ勝ちですが、本来は肉体的な生死にとらわれない、それを超越した「新たな生まれ更《かわ》り」が「往生」です。この意味で、「滅諦《めったい》」と同義語です。『大原問答聞書抄』にも「往生と言うは諸教諸宗の悟道の時（悟《さと》り）の名なり」とあり、宗祖さまも「如何にして生死を解脱《げだつ》すべきや」と仰せられて念仏にはげまされた由が、しばしば伝えられております。

（その13）で、私達は苦諦と集諦との間を行き来して、滅諦にはどうしても往けない、と述べましたが、それは四障という妨害物のためだったのです。

このことを考えながら、『往生記』をもう少し拝読いたしましょう。

（その15）

（その14）で、法然上人は「疑心《ぎしん》・懈怠《けたい》・自力《じりき》・高慢《こうまん》の四障《ししょう》こそが、滅諦《めったい》への更生、すなわち往生の妨げになっている」、と説かれていることを紹介いたしました。それならば、往生するためにはどうすればよいのか『往生記』に次のように続けられております。

疑心に代って信心（あれこれ余計な心配したり、小言に拘《こだわ》ったりしない素直な心）、懈怠に代って精進（とにかく実行し続けてみる心）、自力に代って他力（勝れたものならば、惜しみなくその助けを頂戴する心）、高慢に代って卑下《ひげ》（自分の能力資質の限界をしっかり認識する心）の四つの心構え（四《し》機《き》）を持って大切にしていることの必要性を述べておられます。

そしてその後で「貴い教えを聞いたとしても、学問も無いため、その教えを充分に理解し納得できるわけではないけれど、素直な心で日夜念仏に精進している人は、必ず往生できる人である」など、四機があって往生できる人、三十余りのタイプの人物像を挙げられておられます。

ただし、ここで注目すべきことは、列挙された三十余タイプの人々は、ただ単に四機を持っているから往生できる人とされているのではなく、いずれの人も例外なく、何らかの形で念仏称名をされる人としておられることです。念仏が前提です。換言すれば、四機の心構えさえあれば、自然とお念仏が称えられるようになり、それ故に往生できる、という事でしょう。

逆に、四障の心があると、本願に適う念仏が称えられない、従って往生できないという事です。自分はどういうタイプの人物か、反省してみる必要があります。

（その16）

以上、「初重」と題して、記述してきたことを要約すれば、私達が生存しているこの地球世界は、因《いん》縁《ねん》の道理によって生成されており、存在するすべての事象が刻々に移り代わり変化して行く。従って、私達がこの地球世界で生き、しかも意義ある人生を送ろうとするかぎりは、苦《く》・集《じゅう》・滅《めつ》・道《どう》の「四聖《しじょう》諦《たい》」を充分に理解し、徹底して実践しなければならない。

ところが人間の心には「四障《ししょう》（疑心《ぎしん》・懈怠《けたい》・自力《じりき》・高慢《こうまん》）」という煩悩が存しており、とりわけ私達凡夫には四聖諦の理解と実践は不可能といって差し支えないのが現実である。このような凡夫の私達に残された唯一の救いは、幸いに四障と併存して持っている「四機《しき》（信心《しんじん》・精進《しょうじん》・他力《たりき》・卑下《ひげ》）」を励まして、仏の本願にすがって称名念仏するより外にない、ということでした。

さて、『往生記』の前半部の文章は、前記の要約に相当することが、現代の私達には馴染《なじみ》が薄く読解に難しい漢文体で記述されていますが、後半部では同様趣旨のことを、私達でも充分理解できる口語体で記述されております。以下に一部抜粋し記述します。

末代の衆生を往生極楽の機にあてて見るに、行《ぎょう》少なしとても疑うべからず、一念十念に足りぬべし（略）。諸行の中に念仏を用いるは、彼の仏の本願なるが故《ゆえ》に、今弥陀《みだ》の本願に乗《じょう》じて往生しなんに願として成《じょう》ぜすと云う事あるべからず。本願に乗ずる事はただ信心《しんじん》の深きによるべし。受け難《がた》き人身《にんじん》を受けて、遇《あ》い難き本願に遇いて、発《おこ》し難き道心《どうしん》を発して、離れ難き輪廻《りんね》の里を離れて、生れ難き浄土に往生せん事、悦《よろこ》びが中の悦びなり（略）。釈尊《しゃくそん》は善《よ》きかな我が教えに随《したが》いて正死《しょうじ》を離れなんと知見《ちけん》し給い……。（略）。

この文は、「一紙小消息《いっしこしょうそく》」と称して、浄土宗ではきわめて重要な文章とされ、法要の折りなどで唱えられます。

次にいよいよ「二重」に入って、私達凡夫が最後の頼みとする「仏の本願に従った念仏」について考えていきましょう。

二重《にじゅう》

（その１）

初重の眼目は、私達はおしなべて愚鈍《ぐどん》な凡夫、つまり劣った機根《きこん》（資質・能力）の人間である、との自覚を持つことでありました。

二重では、この認識の上にたって、このような私達凡夫こそ選択すべき「阿弥陀仏の本願とは……」について、言葉を換えれば、宗祖法然上人が説かれた「法（教義）」を会得することが眼目になります。

さて、諸経典によれば、阿弥陀さまが悟りを開かれ「仏」と称されるようになるよりも以前、未だ法《ほう》蔵菩薩《ぞうぼさつ》の名で厳しく「仏」になるための修業に励んでおられた時代に、法蔵菩薩は〝自分は、こういうことは完全に成し遂げられる能力を持った「仏」となろう。また、仏となって開く浄土は、このような国土にしよう……。これらの願いが完全に果たされるまでは、決して「仏」となることはない！〟と、固く誓われ修行に励まれたことが記されています。この誓いを「本願」とか「誓願」と云いますが、無量寿経によれば、法蔵菩薩は四十八の願を誓われたことを記しています。

これら四十八願を大別すると、三種に分類されます。一つは、自分の光明が照らして届かないところはないようでありたい、といった仏ご自身についての願、二つは黄金色に美しく輝き美醜など一切ないところにしたい、といった仏の国土についての願、そして三つめは、希望するものはだれでもこの国土に来させたい、という人々を救うための願、の三種類です。

（その2）

前述した法蔵菩薩の大別して三種の四十八誓願のうち、とりわけ私達にとって重要な意義をもっている願は、「摂衆生の願」とも「十方摂化の願」とも言われている左に記した第十八番目の「念仏往生の願」です。

設《せっ》我《が》得佛《とくぶつ》　十方衆生《じっぽうしゅじょう》　至心信楽《ししんしんぎょう》　欲生我国《よくしょうがこく》　乃至十念《ないしじゅうねん》　若不生者《にゃくふしょうしゃ》　不取正覚《ふしゅしょうがく》（仮りに私が仏になったとして、十方界のどんな人でも、心の底から私のことを信じ、喜びの心をもって私の浄土に生まれたいと願い、一遍でも十遍でもよいから、ナムアミダブツと私の名を呼んでくれるのに、私の浄土に生まれさすことが出来ないとするならば、私は正覚《ほんとう》の仏になれたとはいたしません。）

法蔵菩薩はこの本願を満足して実際のものとするために、永劫《えいごう》（云いあらわせない程の永い間）の修行をなさり、ついに正覚の仏、すなわち、阿弥陀仏と称する仏になられ、しかも誓願どおりの〝本願力〟を確かに備えられたことを、六方の諸仏が保証していると、諸経典は記しています。逆から云えば、阿弥陀仏が現存しているということは、この誓願は成就しているということです。浄土教の高祖善導大師が「彼の仏、現の世に在《ましま》して成仏したまへば、まさに知るべし本誓の重願虚《むな》しからずを。衆生称念すれば必ず往生を得る。」と讃じておられる通りです。

（その3）

阿弥陀仏の前記「念仏往生の願」を受けて、高祖善導大師は、浄土三部経の一つ『観無量寿経』の注釈書である「観経疏《かんぎょうのしょ》（四帖疏とも云う）」の「正宗分散善義（称名念仏の正義を説き示した部所）」で

一心専念弥陀名号行往坐臥不間時節久近念念不捨者是名正定之業順彼佛願故

（ふた心なく一筋に南無阿弥陀仏と口に称えて、歩けば歩きながら、止まれば止まりながら、坐れば坐りながら、寝た時は横になったままでも、またお念仏を唱える時間の長短はどうであろうと、お念仏を怠らなければ往生するのであって、これこそ正定《しょうじょう》の業《ごう》と申して浄土往来の根本業とするのです。なぜなら阿弥陀様が本願とされてお念仏の行そのものだからです）

と、説かれています。

法然上人はこの一文によって、それまでの胸の内を掩っていた疑雲は晴れ、歓喜の光に充ちてくるのを感じた、と後年述懐《じゅっかい》されています。時に承安五年（一一七五）春、四十三歳のことです。この年こ

そ、浄土宗の開宗の第一歩です。

（その4）

周囲の全ての人から、知行ともに最勝の人と認められていたのにもかかわらず、自らは愚鈍《ぐどん》の凡夫と自覚されていた法然上人だからこそ、高祖善導大師のお導きの一文によって、阿弥陀如来の本願の真価が完全に承知されたのです。すなわち、われら凡夫が往生（煩悩に苛《さいな》まれることがない正しい生き方）を遂げるには、他力本願（阿弥陀如来の本願のお慈悲）におすがりするより外に方法はない、との確信を一層深められたのです。

これ以降、上人は一般の人々にこの確信を伝えることに努められますが、御年六十六才、建久九年（一一九八）、時の関白九条兼実《かねざね》公の懇請に応えて、価値観が乱れ、争いが絶えない、不安な社会には、他力本願の念仏の法門だけが、時代に相応《ふさわ》しい教えであることを示した『選択本願念仏集《せんちゃくほんがんねんぶつしゅう》』（略して選《せん》択集《ちゃくしゅう》）を著わされました。現存する草稿本が国宝に指定されている浄土一宗の要義を内容とする本書は、二巻十六章と後文とから構成され、寸分の隙もない充実した著作です。それだけに、内容を正しく理解できると思われる限られた高弟にだけ書写を許されましたが、その一人が、五重相伝「二重」でこれから学ぶ「末代念仏授手印《まつだいねんぶつじゅしゅいん》」の著者、浄土宗の第二祖上人聖光房弁長《しょうこうぼうべんちょう》です。

（その5）

著書名にもなっている「選択《せんちゃく》」とは、多くのものを適不適に分別し、勝劣を選別し、そのうち不適と劣は除いて、適と勝を選び取るということですが、法然上人は御著『選択集』に於いて、高祖善導大師のお導きに従った称名念仏だけが、阿弥陀如来が私達凡夫《ぼんぷ》のために〝選択〟し用意して下さった本願中の本願（選択本願《せんちゃくほんがん》）の行《ぎょう》であり、釈迦如来も凡夫のためには他のどんな行より適した行であると〝選択〟して讃《ほ》めたたえた（選択讃歎《せんちゃくさんたん》）行《ぎょう》であり、そしてまた、末法《まっぽう》一万年後には、他の諸行はことごとく消滅してしまうのに、念仏行だけは〝選択〟されてその後も長く価値が失われずに留まれる（選択留《せんちゃくる》教《きょう》）行であり、六方の諸仏も、誰でも確実に浄土に往生できるのは念仏の行者だけであることを、〝選択〟して保証している（選択証誠《せんちゃくしょうじょう》）行《ぎょう》であると教え示され、それだからこそなお一層、末法の世に生きる私達は、他の諸行のことは一先ず閣《たな》上げして措《お》いて、兎にも角にも一心不乱にお念仏にはげむことの必要性を、諸経典や諸論を縦横に引用しながら詳細に説かれ、私達にすすめられておられます。

この法然上人の教えを忠実に継承しながら、「選択集」に準拠しつつ、念仏者が堅持すべき浄土教の宗義と行相を、整理し箇条書きにして残されたのが、二祖聖光上人であり、御著『末代念仏授手印《まつだいねんぶつじゅしゅいん》』です。

（その６）

二祖聖光上人の著された『末代念仏授手印』（略して「授手印」）は、大別すると三つの部分、すなわち、袖書《そでがき》を含む序の部分、本文ともいうべき中心の部分、それに手印の押された裏書《うらがき》の部分とから構成されています。

第一の序で上人は、宗祖法然上人が遷化されてまだ間もないのに、聞き違いをそのまま無雑作に他に伝えたり、いろいろ異説を称えたりする者がいたりする現状に心を痛められ、正に自分の目と耳で直接宗祖さまから伝えられた教えを、後世の人々のためにも、明確に記録しておこうとの、非常なる決意が述べられております。この決意を凝縮《ぎょうしゅく》した偈文《げもん》が袖書きです。

次の主文の部分の冒頭に、「末代ノ念仏者、知テニ浄土宗之義ヲ一、修スベキニ浄土一宗之行ヲ一、首尾次第條條ノ事」（これから以後、念仏する者は、法然上人直伝の教義を学び、法然上人直伝の修行に励むべきである。その一々を箇条書きにする）と標示し、浄土宗で定める「宗義」と「行相」を教示されております。その箇条書きの内容を整理して「六重・二十二件・五十五の法数」としていますが、それは、まず六つの大きな項目をたてて（六重）分類し、その上で各項目をさらに数小項目に分けながら（合計で二十二項目＝件）説明し、その各小項目を説明するために、各小項目をさらに細分化しながら（合計で五十五の法数）教示しているためです。

（その7）

「授手印」の内容の六重・二十二件・五十五の法数を図示すると次のようです。

〔六重〕　〔二十二件〕　〔五十五法数〕

(極楽往生を希うこと)

第一重
五種正行《ごしゅしゅうぎょう》

- 読誦《どくじゅ》正行(経典を学び)　一
- 観察《かんざつ》正行(極楽を憶い)　一
- 礼拝《らいはい》正行(仏を信じ敬い)　一
- 称名《しょうみょう》正行(口称念仏に励む)　一
- 讃歎供養正行
  - 讃歎《さんだん》正行(憧がれ)　一
  - 供養《くよう》正行(慕い)　一

六

第二重
正助二行《しょうじょにぎょう》

- 正行(称名を中心として)　一
- 助行(他の正行の授けをかりつゝ)　一

二

第三重
三心《さんじん》

- 至誠心《しじょうしん》(真心をもって)　十二
- 深心《じんしん》(心の底から)　八
- 廻向初願心《えこうほつがんじん》(往生を希う)　八
- 横三心《おうのさんじん》(三心一体であっても)　一
- 竪三心《じゅのさんじん》(一心づゝ憶うも可い)　一

三〇

（称名念仏を実践すること）

第四重
五《ご》念《ねん》門《もん》（心構えを整えて）
- 礼拝門 一
- 讃歎門 一
- 観察門 一
- 作願《さがん》門 一
- 廻向門 一

五

第五重
四《し》修《しゅう》
- 恭敬《くぎょう》修（身心を素直にし） 六
- 無余《むよ》修（無心になって） 一
- 無間《むげん》修（一心不乱に） 一
- 長時《じょうじ》修（継続して称念する） 一

九

第六重
三《さん》種《しゅ》行《ぎょう》儀《ぎ》
- 尋常《じんじょう》行儀（日常生活の中） 一
- 別事《べつじ》行儀（時には改まって） 一
- 臨終《りんじゅう》行儀（特に臨終の折に） 一

三

註―文中（　）の部分は、法数を参考にして、私が加補したもので、上人の原文ではありません。

（その8）

六重・二十二件・五十五法数のうち第一重・第二重・第三重の十件三十八法数は、極楽往生を希うことこそ浄土宗の唯一の目的であり、そのためには口称念仏だけが最勝の方法である、という浄土一宗の教義に関する条項であり、第四重・第五重・第六重の十二件十七法数は、口称念仏を実践するときの行儀の真相に関する条項と、二大別することができます。なお注目すべきことは、宗義行相の各条項を列挙説明した部分につづけて、第三重三心以降の十五件全ての条項を再列挙し、そこに細字で南無阿弥陀仏と書き添えられていることです。このことは、その後に「わが法然上人の言いたまわく、善導の御釈（高祖善導大師の観無量寿経の注釈書「四帖疏《しじょうのしょ》」のことで、法然上人立宗の根拠になった）を拝見するに源空（法然）が目には三心も五念門も四修も皆ともに南無阿弥陀仏と見ゆるなり」の語句が記されていることから判るように、法然上人のお心を誤りなく後世に伝えたいとの、二祖聖光上人の深い思慮を顕わしたものと考えられましょう。

「授手印」は、この語句の次に上人の左右両手の手形掌紋が押され、ご署名がされています。そしてもう一度、後継者に浄土宗の宗義行相を伝えようとする者は、一言一句間違いなく伝えていかなければならない、との注意書きが記されています。

現在、実際の五重相伝会の儀式では、前述の様式に従って、伝灯師（伝える者）と受者（伝えられる者）とが掌を合わせる作法を行います。

（その9）

二祖聖光上人が、御著『末代念仏授手印』（授手印）で強調されていることは、阿弥陀仏の本願を信じ、ナムアミダブツと称える口称《くしょう》念仏が、宗祖法然上人が教えられた念仏である、という本文の記載内容にあることは云うまでもないことですが、それと同様に強調されていることは、本文の冒頭に記し、さらに本文の最後にまた記している「これを信じ、これを行じて、往生を遂ぐべし。仍《よ》って秘法を録するの状、手次《てつぎ》を以てす」の意味する内容、すなわち、師法然上人から間違いなく承《うけたまわ》った教えは、六重・二十二件・五十五法数に記した念仏以上でもなければ以下のものでもない、正にそのものであるとされていることです。もし今後、念仏について疑問がおきたり迷いが生じたならば、「授手印」を根拠にして正邪をただし、是非を決めることを示していることです。

二祖聖光上人は七才の時出家し、その後永い間天台宗の教学を主として学ばれていましたが、三十六歳の時、六十五歳だった法然上人を訪れ念仏に関する問答を行い、法然上人の深い学識と高い人格にうたれ、深く帰依し入門します。十年近く給仕し教えを受けた後、事情により出生地の九州福岡に帰ることになりますが、この時師法然上人から「選択本願念仏集」を授ります。数年して法然上人は西化し、それから十年も経たないうちにいろいろな異説が現われ、こうした混乱を憂えた二祖上人が著わされたのが「授手印」です。

三重《さんじゅう》

（その１）

浄土宗第二代聖光《しょうこう》上人が、一宗の正統を伝承して法然上人のもとを去り、九州福岡へ帰られ、善導寺を中心にご教化に努められたことは前述の通りです。そして、間もなく師法然上人の死に遭い、また多くの弟子達を得たものの、真に自分の後を継ぎ一宗の将来を預けられる人材を見出せない事情から、俗な表現を使うならば〝眼の黒いうちに、せめて文書に残しておこう…〟として「末代念仏授手印」を著わされたものと思います。

しかし、この危懼《きく》はすぐに払拭《ふっしょく》されます。すなわち、浄土宗の第三代然阿《ねんな》良忠《りょうちゅう》上人に邂逅《かいこう》したことです。

良忠上人は元治元年（一一九九、宗祖法然上人が浄土教義の全要をまとめた主著『選択本願念仏集』を撰述なされた翌年）七月、島根県に、信仰心の厚い家に生まれました。十一歳の時、ご両親が招いた天台宗の僧、三智法師の『往生要集』（日本浄土教の先覚者恵心僧都《えしんそうず》源信の著）の講義を聞いて仏教に関心を持つようになり、十三歳で出家し、天台宗学を学ぶことになりました。ある伝記によれば、経文の八十行ぐらいは一回聞くだけですべて覚え、その内容も把握できたほど頭脳明晰だったと記していま す。この聡明さをもって、十八歳から三十四歳までの間に、天台・真言・南都六宗の学問はもとより、禅を道元禅師にまでついて学び、仏教を修学し、仏道を求めます。そして三十四歳の春、これまで学んだ全ての学問の中から、自分が本当に究めたいものは何かを定めようと決心し、故郷の石見国《いわみのくに》（現島根県）に帰り隠棲します。

（その2）

貞永元年（一二三二）春、三十四歳で故郷に帰った良忠上人は、多陀寺《だらじ》に籠り求道の日々を送りますが、その道はいつしか専修念仏・念仏三昧の道一本に絞《しぼ》られていきます。こうして過ぎた五年目のある日、かつての修行時代の道友であった生仏《しょうぶつ》法師が、突然上人を訪ねて来ます。

この生仏法師は信濃の善光寺に参詣した時、夢中に気高い老僧が現われて〝鎮西《ちんぜい》（九州）にこそ法然上人の正法が伝えられている〟と告げられたのを信じ、二祖聖光上人を訪ねて行かれる途中、良忠上人を誘いに寄られたのです。取るものも取りあえず、準備もそこそこに良忠上人は山陰から九州に渡り、筑後の善導寺に聖光上人をお訪ねします。ところがあいにく聖光上人は不在でしたが、翌日やっと二十キロ離れた上妻《こうづま》の天福寺（八女《やめ》市）で面謁《めんえつ》することが出来ました。

この時交わした往生についての論談に感化され、良忠上人は直に聖光上人の弟子になることを願い許され、聖光上人また良忠上人を「よき伝法の資を見出したり」と喜ばれるのです。ときに良忠上人三十八歳、聖光上人は七十五歳です。

これ以降わずか一年余の間に、師聖光上人から浄土の法門の全てを伝授されたと伝えられています。そして、ついに嘉定三年八月になって善導寺に於いて、大勢いる弟子達の面前で、二祖上人から御著『末代念仏授手印』および『徹選擇本願念仏集』の二巻を授かり、とくに前書について〝自分はこの御者をこのように領解《りょうげ》・了解しました〟という内容を記した『領解末代念仏授手印鈔』が認証され、ここに浄土宗の法燈が聖光上人から良忠上人に継承されることになりました。

（その３）

三重で学ぶ三祖上人の御著『領解末代念仏授手印鈔』（領解抄《りょうげしょう》）は、前述したように、二祖上人の「末代念仏授手印（授手印《じゅしゅいん》）」を〝自分はこのように領解（理解し納得）しました〟と、領解の内容を記した著書ですから、その構成も「授手印」の六重、すなわち、五重正行《ごしゅしょうぎょう》・正助二行《しょうじょにぎょう》・三心《さんじん》・五念門《ごねんもん》・四修《ししゅ》・三種行儀《さんしゅぎょうぎ》（二重その7を参照）に従って、主要部分は六章からなっていると伝えます。

まず序文で、浄土宗の肝要《かんよう》の書「授手印」に出会えたことの喜びを述べ、宗祖亡き後、今や「末代《まつだい》」と呼ばれても差し支えないほど浄土の教えが混乱していることを是認し、それだからこそ「手印」を以て内容に責任を持つことの重要性には疑いがないことを記してあります。この序文に続けて主文ですが、文の次第に順って箇条書きにすると、

先、「五種正行」に関する六問答
次、「助正分別」に関する二問答
次、「三心横竪《おうじゅ》之意」に関する説明
次、「至誠心」について三種の四句分別
次、「深心」について三種の四句分別
次、「廻向発願心」について四種の四句分別
次、「至誠心」について二種の四句分別
次、「深心」について二種の四句分別
次、廻向心について二種の四句分別
次、三心の四句分別等に関する十一問答
次、五念門の典拠について
次、四修の典拠について

次、三種行儀の典拠について
次、三心・五念門・四修が称名に帰結することについて
になります。

（その4）

（その3）で記したように「領解抄《りょうげしょう》」は、序文に続く主文を十四の箇條に分つことができます。しかし、二祖聖光上人の「授手印《じゅしゅいん》」を受けての〝その領解〟ですから、内容的に両書に相違があったり、余計な加筆があったりする筈はありません。むしろ問答形式を採りながら、授手印の要点を簡潔にまとめているものです。因みに両書を対比すれば、領解抄の第一箇條は授手印の第一重「五種正行」、第二箇條は授手印第二重「正助二行」に対応し、第三重「三心」についてだけ領解抄は第三から第十までの八箇條を費しています。とはいえ、記述の文字量からいえば1／3にもならないものです。

その後の三つの箇條「五念門」「四修」「三種行儀」は、そのまま授手印の第四重、第五重、第六重に対応しています。ただし、授手印で「三心」「五念門」「四修」「三種行儀」に関する十五件を、わざわざ最後に再び列記した上で、それぞれに細字で南無阿弥陀仏と書き添えられていることについて、三祖良忠上人は十四番目の箇條を設け「このことは、文字では充分に書き表すことができず、ただ目と目をみつめ合い、手と手を握り合いながら口述することによってのみ伝えられることだから」と領解し、しかもこの領解が二祖先上人に認められていることは注目すべきだと思います。紙上抄録の本文では記述不可能ですが、実際の五重相伝会では、要偈道場と密室道場で口伝《くでん》の秘儀が行われ、その論拠ともなる

ものです。

（その5）

二祖聖光上人より「我が法は悉く然阿《ねんな》良忠に授け畢《おわん》ぬ…。我が恩を報ぜんと欲せば、都鄙《とひ》遠近に浄土教を弘め念仏の行を勧めよ」と付法伝授された三祖良忠上人は、二祖のもとを辞し、約十年間は中国地方とくに安芸《あき》・石見《いわみ》のあたりに念仏を弘められました。五十歳の時上洛して、法然上人の遺跡を参拝し、「選択集《せんちゃくしゅう》」を講じたりされます。その後上人は伊勢を経て信州善光寺に参拝、善導大師の「観経《かんぎょう》疏」を講義、やがて信州の各地を布教した後、峠を越えて利根川を下り北関東の地から下総鏑木《しもふさかぶらぎ》（千葉香取の辺）に至り留まります。建長元年（一二四九）秋のことです。この地に約十年間住しますが、この間に四重で学ぶ「決答授手印疑問鈔《けっとうじゅしゅいんぎもんしょう》」等非常に多くの著作を残されています。図版の尊像が、経巻と筆を持っておられるのは、この事実に因むからです。

この地の上人は著述ばかりでなく、多くの寺も開創されていますが、六十歳の頃、当時の首都鎌倉に入られます。当時の鎌倉は、武士の帰依を受けて円覚寺や建長寺等を中心に禅宗が全盛であり、他方では蒙古襲来の風評の中で日蓮上人が過激な辻説法を行っている最中でもありました。鎌倉に着かれた上人は、知人の導きで大仏造営中の浄光聖《じょうこうひじり》を訪ね、その授けにより一宇の坊を建て、後に佐助谷《さすけがやつ》に悟真《ごしん》寺《じ》を創建します。この寺は蓮華寺と改名した後、執権北条氏の帰依により材木座の現在地に移転、天照山蓮華院光明寺と称するようになり現在に至っています。ここに二祖上人の布教の場が定まるのです。

四重《よんじゅう》

（その１）

鎌倉光明寺を中心に、正しい浄土宗義を教え念仏の弘通に努められた三祖良忠上人の名声は、全国に知れ渡るようになり、ついに建治二年（一二七六）七十七歳の高齢の時、たっての要請により京都に赴《おもむ》かれることになります。もちろん、上洛後も精力的に活動され、「浄土宗要集」他多数の著述もされています。そして在京十一年の後、再び鎌倉の地に帰られます。しかし、残念なことに、翌弘安十年八十九歳でご入滅なされました。荼毘《だび》に付されたご遺骨は、光明寺のすぐ裏山、天照山の中腹にまつられております。

三祖良忠上人は、西化後の七回忌に当たり、伏見天皇から「記主禅師《きしゅぜんじ》」の諡号《しごう》（おくり名）を賜られたほど、数多くの書物を残されたおかたで、三重《さんじゅう》の「領解末代念仏授手印鈔」外三十余の著書があります。

五重相伝の四重では、三重と同じ三祖良忠上人記主禅師の御著「決答授手印疑問鈔《けっとうじゅしゅいんぎもんしょう》」二巻、略して「決答疑問鈔」（以下、決答鈔）を学びます。この決答鈔は、まだ鎌倉においでになる前、下総にご滞在中の五十九歳の時に書かれたものです。

（その2）

『決答授手印疑問鈔《けっとうじゅしゅいんぎもんしょう》』（決答鈔）の序文に、本書述作の由来が記されております。それによれば、上総《かずさ》国周東《すどう》（千葉県）に在阿《ざいあ》という天台宗の学僧がいたが、病に罹《かか》り余命いくばくも無いことを覚り一刻も早く悟道を得たいと願った折、二祖聖光上人の「末代念仏授手印」と「念仏名義集」を披見し、自力の聖道の教えより、他力念仏の教えこそ病弱の吾が身が依るべき教えと悟った。とはいえ、充分領解できぬ疑問もあり、また流派による解釈の差違もあることに悩み、法然上人の真意を何とか得たいと望んだ。そこで在阿は、法然上人に直接師事した遠近《とうとうみ》国見付荘《みつけのしょう》（静岡県）に禅勝房を訪ねます。

しかし、禅勝房《ぜんしょうぼう》は「老令の今の自分は、法然上人と一緒にお念仏が出来たことだけが喜びであり、疑問に答えられる知識は最早ありません」と断られ、相模《さがみ》国石川（神奈川県）の道遍《どうへん》を紹介します。そこで訪ねた道遍ですが、彼も「武家出身の自分はとても疑問に答えられる学問は無い。それよりか、下《しも》総《ふさ》国福岡（千葉県）には、浄土の三祖良忠上人が居られるではありませんか。わたしが若ければ、下総へ行って上人から教えを承りたいくらいです」と教えられます。喜んだ在阿は早速「手に手印の疑問をかかげ、口に口伝《くでん》の決答を請《しょう》」さんと、良忠上人の草庵を尋《たず》ねます。時に康元二年（一二五七）正月十七日のことです。良忠上人は快くこの願いを受け入れ在阿の疑問に答えられます。

はじめは、ご談義のなかで質問に答えられ、それを弟子の性真《しょうしん》が筆記する形式をとりますが、在阿の病状が悪化し吐血するようになってからは「自分も六十歳に近くなり、視力は衰え、筆を持つ手も遅くなったが、在阿の心情に応えたい」と仰せられ、良忠上人自ら疑問に対する回答の形式で執筆されます。

（その3）

「決答鈔」は、およそ八十問におよぶ在阿の質問に対する、良忠上人の「決定明答」を記した質疑応答の形式で書かれています。まず上巻には、

○「末代念仏授手印」題名について一問
○法然上人滅後の異議について　一問
○五種正行について　五問
○一心専念の文について　四問
○この文に多義あることについて　六問
○助止分別について　二問

下巻では、

○三心について　五十六問
○五念門について　一問
○三種行儀について　三問
○奥図《おくず》（三心等に南無阿弥陀仏と細字が加えられていること）について　一問
○二祖上人の日課とご臨終について一問

以上のように八十一問についての質疑で構成されていますが、要約すればお念仏を実践する折におきる様々な疑義についての問答ということができます。古来より、これら質疑の中で一番重要視され、お

念仏の功徳の何よりも優れていることを明確に示しているとされているのが、下巻「三心について」五十六問中の「二祖聖光上人の『末代念仏授手印』に一向疑心句の下註に、一分往生の事」とあることについての質疑、すなわち第四十一問から第四十六問にかけての五つの質疑とされています。『決答疑問鈔』を代表する重要な問題が含まれているのです。

（その4）

（その3）で「決答鈔《けっとうしょう》」の眼目ともいえる三心《さんじん》（至誠心《しじょうしん》・深心《じんしん》・回向発願心《えこうほつがんしん》＝真心をもって、心の底から、往生を希うこころ）についての質疑のことを記しましたが、それは次のような問答です。

まず在阿《ざいあ》は問います。「二祖聖光上人は御著で〝三心のうち一心でも欠けていたら往生はできない〟と念仏往生のための原則を示され、それ故に〝全く信じようとしない一向疑心《いっこうぎしん》の者は深心を欠いているのだから往生できない〟と註で述べられている。このことは大変よく理解できます。それなのになぜか〝一部往生できる者もある〟と但し書きをされておられますが、このことが納得できません。往生に差し支えない疑心とはどんな疑心なのでしょうか。」

この質問に対し、三祖良忠上人は答えられます。

「わたくしもかって二祖さまにこの事について尋《たず》ねたことがあります。その詳細の全てを申し上げることは略しますが、要点をお知らせしましょう。疑いには二種類あることを思い起こしてください。一つは安心《あんじん》（心の置きどころ）についての疑い、つまり全く頭から信じないこと、これでは正に往生はできません。二つは起行《きぎょう》（心を起こして行に励む）にあたっておきる疑い、つまり安心に関しては問題なく、お念仏を相続しますが、その折にややもするとおこってくる疑いがあります。例えば、お念仏をしながらつい眠ってしまった。このような時、こんなことで良いのだろうか。往生できるだろうか、と迷う。このような類《たぐ》いの疑心のことです」

経・論等を引用しながら、以上の趣旨を解答されます。この質疑に関連してさらに次の質問が続きます。

（その5）

在阿《ざいあ》は続けて質問します。「何が故に三心具足の上に、現世の貪欲《どんよく》は強盛に起り、後世の心行は尚弱く覚ゆるや」と。質問の趣旨は「起行《きぎょう》にあたっておきてくる妄念や雑想は、念仏往生を心から信じ願っていさえすれば、とくに差し支えありません、との師の上人のご解答は、成程よく理解することは理解できます。しかし実際のところ、お念仏は三心具足でなければならない、三心の上にこそ心を据えていなければならないと思えば思うほど、その心構えとは裏腹に、煩悩雑念が起ってきて心の落着きがなくなり、心の弱さに悲しくなる私です。こんな弱い私はいかがしたらよいでしょうか」というものです。

考えてみると、このような心の葛藤《かっとう》は、真面目にお念仏を称えようとすればするほど、私達にも起ってくるものではないでしょうか。不真面目な中途半端な気持ちの念仏者にはない悩みではないでしょうか。

この真剣な二次質問に対し二祖上人は「貪瞋《とんじん》は無始慣習の法なり。故に強し、願生は今生に始めて励む心なり。故に弱きなり。他力本願はこの時に当って、利益を施すなり」とこたえられます。すなわち

「貪り怒りといった雑念は、いつが始りと決められないような昔から慣《な》れ習《なら》い身に染みついた煩悩ですから、強いのはあたりまえです。それに比べて、往生を願う心はいつから起きたか考えてもごらんなさい。つい最近になって起したばかりの心でしょう。弱いのはあたりまえです。阿弥陀さまのお慈悲は、このような弱い私達のためにこそあるから、一層有難いのです」と諭されます。

（その６）

在阿の二次質問に対して解答をされた三祖良忠上人は、これに関連して高祖善導大師が「観経疏《かんぎょうのしょ》」の中で示された「二河白道の譬え」をもう一度確認するように在阿にすすめます。すなわち「二河の釈に吉吉《よくよく》見合わすべきなり」と教え、他所でもしばしば「二河白道の譬」を引用されています。「二河白道の譬」とは概略次のようなものです。

旅人が歩いていると、突然、南に火の河と北に水の河があり、その中間に西に向かって一筋の狭い白い道が現れた。道には水・火の波が押し寄せている。後ろを見ると、盗賊や猛獣が殺そうと追いかけてくる。旅人は観念して、「戻っても進んでも命はない。道があるからには必ず渡り切れるだろう」と考えた時、東の岸から「心を決めて、この道を進め、死の恐れはない」と、また、西の岸から、「すぐ来たれ、汝をよく護ろう。水・火の河に落ちることを恐れるな」との声を聞いた。旅人は心を決めて少し進むと、後ろの盗賊たちが、「戻って来い、その道は渡りきれない。必ず死ぬ」と呼び戻す。その声に惑わされずに進んだ旅人は、西の岸に到着し、多くの災難を逃れ、善き友と出合って、喜びや楽しみも限りがなかった。

（その7）

水火の二河を貪欲《どんよく》（強い欲望）と瞋恚《しんい》（激しい怒り）に、此岸に屯《たむろ》し駆けまわる四匹の猛獣と六人の盗賊を四障《ししょう》六塵《ろくじん》の痴愚煩悩（根深い惑《まど》い）にあてながら、私達凡夫の心身を生来的に毒害する三毒《さんどく》（貪・瞋・痴）を譬喩し、一方、二河の中間にありながら彼岸に通ずる狭く危うげな白道《びゃくどう》を、意識するしないにかかわらず誰れしもが心の奥に持っている善心、すなわち私達の願住生心に象徴させるという譬喩をもって、「涅槃経《ねはんぎょう》」や「大智度論《だいちどろん》」という経文にその基本の依拠があるとはいうものの、阿弥陀

「旅人」とは私達のことであり、「白道」は私達の信ずるお念仏の行です。そして、「火や水の河」、また「盗賊や猛獣」は、白道を渡って行こうとする私達を、妨害し誘惑し堕落させようとするさまざまな「悪」を喩えたものです。

仏の本願にもとづく凡夫往生という浄土信仰の意義を、一層明確に特色づけた善導大師の「二河白道の喩え」は、古来より名譬喩譚として名高いものです。すなわち、釈迦の教えを信じ、それに従おうと努めないかぎりこの白道は顕れないこと、しかもその上で、弥陀の本願を恃《たの》み、その救いを求めさえすれば、たとえ途中で三毒の迷いや不安におそわれようと、安全確実に彼岸に到達できるとしたところに、高祖善導大師の譬喩の勝れているところがあるのです。

宗祖法然上人も「欲界の散地に生を受くる者、心あに散乱せざらんや。煩悩具足の凡夫、いかでか妄念をとどむべき。その条は法然も力及び候はず。心は散り乱れ妄念は起きるといへども、口に名号を唱へば、弥陀の願力に乗じて決定往生すべし（明遍上人の言葉）」と述べられ、称名による凡夫往生こそ、浄土教の勝れた特色であり、この譬喩譚の眼目とされております。

（その8）

三祖良忠上人との凡そ八十問にも及ぶ質疑によって、とくに善導大師の「二河白道の喩え」についての三祖上人の説明を聞くことによって、目からウロコが落ちたように、浄土教についての質問を一切晴らした在阿《ざいあ》ですが、最後にもう一問、良忠上人に問いかけます。「流れを酌《く》んで、源《みなもと》を尋《たず》ぬ。故に、長《じょう》時《じ》・臨終《りんじゅう》の次方、如何《いかん》がおましまし候《そうら》いけん（二祖鎮西《ちんぜい》聖光上人の教えを通して、その本源たる法然上人の御教えを知ることができました。ついては、二祖上人の普段の勤行の様子、とくにご臨終の行儀の有り様はいかにあらせられたでしょうか）」というものです。おそらく若くもない年令だし、しかも死が迫った病弱の在阿にとって、これからの残り僅かの人生をどのようにして過ごし、そして死を迎えたらよいか、身につまされた質問だったのでしょう。三祖さまは答えて話されます。

聖人《しょうにん》のご普段の行儀は、三十六歳で法然上人の門に入られてから、七十七歳の春お亡くなりになるまでの間、全く変わることなく、夜暗くなる頃初夜《しょや》のお勤めをすまされると、子《ね》の刻《こく》(午前一時頃)までお寝みになられ、お起きになられると、中夜《ちゅうや》・後夜《ごや》の勤行をされ、昼の間は御堂で晨朝《じんじょう》・日中《にっちゅう》・日没《にちもつ》の勤行を修せられました。

夫々の勤行の折、六時の礼讃《らいさん》(阿弥陀仏を讃える偈文《げもん》)と六巻の阿弥陀経を勧められ、お念仏は毎日六萬遍称えられました。勤行の合間には諸経を披閲《ひえつ》されたり、講義をされたりもされました。御臨終の折は、小納(三祖のこと)は縁が浅く、最後に立合えませんでした。しかし、枕辺につき添っていた聖《しょう》護《ご》房によると、いよいよの頃、ご自筆の一字三礼の阿弥陀仏を握られ、微音にお念仏を唱えながら、静かに息絶えられたとのことです。なお、その折、いろいろな瑞相が顕われたことを語られますが、本稿では省略します。

第五重《だいごじゅう》

(その1)

初重《しょじゅう》から四重を通して理解したことは、折角生まれてきた人生ですから、目的意識をもって、意義ある人生を動《ゆる》ぎない心で生きて行くためには、阿弥陀仏の本願力をたより、お念仏を称えながら日々を送ることが、何より必要なことであるということでした。

では、お念仏は日々どの位の数を、どの位の時間で称えたらよいのでしょうか。

例えば、「四重その8」で記したことですが、二祖聖光上人は六萬遍の日課念仏を欠かしたことがないと聞かされ、在阿《ざいあ》はどう思ったでしょうか。それについての記述はありませんが、病弱でもあるし六萬遍のお念仏はとても……と不安に思われたのではないかと、凡夫同様の私なら邪推します。皆様でも、一日二十四時間、食事や睡眠時間を引いた残りの時間で六萬遍……とつい考えてしまうのではないでしょうか。

宗祖法然上人は『和語燈録《わごとうろく》』(百四十五箇條問答)の中で、お念仏の数と時間についての質問に答えられ「とかく凡夫は、数を決めておかないと怠けてしまうようになるから、一萬遍とか二萬遍とか決めておくことも一つの方法だが、大切なことは、絶え間なく口に称えることである」と仰せられ、ご自身もその日のスケジュールや体調によって、一萬遍の日も、数萬遍称えられた日も、僅かのお念仏しか称えられなかった日もあったことが、『勅修御伝《ちょくしゅぎょでん》』に伝えられています。同じ『勅修御伝』(二十一巻)に「仏さまのお力をいただけていると本心から思えるなら、お念仏を称えている間に仕事がはかどるようになり、仕事の合間に思いついたようにお念仏をするということにはなりません。絶え間なくお念仏をしていれば、数はそれに伴う物です。」という趣旨を延べられています。この意味で、浄土教の奥儀を得た在阿は、明鏡止水の心境で六萬遍の日課念仏のことを聞き、実行もされたことでしょう。

(その2)

お念仏の数と時間については、とくに制限とか条件はありません。まさに、宗祖法然上人が開宗の端緒となった高祖善導大師のお言葉、一心専念弥陀名号行往坐臥不問時節久近念念不捨者是名正定之業「観経疏《かんぎょうのしょ》」（ふた心なく一筋に南無阿弥陀仏と口に称えて、歩けば歩きながら、止まれば止まりながら、坐れば坐りながら、寝た時は横になったままでも、またお念仏を称える時間の長短はどうであろうと、お念仏を怠らなければ往生するのであって、これを正定《しょうじょう》の業《ごう》と申して浄土往生の根本業とするのです）の通りなのです。

　とはいえ、「観無量寿経　巻下」には、

「…如是至心令声不絶具足十念称南無阿弥陀仏…」

（たとえ五逆罪を犯したような下品下生《げぼんげしょう》のもの—大悪人の例え—でも善女にすすめられ至心に声を絶《た》やすことなく南無阿弥陀仏と十遍でも称えれば、念念の中において長い間に犯した罪も次々と除かれ、極楽世界に往生することを得る）

とあり、また「無量寿経　阿弥陀如来第十八願」に「設我得仏十方衆生至心信楽欲生我国乃至十念若不生者不取正覚」（もし自分が仏となったとして、十方の衆生が至心に信楽して、わが国浄土に生ぜんと欲し、せめて十遍でも南無阿弥陀仏と称えたのに、浄土に往生できないとしたら、仏となったことにはなりません）ともあり、十遍という数字を挙げて、せめて心をこめた十回の念仏（お十念）でも往生できる有難さを教示されています。

　そこでこの有難いお十念を、どのように受け止め称えたらよいかについて、曇鸞《どんらん》大師の『往生論註《ろんちゅう》』から学ぶのが、第五重の趣旨です。

（その3）

中国浄土五祖（曇鸞《どんらん》・道綽《どうしゃく》・善導《ぜんどう》・懐感《えかん》・少康《しょうこう》）の第一祖曇鸞上人は、中国の北魏《ほくぎ》の頃、いまの北西省代県《だいけん》の雁門《がいもん》に五世紀の中頃お生まれになりました。生地雁門の近くには有名な仏教の聖地五台山《ございさん》があり、幼時から宗教的影響を受け十五歳末の折霊峰の神秘に心をうたれて出家し、それ以来広く内外の書を学び、とくに当時もっとも盛んであった三輪宗の流れを探求し、仏性をきわめられました。その後「大方等大集経《だいほうとうだいじっきょう》」（空《くう》思想を密教的見地から説いた経典）の考究注釈にあたられますが、その途次で病に罹《かか》られました。この体験から、仏教を修学し究めるためには、療養・長生がまず必要と痛感し、世には不老神仙の法があると聞き、その法の大家である陶弘景《とうこうけい》を江南にたずねました。

日ならずして神仙の術を会得した大師は、弘景から「仙経」十巻を授かり帰路につきます。帰途首都洛陽《らくよう》に入った曇鸞大師は、浄土教に同心される決定的な勝縁、北インドの菩提流支《ぼだいるし》三蔵と出逢います。菩提流支は中国に渡ってから経論の翻訳に従事していた大徳です。

大師が「仏性中、長生不死の法、この仙経に勝るものありや」と尋《たず》ねると、流支は「是れ何の言ぞや、此の方何れの処にか長生の法あらん。たとえ少しく長寿を得るも更に三有《さんぬ》を輪廻《りんね》すべし（たとえ長生きをしたところで所詮生死の世界をさまようだけだ）」と答え、「観無量寿経」を授けて「これ大仙の法なり。これによって修行せば、まさに生死の解脱すべし」と教えました。曇鸞はこれを読み、たちまち前非を悔いて仙経を焼き捨て、三蔵に従って浄土教に帰依することになりました。

（その4）

他教を捨て、浄土教を選びとった曇鸞大師は、インド浄土教の大成者天親菩薩《てんじんぼさつ》の「往生論」を注釈した「往生論註（上下巻）」を著わされます。この論註の主旨は「衆生往生の因果は、阿弥陀仏の本願力によるものであって、念仏者の恣意では全く無いこと、つまり回数とか時間の長短ではなく、一遍でも仏の本願に適った念仏を称えられたかどうか」に係わっていることを明らかにしていることです。このような主張の主な論拠としているのは、『観無量寿経』（巻下、第十六観）（その3参照）ですが、浄土宗総合研究所編『現代語訳　浄土三部経』から、該当経文分を意訳を加えながら紹介しましょう。

ある者が不善の業である五逆《ごぎゃく》や十悪《じゅうあく》、その他あらゆる悪事を犯している。このような悪人は、悪業を重ねているため、死後は必ずや地獄・餓鬼等悪しき境涯に堕るであろう。そこでとてつもない長い時間、果てしない苦しみの中で過ごすことになる。このような悪人でも命が尽きようとする時になって、仏へと正しい道を導いてくれる人（善知識）に出会えた。しかし悪人は苦しみのあまり仏の道に思いを馳せる余裕すらない。そこで善知識は、せめてナムアミダブツと称えることを教えた。さすがの悪人も、ワラをもつかむ思いで救いを求めて心をこめて念仏を称えた。すると、一念するごとに八十億劫《おっこう》も長い間苦しまなければならなかった罪の報いが消えさり、十念する時には罪の報いも取り除かれたのか、命が尽きようとする時、金色の光明がかがやき、極楽に往生することができた。

（その5）

お念仏には、阿弥陀如来の本願に対する素直で純粋な信仰心だけが必要絶対条件であって、回数とか時間の長短は特別な条件ではないとは云うものの、死後悪道に堕ちて永遠に苦しみ続けなければならないような悪事を犯した大悪人でも、三心具足の念仏を称えれば、一念ごとは罪が消え、十遍も称える時にはすっかり地獄で苦しみ抜かなければならない罪の報も取り除かれるとされるなら、十遍のお念仏の大切さが理解されます。

　私達はたとえそれほどの悪業を重ねた大悪事ではないにしろ、心した十遍のお念仏の重要さを感ぜざるをえません。それなら、そのような「お十念」をどのようにお称えしたらよいでしょうか。もし一遍ごとに指でも曲げて、ナムアミダブツ一ぺん、ナムアミダブツ二へん…あと一念で十遍などと数でも数えていては、心が遍数にとられてしまって、本当のお念仏にはなりません。

　曇鸞《どんらん》大師は「往生論註」でこのことに触れています。

「問うて曰く。（略）若《も》し心を凝らし想を注げば、何に依りてか念の多少を知るべきや。（略）十念業成とは仏のみ明かし、必ずしも遍数を須《もち》ひざるなり。若し必ず知ることを須《もち》いたくば方便あり。必ず口・授をまて、これを筆点に題することを得ず」。

　すなわち、仏さまに意を集中すれば十念の数を誤りやすく、反対に数にとらわれると、意をみ仏に寄せることが困難になります。ではどうしたら十念の数を誤らず、しかも思いをみ仏に凝らすことができるのでしょうか。これについて「方便がありますから、口伝をまちなさい。筆で記述することはできません」と、されているのです。

（その6）

繰返しになりますが、お念仏には遍数や時間等は特別な条件ではなく、心をこめて称えることだけが必要であるとはいうものの、時と場合によっては、正確に十遍称えることにも特別な意義があることです。つまり、経典に、これ以上ないような大悪人といえども十遍目のお念仏で仏さまの意にかなった実例（業事成辨《ごうじじょうべん》）が説かれている限り、間違いなく十遍称えることは大切なことです。それなら、心を仏さまにのみ集中したまま、しかも遍数も間違いなくお十念を称えるにはどうしたら良いでしょうか。

（その5）で紹介したように、曇鸞《どんらん》大師は「その方法も無くはないが、それは口伝による秘法である」とされ、明記されておりません。この口伝による秘法こそ〝釈迦如来・・・曇鸞大師…善導大師…法然上人…〟と受け継がれ、実際の五重相伝法用では、この秘法を授かり受け継いでいる御導師（伝統師）さまから、密室道場で親しく伝授される秘法の十念です。従って、「筆点に題することを得ぬ」秘法ですので、この抄録で記述することは出来ません。とはいえ、それでは一般のお念仏信者の方には不親切すぎますので、口伝の秘法と同じと云って差支えない効能をもつ便法をお教え致しましょう。それは十遍を四遍・四遍・二遍に分けて称えることで、これは呼吸生理学にも適う方法ですから、慣れれば自然と口グセで称えられます。是非これからはお仏像をじっと見つめ心で仏さまを念じながら四・四・二遍のお念仏をお称え下さい。

おわりに

心して称える十遍のお念仏、いわゆる〝お十念〟のご功徳が、とりわけ無量であることは、六回に亘って第五重《だいごじゅう》で解説した通りです。それなら、一度〝お十念〟をお称えしたからこれで万事ＯＫ、もうこれで安心！お念仏はもうしなくて可し！でしょうか。生きて行く上で人として守るべき決まり、即ち「戒《かい》」を説いた梵網経《ぼんもうきょう》（菩薩戒経《ぼさつかいきょう》）に「人生の中で人が戒を犯すことは無数で一々数えきれないほどである」や、高祖善導大師が「往生礼讃」の中で指摘されているように「われわれ凡夫は、罪の意識もないまま、仏さまのみが知り給うような軽重無数の罪を絶えず犯している」ことを忘れてはなりません。

つまり、折角秘法に適った〝お十念〟をお称えしそれまでの諸悪は消滅したとしても、もう次の瞬間から、殺人や偸盗《ちゅうとう》、振り込めサギのような十重禁戒《じゅうじゅうきんかい》（梵網経で挙げている特に重い罪）に相当するような罪は犯さないまでも、見て見ぬ振りをして苦しんでいる人を見過ごしたり、他人の会話の中に故意に割り込んで和やかな雰囲気《ふんいき》をこわしたり、真意も気付かずに他人の行為を小馬鹿にしたり…といった四十八軽戒に相当するようなことすら、罪の意識もないまま日常事のようにして罪を重ねてしまっているのです。

このことを自覚したならば、お十念で可し！ではなく絶えざるお念仏が必要になってくるのです。極楽往生を希い、来世の安穏を願うなら、お念仏と共に生きる不断の口称念仏は欠かせないことです。

（その6）（その7）、「結縁五重相伝」について紹介してまいりましたが、一応終了・成満ということにいたします。ついては、前述した紙上抄録から、いくつかの部分を抜粋してみましょう。

初重（その6）（その7）で述べたように私達はいろいろな因縁が積もり積もり重なり重なり生まれてきた稀有《けう》な存在です。しかも死ぬまでの一生の間に起こしたすべての行為は、子孫は云うまでもなく後世のあらゆるものに因縁となって影響を与えることになります。従って、少しでも日々の生き方が、人間の存在価値に適《かな》った誤りのない、しかもより良いものをもたらすものであるよう心掛けるべきと思います（その8）。しかし私達人間は、法然上人が「往生記」で指摘されたように心の中に「四障《ししょう》（四種の煩悩）」を持った凡夫（その16）であり、しかも私達が生きる娑婆世界は四苦八苦に充ちた世界です⑪。この凡夫であることと、次々と生起する苦との矛盾から、さまざまな苦悩、問題が生ずるのです。では、どうしたら解決できるのでしょうか。その方法を教え、正しい目的に向かわせることを教えるのが宗教であり、仏教です。

お釈迦さまはまず一般論として「八正道」の実践を教えられました（その16）。そして最後に、一般大衆・凡夫のために出生本懐《しゅうせいのほんかい》の教えとして説かれたのが、浄土教お念仏の教えです。すなわち、自分が「仏」としてこの世界に出生した本当の目的（本懐）は、浄土門を説くことにあったとされたのです。「お念仏とは」については、二重・三重・四重を読み返してほしいのですが、何より大切なことは、第五重（その1）から（その6）で述べたように、行状《ぎょうじょう》坐《ざ》臥《が》を問わず「ナムアミダブツ」と理屈抜きで称えることです。お念仏の中で生活し、全てを阿弥陀さまにおまかせしていれば、明るい毎日を送ることができます。

勤行式差定（おつとめのじゅんじょ）

勤行式の順序

（一）香《こう》偈《げ》（心身を清め正し、戒定の香をもって諸仏を供養する）
（二）三《さん》宝《ぼう》礼《らい》（真心をこめて、仏・法・僧の三宝を礼拝する）
（三）三《さん》奉《ぶ》請《じょう》（本尊阿弥陀仏はじめ諸仏をつつしんで道場にお迎えする）
（四）懺《さん》悔《げ》偈《げ》（今までおかした一切のあやまちを悔い改め威儀をただす）
（献《けん》供《ぐ》呪《じゅ》・お塔婆供養）
（五）諷《ふ》誦《じゅ》（勤行の意義を明らかにする）
（六）礼《らい》讃《さん》（本尊阿弥陀仏はじめ諸仏のお徳を讃歎する）
（七）開《かい》経《きょう》偈《げ》（み仏の真実の教えを諒解せんことを願う）
（八）読《ど》経《きょう》（み仏の真実の教え）
（九）回《え》向《こう》文《もん》（読経やその他の功徳をふりむけて、み仏の国に生れんことを願う）
（十）摂《しょう》益《やく》文《もん》（阿弥陀仏のお力を受け、お救いいただく）
（十一）念仏一会《ねんぶついちえ》（自己の極楽往生を願い先亡への回向をする）
（十二）総回向文《そうえこうもん》（一切の御功徳をわかちあって、ともに極楽に生れんことを願う）
（十三）総《そう》願《がん》偈《げ》（四弘誓願《しぐせいがん》）（み仏の示された教えを守り自他共につとめてみ仏の国に生れんと誓う）
（十四）三《さん》身《じん》礼《らい》（お導きいただいた阿弥陀仏を心から礼拝する）
（十五）送《そう》仏《ぶつ》偈《げ》（御降臨いただいた諸仏の御加護を念じつつ勤行の終った今、それぞれお送りする）

（一）香《こう》偈《げ》

願《がん》我《が》身《しん》浄《じょう》如《にょ》香《こう》炉《ろ》
願《がん》我《が》心《しん》如《にょう》智《ち》慧《え》火《か》
念《ねん》念《ねん》梵《ぼん》焼《じょう》戒《かい》定《じょう》香《こう》
供《く》養《よう》十《じっ》方《ぽう》三《さん》世《ぜ》仏《ぶ》

願わくば我が身きよきこと香炉の如く、
願わくば我がこころ智慧の火の如く、
念々に戒と定との香をたきて、
十方三世のみ仏に供養したてまつる。

香を捧ぐことは仏・法・僧の三宝を供養するための五種供養の一つとされ、身を清め邪気を払い仏霊を請じるためにまず行う儀式です。香を焚きながら「わが身を浄めて香炉となし、わが心を極めて智慧（煩悩を一切断って事物の真実を見きわめるはたらき）の火とし、戒（悪をやめ善を行うこと）と定（雑念を払い精神を統一すること）との香を焚いて全身全霊をもろもろのみ仏に捧げ供養させていただきます」との要旨を念じながらこの句を唱えます。なお、戒・定・慧は仏果を得るため必ず修めなければならない三つの基本的学要で、これを三学といいます。

＊焼香

仏・法・僧の三宝を供養するため、まず行う行儀が香を捧ぐことですが、ここでは焼香の方法・心得について記しましょう。

念珠を左手に持ち、仏前の香炉の前に進み軽く一礼してから静かな気持で仏さま、またはお戒名を見つめます。両掌に念珠をかけ、合掌したのち、念珠から右手に抜いて親指と薬指の二本（親指・人差し指・中指の三本でも良）の指で適当量の香をつまみます。念珠をかけた左手は掌を上にして香をつまんだ右手を胸の前で受け、仏さまに黙礼したのち、おし頂いて炉中に香を入れ焚きます。

焼香は三宝に献ずという意味から三回、自身を浄め仏さまにさし上げるという意味から、或いは煩悩の二字を滅すという意味から二回する場合もありますが、わが浄土宗では「一心専念…」の経句から一回で良いとされています。お線香を立てる場合も二、三本、また六道に供養する意味から六本立てますが、これまた一本で良いとされています。

お経によれば、釈尊が入滅されて、いよいよ荼毘《だび》に附そうとし香木を積み上げて点火しようとしたが、どうしても火がつかない。そこへ旅先から急を聞いてかけつけてきた釈尊第一の弟子摩訶迦葉《まかかしょう》が到着し、遺骸に対し右繞三匝《うにょうさんぞう》（右まわりに三回めぐる）の礼拝をしたところ、初めて香木が発火し、舎利を得たことを伝えています。

（二）三宝礼《さんぼうらい》

一心敬礼《いっしんきょうらい》　十方法界常住仏《じっぽうほうかいじょうじゅうぶつ》　一心に敬って、十方法界に常住する仏を礼したてまつる。

一心敬礼《いっしんきょうらい》　十方法界常住法《じっぽうほうかいじょうじゅうほう》　一心に敬って、十方法界に常住する法を礼したてまつる。

一心敬礼《いっしんきょうらい》　十方法界常住僧《じっぽうほうかいじょうじゅうそう》　一心に敬って、十方法界に常住する僧を礼したてまつる。

仏・法・僧の三宝を尊敬し、供養しなければならないことは仏教徒の基本的要件で、三宝がそれぞれ何であるかについては、三種三宝といって諸説が示されております。例えば、悟りを聞き教えを説く主（仏宝）、その教主が証《あか》す教えの内容（法宝）、それを学び奉ずる人々（僧宝）としたり、絵画彫刻としての仏像を（仏宝）、黄巻朱軸の経典を（法宝）、剃髪染衣の者を（僧宝）という場合があります。また、仏教という枠にとらわれず広く無上の真理（仏宝）と無上の真理ゆえにそれが内臓する守らなければならない正さ（法宝）、そしてまたそれを受持することによって得られる和合の徳（僧宝）をいう場合もあります。聖徳太子も十七条憲法の中で、「篤《あつ》く三宝を敬うべし、三宝とは仏法僧是れなり。（中略）それ三宝に帰せずんば、何を以ってか枉《まが》れるを匡《ただ》さん」と申され、社会浄化の根本と定めておられます。三宝礼は私たち仏教徒が真心こめてまず行わなければならないお勤めです。

（三）三《さん》奉《ぶ》請《じょう》

奉《ぶ》請《じょう》弥《み》陀《だ》世《せ》尊《そん》入《にゅう》道《どう》場《じょう》　請じたてまつる。弥陀世尊道場に入らせたまえ。

奉《ぶ》請《じょう》釈《しゃ》迦《か》如《にょ》来《らい》入《にゅう》道《どう》場《じょう》　請じたてまつる。釈迦如来道場に入らせたまえ。

奉《ぶ》請《じょう》十《じっ》方《ぽう》如《にょ》来《らい》入《にゅう》道《どう》場《じょう》　請じたてまつる。十方如来道場に入らせたまえ。

奉請とは、降臨を乞い奉る事であって、御本尊阿弥陀如来、教主釈迦如来をはじめ十方諸仏・諸菩薩をこの道場に請じ奉り、心に仏菩薩の慈悲を仰ぎ、私たちが永く生死の苦痛に沈んでいるのを不憫とおぼしめし、御来臨あれと念ずることです。なお、仏さまには十号《じゅうごう》といって十種の称号（如来《にょらい》・応供《おうぐ》・正遍知《しょうへんち》・明行足《みょうぎょうそく》・善逝《ぜんぜい》・世間解《せけんげ》・無上士《むじょうし》・調御丈夫《じょうごじょうぶ》・天人師《てんにんし》・世尊《せそん》）がありますが、世尊とはすべての人から尊敬され帰依されるにふさわしい尊い者の意味であり、如来とは修行を完成し真如から来現した者の意味です。今、本尊阿弥陀仏はじめ諸仏菩薩をお迎えし、その御加護を願うわけであります。

（四）懺悔偈《さんげげ》

㈠

我《が》昔《しゃく》所《しょ》造《ぞう》諸《しょ》悪《あく》業《ごう》
皆《かい》由《ゆう》無《む》始《し》貧《とん》瞋《じん》癡《ち》
従《じゅう》身《しん》語《ご》意《い》之《し》所《しょ》生《しょう》
一《いっ》切《さい》我《が》今《こん》皆《かい》懺《さん》悔《げ》

我れ昔より造くる所の諸の悪業は、
皆無始の貧《むさぼ》りと瞋《いか》りと癡《おろ》かさとに出る。
身と語《ことば》と意《こころ》より生ずる所なり。
一切我れ今皆懺悔したてまつる。

懺悔は、キリスト教等では〝ざんげ〟と読んでいますが、仏教では本来〝さんげ〟と読むのが本当です。語義からいうと「ごめんなさい」「すいません、堪忍して下さい」を意味するインド語のクシャマを音訳した「懺」と、「過失を悔いる」を意味する漢語の悔過《けか》を略した「悔」を合せた梵漢兼挙《ぼんかんけんこ》の語句で、過去からの一切の罪過をさとり心から悔い改めることです。

釈尊は染物屋が布を染める時、まず布を洗って穢れを落し、次にそれを漂泊して純白とし、しかる後に好みの色に染めることを譬えに引用し、心が穢れて偏見に充ちていては仏法も正しく受け取れないことを説いています。勤行《おつとめ》をするに当って、まず心からすべての罪過をとり除き、心身を整えるのです。

(二)

(一)で述べましたように、勤行をするに当ってまず心からすべての罪過をとり除き、正しい法をうけ容れるための心身を整えるのが懺悔偈ですが、偈文のように人間に悪業を行わせるのは人に貪《とん》・瞋《じん》・痴《ち》の三つの煩悩があるからです。この三つが人を毒するゆえに三毒ともいいます。

まず第一の毒「貪」は〝むさぼりの心〟です。人は一つのものが手に入ればすぐ次のものが欲しくなってたえずガツガツして満足を知りません。

次の「瞋」は〝いかりの心〟です。考えてみれば思い通りになることの方がずっと少ないのに、自分の思い通りにならないとすぐ頭に血がのぼってカッときます。

第三の「痴」は〝ぐちる心〟でこれまたどうにもなりません。ついついあの時ああしておけば……などといつまでもくやしさを忘れません。しかも、こうしたことを意《こころ》に思うだけならまだ良いのですが、無意識のうちに語《ことば》に出してしまい、時には身《からだ》をもって暴力を振ったりもしてしまいます。

つまり、三毒をもとに身・語・意を造っているのです。経文に「一人一日の中に八億四千の念あり。念々の中の所作みなこれ三途《さんず》の業なり」とあるように、凡夫である私達は絶えず煩悩に毒され悪業が溜っているのです。

死因の第一位心臓病の予防に血管のコレステロールを取除かなければならないように、懺悔によって罪過を取除くことは生きる上での必須の要件でありましょう。

献供咒《けんぐじゅ》・お塔婆供養

太古より遺体は一般的には土葬で、その上に石を置くとか木を植える程度のことをだけでしたが、インドで釈尊のご遺体を火葬にし、そのご遺骨を造塔した塚に葬った頃から、これに倣って多様な塔を建てることが行われるようになってきました。この場合、仏教で考えられる宇宙の基本的要素「五大・五輪（地・水・火・風・空）」とこれらを象徴する形状「五行（方＝四角・円・三角・半円・宝珠）」の形に刻んだ白木の板を建てることが行われるようになりました。この板をステューパ（卒塔婆）といい、この塔婆を建てる時、これに籠める秘められた仏さまの功徳がますます増すように称える陀羅尼「ノーマサラバータタギャターバローキティーオンサンバラサンバラウン」の呪文を献供咒といいます。

（五）諷《ふ》誦《じゅ》

『以《おもんみ》るに、六道輪廻《りんね》の巷《ちまた》には、生者必滅《しょうじゃひつめつ》の哀慟《あいどう》を含み、三界流転《るてん》の境《さかい》には、会者定離《えしゃじょうり》の愁歎を懐《いだ》く。誰れか常住の思いに住し、何《いず》くに不死の楽を招《まね》かんや。有待《うだい》の依身《えしん》（お亡りになった方のこと）は、寂滅の台《うてな》に移り、永別の悲しみを告げ畢《おわ》んぬ。観ずるに夫れ、断迷開悟《だんめいかいご》の謀《はかり》ごとは、一乗実相《いちじょうじっそく》の修善に如《し》くは無し。今、〇〇位〇〇忌の景陰《けいいん》を迎え〇〇施主となり誦経念仏礼讃の百業《ひゃくごう》を積《かさ》ね、満座の回向を頼みて追福作善《ついふくさぜん》を計らんとす。爾《しか》らば導霊、如《こ》の功徳に酬《むく》いて、忽《たちま》ち有為《うい》の業縄《ごうじょう》を切り、速かに寂光の浄土に到りて、上品《じょうぼん》の蓮台に座されんことを。重ねて乞う、余光此界を照して、同座の衆徒に遍ねからんことを。』

諷誦とは、「法要の折に本日このように施物を供え、僧に誦経を請ふのは死者の追福のためである」との施主の志を書き記した文を読み上げることで、年忌法要の際等にお読みするものです。ですから日常の勤行の折には読まないか、代りに宗祖の御法語等をお読みします。なお、法要の意義を明かにした文章には、「諷誦文」の外に「表白文」「歎徳文」などがあります。いづれにせよ、香偈・三宝礼・奉請・懺悔偈を勧め、自己の心身および道場を整えた上で、ここに勤行の意義を明らかにしていよいよ勤行の核心に入って行くわけです。前文は諷誦文の一例を極く短く要約したものですが、ニュアンスはお分りになると存じます。

(六) 礼《らい》讃《さん》

南《な》無《む》至《し》心《しん》帰《き》命《みょう》礼《らい》　西《さい》方《ほう》阿《あ》弥《み》陀《だ》佛《ぶ》　帰依してぞ拝みまつる、西方浄土阿弥陀仏。
弥《み》陀《だ》身《しん》色《じき》如《にょ》金《こん》山《せん》　相《そう》好《ごう》光《こう》明《みょう》照《しょう》十《じっ》方《ぽう》　弥陀の姿は金山か、照してやまず十方を、
唯《ゆい》有《う》念《ねん》仏《ぶつ》蒙《む》光《こう》攝《しょう》　当《とう》知《ち》本《ほん》願《がん》最《さい》為《い》強《ごう》　そのみ光を蒙むるは、ただ念仏によりてのみ、これ本願の力なり。
六《ろっ》方《ぽう》如《にょ》来《らい》舒《じょ》舌《ぜっ》證《しょう》　専《せん》称《しょう》名《みょう》号《ごう》至《し》西《さい》方《ほう》　六法如来舌を舒《の》べ、専らに御名を唱うれば、西に至ると証《あか》さずや、
到《とう》彼《ひ》華《け》開《かい》聞《もん》妙《みょう》法《ほう》　十《じゅう》地《じ》願《がん》行《ぎょう》自《じ》然《ねん》彰《じょう》　蓮の台《うてな》に法を聴き、十地の願いかなないなん。

願《がん》共《ぐ》諸《しょ》衆《しゅ》生《じょう》　往《おう》生《じょう》安《あん》楽《らっ》国《こく》

いざや諸人もろともに、安楽国に生き往かん。

礼讃は如来をはじめ諸の聖者を恭敬礼拝する身業の善（礼拝正行）と、如来の功徳光明を讃美する嘆称する口業の善（讃嘆正行）とを兼ねるもので、さらに意業に深く仏を念じ、身口意《しんくい》三業具足して如来を嘆徳頌表し奉る実践修行で浄土宗においてきわめて重要なお勤めの一つです。前文は高祖善導大師の六時礼讃（往生礼讃）の日中礼讃の一部です。法要の折には節をつけて称えます。

（七）開経偈《かいきょうげ》

無《む》上《じょう》甚《じん》深《じん》微《み》妙《みょう》法《ほう》
百《ひゃく》千《せん》万《まん》劫《ごう》難《なん》遭《そう》遇《ぐう》
我《が》今《こん》見《けん》聞《もん》得《とく》受《じゅ》持《じ》
願《がん》解《げ》如《にょ》来《らい》真《しん》実《じつ》義《ぎ》

これ以上のものは無いほど尊いこのみ仏の教えは、限りもない長い期間の中でも出あうことは甚だ困難だが、幸せにも今わたくしはその教えを聞く機会を得た。どうかこの真実の教えを体得できますように。

祈願、回向等のため経典を読み誦える読経《どきょう》（読誦《どくじゅ》）の功徳については、各種の経典に説くところですが、浄土教の高祖善導大師は、浄土三部経の一つ「観無量寿経」中の「まことにこの経典はよほどの大因縁がなくては、いかなる聖者といえど適うことのできぬ最尊の法であって、もし聞かば不退転の大利益を蒙むり、これ以上ない仏果を得ることは間違いない。従って心を専らにして信頼し、受持し、読誦し、説くところのままに修行すべきである」に拠って、前述の「礼拝正行」や「讃嘆正行」とともに五《ご》種正行《しゅしょうぎょう》（浄土行者の実践上における五の要目）の一つ「読誦正行」と決められ、浄土往生を希う私たちにとってきわめて重要な勤めとしております。そもそも「法要」とは仏「法」の説く教えの「要」点をつかむことで、つかみとった要点を自己や亡くなった方を含む他にふりむけることが「回向」の本義なのです。いま読経の意義をはっきり自覚して、いよいよお経をお読みするのです。

（八）読《ど》経《きょう》

㈠無量寿経

前述したように「読誦正行」に則って、その大功徳を頂くため諸経典を読誦するのですが、経典には誰れでも名称位は知っている「般若心経」や、浪花節でも語られ親しまれている「観音経」等多数の経典があります。どれも大切な経典ですが、浄土宗では宗祖法然上人の教えに従って、諸経典中とくに「無量寿経」「観無量寿経」「阿弥陀経」の三経を「浄土三部経」と呼び、浄土教の教義のよりどころとし、普段の法要時にはこの中の一節をお読みいたします。

「無量寿経」は三部経の中ではもっとも大部で、内容的にももっとも豊かなものなので「大経」ともいわれており、上・下二巻から構成されています。経典は王舎城《おうしゃじょう》東北の霊鷲山《りょうじゅせん》（耆闍崛山《ぎじゃくっせん》）に滞在された釈尊が、文殊《もんじゅ》・普賢《ふげん》や弥勒《みろく》といったもろもろの菩薩に囲まれながら、舎利弗《しゃりほつ》や目連《もくれん》はじめ一万二〇〇〇人もの弟子達に教えを説くという形式をとっております。

まず、多数の弟子達の中から阿難《あなん》尊者が席を立って合掌し、今日仏（釈尊）の威容がいつになくすぐれて輝いているのは、これから仏が阿弥陀仏について説こうとして、その仏と念じ合っていたからではなかろうかと、釈尊を讃歎したてまつったことに答えるようにして、釈尊の説法がいよいよ始まっています。

㈡無量寿経

浄土三部経の一つ「無量寿経」は、前述したような次第を経て、仏の説法が始まるのですが、説法の大要は次の通りです。

過去、久遠《くおん》の昔に世自在王仏《せじざいおうぶつ》という名の仏が在しました時、法蔵《ほうぞう》（ダルマーカラ＝真理を宿す者）という菩薩《ぼさつ》があって、世自在王仏のもとで教えを受け修行することになったが、菩薩はもし将来自分が悟りを得て仏となる時には、自分はこのような仏でありたい、また、このような仏国土を持ちたいという願を立てられ、しかも、その願が達成されないうちは決して自分は悟りを得て仏になることはしない、と誓われます。この願は全部で四十八ありますが、第十八番目の願が「自分の名を呼んで救いを求めるならば（念仏）、必ずその者を自分の国（安楽国・お浄土）に救いとってやろう（往生）」という誓いです。その後、菩薩は五劫《ごこう》（劫はきわめて長い時間の単位）という長い間修行に修行を重ね、ついに四十八の願すべてが完成して阿弥陀仏《あみだぶつ》（無量寿仏）という名の仏になられます。お経では願が完成し仏になられたことは、他の全ての仏達も認めるところであると、繰返し述べております。私達がお念仏を申して往生を希うのはこの願に拠るのです。

お経はさらに、浄土の荘厳、またそこに往生した人々のこの国での有り様をのべ、また、現世でもし阿弥陀仏のお力におすがりしない人がいるならば、その人は非常な苦しみを味わわなければならないこと等を説いております。

㈢観無量寿経⑴

浄土三部経の二つめ「観無量寿経」は、その内容から「十六観経」とか、さらに略して「観経」といわれています。分量的にも内容的にも前号に述べた「大経」ほど多量でも多彩でもありませんが、物語りの構成としては三経の中でもっともドラマチックです。それは釈尊の晩年実際に起ったとされる南インドのマガダ国の「王舎城の悲劇」と呼ばれる事件をその発端としているからです。

王舎城にはマガダ国の王頻婆娑羅《びんばしゃら》とその后韋提希《いだいけ》がおりましたが、二人には子供がありません。そこで王は占い師にみてもらったところ、占い師が言うには「遠い山中に一人の仙人がおり、あと三年たつと死に、それが王の子として生まれかわるであろう」とのことでした。これを聞いた王は「とても三年間待つことはできない。仙人にはすぐ死んでもらって、一日も早く自分の子になってもらおう」と考えて、使者を遣して仙人を殺そうとする。その時仙人は、「自分が殺されて王の子に生まれ代ったら、自分もまた王を殺すことになろう。そのことを王に伝えておけ」といって殺されてしまいます。やがて后は懐妊し男子を生みますが、仙人の言葉を恐れた父王は生まれたばかりの子をきらい、高い楼から子供をつき落します。

しかし、赤子は不思議に小指を折っただけで助かり育てられることになります。

この子は阿闍世《あじゃせ》と名付けられますが、これを訳すと未生怨《みしょうおん》（怨みを持った子）という意味ですが、また小指が折れているので指折太子とも呼ばれていました。阿闍世は大きくなると、これらの悪因縁によって悪人提婆達多《だいばだった》と交わるようになり、彼にそそのかされて早く王位を継承しようとし、父王を七重の牢獄に閉込め、食物を与えず餓死させようとしました。そこで韋提希夫人はパンの粉をバターでねったものを全身に塗り、ネックレスの玉にブドー酒をつめて面会に行き王に飯食させました。

このことを知った太子は怒り母を殺そうとします。しかし、二人の忠臣に止められ殺すことはやめますが牢にいれてしまいます。

こうして実の子に幽閉され悲歎にくれた王妃は、はるか霊鷲山に在ります釈尊に助けを求めます。この祈願にむくいて説かれた教えが、このお経の内容です。

㈣観無量寿経⑵

実の子に幽閉されるという最大の苦しみを味わされた王妃の「どうぞ、このような不条理な苦しみなど一切ない心やすまる世界を教えて下さいませ、」という訴えに応えて説かれたのが、「観無量寿経」の主内容です。

釈尊は王妃のこの願いに対し、「心身を慎しみ浄め、慈しみの心をもつことが第一である」と諭した上で、人間苦を離れ阿弥陀仏のもとへ往ける十六通りの方法を教えられます。これらの方法はいずれも、「正しくものを観察すること。そうすることによって仏のお慈悲をいただくことができる」、というものですので、「観経」といい、その方法を「十六観」というのです。例えば第一観は「日想観」といって、日没の太陽を観察する方法です。こうすることによって自分の悪業に心から気付き、仏の偉大さを知り、阿弥陀仏の慈悲にあづかれるのです。

また第九観は「仏身観」といい、阿弥陀仏の金色の身相と光明を観察し、仏に摂取されることを希う方法です。十六観のうち第一観から第十三観までは、このような特別に努める宗教行が説かれておりますが、あとの三観は、たとえどんな人でもお念仏を称えさえすれば、最後は極楽に往生できることを示したもので、普通の日常生活の中でも行える宗教行が説かれております。

つまり釈尊は、哀れな母親のため特定の方法と、日常生活の中でも出来る方法と二通りの法を示しているのです。しかし、とくに最後に「汝よくこの語をたもて。この語をたもてとは、即ちこれ、阿弥陀仏のみ名をたもてとなり」と仰せられて、お念仏をすすめておられております。

㈤阿弥陀経

浄土三部経の三つめ「阿弥陀経」は、内容的に「無量寿経」と似ているため、無量寿経を「大経」と云うのに対し、文章が簡潔で短いので「小経」と云っています。ところで、経典のほとんどすべては、弟子や信者の質問に答えて釈尊が教えを説くという形式をとっていますが、小経だけは誰も質問しないのに釈尊が自発的に説き始めるという「無問自説の経」の形式になっています。このことは、この経典の重要性、すなわち念仏の法門こそ釈尊の本意であることを示すものといえます。

さて、この経典は内容的に二つに大分されますが、まずはじめに、祇園精舎に於いて随自意で説かれたものであることが記るされ、ついで娑婆世界の西の方十万億土を隔てた所に〝阿弥陀〟という仏がいて、その仏国土は限りなく美しく荘厳にみちていて、まさに〝極楽〟と名づけられるべき浄土であり、そこには多数の菩薩・阿羅漢がおり、その国土に生まれる者はみな不退転の位に住し、次の生では仏になることが約束される。しかも、阿弥陀仏の名号を執持すること一日・二日から七日に及べば、臨終に際して阿弥陀仏が多数の聖衆とともに来迎し、その国に往生させてくれると説かれています。ついで後半では、東西南北上下方、あらゆる所においでになる諸仏も、みな等しく阿弥陀仏の不可思議功徳を讃歎し、念仏の教えを人々に奨励して下さる、と説かれています。

読誦正行に則って、法要時には以上の三部経の一節をお読みするのです。

（九）回向文《えこうもん》

願以《がんに》上来《じょうらい》　所修善品《しょしゅぜんぽん》　皆悉回向《かいしつえこう》
（戒名）霊位　追善増上菩提《ついぜんぞうじょうぼだい》
彌陀本誓願《みだほんぜいがん》　極楽之要門《ごくらくしようもん》
定散等回向《じょうさんとうえこう》　速証無生身《そくしょうむしょうしん》

どうか、これまで修めて来た礼讃・読経・念仏すべての功徳は悉く（戒名）霊位にふりむけますので、その追善と仏道が向上いたしますように。また、どうか、阿弥陀様が念仏の衆生を救いとろうとの御本願は、往生浄土の重要な道ですから、すべての善行を往生浄土のこの願にふりむけて、尊霊も私達も皆ともに速やかに輪廻《りんね》を脱して悟りの身となりますように。

読経の後で、読経やその他の善行功徳をふりむけて、み仏の国に生まれんと心をこめて誦う願文が回向文です。これにはいろいろな文句がありますが、前記の回向文は高祖善導大師の観経四帖疏《かんぎょうしじょうのしょ》の中の「本誓偈《ほんぜいげ》」に拠るもので、その一例です。

なお、浄土宗では回向に二種説いております。一つは往相回向《おうそうえこう》といい、前記回向文に見られるように、自己の作せる功徳善根を先亡現存の衆生に廻施して、ともに浄土に往生し悟りの身になることを願うことで、もう一つは還相回向《げんそうえこう》といい、浄土に生じてのち、大悲心を起してこの土に還り、衆生を教化して共に仏道を成ぜんことを願うものです。

私達はいつでもこの自行利他の心をもち、みんなが一緒に無生身になるように希おうではありませんか。

（十）摂益文《しょうやくもん》

光《こう》明《みょう》遍《へん》照《じょう》　十《じっ》方《ぽう》世《せ》界《かい》
念《ねん》仏《ぶっ》衆《しゅ》生《じょう》　摂《せっ》取《しゅ》不《ふ》捨《しゃ》

阿弥陀如来の光明は、あまねく十方世界を照らし、
念仏の衆生を、摂取して捨てたまわず

読経の後で、私達浄土教の中心の教えであるお念仏を心ゆくばかり唱えるわけですがその前に、阿弥陀さまの御力は、日の光月の明かりのように私達を照らして下さっているのだ。従ってお念仏さえすれば見捨てられることは決してないのだ、ということをもう一度心に強く云ってきかせ身を緊めます。

浄土宗では阿弥陀仏と念仏の行者との微妙な霊応関係について「三縁の義」を説いています。一つは

親縁といい、人が口に念仏を称すれば、即、み仏はその声を聞きまい、人が仏を礼拝すれば、即、み仏はその姿を見たまう。このように、み仏と行者は絶えず相い離れぬ密接な関係にあると説きます。二は近縁といい、念仏する者の心に応じて、み仏がその眼前に立ち給い、み仏との距離はきわめて近いのでこういいます。第三は、念仏すれば罪障みな滅し、そればかりかさらにその上、臨終の時にはみ仏に護念せられ来迎の利益まで蒙ることができるので、増上縁といいます。

阿弥陀仏は摂取護念の心光を添えて十方を照らし給い、このように三重もの縁によってしっかり念仏の衆生と結ばれているのです。

(十二) 念仏一会《ねんぶついちえ》

南　無　阿　弥　陀　仏　………

な　む　あ　み　だ　ぶ　つ　………

摂益文によって心身を緊きしめた後で、いよいよお念仏を称えるわけですが、お念仏は、阿弥陀仏の「設我得仏　十方衆生　至心信楽　欲生我国　乃至十念　若不生者　不取正覚　(もしわれ仏を得たらんに、十方の衆生至心に信楽《しんぎょう》し、我が国に生ぜんと欲し、ないし十念せんに若し生ぜずんば誓って正覚を取らじ)」という請願に拠るものです。

もちろんお念仏を称えるのは、自己の往生極楽のための修善ですが、また先亡の父母・親属およびその他の精霊に振り向ける回向のためでもあります。

宗祖法然上人は、無量寿経の「見此光明《ほとけのこうみょうをみれば》 皆得休息《みなきゅうそくをえて》 無復苦悩《くのうなし》 寿終之後皆蒙《じゅうじゅうののちみなげだつ》 解脱《をこうむる》」を引いて「お念仏を申せば阿弥陀仏はますます光り輝いて苦しみ悩んでいる人々を照らしたまい、その苦しみ悩みは休まり安らいでくる。自分はもちろん他の人々のためにもお念仏を申すように」と御法語の中でお説きになっておられます。

また「十二問答」という御法語では、「お念仏は声を外へ出して申すのがよい」と教えられております。声を出すことは健康のためにもよいし、声を聞くことによって信心も深められます。

心ゆくばかり　なむあみだぶつ　と称えましょう。

（十二）総回向文《そうえこうもん》

願以此功徳《がんにしくどく》　平等施一切《びょうどうせいっさい》　　願わくばこの功徳をもって、平等一切に施し、

同発菩提心《どうほつぼだいしん》　往生安楽国《おうじょうあんらっこく》　　同じく菩提心をおこして、安楽国に往生せん。

心ゆくばかり、なむあみだぶ　と称えれば身も心も安らぎ満ち足り、この〝しあわせ〟を自分だけでなく、多くの人々にも分ち差し上げたいと思わずにはいられなくなるものです。（九）で述べた回向文は、とくに特定の霊位の菩提増上をねがうものでしたが、この総回向文は、特定の霊位はもちろん先亡の諸聖霊は云うに及ばず、生きている私あなた、一切の人々に等しく阿弥陀仏の功徳を享受して頂くこ

とを願って称える回向文です。人は一人きりで生きているのではなく、他の多くの人々との係わりの中ではじめて生きられるのです。他の人々も幸福になってこそ、自分の幸福も得られるものと心得ましょう。

なお、菩提心とは、道心とか道意等とも称せられますが、〝悟りを求める心〟〝菩提＝仏果《さとり》を証得しようと発願《おもいたつ》する心〟で仏道を志す人の出発点です。皆ともにこの心を持って仏の教えに従って歩めば、必ず幸福な世界＝安楽国に往き生きることが出来ましょう。

（十三）総願偈《そうがんげ》

（四弘誓願《しぐせいがん》一）

衆生《しゅじょう》無辺誓願度《むへんせいがんど》　煩悩《ぼんのう》無辺誓願断《むへんせいがんだん》
衆生は無辺なれども、誓って度せんことを願う。煩悩は無辺なれども、誓って断ぜんことを願う。

法門《ほうもん》無尽誓願知《むじんせいがんち》　無上《むじょう》菩提誓願証《ぼだいせいがんしょう》
法門は無尽なれども誓って知らんことを願う。無上の菩提なれども、誓って証せんことを願う。

自他法界同《じたほうかいどう》利益《りやく》　共生《ぐしょう》極楽《ごくらく》成《じょう》仏道《ぶつどう》
自他法界利益を同じうして、
共に極楽に生じて仏道を成ぜん。

お勤めの終りにあたって、仏教徒とりわけお念仏信者としての共通の願いをまとめたのがこの偈文で、その願いが「度」「断」「知」「証」の四つですので、四弘誓願《しぐせいがん》ともいいます。

まず最初に「人々は教えきれないほど大勢いるけれど、きっと悟りの世界、救いの彼岸へ導き渡すようにします」と、自分のことより先きに他人のことを心配し、その幸福を願っています。この優しい心がまず出てくるのが仏教の特色です。現代はとかく個人主義、利己主義がもてはやされ、大事にされがちですが、もう少しこの仏教の特色を見直して、他のことを慮る心を持つようにしたいものです。

(四弘誓願二)

まず自分のことより先きに他人のことを心配し、その幸福を願ってから、目を自分自身に向けます。他人のために尽すにしても、自分が確っかりしていなければ、その場かぎりの思いつきか、体裁の良いごまかしにしかならないからです。

こうして自分を深く省りみてみると、何事につけてもすぐ利害得失に結びつけたり、他人の目を計算に入れたりする純粋に他人のことを思っていない濁った心の自分に気がつきます。このような心を濁らすさまざまなことが煩悩です。

そこで二番目に心身を悩ます妄念を断ちきることを願うのです。もちろん、煩悩はそう簡単に尽きることはありません。しかし、最初からあきらめてしまってはなりません。煩悩を断ち切るには深い知識・正しい認識・小さな努力の積み重ね……が必要です。これらさまざまな煩悩を断ち切るための方法が法門、即ち、お念仏をはじめ仏教の説く教えです。

そこで三番目の願いとして、自分に合った法門を知り、その法門がしっかり自分の身につくまで学び摂ることを誓うのです。

以上のような三つの願を大切に心にえがきながら、自分も他人もより高い境地を目指し、やがては無上の楽しみを得るようになりたい、というのが四番目の願いです。

この四つの願いは仏教徒とりわけお念仏信者としての共通の願いであるので四弘誓願といいます。云うまでもなく、誓い願うだけでなく実行することを怠ってはなりません。

（十四）三身礼《さんじんらい》

南無西方極楽世界《なむさいほうごくらくせかい》
本願成就身《ほんがんじょうじゅしん》　阿弥陀仏《あみだぶつ》

南無西方極楽世界《なむさいほうごくらくせかい》
光明摂取身《こうみょうせっしゅしん》　阿弥陀仏《あみだぶつ》

南無西方極楽世界《なむさいほうごくらくせかい》
来迎引接身《らいこういんじょうしん》　阿弥陀仏《あみだぶつ》

西方極楽浄土に在します衆生救度の
本願を成就された阿弥陀仏に心から帰依したてまつる
西方極楽浄土に在します慈悲の
大光明の中に私共を残らず救い摂って下さる
阿弥陀仏に心から帰依したてまつる
西方極楽浄土に在します命終る時には自から私共を浄土へお導き下さる
阿弥陀仏に心から帰依したてまつる

いよいよ法要を終るにあたり、更めて、私達凡夫の救済主である阿弥陀仏の御徳を思い、報恩の意をこめて礼拝しながら唱える文です。法要によっては三唱礼といって、この偈文に代えて簡単な節をつけながら〝なーむあーみだぶつー〟と三遍となえることを三回繰返すことをしますが、いずれにせよ阿弥陀仏の念仏往生の御本願、衆生摂取の御利益、念仏者来迎引接の御徳を深く思い、あるいは親縁・近縁・増上縁の三縁の徳を考え、感動と感謝の気持で唱えなければなりません。

（十五）送仏偈《そうぶつげ》

諸《しょう》　仏随縁還本国《ぶつずいえんげんぼんごく》
普散香華心送仏《ふさんこうげしんそうぶつ》
願仏慈心遥護念《がんぶつじしんようごねん》
同生《どうしょう》　相観盡須来《そうかんじんしゅらい》

請い願わくば仏、縁に随って本国に還りたまえ。
普く香華を散じ、心に仏を送りたてまつる。
願わくば仏の慈心遥かに護念したまえ。
浄土に生まれし諸位に相観む、来たりて同信の我らを導かれんことを。
南無阿弥陀佛・・・

十　念

三奉請で御本尊阿弥陀如来はじめ観音・勢至菩薩その他大勢の仏さまをお迎えし、前述に亘り解説したような差定で法要を勤修いたしますが、今いよいよ法要を終るにあたり、お迎えした仏さまをお見送り申上げることになります。その時、唱える文がこの送仏偈です。この偈文は往生浄土を願うための諸行について述べられた高祖善導大師の「浄土法事讃」の中の一句ですが、大事なお客様としてお迎えしたみ仏をお送り申上げるわけですから、誠の心、感謝の意をこめて申さなければなりません。そこで、いろいろな感慨を無心の中に込めて、最後に静かにお念仏を十遍となえます。

経典の一句解説

（一）お経について

……聞是経法　歓喜信楽　受持読誦　如説修行　所以者何　（略）聞此経者　於無上道　終不退転　是故応当　専心信受　持誦説行……　（無量寿経）

（この経法を聞いて、歓喜信楽《しんぎょう》し、受持読誦《じゅじどくじゅ》し、説の如く修行すべし。所以《ゆえん》は何《いか》ん。（略）此の経を聞かば、無上道にいたりて終《つい》に退転せず、この故にまさに、専心に信受し、持誦し説行すべし。）

釈尊がブッダガヤの菩提樹下で悟りを開いてから、クシナガラの臨終の時までの四十五年間に説かれた教説を集めたものを、古いインドの言葉で「スートラ」といい、漢字で「修多羅」と音訳したり、「経」と意訳したりしております。「経」は〝つね〟とか〝変らぬもの〟〝貫いているもの〟の意味があり、従って「常に変らぬ真理」ということであります。この意味で、古くは中国では聖人の書物すべてを経といっておりますが、仏教ではとくに、スートラという語が持っているもう一つの〝契る〟〝一体となる〟という意味を含ませ、「人を真理に結びつける貴い教え」の意味で使っております。このような意義から、前述の一句のように、お経はつねに読誦し、説かれているように実行することがまず必要なのです。そうすれば、必ず不退転の大功徳が得られるのです。

釈迦如来が悟りを開いてから四十五年間に説かれた教えが〝お経〟ですが、釈迦自身が「自分の教えはこうだ」といって自から文字に残して書いたものではありません。お経はすべて、教えを聞いた弟子達が記憶していたものを後世になって文字にまとめたものです。釈尊は弟子の性格や能力に応じていろいろな形で教えを説いたのでお経は種類が多く、また弟子によって聞き取り方も多少違うので、同じ経典でも本質は同じですが表現等が多少異なるものもあります。また、お経と呼ばれているものの中には、釈迦の教え（経）ばかりでなく、弟子達の教団の規則（律）や、後の賢聖によるお経の注釈書（論）も含まれています。この経・律・論を総称して三蔵といい、広い意味でお経（一切経・大蔵経）としているのです。従ってお経は、キリスト教の「バイブル」やイスラム教の「コーラン」に較べて数があまりにも多いのです。

　お経は少数の例外を除いて、①ある時、②仏が、③××という場所で、④弟子である○○達と一緒の時に、⑤……という教えを説かれるのを、⑥私は聞きました。という形式（六事成就《ろくじじょうじゅ》）で構成されています。このうち⑤の「……」が経典の内容で長短があるのです。前号にも記したように、経典は「人を真理に結びつける貴い教え」であり、音として聞くだけでも功徳があるとされていますが、説かれている教えを汲みとり実行することが何よりも大切です。読誦正業といわれる所以もここにあるのです。

（二）華厳経《けごんきょう》の一句

自ら仏に帰せば当《まさ》に願うべし、衆生大道を体解《たいげ》して無上意を発《おこ》さんと。

自ら仏に帰せば当に願うべし、衆生深く経蔵に入りて智慧海の如くならんと。

自ら僧に帰せば当に願うべし、衆生大衆を統理《とうり》して一切無礙《むげ》ならんと。

　この句は、釈尊が菩提樹下で悟りを開いたあとで最初に説かれたお経、昔から大乗経典の王ともいわれてきた「華厳経」の中の一句です。華厳とは、〝種々なる美しい華々でつくられた厳飾《かざり》〟のことですが、風が止み波静かな大海に、細大もらさず印し出された天地の万象の喩えでもあり、奈良東大寺の大仏さま（毘盧《びる》遮那仏《しゃなぶつ》）が示される真理の世界を意味するものです。経典は、この真理の世界を体得するために行う命がけの求道者の姿がえがかれており、そこに説かれている教理の全てをここで述べることは到底無理ですが、とりあえず、道を求める人が実践しなければならない浄行のうち三つだけを選んで記しました。またこの三つの浄行は、原始仏教教団できめられ、今日でも世界の仏教徒が共通して唱える「三帰依文《さんきえもん》」とも通ずるものでもあります。

松原哲明師はこの句を意訳して、

「仏に帰依しなければならない。そうすれば仏は心にさとりの種子をまくだろう。だから気力を尽して、芽を出し花を咲せる努力をしなければならない。正しい教えを求めなければならない。そのために凡ゆる経蔵《おしえ》を読み書きして、豊かな海のごとき知恵を生まねばならない。正しい教えを聞いたならば、それを周囲の人びとに聞かせてやろう。そうやって、少しでも世の中の役に立つ人間になろうじゃないか。」

としています。私達の大切な心掛けです。

（三）涅槃経《ねはんきょう》の一句

自らを灯明《ともしび》とし、
　自らを依拠《よりどころ》として住せよ。
法を灯明とし、法を依拠として住せよ。
　　（自灯明《じとうみょう》・法灯明《ほうとうみょう》）

次頁図版の説明で記したような様相で釈尊は入滅されるのですが、その様相を記録した経典が涅槃経です。ここで紹介した一句は、尊師の死の間近いことを知って歎き悲しむ直弟子の阿難に、静かに横たわらえた釈尊が語られた言葉の中の一句です。

この時釈尊は、

「私の肉体はここに滅びても私の教えは永遠に生きている。だから、私の肉体を見る者が私を見るのではなく、私の教えを知る者こそが私を見るのである。私のなきあとは、その自分（自己の内に隠された無限の

涅槃図

二月十五日はお釈迦さまが亡くなられた涅《ね》槃《はん》会《え》の日です。お経によれば、八十一歳になられ身体の衰えを感じられた釈迦は、最後の説教の旅を思い立たられたが、途中で食中毒に苦しまれ、クシナーラにたどり着いたものの、そこの沙羅《さら》双樹《そうじゅ》の根元を死に場所に定め、アタマを北に顔を西に向け、右手枕で右わきを下に静かに横たわり、最後の説法をされた後、涅槃寂静の世界に入られたと述べております。その折、沙羅の樹は純白に変わり、天からマンダラ華が降りそそぎ、芳香が漂い、供養の妙音が響いたということです。また、仏母摩耶《まや》夫人《ぶじん》が薬袋を天から降ろされたとも伝えています。図版は、江戸初期の浮世絵師道益がこの有様を版画にしたものです。

貴い価値、仏性のこと）と、私の説いた教え（仏性のこと）をよりどころとして生きるがよい」
と語られるのですが、この言葉は、如来《にょらい》（仏さま）はたとえ目に見えなくても、音に聞こえるものでなくても、いろいろな姿形をして、いつでもどこからでも私達を見守っていて下さるし（「如来常住《じょうじゅう》」）、また、すべての生きとし生けるものはみな自身の中に大切な仏性を持っている。ただ無量の煩悩に覆われて気付かないでいるだけである（「悉有仏性《しつうぶっしょう》」）。したがって、常住の如来の教え導きに従い、自らの努力によって仏性を開示しなければならない、ということを云わんとしている言葉です。

涅槃経というお経をあえて一言で云えば、釈迦の死を記すことを通して、「如来常住」と「悉有仏性」という二つの思想を説いているお経といえましょう。

（四）維摩経《ゆいまきょう》の一句

煩悩《ぼんのう》を断ぜずして涅槃《ねはん》に入る。これを宴坐《ざ》（心身ともに寂静な真の坐禅）と為す。

維摩経は、維摩（ヴィマラキールティ＝汚れがないという名声を得た人の意）という名の在家の仏教篤信者を主人公にしたお経です。

維摩は非常な資産家であり、また才能にも恵まれ、学問・法律各分野に秀でた人物です。しかし、すべてに節度を心得ており、資産家だからといって金銭に執着はなく、俗衣を着て普通の家庭を営み、また才能を鼻にかけることはなく地域のために勤労奉仕にはげむといった、名前の謂れ通りの優れた仏教信者です。

お経はこの維摩が病んで臥していることを聞いた釈尊が、弟子を病気見舞いに使わそうとするところから始ります。ところが、維摩が優れた人物であることを知る弟子達は、維摩を畏れてみんな使者を辞退します。そして最後に文殊菩薩が維摩の見舞いに行くことになり、その病床で文殊と維摩との間で交わされた会話が、お経の内容になるという一風変ったお経です。

さて、前掲の一句は、辞退組の一人舎利弗《しゃりほつ》が、かつて維摩に遣り込められた時に因むものです。ある時、舎利弗が深い林の中で心静かに坐禅していると維摩が来て、「かく坐すことを宴坐と為さざれ」と指摘、続けて前句を示します。つまり、このような林の中で構えて坐るのは初歩の坐禅で、本当の坐禅は現実の社会生活の中で実現するものでなければならないというのです。

釈尊の教えは、私達が日々経験する欲望や苦しみ悩みから逃避することではなく、これらを超えたところに心の平安を求めることだ、と教えているのです。日常の生活の中でも称えられるお念仏は、釈尊の本旨に適うものです。

（五）延命十句観音経

数ある経典の中で最も短いお経といえば「十句観音経」が一番でしょう。周知の「般若心経」も経典の中では短い方ですが、それでも二百六十二文字ありますが、この経典は次のようにたった四十二文字です。

観世音《かんぜおん》　世音（苦・悩）を観じ
南無仏《なむぶつ》　仏に帰依したてまつる
与仏有因《よぶつういん》　仏と因あり
与仏有縁《よぶつうえん》　仏と縁あり
仏法僧縁《ぶっぽうそうえん》　仏法僧の三縁によって
常楽我浄《じょうらくがじょう》　常に楽しみ我れ浄し
朝念観世音《ちょうねんかんぜおん》　朝に念ず観世音
暮念観世音《ぼねんかんぜおん》　暮にも念ず観世音
念々従心起《ねんねんじゅうしんき》　念々心《いのち》従《ょ》り起《い》かされて
念々不離心《ねんねんふりしん》　念々心を離れず

実は、十句観音経は経典の成立時代や由緒伝来が不明であるため、学問的には古い時代に中国で作られた「偽経」とされております。しかし、内容から云って仏教の極意を圧縮したものですし、このお経にまつわる奇蹟や霊験譚も多く伝えられ、古くから人々に親しまれ尊ばれてきております。

江戸中期の禅僧で幕府の信任も厚かった臨済宗中興の祖といわれる白隠禅師は、「偽りにせよ真にせよ、斯くばかり霊験ましまして世上を利益したもうからには、随分信仰申し、昼夜に読誦し、このお経によって在家は家業繁盛し（略）、出家は信仰堅固、大道の淵源に徹し……」と、著書にも記し、人々に勧めております。

本来経名は「十句観音経」ですが、〃いつまでも（延）貴い価値を持つ（命）〃ということで、白隠禅師が「延命」の二字を冠したとも伝えられております。京都東福寺の開祖聖一国師は「経とは文字にあらず、一切衆生の本心なり。本心を悟り根源にかえる人、真実の経を読むなり」と申されておりますが、短くても偽経であっても仏教の本質に適うものであれば、経典と認めて良いと思います。そこで私は、この経典の内容を、（1）世の中にはいろいろな因縁によって苦しいこと悲しいことが沢山起こります。（2）しかし、仏さまを信じ、自分なりに精一杯努力していれば、（3）きっと仏さまは因縁を解いて下さり、これらの苦しみや悲しみから救って下さる、というふうに理解し、いつも誦えています。

お念仏をするにしろ、レコードで音を流すように称えるのではなく、願いを込めて心からの声で称えることが大切だと思います。

（六）観無量寿経の一句

仏心とは大慈悲これなり。無縁の慈（相手を択り分けず行う慈）をもってもろもろの衆生を摂したもう。

マガダ国の阿闍世《あじゃせ》太子の暴逆による王舎城の悲劇を

題材にした「観無量寿経」については、126頁「勤行式差定の解説」で記述しましたように、前掲の一句は釈尊が悲嘆にくれる王妃に示した人間苦を離れ阿弥陀仏の国へ往く十六通りの方法のうち九番目の「真身経文」と呼ばれる方法に記された経文の一部です。

経文どうり慈悲とは阿弥陀仏の本心ですが、「慈」とは〝無二の友情〟を意味するマイトラという古いインド語から生じた語で〝一切衆生に別けへだてなく楽を与えること〟であり、「悲」とは〝共に感ずる痛み〟を意味するカルナから生じた語で、〝一切の衆生からどんな些細な苦も取り除く〟ことです。そこで他の経典で慈悲を「抜苦与楽《ばっくよらく》」と訳して用いていることもあり、この意味から前述した父母恩重経にもありますが慈は与楽の意にして父の愛、悲は抜苦の意にして母の愛にたとえて説かれることがあります。

いずれにせよ、仏さまはこのような見返りを求めるでもなし、憐れみ蔑むこともない〝大いなるいつくしみ〟を以て私達を救って下さるのです。まさに「仏の光明はあまねく十方世界を照らし、念仏の衆生を摂取して捨てたまわず（観無量寿経）」なのです。

私達もこのような〝いつくしみの心〟を少しでも持つようにしようではありませんか。

（七）勝鬘経《しょうまんきょう》の一句

如来の妙色身は、世間にともに等しきものなし。無比にして不思議なり。是の故に今敬礼したてまつる。如来の色は無尽なり、智慧もまたまた然なり。一切の法は常住なり。この故に我れ帰依したてまつる。

この経典は、シュリマーラー（勝鬘）という在家の夫人が釈迦のもとで、戒を犯すような心を起さない、生き物に対して忿《いか》りの心を起さない、他人の容色や装身具等に対してうらやむ心を起さない等の十ケ条の実践行と、真実の教えを身につけるにあたっては身命をも惜まないようにする等の三つの願をたてたことに対して、釈迦がこれらを補足説明し、夫人はこの上なき完全な悟りを得ることであろうと予言する、という物語り風な形式の経典です。こうした教説の中で、先きに挙げた十の実践行・三つの願は、その真実の底にあるものは一つのものである、と説きあかし、人々も男女を問わずその本心をよく覗いてみると、本来は浄らかで仏と等しい性質を備えているものとして女人成仏をも説くという特徴をもったお経です。

冒頭の一句は、勝鬘夫人がはじめて釈尊に会った折、お姿を拝したいと願ったのに応じ空中に姿を現わす。喜びにひれ伏した夫人が、釈迦を礼拝して述べた言葉です。私達の浄土宗では法要の時、この一句を節をつけてお唱えすることをよくいたします。

（八）法華経の一句

我れ深く汝等を敬う、敢て軽慢《きょうまん》せず。所以《ゆえ》は何《いか》ん。汝等、皆菩薩道を行じて、まさに作法《さぶつ》することを得べし。

法華経の原典名は「サッダルマ・プンダリーカ・スートラ」と言いますが、直訳すれば「何よりも正しい白蓮華のような教え」という意味で、この経名が示す意味については、このお経が説く教えは言葉で表現できないほど貴いので、これまた表現できぬ位に美しい白蓮華に象徴させたものであるとか、蓮華が泥水の中で育ちながら汚泥に染まらず清浄無垢な花を咲かせることに、数多い信仰宗教の中にあっても、このお経の教えだけは貴さを失わないことを喩えたとか、蓮華は花と実を同時に備えていることに、このお経を信じさえすれば（花）必ず成仏できる（実）ことを喩えたものであるとか、言われています。いずれにせよ貴い教えの経典であることに間違いありません。

この経典は全部で二十八品（章）から成っていますが、その第二十五番目の「観世音菩薩普門品」は俗に「観音経」として親しまれています。さて、前掲の一句は二十番目の「常不軽菩薩品」の中の句です。常不軽菩薩は大変かわった菩薩で、経典を勉強するでもなく説法を聞くでもなく、ただ人々に会えばその前に立って合掌礼拝し、「私は貴方を尊敬します。貴方はいつかきっと仏となられる方であるからです」と言ったというのです。

この話は「一切万物　悉有《しつう》仏性　悉皆《しっかい》成仏」を説いたものとされていますが、見方を変えて〝例えば騙されて非道い目に会わされたとしても、こういうことは今後気をつけなさい！〟と教えてくれたものと受け取れば〝騙されたことも有難く思える〟というふうに、発想の転換の必要を教えたものと解釈することもできます。

（九）理趣経の一句

一切法清浄の句門を説き給う。いわゆる妙適清浄の句はこれ菩薩の位なり。（十七清浄の句、省略）何を以ての故に。一切法は自性清浄なるが故に般若波羅蜜多は清浄なり。

理趣経は、私達浄土教徒にとっては馴染の薄いお経ですが、真言密教の宗派では大切なお経です。冒頭にある「妙適」という語は一般的に「男女の愛楽」を指す語でもありますので、このお経を「男女経」などと訳している俗書もありますが、「妙適」とは語源的に「一つに融けあう無限の純愛」のことであり、世俗的な男女愛ではありません。従って、経名「正しいことへの筋道の教え」という意味です。

仏教では、世の中すべてのモノには仏性（絶対的価値）が存在するが、私達が汚れた心、偏った目で見るために、そのモノが間違ったり一面だけが評価されたりすると説きます。妙適にしろ、興味本位の卑猥な目で見れば男女の愛欲にしかなりませんが、純粋な本能、高尚な芸術の目で見ればもっと純粋な意味を持つのです。教義的に云えば、難民救済に尽力する人々の底に流れる人間愛も、妙適の一つなのです。要するにこの句は、「世の中のすべてのものはその本質を、正しい知恵で正しく把握することが必要である」ことを逆説的に教えた句ということが出来ましょう。

仏教用語ア・ラ・カルト

（一）本願《ほんがん》　その1

本願とは、仏・菩薩が因位《いんに》（いまだ正覚《しょうがく》＝さとりを得て仏として認知される前の修業の最終段階の位）において発起した誓願のことで本誓願・因願・宿願ともいいます。語源はプールヴァ・プラニダーナで、「先に定めた願い事」の意味です。

国政選挙の際に各党が発表するマニフェスト（宣言集）のようなニュアンスの意味をもった語でもあります。この度民主党が大敗した原因の一つに、政権をとった後で、前回選挙の折公約したマニフェストを守らなかったことに対する国民の失望と怒りを挙げていますが、仏教語の「本願」は、条件が変ったからだとか、見込み違いがあったから守る・守らないといったような生やさしいものではありません。

私達の本尊阿弥陀如来も、まだ因位の法蔵菩薩でおられた時、四十八の誓願を発願されますがその二十二番目の願の項目のところで「その本願ありて自在に化する所、衆生のための故に、弘誓の鎧を被り、徳本を積累し、一切を度脱せしむ（無量寿径巻上）」とあり、衆生を済度せんとする誓願の固いことを、鎧《よろい》をまとって身を固めたようだと譬えております。阿弥陀如来である法蔵菩薩は、この四十八願を成就・満足するため十劫もの長い年月の修業を積むのです。

（二）本願　その2

仏・菩薩がおこされた誓願が本願ですから、本願の数は、仏さまの数ほど多数であり、またその内容も仏さま毎にさまざまです。しかし、次の四つの項目はすべての本願に共通しています。その第一は、一切の衆生を平等に済度するという道心（菩提心）は決して欠かせないこと、そのためにも、第二にあらゆる煩悩を断除すること、第三にどんな学問修行もいとわないこと、そして究極の目的として本願を成就して仏として成仏すること、の四項目です。

そこでこの四つの誓願を総願《そうがん》とか四弘誓願《しぐせいがん》といいま

す。これに対して、云ってみれば、総願の細目的実践方法ともいえる仏さま毎の固有な願があります。この仏さま固有の志願を別願といいます。阿弥陀如来の四十八願、薬師如来の十二願、普賢菩薩の十大願等にです。称名念仏は阿弥陀如来の四十八願のうち第十八として有名なことは、ご承知の通りです。

ところで、見逃してはいけないことは、私達も「初《しょ》地《じ》の菩薩《ぼさつ》（知識も修行も未熟な初心者仏教徒）」とはいえ、菩提寺の檀信徒である限りは、菩薩の一員には違いありませんから、阿弥陀仏の本願＝お念仏だけを頼っていれば、自分からはほかに何もしなくてもよい、ということにはなりません。十地《じゅうじ》の菩薩《ぼさつ》（仏教を究めた最上位の菩薩）のようには行えないまでも、他人のために盡そう、学問修行に努めよう、少しでも人間的に向上しよう…という四弘誓願は忘れてはいけない日々の心掛けです。

とかく本願というと、仏さまが私達にしてくれるもの、と思いがちですが、私達が心掛けなければならない一面もあるのです。

（三）引導《いんどう》・下炬《あこ》・香語《こうご》

先日、ある葬儀式を小訥《しょうとつ》が勤めた時のこと、ごく親しい友人と思われる方が「……お前もとうとうガンに引導を渡されてしまって…」とご遺体に話しかけられておりました。言葉は生きもの、とも云われますが、長い年月の間に随分本来の意味とはかけ離れた使われ方をするものだと、この時も思いました。

法華経に「もろもろの衆生を引導し、これを集めて法を聞かしむ」とあるように、仏教においては、本来、人々を教え導いて仏の道に引き入れることを意味していました。ここから発展して、葬儀において死者が迷わぬよう僧侶が法語を唱え、死者に最後の説法を聞かせることを〝引導〟と云うようになったとされています。

増一阿含経《ぞういつあごんきょう》という経典には、お釈迦さまも育ての母親マハープラジャパティーが亡くなられた時、棺前に立って香炉をささげ、栴檀《せんだん》の香木をご遺体につけ「一切の行は無常なり。生ずれば必ず尽くるなり。生ぜずばすなわち死せず。この滅を最楽となす」と唱えられ、火葬の火を着けられたことを記しています。火葬に当って導師が「智慧の火を以って、煩悩の薪《まき》を焼く」の心持ちで、法語を唱え聞かせ、死者が安心して往生するように導いてから火炬《たいまつ》の火を薪木につけることから引導を〝下炬《あこ》〟と云うこともあります。

なお、浄土宗では引導の時のタイマツは二本持ち、まず一本を下に置き「厭離穢土《おんりえど》」の表示の作法を行い、ついで下炬《あこ》を唱え、その後で手に持ったままの残りの一本で一円相《いちえんそう》を描いてから「欣求浄土《ごんぐじょうど》」の表示として火葬の薪に火をつける作法をします。

因みに引導は全く清浄であることが必須であるため香を薫じ心身を清めて述べるので〝香語〟とも云います。先述の例のように、現在では「命を断つこと」のようにも使いますが、大いに異なった用語です。

（四）婆伽梵《ばがぼん》

半世紀も前の小訥が子供の頃は〝マンガなんて…〟と少々小馬鹿扱いされていましたが、今ではマンガやアニメーションは世界に誇る貴重な日本の文化的・知的財産の一つとして認知され、世界中に愛好者がいることは、ご承知の通りです。このマンガの地位向上にあやかって、島根県境港市には「水木シゲル・ロード」が作られたり、世田谷区に「サザエさん通り」が作られたりして、町おこしに重要な役割を果していることは、これまたご承知の通りです。

マンガ『はだしのゲン』は、六歳の時に広島の爆心地近くで被爆し、親・兄弟を亡くした体験を基にした漫画家中沢啓治さんの自伝的作品で、単行本は六五〇万部も売れ、しかも二〇余ヶ国語に翻訳され、世界中に戦争と被曝の悲惨さ、人間の力強い生命力を訴え共感を得ている作品です。

ところで、アニメ化されテレビでも放映されていた赤塚不二夫さんのマンガに「天才バカボン」があります。因みにマンガの主人公の名前に濁点《だくてん》を付けた上、専門の仏教語辞典とまでいかなくても、手近の国語辞典で〝ばがぼん〟を引いてみて下さい。例えば岩波書店刊『広辞苑』（新村出編）には「ばがぼん（婆伽梵）徳ある者、聖なる者の意。仏の尊称、特に釈迦牟《しゃかむ》尼《に》の尊称」とあります。

私達仏教徒からすれば、おシャカさまが茶化されているようでイヤーな気もしないわけではありませんが、バカボンやパパ等の無垢《むく》な心から出る一般常識を破った行動、しかもその行動の結果が幸せを招くという筋書きになっているので、常識や先入観に捉らわれるな！　と説く仏教の考えとも共通するものと受け取って心を鎮めることにいたしましょう。

（五）南無《なむ》・帰命《きみょう》・帰依《きえ》・信従《しんじゅう》…

昨夏（平成二五年）の万燈会に出演して下さったネパール音楽のパンチャ・ラマさんも、演奏に先立って皆様の前に立たれた時、合掌して軽く頭を下げられ「ナマス・テー」と挨拶されたことを覚えておられる方も多いと思います。インドやネパールをはじめ東南アジアの方々は、人と出合ったり、お別れしたりする時には、必ず「ナマス・テー」と云って挨拶されます。この語は古いサンスクリット語「ナマスｎａｍａｓ」が基になった語で、狭義には〝尊敬申し上げます〟の意を含んだ語ですが、使われる時の諸条件によっては、様々な意義を持つ含蓄に富んだ意味深長な語となります。

例えば知人と出会って使うと「こんにちは」「こんばんは」位の軽い挨拶語ですが、尊敬する上司の前で頭を深く下げて用いると「今後ともよろしくご指導下さい」という意味にもとられます。この意味で万能の用語です。

そこで、サンスクリット語で書かれた経典を漢訳する時、訳者はその経典の内容をよくよく吟味した上でナマスを「帰命（己れの全身全霊を捧げます）」と訳したり「帰依」「信徒」等々と訳したりしています。

或はとても漢語では云いつくせないとして音写して「南無」とします。従って私達が「南無阿弥陀仏」と称える時は、道端で友人に出合って「じゃあね…」といった軽い意味の「南無」で称えてはいけないのです。

凡夫だからこそ救ってやろうという阿弥陀仏の本願をよくよく憶い、心して「南無」を称えなければ阿弥陀サマの耳には届きません。浄土教義で三心《さんじん》（至誠《しじょう》心《しん》・深心《じんしん》・廻向発願心《えこうほつがんしん》）四修《ししゅ》（恭敬修《くぎょうしゅ》・無余修《むよしゅ》・無《む》間修《げんしゅ》・長時修《ちょうじしゅ》）の整った念仏を説いているのはこのためです。

（六）瓦《かわら》

当院客殿も築後そろそろ五十年になります。この間に二度外装を塗り替えたり、小規模な補修工事を行い維持管理に努めてきましたので、外観上どこにも悪いところは無いようですが、近年屋根の棟《むね》や軒《のき》の一部に歪《ゆが》みが隠せない箇所が顕われてきました。

とくに近い将来予想される関東直下型地震や南海沖大地震のこともあり、耐震のため屋根の重量を軽くするため、従来の建築様式を残すため一部は残しますが、瓦葺をやめて最新の合板に張り替えたり、棟木を鉄骨で補強したりの、やや大規模な改修工事を行うことにしました。小納の住職退任前にすべきことは成しておこうと思っています。

さて、この瓦ですが「日本書紀」によれば崇峻《すしゅん》天皇の頃、百済《くだら》国が仏舎利および数人の僧とともに日本に伝え、それ以後寺院の屋根をふくのに用いられ、一般にも普及して行ったとされています。ところで〝かわら〟の語源は古いサンスクリット語のカパーラ（ka-pala）に由来しているとされています。ただし本来カパーラは杯・皿・頭蓋骨《ずがいこつ》の意で、生血や酒を入れる祭具に使われたものと考えられています。

祭具とはいえドクロは忌み避けられるようになり、代って粘土を焼いて半球状土器「瓦」が作られるようになり、また形もいろいろ用途に従って多様化して、今日の屋根瓦にまで進化しています。平安時代には故人の冥福を祈るため平板瓦に経文を書き仏塔に納めた

「瓦経」も作られています。

京都では町家の入口の庇《ひさし》の上に、小さな瓦人形「にらみ返し」を飾ることがありますが、これは、魔除けのためとも、武士といえども町家に入るためには人の足の下を通らなければならず、町人の武士に対する反骨のしるしともいわれています。

（七）護摩《ごま》・焼香《しょうこう》・荼毘《だび》

仏教儀式には「火」を重視した特異な儀礼のものが数多くあることに気が付きます。

火は、人間が生活して行く上で必要な「熱」を与える重要な作用を持っているので、古代から人は火を重視したことは云うまでもありません。冬季の保温、獣肉を調理したり、生活上欠かすことが出来なかったのです。次はまた「光」を供給してくれます。野獣や魔物が跳梁《ちょうりょう》すると考え怖《おそ》れられた闇夜《やみよ》を明るくして、これらを除いてくれる火の光りは古代人には何よりも必要なものだったでしょう。

さらに火は、一切を焼き盡し穢《よご》れを浄化する働きも古代人には無視できないものでした。こうした「火の特性」に対する感情が深化して、古代から火に関する宗教的儀式が世界中で行われています。仏教に大きな影響をもつ古代インド教でも、火の神アグラの信仰は、神の中の神インドラ（帝釈天）についで大きいものでした。

こうした信仰の過程で、火が上に燃え上がり、煙が空の果てまで届く様から、火の祭りホーマ homa の儀式が生まれました。ホーマこそ漢字に写され「護摩」のことで、地下界と天上界を結ぶ手段となったのです。災いや病気のもとを焼却し、願い事を煙にのせて天に届けるのです。護摩を簡略化したともいえるものに「焼香」があります。もともとは死臭に代表される悪臭を消すためニオイの強い香木を焼くだけのものでしたが、やがて穢《けが》れた自分の体臭を消し自身を浄めることが重視されます。

墓参の折お線香をあげるのも、自分の汚れを浄めてから、煙にのせてご先祖の霊に語りかけるためで、お線香を上げない墓参は中途半端なものです。火のもつ浄化の特性を一番求めているのが「荼毘《だび》＝火葬」で、古いインド語ジャーヤティ jhayati（燃やす）を漢字化したもので、因みに日本に法相宗《ほっそうしゅう》を伝えた僧道昭《どうしょう》が七〇〇年三月没した時、遺命によって火葬したのが日本の火葬第一号です。

（八）乳《にゅう》・酪《らく》・生酥《しょうそ》・熟酥《じゅくそ》・醍醐《だいご》

涅槃経《ねはんぎょう》その他の経典に、牛乳を精製熟成させると発酵の過程に従い五味、すなわち乳味→酪味→生酥味→熟酥味→醍醐味と旨味《うまみ》が増して行くという。最上の旨味の醍醐味は、濃厚甘味ですぐれた薬効もあるという。そこで比喩的に涅槃・仏性・仏説等の意味に用いられることもあります。醍醐味のこのような使い方を転用して、今日では「スキーの醍醐味を味わった」とか「ゴルフの醍醐味を満喫した」等という云い方もあることはご承知の通りです。

ところで、何年か前に知人から「カスピ海ヨーグルト」のタネを頂き牛乳で熟成させ愛用しておりましたが、三年前家内が検査入院ということで二週間程入院したのを機に、私がヨーグルト精製係りを勤めることになり今日に及んでおります。そこで知ったことですが、温度・湿度・熟成時間等によって出来上がったヨーグルトの味が微妙に違ってくることに気がつきました。今ではすっかり慣れてトロッとした甘味もあるヨーグルトが出来上がり、毎朝〝これこそ醍醐味だ！〟と家内と云いながら賞味しております。

さて、話はとびますが、南方小乗仏教の国では、修行僧達は正午を過ぎると食事や菓子等固形物は一切口に入れないことはよく知られています。しかし古いパーリ語聖典で認められていることでもありますが、マンゴー・ジュース等果汁は飲んでよいことになっています。面白いことに今日では乳製品しかも口中ですぐ溶けるということでアイスクリームも認められているそうです。ミネラルと水分をこのような形で摂取し熱中症を予防していた合理性に納得させられます。

なお因みに、醍醐味はサンスクリット語でサルピル・マンダと言いますが、夏の飲み物の代表「カルピス」は、カルシウムを強化したサルピル・マンダの特性を強調するための合成命名です。

（九）般若湯《はんにゃとう》（酒）・水梭花《すいさか》（魚）

当院においで下さる皆様方の中には、伝通院の新しい山門の左手前脇に「不許葷酒入門内」の語句を刻んだ大きい石柱が立っていることにお気付きの方も多いことと思います。ご説明申し上げるまでもなく「葷《くん》（ニオイのあるもの）酒《しゅ》　門内に入るを許さず」と読み、寺院は五戒《ごかい》（不飲酒《ふおんじゅ》・不殺生《ふせっしょう》・不偸盗《ふちゅうとう》・不邪《ふじゃ》淫《いん》・不妄語《ふもうご》）が守られるべき清浄の場であることを表象した語句です。

とは云え、ニオイの強い食べ物には滋養に富んだ栄養価の高いものが多いし、お酒は昔から神仏に供えられた神聖なものの一つである上、健康にも役立つものです。とくに昨今のように、十年に一度あるかないかの大寒波に襲われた夜など、酒好きでない方でも仕事が終わった後などの熱燗《あつかん》一杯は、何とも安らぎを感ずるものでしょう。明治の頃の歌人川端茅舎《かわばたぼうしゃ》の句に、時季は少し過ぎてはいますが「時雨《しぐれ》るや　またきこしめす　般若湯」とありますが、まさに「酒は百薬の長」の言葉を思い出させます。

ところで、お酒のことをどうして般若湯と云うのでしょうか。般若とは、サンスクリット語のパンニャーpannaを音写した仏教語ですが、すべての事象を徹見する無上の智慧のことで「般若心経」の般若と同じです。中世中国の大詩人蘇東坡《そとうば》に「僧は酒を云いて般若湯（智慧のわき出るお湯）と為し、魚を水梭花（水中にただよう花）と為す」の詩句がありますが、その頃の僧達は不飲酒戒や不殺生戒を云い逃れるためこの語を発明し、それが日本でも用いられるようになったようです。法然上人は民衆の素朴な疑問に答えられた「百四十五箇条問答」で「ニオイの強いものでも、お酒でもお念仏の妨げにならない程度なら差支えない」との趣旨を申されておりますが、年末・年始と飲酒の機会が多いことでしょうが、適量をお守り願います。

(十)譏嫌《きげん》・相好《そうごう》・滅法《めっぽう》・滅相《めっそう》・頂戴《ちょうだい》

日本語の中にはおびただしい数の仏教語が優しく溶け込んでいます。三月十四日に開通した北陸新幹線の一番列車に乗り込めて、少々興奮気味の乗客二人の次の会話の中で、本来仏教語であったのに日常の会話にまで抵抗なく使われている日本語はどれでしょうか。

A「君もすっかりご機嫌で、相好まで崩れているじゃないか。」

B「速さも速い上、滅法乗り心地が良くてついつい…」

A「気分の良いところで、一杯いかがですかね」

B「滅相もない…。でも、せっかくだから頂戴しましょう」

1、譏《き》(機)嫌《げん》。　譏とはそしること、嫌はきらうことですから、譏嫌とは他人から忌みきらわれることです。仏教の戒律の一つに「譏嫌戒」という戒(いましめ)があります。これは他人から譏嫌されないため、たしなみを良くし心身の穏かさを保つ教えです。譏嫌戒がよく護られている状態が〝ご譏嫌・上譏嫌〟です。

2、相好《そうごう》。　お釈迦さまは只《ただ》の人ではない証拠として百十二種類の優れた特徴をもっておられました。このように優れた人物に備わっている好ましい相《すがた》・特徴を相好と云います。〝相好が崩れる〟とは、にこやかに微笑《ほほえ》んで一つ一つの相好が融《と》け合い何にも形容しがたい好い様相を呈している意味です。

3、滅法《めっぽう》。4、滅相《めっそう》。　因縁《いんねん》の道理を基本教義とする仏教では、すべての事象について「四相《しそう》」を説きます。すなわち、すべてのものは因縁の結果、まず生じ(生相)しばらくはその状態が続き(往相)やがてその状態が変化して(異相)ついに消滅する(滅相)。この四相がすべてのものに通ずる当たり前の道理・普通の法ですから、当たり前でない、普通でない、とんでもないことが滅法・滅相です。

五、頂戴《ちょうだい》。　ある経文の一句に「生々世々値遇頂戴《しょうじょうせせちぐうちょうだい》(何時《いつ》どんな世界に生まれかわろうとも、こうして逢えた仏さまを、頭に載せるように大切にします)」とあり、尊敬と感謝を込めて述べるお礼の言葉です。

（十一）健康的日本食から

私達が日本語を文章にする時使用する漢字、それ自体が中国の字であるし、ひらがな・カタカナも漢字を基に簡略化した日本字であることは異論のないところでしょう。仏教すらインド発祥とはいえ中国で大きく変容し、それを日本が受け入れ進展させたものです。日本文化で中国の影響を受けたものは数限りなくありますが、そのごく一部私達の毎日の食生活に欠かせないものをご紹介しましょう。

味噌《みそ》・醤油《しょうゆ》　味噌は七世紀頃僧侶の覧心《らんしん》が修行地の中国径山寺《けいさんじ》で製法を学びわが国に伝えたとされています。彼は初めの頃製法を秘密にしていたので人は「密《み》祖《そ》」と呼んでいたということです。その後、味噌樽の底に沈む液体だけを濾《こ》して取り出したのが醤油となります。

豆腐《とうふ》・ごま豆腐　トーフの製法がいつ伝わって来たかは定かではありませんが、良い水と原料の大豆の産地丹波を控え、しかも精進料理しか食しない寺院が多くあった京都で、かなり早いころからトーフが作られていた記録があります。鎌倉時代になって、すり鉢とすりこ木が中国から伝わりゴマと葛粉《くずこ》を大豆とニガリの代りに使いごまドーフが作られたと云われます。

こんにゃく・湯葉《ゆば》・麸《ふ》・納豆等も禅僧達が修行地中国から製法を持ち帰ったとされています。インゲン豆は、禅宗の一派黄檗宗《おうばくしゅう》を開いた明《みん》時代の僧隠元《いんげん》が、中国から持って来たものといわれます。黄檗宗では植物性食材を揚げたり焼いたりして肉や魚を模した擬製《ぎせい》料理で有名な普茶《ふちゃ》料理が知られていますが、普茶とは「多くの人に茶を普（ひろ）める」の意で茶会等で供される料理です。

（十二）当院年中行事の一（彼岸会《ひがんえ》）

今夏（平成二七年）の記録的猛暑、気象庁の注意勧告とはいえ、小衲もたまらず一日中クーラーをかけて過ごさざるを得ませんでした。そのためか軽い冷房病になってしまい、三日間ほど左膝に違和感を感じ鍼《しん》灸《きゅう》の先生のお世話になってしまいました。ところが、立秋・処暑を過ぎた頃から急に気温が下がり、過ごしやすい毎日になりました。間もなく秋のお彼岸を迎えますが「暑さ寒さも彼岸まで」の諺どうりで、昔の知恵、暦の確かさにおどろきます。

ところで、お彼岸ですが詳しい天文学的説明はさておいて、昔から昼夜の長さが等しい秋分の日（お中《ちゅう》日《にち》）を中心に前三日、後三日計七日間を彼岸会《ひがんえ》と称して親しまれていることは申し上げるまでもないことです。聖徳太子が定められたとも伝えられていますが、平安時代には行われ、江戸時代にすっかり年中行事として定着していたことが知られます。

彼岸とは古代インドの言葉サンスクリット語のパーラミターを音写して「波羅蜜多《はらみた》」とし、その語意から「到彼岸《とうひがん》」「彼岸」と漢訳された用語です。つまり私達の生活の場、迷いの世界＝此岸《しがん》から、さとりの世界である極楽浄土＝彼岸《ひがん》に到ること、またはそのための修行を意味した仏教語です。原始仏典によれば、此岸から彼岸に到るための修行として「布施《ふせ》」「持戒《じかい》」「忍辱《にんにく》（強い意志力）」「精進《しょうじん》」「禅定《ぜんじょう》（迷わぬ集中力）」「智慧《ちえ》（鋭い洞察力＝般若《はんにゃ》）」の六つの実践行＝六波羅蜜を挙げています。彼岸会が七日間なのは、総合的に統括《とうかつ》するお中日をはさんだ六日間で、毎日六波羅蜜行を一行づつ修業するためなのです。また同時に秋分の日は、太陽が浄土のある真西に沈む日です。

浄土三部経の一つ「観無量寿経」には「日想観《にっそうかん》」といって、夕日の沈む西方の先に極楽浄土を思い浮かべ、阿弥陀如来の本願による念仏によって極楽往生を強く希う仏道修行が説かれています。六波羅蜜の実行には不適さは私達凡夫は、六波羅蜜のエッセンスを集約したともいって差し支えない称名念仏の行を実行し、彼岸に渡ることが出来るようにしましょう。

また、すでに彼岸に、到っているご先祖様先亡諸霊位のお力もいただくよう精進したお彼岸をお過ごし下さい。春の彼岸会も同じ意義を持ったもので、盂蘭《うら》盆会《ぼんえ》やお施餓鬼《せがき》と違って日本独自に発達した仏教に因む年中行事です。

（十三）旦那・シャリ・バカ

平成二十五年、ユネスコの無形文化財に登録された「和食」は、世界に受け入れられていますが、とくに「寿司《すし》」は今や世界中でブームになっているようです。そこで、とある寿司店で耳にした店主とお客との会話を紹介します。

「旦那、今日のシャリはどうですか。新米ですが…」

「云われてみれば、バカにうまいね！」

たったこれだけの何でもない会話ですが、この会話の中に、本来仏教用語であったのに、日本語の中に溶け込んでいる語が三つもあることにお気付きでしょうか。

（一）旦那、正しくは檀那と書きますが、古いインド語の梵字で「布施《ふせ》」を意味するダーナdanaを音写したものです。布施によって経済的援助をする者の意から、「仏教の後援者」、ついには妻に対する夫、商人にとってお客を指す用途にまで転用されています。

（二）シャリ、梵字のシャリーラsariraの音写で「遺骨・身骨」のことです。特に聖者の骨は白米のように美しいとされ、お米の隠語になったものです。ある仏典にお釈迦さまが亡くなった後、そのお遺骨をめぐって争いが起きかけたが、婆羅門《ばらもん》僧ドーナの仲裁によってマガダ国のアジャセ王等八人の王様が分骨し護《まも》ることになった。それを知った悪鬼の羅刹《らせつ》が遺骨を盗み逃げ出したところ、善神の韋駄天《いだてん》が追いかけなんなく取返したということです。足の速い韋駄天走りの謂《いわ》れはこれです。

（三）バカ。一般に〝馬と鹿を間違えた愚か者の話〟を基に「馬鹿」と書きますが、本来は「無知」を意味する梵字モハmohaで「莫迦」と書きます。一方似た音の後にマハmaha「摩訶（偉大な意）」があり、摩訶不思議と使ったりします。両者共に〝普通でない〟の意から、日本語ではゴチャゴチャに使われています。

（十四）料簡法意《りょうけんほうい》（ジャンケンホイ）

「玄関」とは本来仏教用語です。「玄《げん》」とは「奥深い」とか「静寂で厳《おごそ》か」という意味で、「関《かん》」とは「関所・関門」のことで重要な入口の意味です。要するに神仏の教えを修する道場の入口が玄関です。今ではアパートやマンションの出入口まで玄関の語を用いますが、かつてはそれなりの機能と構えをもった寺院か、格の高い武士の武家屋敷の重要な施設にだけ用いた語でした。従って一歩玄関を通って座敷の中に入れば、私心を捨て無心になって神仏の教え、あるいは主君の指示（法意《ほうい》）を理解し素直に受け取る心構え（料《りょう》簡《けん》）でいなければならなかったのです。

ところで、子供達の遊びや勝負ごとに際して〝負けても文句言いっこ無しよ。ジャンケンホイ…〟と云って、片手でグー（石）・チョキ（鋏《はさみ》）・パー（紙）を出し合って勝ち負けを決めますが、実はこのジャンケンホイという掛け声は、前述した「料簡法意」という仏教用語から生まれた語とされています。ジャンケンの結果は、人間の作意を超えた絶対者の命令だから（法意）、素直に承諾しなければならない（料簡）という奥深い意義を持っているのがこの掛け声だったのです。インドや東南アジアの仏教国では母国語の発音の違いによって相違はありますが、勝負を決める時、この掛け声に似た語を発するそうですが興味深いことです。

話を戻しますが、現代でも玄関は入り易い雰囲気を持ちながらも、どこか重厚さが感ぜられるものでなければならないと考えます。

（十五）祇園精舎《ぎおんしょうじゃ》

何気なくテレビを見ていたら、京都では山鉾《やまぼこ》の点検など祇園祭りの諸準備が始まっているとのことでした。東京人はあまり知らないことですが、祇園祭りは本来は、素戔嗚命（スサノオノミコト）と奇稲田姫命（クシナダヒメノミコト）を祭神とする八坂《やさか》神社の祭礼です。平安時代に摂政関白をきわめた藤原基経《もとつね》が、自邸をこわして祇園精舎の守護仏である薬師如来の分身牛《ご》頭《ず》天王《てんのう》を祀る社《やしろ》を建て、仏伝に因んで祇園精舎と称していたことからこの地一帯は祇園として親しまれるようになっていました。明治時代になって神仏分離政策によって祇園社は八坂神社と改められ今日に至っていますが、祭礼の名は祇園祭りとして残って執り行われています。

　精舎とは、仏道修行者の住居の意味で、仏教発祥の頃の昔、中インドのマガダ国の王舎城の北方に、迦蘭《からん》陀《だ》長者が土地を提供し、頻婆沙羅王ビンバシャラが建物をたて、釈尊に献じた竹林《ちくりん》精舎が仏教最初の僧院といわれています。

　その後、中インドのコーサラ国舎衛《しゃえ》城の南にあった水も清らかで美しい花々を咲かせる祇陀《ぎだ》太子の園林《おんりん》に須達《しゅだつ》長者が僧院を構築し釈尊と修道者達に献じますが、須達長者は貧しい孤独の人達に食を給する慈悲深い人であったので人々は彼を給孤独（ギュウコドク）と呼んでいたので、この新しい僧院はくわしくは祇樹給孤独園と云いますが中の部分は略して上下の祇園をとり祇園精舎とされています。

　今の人達の中には祇園というと、歓楽街の性地のように誤解している人もいますが、本当は仏教の聖地なのです。「平家物語」の冒頭の「祇園精舎の鐘の声、諸行無常の響きあり…」の句を思い起してください。

第二部　宗教と暮らし

●昭和57年〜昭和59年

1 お盆—ほどこしものの器

隣室から東北新幹線開通を祝う各地のいろいろな行事を伝えるテレビの音が、この原稿を書いている部屋まで聞えて来ます。そして、この原稿が活字になって皆様のお手元に届く頃までには何万人もの人が新幹線を利用して東北地方に往復し、また八月の月おくれのお盆にはさらに多くの方が故郷で御先祖様を迎えるために利用することでしょう。十八年前東海道新幹線がはじめて運転されてから、東京とより速く結ばれたいとの東北の方々の願いがやっと実現したわけで慶ばしいことと思います。ところが、午後になるとテレビは急に日立や三菱電機のコンピューター技術に関する産業スパイ事件を伝え出し、むしろこの日のトップニュースは何やら暗いこの事件に座を奪われた形です。両社の電子技術は新幹線にも利用されているでしょうし、またいろいろな電気製品等を通して今日の便利な生活にも大きく寄与していることでしょう。私達の生活の気付かぬ陰にこのような暗いものがあったことを知らされると、決して新幹線や便利な生活を否定するわけではありませんが、私達の生活をもう一度振り返ってみなければならないような気がいたします。

さて、新幹線を実現させ、産業スパイを行わせた原因は何でしょうか。いろいろなことが考えられますが根本は、より速く・より良く……という私達の限りない欲求ではないでしょうか。考えてみると私達は何と多くの欲求を持ちいつもガツガツ何かを欲がっていることでしょうか。より速く・より良く……金だ地位だ名誉だ……手に入れた瞬間は嬉しいがすぐまた次が欲くなる。いつも何かを欲し、餓え渇き、焦らだち、争い傷つけ合っている。仏教ではこうしたガツガツしたサマを餓鬼といっておりますが、人間の生活は一皮むけば地獄餓鬼の姿そのものともいえましょう。

ところで、「お盆」は、さかさ吊りの苦しみという意味の梵語の〝ウラムバナ〟を漢字に当てて〝盂蘭盆〟とし、さらに略して「お盆」となったものですが、ただ単に漢字を当てたのではなく、意義をも汲んでいづれも〝食物をもる器〟〝ほどこしものの入れもの〟を意味する字を当てております。皆様もお客さまにお茶を差上げる時、お盆をお使いになるでしょう。盂蘭盆経には「地獄に堕ちて餓鬼になり、絶えずガツガツとしてさかさ吊りにも似た苦しみにせめられる母親の姿を神通力によって見た目蓮尊者に、お釈迦様が七月十五日に多くの人々に百味の飲食を供養すればその功徳によって母親を救うことができる、と教えた」ことを記しておりますが、「お盆」は、人に施しをすること、言い方をかえれば、〝自分だけ…！〟という欲心をすてた行いをすること、つまりこれによって餓鬼から真人間に立ち直ることを勧める意義をもつ大切な行事なのです。

たしかに欲求は人に活力を与え利益をもたらしもします。しかしその反面それに伴っていろいろな弊害も生んでいるのです。私達は便利さ快適さのみに目を向けそれを単純に追いかけることなく、反面の害をも見つめ、餓鬼にまで堕ちることのないよう努めようではありませんか。

2 七仏通戒掲《しちぶつつうかいのげ》—人の道—

いつまでも梅雨が続いたり、明けた後から各地で豪雨禍が起きたり、今夏は全く異常な天候でしたが、その所為か例年ですと七・八月の真夏の盛りに可憐なピンクの花をつける百日紅《さるすべり》が今年は全く咲かず、そのくせ庭隅では曼珠沙華《ひがんばな》が彼岸も俟たずに早くも炎のような花を燃え上らせております。最近の残暑で持ち直しているものの野菜等作物の実りもやや悪いそうですが、このような時には昔ならさしずめ「天下の御政道が誤り、天命に反しているからだ！」と政治の在り方が問われたことでしょう。理屈をいえば森林の伐採が自然条件を変えたりする例はよくあることで、天候と政治は強ち無関係ではないのでしょうが、今は両者の関係はさて措いて近頃の政治の有様を見てみると、別に社会派ならずとも天候同様に何か腑に落ちない異常なものを感ぜずにはいられません。

例えば、教科書問題でも〝侵略〟か〝進出〟かどちらか正しい方に立ってスッキリさせれば良さそうなものを、国内向けやら国外向けやら態度言葉を使い分け、挙句の果てになんとなく曖昧なまま解決を先きに延しておりますし、生命を賭けても果す公約の行政改革問題にしろ、最近ではその掛け声も歯切れ悪くなって来ています。こうした曖昧にされつつある問題に共通していることは、枝葉末節にばかり議論が集中し、いつの間にか人々は煙にまかれ本題を見失いウヤムヤに終ってしまうことです。これは慎重とは別であり、逆にウヤムヤにしようとする人はそれを狙って本論を差し置いて各論ばかりを言いたてるのです。このような曖昧な異常さを一番感じさせたものは、六月八日のロッキード裁判有罪判決を踏えた政治倫理の確立問題だと思います。はっきり有罪の判定が出されたのにまだ理屈をこねて責任をとろうとしないのは論外として、いろいろな思惑からかこの問題になるべく触れないようにして倫理の確立を保留にしてしまった多くの政治家の行動も腑に落ちません。

さて、今日のように複雑な社会ではなおのことですが、私達は生きていくうちにいろいろな問題にぶつかり判断に迷い悩みます。しかしいつでもそのような時には、問題の根本はどこにあるかを考えながら自分なりの倫理（人生観・戒）に照らし行動を選択しています。すなわち人は倫理を基にして複雑な問題を整理し本題を解決しながら生きているのです。倫理の確立は生きる上で必須の要件の筈です。それなのにどうして政治ばかりは、倫理を確立させなくてただ徒らに各論ばかりでもよいのでしょうか。

以上のように、人にとって倫理を確立することは重要なことですが、倫理の確立には経験や先哲の教えが大きな影響を持つものです。正しい教え、良い経験は正しい倫理の確立には欠せません。従って私達仏教徒は何よりも「仏の教え」をその中心に据えなければなりません。仏教では人生の指針として守らなければならない倫理として殺生戒はじめ十重四十八軽戒を説いておりますが、それらを総括して七仏通戒偈といって「諸悪莫作《しょあくまくさ》・衆善奉行《しゅぜんぶぎょう》・自浄其意《じじょうごい》・是諸仏教《ぜしょぶつきょう》（もろもろな悪をなすことなく、もろもろの善をなして、心を浄くせよ。これが諸仏の教えである）」と説き、さらにもし悪をなしたなら直ちに懺悔し罪をつぐなう、ことを教えております。罪をウヤムヤにしようとしたり、自己の利益のため牽強付会し、より貴い大きな利益を損わせる等は決して行ってはいけないこととしております。

私達はこの教えを守り正しい人生を送り、やがて文字通り彼岸（迷い悩みのない世界）に到りたいものです。

3 慈眼視察生《じげんじしゅじょう》 ―福聚海無量

法華経の普門品は別に「観音経」ともいいますが、その一節に「一切の功徳を具して、慈眼をもって衆生を視れば、福聚の海は無量なり」とあります。このお経は観音さまのお徳を讃えた経典ですが、私達も観音さまの教えに従い慈眼をもって他を視る必要もあると思います。もしそうするならば、私達でも福聚功徳を海のように果てなく拡げることも出来るのではないでしょうか。

私事で恐縮ですが、先日久し振りにS子が子供をつれて遊びに来ました。S子は私がかつて高校に勤めていた時担任した生徒で、その頃は何回か職員会議の話題にもなったツッパリ生徒で決して誉められる方の子ではない一人でした。しかし、私とは妙にウマが合うのか当時もわだかまりなく付き合え、打ちとけて話しも出来ました。そして話し合ってみれば実に卒直で人の良い頭も決して悪くない生徒でした。ところで、担任をしているといろいろな生徒、例えば登校拒否症や家庭内暴力の子といった今日問題にされている生徒にも出会いますが、こうした生徒達に共通していることは――私の乏しい体験からだけかもしれませんが――人の良さとモノをきわめて純粋に割切ろうとする卒直さはむしろ人一倍強いことでした。世間ではこうした子供達をコワイものでも視るように特殊視しますが、海千山千のヒトの悪い政治家等よりずっと善人といえましょう。ただ、これまた共通していることは感情の処理・周りの環境との調和といった内と外・自分と他人との係わりの処理といったことについては、きわめてギコチなく稚拙なことです。この稚拙さのゆえに、その程度によって他人から誘われると人が良いばっかりに拒りきれず間違った道に入ったり、自分と他との考えの差違を適切に割り切れない卒直さのためにイライラして暴力を振ったりするようでした。それですから、たとえこちらが正しくても無理に押し付けようとするとかえって対立が深まったりしてしまいます。そのような時は目先きの正しさにこだわることなく違った次元・広い立場で話し合ってみると以外にスムースに打ちとけ合えるようでした。実際いろいろ回り道をしながらでも年齢をとり、社会体験をそれなりに積んで他との対応の仕方を学んで行くと、ほとんどの者は普通人と変りなくなって行くことでも分ると思います。仏教でいう「慈悲」とは「他人の痛みを自分の痛みと感じとり、その痛みをとり去ること」を意味します。正しいものを押しつけ従わせるのではなく、手間隙はかかっても対応の仕方や処理の方法からしみ込ませて間違っているところを直すように仕向けるより仕方がないのではないでしょうか。観音経を読誦してこの句に到ると、よく慈眼とはこういうことではないのだろうかと思うことです。

さて、学説によると、他との対応の仕方などは幼児期の体験・躾が大きな役割をもっているそうです。親の正しい生き方、考え方が無形の手本となって子供に影響を与えるそうです。とくに最近の研究によると、すでに胎児のうちから母親のオナカの中で親の有り様を感じとり影響を受けているとのことです。私達大人はうかうかできません。お正月を迎え大人として、親としてどんな生き方をしているかお互いに反省してみようではありませんか。

4 朱に交われば赤くなる

表題の言葉は誰でも知っている諺ですが、『法句経』には次のような話しがあります。

かつて釈尊が弟子の一人阿難陀と遊行していた時、魚屋さんの前でふと足をとめ「あの落ちている縄きれを拾ってくるように」と命ぜられた。しばらくして、釈迦は阿難陀にその縄を捨てさせ、にぎった手の嗅いをかぐように命じた。「生臭い嗅いがします」と答えると「そうだ。生臭い魚をゆわえれば、その嗅いは縄に移り、その縄をつかめば手まで生臭くなってしまう。同様に、交わるものや人によって、そこから受ける影響ははかり知れず、それが人を良くも悪るくもする。だから人は交わるものによく注意をしなければならない」と諭したという〈松濤弘道訳引用〉。

最近、未成年者の暴力・殺人・麻薬等々の犯罪がしきりに報道されますが、とりわけ一月におきた中学生を主とするグループによる浮浪者暴行殺人事件ほど、私達を驚かせた事件もなかったのではないでしょうか。マスコミは「テレビの暴行事件を見てカッコウ良かったから真似てみた。面白いし次々とやった」という少年の言葉を伝えていますが、なるほど、気をつけてみると映画・テレビ・雑誌等になんと多くの刺激的・暴力的場面の多いことでしょうか。目にあまるほどの場面がどこにも氾濫しています。これでは識らず知らず影響を受けてあのような事件をおこしてしまった、という云い分も頷けなくもありません。はじめは面白半分であったもののいつしかテレビの主人公気取りになり、ハッと気がついて後悔した時にはすでに遅かった…ということでしょう。まさに、朱に交わって赤くなった一つの例でしょうか。

しかし、考えてみると、テレビや映画にばかり原因をおしつけるのは少々一面的であり、云いのがれにすぎないのではないでしょうか。同じ場面はもっともっと多くの人も同時に見ているはずです。しかし、ほとんどの人はテレビの事と割切って何事もおこしていないのです。テレビだって、カタイ番組もありますし、事件がおきれば批判的に報道するし、原因の追求もしているることです。それなのに、どうしてこういう面の影響は受けなかったのでしょうか。テレビ側からいえば、暴力番組も社会の実際をドラマ化しただけにすぎない、むしろ社会の影響を受けるのはテレビ側だと開き直って云いのがれるかもしれません。もちろん、この云い分も一方的なもので受け入れられませんが、こうしてみると、人は他から影響を受けることは確かでしょうが、むしろ影響の受け方、逆に受けた影響を外に向って示現する仕方といったところに問題があるように思えます。

ところで、この事件で私達がもっとも注意しなければならないことは、「浮浪者はキタナイから無くした方が良いと思った」「浮浪者をいじめても世間は騒がないと思った」という言葉だと思います。この非人間的な非情な言葉はテレビ等の影響という単一的なものが原因でないことを示しているとおもいます。もっと人間の奥底の〝こころのはたらき（誠実さ、思いやり）〟に関する問題のような気がします。こころのはたらきさえ正常ならば、どんな場面を見せられようとめったな影響は受けませんし、外に対しても悪い方に向うはずはありません。もっとも、テレビ等の影響が心のはたらきまで狂わしたのだとしたらおそろしいことです。しかし、そうだとしたら逆に救いもあります。良い影響を受ける可能性があることを示しているからです。釈尊も「生臭い嗅いは清い水で洗えば落ちること」すなわち「正しい人と交わること」を教えてくれています。とかく正しく心をはたらかせ得ない私達凡夫でも行える方法として、冒頭の譬喩話を教えてくれているのです。

お彼岸に御先祖様を思う時は、今日の自分を形成するのに多くの恩恵を与えてくれたもろもろのものに感謝し、また自己を反省する良い機会ではないでしょうか。

5　お十夜会《じゅうやえ》

先日、一寸とした不注意から足の甲を傷つけ気にもしていなかったところ化膿してしまい三日ほどですが痛い思いをいたしました。歩けばズキズキするし、座れば体重がかかって一層具合が悪いし、法要の時には足をずらして座ってみたものの何とも落着かない思いをしました。普段見向きもしなかった足の甲をつくづく眺めては腫れ物をにくんでみたり、足のハタラキをしみじみ考えその恩恵を感謝したりしたものです。このように普段何とも思っていなかったようなことが、何かの縁で非常に印象深く身近かなものになったりすることはよくあることで、例えば、この原稿を書いている昨今の最大のニュースである大韓航空機の悲惨な事件一つとりあげても、普段あまり関心のなかった航空機の安全性やコンピューターの確実性等々のこと、とりわけ国際関係の複雑な危険性を否応無しに私達の身近かなものにさせられました。私たちは普段日々の生活におわれ、何となく安直に過していますが、私たちの周囲には無関心でいてはいけないような大切なことが、なんと多くみちみちていることでしょうか。

さて、秋のお彼岸に引きつづき十一月には「お十夜会」を勤めますが、お十夜の法要は浄土三部経（無量寿経・観無量寿経・阿弥陀経）の一つ無量寿経に「この世に於いて善をなすこと一日一夜すれば、無量寿国に在りて善をなすこと百歳するに勝れたり。乃至この世に於いて善を修むること十日十夜すれば、他方諸仏の国に於いて善を修すること千歳するに勝れたり」と説かれていることに拠って、今から約五〇〇年程前に勅許を得て、浄土宗の大本山鎌倉光明寺ではじまったものです。その後、秋のみのりを喜び感謝する農耕まつりともかかわりながら十日十夜の法要を、光明寺の末寺をはじめ全国の浄土宗の寺院がのれん分けをしてもらうような形で三日三夜、一日一夜というように分担し勤修し今日まで発展し年中行事の一つにまでなったものです。従って、お施餓鬼会はどの宗派の寺院でも勤めますが、お十夜は私たち浄土宗だけのものであり、極楽往生を願う者にとっては欠かせない法要です。先述したように私たちは日々のことに追われ、とかく身近かな大切なことに無関心で過しておりますが、このお十夜の一日を縁に、生きていることの意義を考え、そのためには何をなすべきかを気付いて実行したいものです。

さらに、同じ無量寿経では「(この世で善を行うことは、他方仏国で善を行うより何倍も勝れている) その所以は、他方の仏国は善をなす者多く、悪をなす者は少し。福徳自然につまれて悪を造ることなきなり。此の地は悪多くして、自然なることなし」と、ありますがこの経文どうり、善人の中で善を行うことは容易であり無理なく自然に行えます。とかく諸悪がまかり通り、目先きの小利益を追うような風潮の強い現世だからこそ、善を行うことに一層の価置があるのではないでしょうか。世間がそうだから、他人もそうしているからといって誰もが善いことをしようとせず、また善道に導きもしないでいたならば、この世は闇黒であり到底人間の住む処ではなくなってしまいます。

化膿してから足の大切さに気付くより、普段から足のハタラキを理解して清潔にし大切にしているべきでしょうが、不自由したことが縁になって、いろいろなことを考えさせられた出来事でした。そうして、お十夜と足とを結びつけることは勿体無い恐れ多いことですが、お十夜会はこれまた善を行うことを通して、仏さまと私たちの縁をより強く結びつける意義をもった日であることを、改めて思い直した出来事でもありました。

6 真珠浄土苑雑感

『原《たず》ぬれば夫れ高祖光明善導大師・元祖法然上人和

順大師浄土の一門を広開し凡夫出離の要津を示し給いしより幾百の星霜を経たり。以来、雲の月を寵め磁の鉄を吸うが如く四輩海内より来り投じ、その浄土易往の直路に従い極楽国土に生ぜしなり。而りといえどもなお凡夫の如来真身を想うは難く、極楽を観ずることこれまた難きなり。導師曰はく、末代罪濁の凡夫は相を立てて心を住せしむるすら尚お得ること能はず、如何に況んや相を離れて事を求めんをやと。故にその旨趣に基づきて今　真誉道彦　晋山に当りて篤信各位の協讃を得、弥陀の尊像・臨終来迎二十五尊の菩薩像を奉安し、加うるに七宝蓮池を開き、瑞雲に紛う岩山を築きて浄土苑を造成し具に厳飾を極はむ。毫光燦として輝き相好宛然たり、景色妙麗にして此界に勝れたり。まことにこれ優填の彫刻、五通の影画、八相の庭苑を造画し、之に托して以って彼の仏意に通ぜしむることを致さんがためなり。

依りて今、儀軌に準じ恭しく開眼の法を修す。

冀くば真身如来六通を以って照鑑し感応道交、月の水に即するが如く長く、茲に影臨して乃ち仏眼を具足し、法性を覚了し給はんことを。

更に伏して願くば、餘光十方を照らし、当苑埋没の諸霊位、乃至現存の面々別しては特別協讃の有徳は申すに及ばずひろく檀信徒一同が善果の勝因たらしめんことを。敬って白す。

若有象生　念阿弥陀仏　願往生者
彼仏即遣二十五菩薩擁護行者
南　無　阿　弥　陀　仏

昭和五十八年十一月二十日
真珠院十七世
真　誉　道　彦

前記の文は、この度の二十五菩薩奉安・真珠浄土苑造庭についてその意義目的を明らかにした宣疏文で、当日仏前において謹んで拝読申上げたものです。とかく暗いイメージがつきまとう墓地を、経典が説く通りの明るい楽しい雰囲気のものにしなければならないという考えは、先代住職の意志でもあり、昨年の住職拝命に当ってこの意志を継承し、さらに発展させ普山記念事業と価値付け多くの方々の御助力を頂いた上ついに実現させたものです。ボク石（溶岩石）を庭園の素材としてこれほど大量に用いてあること、とりわけ二十五菩薩の奉安をはじめ浄土の教えに従ってそれらを造形したことは、他に類を見ないものでもありいささか誇れると思います。しかも開眼法要によって、まさに〝仏作って、魂が入った〟わけですから、もちろん観賞の対象として眺めることも結構ですが、信仰の対象として心の眼で眺めてもいただきたいものです。こうしてこそ信仰が深められ心の安らぎが得られるとともに、他に対する積極的な慈しみの心が育てられるものと信じます。

7 胎教のすすめ

アメリカのレーガン大統領が議会の演説で現代の風潮に批判的に触れて、「人工中絶のとき胎児は痛みを感ずる」と述べたことからも、一頻り話題になりましたが、昨年暮れＮＨＫもテレビで放映された最新の科学技術の進歩がとらえた胎児・新生児の成長ぶりについての特集番組も、私達に大きなショックを与えたものでした。映像によれば赤ちゃんはすでに胎内にいる時指しゃぶりをし、音や光に敏感に反応している。とくに胎内に仕掛けられた超小型マイクを通して聞かされた胎外での人々の会話が、なんと鮮明に聞えたことでしょうか。しかも、これらの会話の内容によって微妙に胎児が反応する。神秘というより〝赤ちゃんの尊厳〟にただ打れ感歎するばかりでした。このように基本的には全く成人と変らない胎児だからこそ、誕生直後から見せる新生児のさまざまな能力も想像をはるかに超えるものでした。生まれた直後に五官をフルに働かして母親の顔をジッと見る仕草、二日目にはボールを目で追い、耳を働かせ、味さえも区別する。一週間もたてば母乳を染ませたガーゼとただのガーゼを完全に識別する。一時間にわたる特集番組はショック以外のなにものでもありませんでした。

この番組があってからしばらくして、畏敬する先輩八木季生上人（現、増上寺法主）から『胎教のすゝめ』という貴重な御著をいただきましたが、その一節を要約して引用させて頂きます。「人間は妊娠してから母親の胎内で十ヶ月間成長して生れるが、仮りに受精した卵子を胎外で自然状態で育てるならば―不可能ですが―計算的に四十六億年の長年月が必要である。この途方もない長時間を必要とする成長が、不思議なるかな、母親の胎内では十ヶ月で可能なのです。胎内の一日は胎外の一千五百万年分に相当するのです。胎内の時々刻々が胎児にとっては貴重な成長の日々であることを心にとめていただきたいものです。」このことを知れば、先きほどの〝赤ちゃんの尊厳〟も充分理解することができましょう。従って、「胎児は母親の体の一部でありながら、やがて独立した一個の生命体として独立していく準備を刻々と進めています。ですから妊娠中の十ヶ月の間、お母さんがどんな栄養のとり方をしたか、その影響を強く受けると同時に、お母さんが何を思い、何を考え、どういう行動をしたかという全てが、胎児の将来の物の考え方や行動の仕方を決定していきます。胎教には、これが胎教だという決ったものがあるわけではありません。妊娠中の十ヶ月間のお母さんの思いと行動の一切が、わが子の将来を決定する重要な教育そのものであるわけです。お母さんがお胎の中の子の将来の幸福を心から願い、充分な栄養を摂り、安定した精神状態で生活することが第一に大切なことなのです。」という八木上人の結論には全面的に賛意を表するところであり、これがまた私の胎教のすすめでもあります。

二、三日来の春らしい日差しに、異常な寒さでいつまでも凍りついていた雪も解けて、やっと黒い地面が広がってきましたが、注意すると其処此処にあの冷い雪の下で凍枯もせずに生き抜いた草の小さな芽が見られます。小さな生きものの中にある想像を超えた尊厳さは、何も人間の赤ちゃんだけにあるのではなく、こんな緑の草の芽の中にもあるのだとつくづく感じます。お彼岸を迎え御先祖様を思い敬うのと同時に、これからの生命、その尊厳さをも思い敬っていただきたいものと思います。

8 信棒（辛抱）

今年は異常に寒い冬だと思っていたら、夏で記録的な猛暑の連続でした。今も部屋に座って動きもせずじっとこの原稿を書いているだけですが汗が流れてきます。なんて暑いのだろうと思っていたところ本年最高三十八・一度、八王子では史上四番目の記録三十九・五度まで上ったとのこと、このまましばらくは残暑が続くかと思うと少々うんざりしてしまいます。しかし、この原稿が活字になって皆様のお手元に届くお彼岸の頃には、きっと〝暑さ寒さも彼岸まで〟の諺どおり穏やかな陽気になっていることでしょう。

さて、お彼岸とは本来古代インド語のパーラーミタ波羅蜜多（私達仏教徒が修すべき実践徳目）から出た語で、この徳目を修することによって、苦しみ迷いの此岸（裟婆）から清浄和平の彼岸（浄土）に至ることが出来るので、到彼岸・お彼岸に意訳されたものです。この波羅蜜多は六波羅蜜といって、布施・持戒・忍辱・精進・禅定・智慧の六つの徳目がありますが、〝この猛暑もお彼岸までだ！辛抱辛抱〟と云いきかせながら原稿を書いていると、お彼岸にも因む六波羅蜜のうちの「忍辱《にんにく》」のことがしきりに気になってきます。

仏教では「にんにく」と特殊に読みますが、忍辱とは「辛抱して堪える」ことには違いありませんが、そのこころは文字通り「辱しめを忍ぶ」ことであり、愚といわれ、馬鹿とののしられようが自分の中の善《まこと》を信じて耐え忍ぶことであり、厳しい意志の力を秘めた力強い積極的な姿勢を示すものなのです。もし自分に信ずべき善《まこと》がなに一つなければ、他人からとやかく云われればとても耐えられるものではないと思います。山道に迷った中学一年の少女が、きっとお母さんが助けてくれると一心に信じたればこそ、一週間谷川の水だけで、しかもたった一人で救助隊が来るまで堪えられたのだと思います。このような意味から「忍辱」にふくまれる「辛抱」は「忍」を支える「信」「棒」ではないでしょうか。

明治の三大尼僧教育家の一人で、わが浄土宗の輪島聞声尼は「信」と「忍」とは万善万業の基礎なりと教えられておりますが、それは忍と信とは一体となってはじめて本モノであり、またそうなってこそはじめてそこから偉大な力も湧きおこってくることを教えられたお言葉だと思います。つまり、「辛抱」とか「忍」とは、単に頭をすくめて風を避けるといった消極的な逃げの姿勢をいうのではなく、丁度ライオンが獲物をねらう前に一時身をひそめ息を殺し全身のエネルギーをため込むようなもので、大きい未来、すばらしい結果を信じ、それを得るために必要な事前の努力がそのこころと申せましょう。言葉をかえれば、大事の前の「待つ間」とも云えます。現代人はとかく〝この忙しい時に待ってなどいられるか。他人におくれをとってしまう〟と云って、せっかちに結果を求めて動きまわっておりますが、良い結果を得ようと思ったら逆に「信棒」を支えにして「待つ」ことが大切なのではないでしょうか。繰り返しになりますが、この「待つ」は〝果報は寝て待て〟式に無為に時を過すことではありません。より大きな、より良い結果を得るための努力の間ですから、その時々に全力を傾けていることの積み重ねで「待つ」ていなければなりません。

橋爪良恒師は「昔から花は忍の徳をあらわすといわれています。仏さまにお花をお供えするのは、花の美しい色や匂いもさることながら、何よりも花の忍の境涯に学ぶことにあったのです」と申されております。お彼岸のお墓参りの時お供えするお花にも深い意味があることをお汲みとり下さるようお願いいたします。何はさておき、暑い暑いとブツブツ身勝手なことを云っているだけの私に、お彼岸の頃にはもっと美しい色になって皆様に喜んでもらえるようになろうと積極的にこの暑い日差しを受け入れているお供え花からも、「辛抱」とは、「忍辱」とはどういうことかを教えてくれた今日の最高気温の一日でした。

9　池田由子著『妻が危ない』

先日、国立精神衛生研究所の児童精神衛生部長をしておられるお檀家の池田由子様から「主婦の精神衛生相談」という副題の書物を寄贈されました。池田先生は医学博士としてこの方面の権威者であり、今までにも多数の専門的論文や書物を公にされておりますが、今回の著書はテレビドラマのような表題から想像されるように、一般向けにくだいた、それでいて指針に富んだ啓蒙的な書物であり、皆様にも是非読んでいただきたいと思います。

先生は序文の冒頭に「最近、社会の変化に伴い、子どもに関するさまざまな精神衛生的問題が報道されるようになり、さらに壮年期の父親たちの自殺や、母親たちの生きがい喪失なども世人の注目を惹くようになった。戦後ふりかえってみて、家族の問題が今ほど関心を集めたことはない。青少年の適応異常の事例を見ていると、いちおう健全な家庭と、病理的な家庭とは紙一重の差に過ぎないような印象を受ける。潜在的崩壊家庭はすでにそこここに存在しているのではなかろうか。」と警告されておりますが、昨今のニュース等をみれば、誰しも肯けるところではないでしょうか。

このような問題意識の上にたって、とくに最近急増している主婦の精神衛生面上の諸問題について豊富な統計資料を駆使しながら解説し、また実際の事例やその治療法等をまとめられたのがこの本です。内容を詳しく紹介したいのですが、専門外のことですし、限られた紙面の都合上、十二月十日付朝日新聞の書評を抜粋したりしながら、概要だけをお伝えしたいと思います。

まず著者は、「三十才前半までの子育ての緊張感もなくなり、さりとて社会的に一目おかれる白髪の年齢にも達しない、子離れ閉経前の三十才後半から四十才台が、とかく問題をおこしやすい〝妻が危ない〟年齢層である」ことを統計的に明らかにした上で、それは「昭和十五年には平均結婚年齢は二十一才、三十六才までに五人の子を産み、末子が小学校に入る時には四十二才、平均寿命が五十才以下だった日本の女性。それが、いまや結婚年齢二十五才、二人目の末っ子が生まれるのは二十九才、小学校に入った時には母親は三十五才。子どもに子がかからなくなってから、かつてなかったほど長い四十年もの歳月が女性には残される。ライフサイクルの変化、すなわちこれからの長い四十年をどう生きるか」へのとまどいが、このような問題を起す第一の要因となっているのではなかろうか、と指摘されている。もちろん「ライフサイクルの変化だけではない。都市化、核家族化、情報のはんらん、ローンや教育のための就労など、主婦を取り巻く環境は激変した」ことも要因とされ、そして「このような社会の激変に適応できない女性の間に不定愁訴、ノイローゼ、軽うつ症がふえ、中・高年の離婚がふえ、家出人の第一位を主婦が占めたこともある」等の個々のケースが生じることを、明らかにし、さらに著者は「中学生や高校生の登校拒否や家庭内暴力も、子ども側からの、母親の学歴信仰と母子共生への抵抗のひとつのあらわれとも考えられよう」とも指摘している。さて、問題の起因が複雑多様であれば、これらの問題を防ぐ方法も、治療の方法も多様で決定的なことを示すことは困難だが、「主婦は、家庭でのその役割を受身にこなすのでなく、生々と能動的に果すことが前提になる。いささかマンネリズムに陥っていると感じたなら、ぜひ〝活性化〟してほしいものだ」と、主婦の基本的心構えを奨め示した上に、「欲求不満になりストレスにならないための工夫としては、(1)自分自身、自分の家庭のありかたの確立へ努力する、(2)それぞれの家族の短期計画、長期計画を夫と共に作る」等十余項目の具体的提案もされておられます。

紙面の制限上、これ以上紹介できませんが、先生は、「主婦の問題は、同時に夫の問題、社会の問題である。この本は、解決を述べているのではなく、対策を読者と共に考える素材を提供することを目指したものである。」と述べられております。お正月の静かなひととき を一家で家族のあり方について、この本を素材にして話し合ってみてはいかがでしょうか。きっと、今年もすばらしい一年になることと思います。

10 有難迷惑

小雪がちらついた二月の寒い日、Aさんが墓参に来られた時のこと、

住職「さあ、さあ、お茶をどうぞ。寒かったでしょう。お熱いうちに……。」

Aさん「有難うございます。」（幾分モジモジ）「実は、住職さん。私はアレルギー体質で熱いお茶が飲めません。緑茶を飲むと身体がカユくなるのです。数年前に病気をして、いろいろ薬を飲み続けてから、どうも体質がおかしくなりました……。」

住職「お茶が飲めないのですか。これは珍らしいですね。では、温るめの白湯でも持って来ましょう。」

Aさん「どうぞお構いなく。お茶が飲めない身体なんて、一寸と考えられないでしょう。実は、この事で古い付合いのBさんとまずいことになってしまいました。」

住職「それはどういうことですか。」

Aさん「住職さんも御存知のように、Bさんは純粋で一本気でとても良い人ですね。それに親切で人を厚くもてなし、自分が善いと思うと自分を犠牲にしても一途に他人につくす人柄ですね。それなんです。先日何年振りかで用事もあってBさんをお訪ねしたのですが、お茶を出して下さったのです。もちろん、飲まずにそのまま帰って来てしまったのです……。その後、人伝てに聞いたところ『Aは折角のお茶に手もつけず、帰ってしまった。無礼なヤツだ。』と言って、大そう怒っておられるとのことです。近いうちに身体のことをお話し

てお侘びしてこようと思っていますが、それにしても、お茶が飲めない身体なんて、他人さまにお話しも出来ません……。」

ざっと、このような雑談をしてAさんは帰っていかれました。

その後、幾日かたってある雑誌を何気なく見ていたところ、そのユーモア欄に「有難いけれど困ってしまうもの」と題するいくつかの投稿が目につきました。例えば「絶世の美人と乗り合せた他に誰れもいないエレベーター」といったうらやましくなってしまうような男性の投稿もありましたが、「喉が乾いている時のフーフーの熱いお茶」「糖尿病を知らずにすすめられる山海の珍味」「舗装もない夜道を案内して下さるお年寄」というのも載っておりました。初めは何気なく読んでいたのですが、やがてAさんとの雑談のことなども思い出されて、すっかり考えさせられてしまいました。

私達は普段あまり考えもしないで、自分が「善いことだ」「親切だ」と思ったことは、他人にも「善いことだ」「親切なことだ」と考え、行為にも移しておりますが、はたして正しいでしょうか。よく考えてみれば、先述の例でもわかるように、世間の常識的な「親切」とか「善い」ことは相対的なものであって、相手の事情、その時の条件等をよくよく理解した上で、さらにそれらに適った仕方で行うのでなければ、真の「親切」、本当の「善い」にならないのではないでしょうか。もし、自分中心の基準だけで「親切」とか「善い」と判断し、しかもそれを無理強いするならば、他人にとっては「有難迷惑」になってしまうでしょう。

因みに「迷惑」とは「浅識はこれを聞きて、迷惑して解らず」(法華経)のように仏語で、本来「凡人は知識も浅く、道理に迷って思い惑う」の意味です。決して〝善いと思うこと・親切なことをするな〟ではありません。仏典に説くように、いろいろなことを考えて「迷惑」しない親切・善いことをするよう心掛けようではありませんか。

11　一切唯心造《いっさいゆいしんぞう》

特異な句境を読んだ漂泊の俳人種田山頭火《たねださんとうか》に、
「雨ふる　ふるさとは　はだしであるく」
「山あれば山を観る　雨の日は雨を聴く
春　夏　秋　冬
あしたもよろし　ゆふべもよろし」
という雨の時をよんだ句があります。今年は典型的な梅雨で、「今日もまた雨か……」と歎きたくなるほど雨が降ります。こう降り続くと山頭火のように、雨をそのまま受け止められるような心境にまだ達していない私達は、ついつい雨水で靴が気持ち悪いと不平を云うのからはじまって、何でもないことまで雨の所為にして不満を口に出しがちになります。もちろん云うまでもなく、雨に何の罪もなく、むしろ夏の水の需要期を控えて梅雨の雨は充分降ることが必要ですし、いろいろな事情で雨が続くことを望んでおられる人も結構多いものです。「摂大乗論釈」というお経にも、「水を、人は水と見、魚は住家と見、餓鬼は血と見、天人はルリと見る」とありますが、本来モノには夫々貴い価値（仏性）を備えており、ただそのモノに対する人の主体的姿勢の如何によって、善悪、多少、好悪といったさまざまな評価がつけられるのです。

先日、永年つれそわれた御主人に先立たれたYさんが納骨の法要をされましたが、その折「よく周りの方は『御主人を亡くされ、お一人きりでお寂しいでしょう』と云って慰めて下さいますが、たしかに寂しいと思うこともありますが、デパートへ行くにも気儘にできますし、結構気楽で良いものですよ。私は生れつき楽天家だから…。人は気の持ちようで、暗いことばかり考えていると何もかも暗くいやになってしまいますから、私はなるべく明るく前向きに考えることにしています。主人だって陽気な人だったから、その方を喜んでくれると思います…。そうでしょう、住職さん」と云われて元気にしておられましたが、私も大いに肯けるところでした。梅雨は梅雨、死は死――ですが、それをいかに受け止めるか、自分の気持、すなわち心の働きの重要さを改めて知らされたことです。

閑話休題。過日の大施餓鬼会ですが、午後の法要時には雨が止んでいたものの、当日は生憎の梅雨で御参詣の方にはいろいろ御不自由をおかけしたことと存じます。しかし、お叱りを受けるかもしれませんが、当日の雨をひそかにうれしく思ったことが一つだけありました。それは山門から本堂までの参道の大石畳は表面が磨かれていて雨が降るとツルツルすべり非常に危険で前々から気になっていたのですが、施餓鬼会に雨が降る予感でもしたのか、急に思いたって石屋さんを督促し、突貫工事の挙句、すべり止めの加工工事が施餓鬼会の三日前に完成し、当日の皆様の足元をどうやら確保することが出来たことです。その日の雨は、天がすべり止めの効果をためすために降らせくださったのではないでしょうか。どうやら私もYさん同様楽天家なのかもしれません。

さて、施餓鬼会といえば、当日も心をこめてお読みしましたが、お盆の施餓鬼会の時に、とくにお読みするお経の一句に、「若し人、三世一切の仏を了知せんと欲せば、応《まさ》に法界の性は、一切唯心造なりと観ずべし」とあります。心の働きがモノの仏性を知らせ、顕わしてくれるのです。心を一面にのみ働かせるのではなく、いろいろに働かせて仏性をあらゆる面から明らかにしようではありませんか。また逆に、明らかになった仏性は、私達にさまざまな心の働きを可能にさせ、ひいては、私達の生活を豊かな幸せなものにしてくれるのです。お盆の前に降る梅雨は、私達にとって欠くことのできない慈雨といえましょう。そしてこの文章が皆様のお手元にとどくお盆の時には

「山から山がのぞいて　梅雨晴れ」（山頭火）

になることでしょう。

12 法然上人二十五霊場巡拝

菅笠・金剛杖・笈摺・御詠歌・納札……と並べば、

どなたも四国八十八ケ所巡りのお遍路さんを思いつかれることと思いますが、私も今夏霊場巡りをさせていただきました。聖跡を慕い功徳を得ようという巡礼は、有名なイスラム教徒のメッカ巡礼をはじめ、各国各宗教でも行われているところですが、日本では八世紀初め大和長谷寺の徳道上人が夢に閻魔大王より観音三十三化身の宝印を授かって観音霊場を開き、その後花山法皇が再興してから三十三ケ所観音巡礼がはじまったと記録されております。弘法大師の霊跡八十八ケ所を巡る四国遍路は平安時代に江門三郎が始めたと伝えられております。

さて、浄土宗では、法蓮房信空が「上人がお亡りになった後、どこを御遺跡に定めましょうか」とおたずねしたのに対し、「後を一廟にしむれば遺法あまねからず…（略）…されば念仏を修せんところば、貴賤を論ぜず、海人漁人がとまやまでも、みなこれ予が遺跡なるべし』と教えられたお言葉に拠って、従来法然上人の御霊場をとくに定めそこを巡拝するという習慣はありませんでしたが、私達に〃お念仏〃という尊い教えを残して下さった上人にゆかりのある寺にお参りし、宗祖を親しく偲び念仏の縁を一層強く結びたいと考えるのも人情で、今から三〇〇年位前の宝暦年間に洛西如来寺の霊沢順阿上人が宗祖五百五十回忌に際し、上人に因縁深い霊場二十五ケ所を選んで巡拝所とし、案内記一巻を編して広く宗門に奨めたことから、法然上人御遺跡浄土宗二十五霊場巡拝の礼拝供養の行が定着するようになりました。次の通りです。

第一番岡山誕生寺	第二番高松法然寺
第三番高砂十輪寺	第四番尼崎如来院
第五番箕面勝尾寺	第六番大阪天王寺
第七番大阪一心寺	第八番紀伊報恩講寺
第九番大和當麻寺	第十番大和法然寺
第十一番奈良東大寺	第十二番伊勢欣浄寺
第十三番京都清水寺	第十四番京都正林寺
第十五番京都源空寺	第十六番長岡光明寺
第十七番京都二尊院	第十八番京都月輪寺
第十九番京都法然寺	第二十番京都誓願寺
第廿一番京都勝林院	第廿二番大本山知恩寺

第廿三番大本山清浄華院
第廿四番大本山金戒光明寺
第廿五番総本山知恩院
（大正十三年、開宗七百五十年に際し、史実に徴して一部改正したり、特別霊場にしたところもあります。）

霊場を「札所」ともいいますが、これは花山法皇が巡拝の折、歌一首を札に書いて納められたことに由来し、またこのことから霊場にはその場所に因む御詠歌がよまれております。二十五霊場も例外でなく、例えば、第十八番月輪寺の御詠歌は

月影の　至らぬ里は　なけれども
眺むる人の　心にぞすむ

（月の光は、全世界を隈なく照らして、どの様な小さな水溜りにもその光を宿しますが、蓋のしてある器の水には影を映すことは出来ません。その様に阿弥陀様のお慈悲は、すべての人に行き渡っていますが、お念仏を申す人だけが、そのお慈悲に触れることが出来るのです。しっかりお念仏に励みましょう。）

ですが、この歌は、浄土宗の宗歌になっております。月輪寺は京都清滝の奥愛宕山の中腹にあり、今回も麓から小一時険しい山道を登ってお詣りしてまいりましたが、国宝重文に指定された数々の寺宝仏を拝めた有難さはもちろん、現代の科学でも説明つかないような奇蹟を今でも示す竜奇水やしぐれ桜も、この霊地ならこそ、とただ有難く感ぜられた霊場でした。

昔から、霊場巡拝には「福寿増長・子孫繁栄・衆人愛敬・所求必得・衆病悉除・身体堅固・家宅永安・出入神護・先亡得脱・往生浄土」の十徳があるとされています。またたとえ実際に現地を歩かなくても、紙上巡拝の功徳を得ることも出来ますし、「お砂踏み」といって霊場のお土砂に触れるだけでも良しとされております。此の度、境内に二十五霊場を開かせて頂いたのも、真珠浄土苑の総仕上げとして、巡拝の功徳を皆様にお頒ちしたいと考えたからです。

13 捨身施

今年はトラ年ですが、金光明最勝王経などいくつかの経典に、釈尊の前生譚の一つとして『昔、ある国に摩訶薩埵《まかさった》という王子がいました。ある日、奥深い竹林に入って行くと、餓えのあまり身動きもできずにいる母虎と、その回りにいる何頭かの生まれて間もない子虎がいるのに出会いました。王子はお乳をほしがる子虎達に囲まれ、食べ物を探しにも行けない母虎を見ているうちに、餓えに迫られた母虎はやがて子供虎を喰べてしまうだろう、そうでなくても母子ともに餓死してしまうのではないだろうか、何とか助ける途はないものだろうか、と心から心配になりました。しかし、周りには食物の一片すらありません。とうとう、百千の過去世から悟りを求め続けてきた王子は、「今こそ最高の悟りを求めてこの身を捨てよう。悟りを得て、生きとし生けるものに限りない法の喜びを施そう」と考え、可哀そうな母子虎を救うため自分の肉体を食わそうと決意しました。そして王子は固い竹を手に取って自分の身体に突刺し、血を吸わせ肉を食わせようとしました。と、まさに真赤な血が迸り出ようとした時、仏が法を説かれる時の瑞相そのままに、大地は震動し天からは色とりどりの花々がふりそそぎ、天の神々は皆そろってこの尊い王子の行為を賞め讃えました。前世におけるこのような貴い功徳が積り積って、王子は釈尊となって出生することになったのです』という、虎に因んだ譬喩話がのっております。申し上げるまでもなくこの譬喩話しは、慈悲の極地であり、最高の布施行である『捨身施』の尊さを比喩的に説いたもので、自殺の勧めでも動物飼育の奨めでもありません。

自殺といえば、昨年は日航機の墜落をはじめ痛ましいいろいろな事件がありましたが、その一つ『いじめ』の問題は、多くの自殺者まで出ており、しかも今後もますます多発しそうな気がしてなりません。

かつて教師をしていたというだけで、最近の学校教育の実状を知りませんし、精神衛生等の専門的知識もない私ですので、この問題について正鵠を得た意見を述べるというわけにはまいりませんが、いじめ・登校拒否・校内暴力……といった中学生徒を中心とする広い意味での心身症に属す諸問題は、現在の細分化され組織化された社会機構の中で発達した管理主義的学校制度に、その根本の原因があるように私には思えます。管理社会では、とかく画一的・同質的なものは適応されやすいのに対し、個性的・特異的なものは強いストレスを受けることは社会学の常識で、現在中高年者にも心身症が急増していることでもおわかりいただけると思います。従ってこの問題を解決するには、「本人が我儘で、こらえ性がないからだ」「親の育て方が悪いのだ」とか「いじめられる側にも理由がある」などと他人事のように云うのはあまりにも無責任ですし、そうかといって社会の仕組みを変革するにはあまりにも大ごとすぎます。とかく、いじめられる生徒にしろ、登校拒否児にしろそのほとんどは個性豊かで感性がすぐれ、知能的にも高い生徒達であるだけに一そう心が痛みます。そこで、多くの専門家が様々な提案を示しておられますが、あえて〝万物悉有仏性〟の仏教的立場から、私達でも出来そうな方法として、少くとも教育の場では、生徒も先生も、監督官庁もＰＴＡも、アチーブメント・テストのようなイエスかノーか、二つに一つ式の答えだけでなく、それ以外の答えも充分大切にすること。どんな決論でも形に顕わす時にはもう一度第三者の目で考え直してみること、の励行を提案してみます。紙面の制限上、意をつくすほど詳述できませんが、こうすれば少しは教育の管理色が弱まるのではないでしょうか。さらに、この二つの提案を違う角度から総合すれば――お正月ですので少々初夢じみさせていただきますが――三浦事件で見せてくれた驚異的大衆操縦術をもつテレビ朝日はじめマスコミ各位に協力ねがって、しばらくの間は完全犯罪法の詳説やら芸能人の噂話しは少し控えてもらい、〝親切運動〟をフライデーだけでなく毎日でもキャンペーンしてもらってみてはいかがでしょうか。他人の為に尽した話、自分を犠牲にして親切にしてあげた話、努力して良い結果を得た話等をフォーカスして徹底検証する、というのはいかがでしょうか。

お屠蘇気分の初夢はさておいて、自殺者まで出たことが機縁になって、人々の覚醒をうながし、いじめの問題が少しでも解消するようになれば、「自殺」が「捨身施」に昇華することになり、その功徳によって亡くなった方も必ずや来世は、仏に生まれかわることができるのではないでしょうか。元旦の計をたてるにあたり、そのようにしなければならないと心に誓うことです。

14 往（生）き還（返）ったパッキー

パッキー。これはわが家の小犬の名前です。昨年、いろいろな事情から縁あって、知り合いの方から生まれて一ヶ月目のビーグル犬の子犬を頂戴しました。八月生まれだし、はじめてつれて来られた時、黄色の布につつまれていたことから、誰れともなくパッ（八）・キー（黄）と呼び出し、それが名前になったのです。ビーグル犬はマンガのスヌーピーのモデルになった位の犬ですから、性格が明るく陽気で親しみやすい犬でしたので、パッキーの名は本当にピッタリでした。近所の子供さん達もすぐこの犬が好きになって、毎日見に来ては庭や境内で一緒に遊びまわるようになっていました。パッキーはこのように多勢の人々の温い愛情を受けながらのびのび育ち、いつも元気一杯でした。お正月の頃には体格もずい分大きくなり、またいろいろ知恵もついてきて、私達の言葉も心なしか分かるような動作までして、可愛さも一段と増し、もはや私達の家族生活の中で欠せない重要な一部をしめるようになっていました。

ところが、今年一月二十日の夕刻、寺の前をいつも可愛がってくれる子供さんが通りかかるのを見て走り寄ろうとし、その時に限ってどうした理由かいつも繋いである手綱の金具が外れて、そのまま道に飛び出し、運悪く走って来たトラックに跳ね飛ばされてしまったのです。丁度、私は来客があって座敷に居たのですが、子供達の叫び声や家の者達の悲鳴に似た呼び声ですぐ道に出てみましたが、その時にはもう即死の状態でした。抱きとって獣医のところへ連れていったものの手の施しようも全く無く、ただ火葬の手続きを頼むだけのことでした。犬のことと笑われるかもしれませんが、家の者達の悲しみはもちろん、私の目にも自然と涙があふれることでした。それから数日間は誰れも口数が少くなっていたようでした。

　そのようなある日のこと、フッと、先年癌で亡くなられた作家の高見順氏が、死の間際によまれた詩を集めた「死の渕より」の中の一篇が妙に思い出されました。

「帰る旅（死の渕より）」

帰れるから
旅は楽しいのであり
旅の寂しさを楽しめるのも
わが家にいつかは戻れるからである（中略）

この旅は
自然へ帰る旅である
帰るところのある旅だから
楽しくなくてはならないのだ
もうじき土に戻れるのだ
おみやげを買わなくていいか
埴輪や明器《めいき》のような副葬品を

大地へ帰る死を悲しんではいけない
肉体とともに精神も
わが家へ帰れるのである　（後略）

仏教では五蘊《ごうん》仮《け》和合《わごう》といって、犬はもとより人間はじめ存在するすべてのモノは、五つの基本的な要素が因縁《いんねん》によって仮りに和合して成立存在しているにすぎない。そのモノは死によってそれぞれの元に戻るのである、という考えを基本的に説いています。この立場からいえば、パッキーの死は元に戻ること、すなわち往き還るのであり、詩でいう「帰る旅」であり、とりたてて悲しむべきものではないのかもしれません。むしろ仏の教えからいえば往き還ったのち親しかった人々の追善供養の因縁によって、来世は人・天・仏に生まれかわるのだから、よろこぶべきなのかもしれません。しかし、そうは理屈で説いても、残された私達からいえば、きびしく心残りの多いのが事実です。パッキーは旅先きであるこの世で、何をおみやげにほしいと思ったのだろうか。置き忘れていったものはないのだろうか。パッキーは多くのものを残して行ったようです。交通事故の悲惨さ、無心に他に接することの大切さ……。パッキーの姿を思い浮かべると、同時に私達の心の中にはこうしたことが思われます。私達の心の中でパッキーは貴重な教えとなって生き返ってくるのです。たった五ヶ月間の私達との生活で往き還ったパッキーですが、今や私達の心の中で新しい姿になって生き返っております。

お彼岸を迎えてお墓参りの折など、皆様の心の中には、往き還えられた御先祖様が、いろいろな姿になって生き返られることでしょう。

15 途上

先日、恩師のM先生から中村千春さんの「途上」という歌集を送るから読んでほしい、というお話しがありました。中村さんもM先生の教え子の一人で、大学卒業後は東京都の福祉関係の役所に勤めており、この歌集は勤務の合い間や出張の折に詠んだ歌を中心に集められた本です。私は多少面識はあるもののとくに親しくおつき合いをしていたわけでないので、歌集の中の歌が何時どういう折に詠まれたのが、また個々の歌の前後関係も判りませんが、読み進めていくうちに、彼女がきびしく自己反省を繰り返しながら真摯に仕事に精進している様子が、ありありと目に浮んできます。

クランケの精神病院移送反対の記録叩きつけ病棟を出ず

（注・クランケ＝患者）

不用意に洩らせし言葉の血しぶきか赤きワインになかなか酔えぬ

〈ポクに何が出来ると思う〉不髄者と大きな英字かきなぐりあう

十五歳より正業ホステス肝病みてなお勤めんと言うに答え得ず

誠意がもう一歩とどかず口惜しがったり、落ち込んだり、どうしてよいかわからずただ自分の非力を歎いたりの姿がはっきりとわかります。しかし、やがて気をとり直したものか、

寒咲きの赤きつつじを活けながら悔いも喜びもぐんぐん矯《た》める

福祉職われに向かぬと思えども愚かごころは燃えてやまざる

〈生きるにも勇気がいるね〉クランケが言えば湧きくるいのち脈脈

と詠んでおり、苦しみのトンネルから抜け出て力強さが一段と増したことを感じさせられ、私もホッとしてしまいます。こうなるにはきっと、

〈失敗も足跡にして〉と励まされ新しい同僚とまた向い合う

というように、友の励ましがあったにちがいありません。私だって同じことを云って励ましたくなります。あるいは、

辛き日は法然惟《おも》うを慣いとし木蓮の花愛ず昼の休みを

盛砂のくずれ僅かに目にとむる法然院にてわれは安らぐ

法然の遺したまいし起請文受け止め兼ぬる砂の崩れや

にみられるように、学生時代からの法然上人への傾倒とその信仰によって、阿彌陀佛の御加護があったのかもしれないと想像したりもします。

このようにこの歌集は人生の途上にある自己の姿をありのままに詠んだ歌で埋っており、ひしひしと胸に迫ってくるものが多くあります。禅語に「石中に火あり、打たざれば出ず。人中に佛性あり、修せずんば顕われず」という句がありますが、人は叩かれ打たれ苦しむことによって、大きく成長していくものであることが、この歌集からも肯けるところです。もちろん云うまでもありませんが、叩けば成長するからといって、相手かまわずの無制限ないじめ、であってはなりません。それはどんな石でも打てば火が出るというものではないことでもおわかりでしょう。鉄分を含んだ火打石だから打てば火が出るのであり、中村さんにしろ仕事に対する情熱はもちろん、励まし合う友がいたから、また、信仰の力があったから、一段〝途を上れた〟のだと思います。中村さんの学んだ女子校の校祖のお言葉に「信と忍とは万善万業の基礎なり」とありますが、信仰の大切さをこの言葉の意を帯した彼女の作品からも感ぜられることです。

お盆を迎え、御先祖様の精霊《みたま》と対しながら信仰心を深めたいものと思います。

16 健康十訓

お盆の棚経で各家を巡っている時など、いろいろ良いお話を伺うことができます。

三崎先生の奥さんは薬学博士で自分のお店も開いておられますが、店では漢方薬がかなりのスペースを割いて売られています。お話によれば、御主人が医科系大学の教授でもある関係から、はじめの頃はやはり西洋薬一点張りで、漢方薬などほとんど扱っていなかったそうですが、永年薬品を売り、体具合の悪い方々と付き合っているうちに、「病気というものは、体調を崩し、ビタミシやホルモシ等がバランスを失った自らが作った失調状態であり、従ってこれを治すには、刺激によって人自身が持っている体内活力を目覚めさせ活性化させ自分の力で体調を整え直す以外にない、薬はそのための補助手段に過ぎない」という当り前のようだけど基本的なことに、つくづく気付かれたとのことです。このことから、「診断には進んだ西洋科学の粋で出来ている機械をどんどん利用したらよいし、また緊急処置には西洋医薬を使ったらよいけれど、一般的に云えば、西洋薬は純粋成分から成り立っているだけに刺激が強すぎ、一方には効くかもしれないが、逆方向にバランスを崩して他の病気にもなりやすい。ところが、漢方の煎じ薬などは微妙な成分がいろいろ混り合っていて、効めは穏かだがバランスを整え直すには適しているように思われる」と考えるようになり、次第に漢方薬を多く扱われるようになったそうです。「しかし、どうしても薬を飲まないと気がすまないような方には、ビタミンCをすすめています。また近頃の方は、ストレスやインスタシト食品等の影響からか、とかく体質は繊細で偏っており、漢方薬にしろ弱めの薬でないといけないようです」ということでもありました。

お店の忙しい合い間を縫っての話ですし、私も盆中の長居無用の身ですし、充分お話を伺うわけにはまいりませんでしたが、結論として、「健康でいる秘訣は、好き嫌いなくバランスよくいろいろな種類のものを適量たべること。後はクヨクヨせず仏さまにおまかせすること。これ以外にないということですね……」二人で笑い合ったことでした。そのあとで、八十才を過ぎてもカクシャクとしておられる石田さんのお宅に伺いましたが、そこでは「健康十訓」を教えていただきました。

一、少肉多菜　二、少塩多酢
三、少糖多果　四、少食多噛
五、少衣多浴　六、少車多歩

七、少言多行　八、少煩多眠
九、少憤多笑　十、少欲多施

この教訓と、先きのお話とは、よく考えてみると共通点があるのではないでしょうか。

また、御主人の墓参によくおいでになる富安さんは、中国医療の鍼《はり》の名医ときわめて親しくしておられ、何かあれば必ず家庭医のように出掛けて治療されておられますが、先日ヴィールスによる帯状《たいじょう》疱疹《ほうしん》に羅られた時も、車が揺れるたびにピリピリ痛むのをようやく怺え鍼を打ってもらったところ、半日で痛みもうすらぎ、床に就くということは全くないまま完治されたそうです。鍼の刺激によって体内の活力が活性化し、自からの力で病気に打勝って治ったものでしょう。

法句経にも「健康は最上の利益、満足は最上の財産、信頼は最上の縁者。この上の心の安らぎこそは最上の幸せなり」という句がありますが、心身のバランスのとれた健康は、幸せな生活を営む上で不可欠の要素であることは異論のないところと思います。公害、加工食品の氾濫、神経のすりへるような管理制度……こうした心の中も体の内もバランスを失いやすく病気に罹りやすい危険の中で生きなければならない現代の私達は、先述のお三人の話しを参考にもう一度根本から健康について考え直す必要にせまられているのではないでしょうか。

この意味から、お彼岸のお墓参りの静かな一ときは、心身の安らぎをとり戻し、健康を保つための貴重な一ときともいうことができるのではないでしょうか。

17 月の兎

日本の「今昔物語」の中にも採り入れられている仏教の話に「月の兎」の話があります。『昔、ある森に猿と狐と兎が住んでいました。三匹は大変仲が良く野山を駆けるのも、林で遊ぶのもいつも一緒でした。ある時、天の神がこのことを知り三匹の友情の強さを試めしてみようと考え、老人に姿を変えて森にやって来ました。そして空腹で今にも飢え死にしそうにしながら食べ物を乞いました。同情した三匹は手分けして、猿はすぐ後ろの林に分け入りおいしそうな果実を拾って来て老人に与え、狐は前の川にとび込んで魚を取り老人に食べさせました。兎も野原を躍び回っていろいろ食べ物を探しました。ところがいくら探しても食べるものは見付かりません。とうとう意を決した兎は、猿に柴を刈り集めてくるように頼み、それに火をつけ自らの体をその中に投じました。そして火の中から狐に自分の身体が焼けたら老人にその肉を食べさせるように頼みました。この三匹の友情の強さを知り兎を憐れに思った老人は、元の神の姿に戻ると兎の骸を抱きとって天に昇り月に手厚く葬ってやりました。』この話は釈迦の前生譚を集めた「本生経」や「旧雑譬喩経」「雑宝蔵経」等に収められている話ですが、月の伝説として、また今年の干支〝うさぎ〟に因む説話としても名高いものです。

さて、元来この小話は、とくに兎の行為から慈悲の極致を物語る「捨身施」を説いた話とされていますが、人によってさまざまな受取り方もされています。兎が犠牲になることを充分承知しながら柴を刈り焼けた友の肉を食べさせようとした猿や狐の心情を慮って、三匹の信頼関係を重視する見方、いや全く逆に、月に人が行ける現実の知識と対比させてバカバカしい物語りとして一笑に付す見方すらあると思います。この話にかぎらず、その人の境遇、その時の雰囲気などさまざまな条件等によって、一つのことに多様な見方や解釈が生れることはよくあることです。とかく私達は〝自分の考えこそ正しい〟と思うと意地のようになって相手を説得しようとします。そういう時は、相手の立場や心理状態、そういう考えを持つに至った事情などを正確に知ろうともせず、ただ自分の価値判断だけを押しつけようとし、相手を傷つけるだけならまだしも、とうとう本物の喧嘩になったりしてしまいます。

「自説経（衆育模象経）」に、多くの思想家達が集って自分の説こそ正しいと主張して争っているのを見た釈迦が、「昔、ある王が国中の盲人を集め手をもって象を撫でさせた。一人の盲人は象は扇のようなものだと云った。彼は象の耳のみをさわったからである。また象の鼻をなでた一人は象は轅《ながえ》のようだと云い張った。おまえたちよ、かれら思想家達の議論は、この盲人たちと同じものであると知るがよい。ただ一部のみを知るがゆえに論じ争うて止まないのである。充分自が見えないがために陥ったのである」と、弟子達に説いたとあります。

現代は価値が多様化し、かつての権威は価値を失い、すべての価値が自己本位に決められる傾向があります。自分と同じような価値判断を持つものを善人と称して味方にとり入れ、考えが異る人は単純に敵と見倣して攻撃しようとします。こうした行為の基本にあるものは、真の価値とは無関係な利己的な趣味だけのものです。そこには相手を慮る温かさや誠実さは少しもありません。最近の出来事ですが、同じ趣向の読者が多勢いるからといって個人のプライバシーを暴こうとした雑誌記者も、一人で解決しようとせず趣味仲間の力を借りて相手を屈服させようとした芸能人も、こうした人達の一人であり、価値観の多様化時代の産物でありながら、多様化時代の今日だからこそ相手を思いやり自らを律することが大切であることを、認識していなかったと云わざるを得ないと思います。

うさぎ年の所為か、話しが少々飛躍気味ですが、お正月になっていろいろなテレビ番組でこの芸能人を見掛けるにつけて、〝現代こそ一層己れを律し、他を慮ることの大切さ〟を考えさせられることです。

18 口業《くごう》の四悪《しあく》

善「住、住、住職ッ！」

住「何ですか、朝早くからー。おや、良さんや民さんも一緒で……」

善「また墓掃除ですか。今日はそれどころじゃないですよ。早速だけど住職、オレの戒名をすぐつけて下さいよ。ゆンべ風呂屋で聞いたんだけど、今度から、生まれてから死ぬまで、何から何まで値上りして、戒名料だって5％も上がっちまうと云うではないですか。今のうちに安くつけてもらおうと思ってね」
住「ハハーン、売上税のことですね。まず第一に云っておくけど、戒名料と売上税とは関係無いですよ。大体、御法名に対する戒名料金といったものが定っているわけではないし、仮りに国家が理屈をつけて戒名料だといって課税してきても、仏さまのことは布施・志によるものだから、頂載したお布施の中から支払って、善さんに余計な負担をかけるようなことはしませんよ。もっとも何か全く違った新税でもかけてくれれば別ですが、古都税のように」
善「それなら安心した。とにかく、ゆンべ風呂屋は大変。この民さんが云い出したのが始まりで、売上税断固徹廃だといって大騒ぎ。この良さんなんか『不公平税制の是正のため止むを得ない』なんて賛成したばっかりに、皆んなから冷たい水をブッかけられて、あわてて帰って行っちまった」
良「雪が降っているし、帰る道の寒かったらありゃしなかった」
住「そりゃ気の毒に――」
善・良・民「一体、近頃の売上税さわぎをどう思いますか、住職さん」
住「私も売上税のことはよく分らない。国会で突込んだ審議もされていないのだから。しかし、今国民が騒いでいるのは、税そのもののことよりむしろ、政府・首相の態度についてではないだろうか。売上税にしろマル優廃止にしろ、選挙前にははっきり否定しておきながら、過半数を獲得したとたん手の平を返すように国民に押しつけようとしている。こうしたことに対する反感が強いのではないのかな。民さん、前に云ったことがあるけれど、不妄語戒（ふもうごかい）って憶えているかい」
民「ふ《不》うー、も《妄》う、ご《語》か《戒》んべん下さい。忘れました」
住「洒落てちゃ困るよ。仏教では人が守らなければならないきまり（戒）は沢山あるけれど、十重禁戒といって十ほどとくに大切な戒があるとしている。不殺生《せっしょう》戒・不偸盗《ちゅうとう》戒・不邪淫《じゃいん》戒・不慳貪《けんどん》戒・不瞋恚《しんに》戒・不邪見《じゃけん》戒・不妄語《もうご》戒・不綺語《きご》戒・不両舌《りょうぜつ》戒・不悪口《あっく》戒の十だ。授戒和鑽に『心に三つ、身に三つ、口に四つの十悪業』とあるけれど、後の四つは言葉に関する戒だ。妄語というのは嘘をつくこと、綺語はごまかしや浮ついたお世辞、両舌とは二枚舌のことで悪口は悪る口とか脅しの類をいう。この四つは犯してはならない人のきまりだ。ところで『やらない』と否定しておきながら舌の根の乾かぬ内に『やる』と云うのはどれに当るのかね。『大型ではなく小型かせいぜい中型かな』というのはどれかね」

善「妄語だ、妄語だ」

良「両舌にも当るぞ」

住「そうですね」

民「不綺語戒も犯してる」

住「首相が戒をおかしては困るね。もう一つ感心できぬのは、スーパーやデパートが反対すると、『スーパーやデパートの規制法を作らねば』と脅したりすることだ。これでは民主主義の世の中とは云えなくなってしまう」

善「そういうことでは、オレも面白くないことがある。住職さんも知っての通りオレは少々暴れん坊さ。中学の時、オレが何かすると担任のヤツ『云うことをきかなければ内申書を悪く書くゾ』と云って威かしゃがる。それが面白くないから一層暴れてやった」

住「暴力は反省して貰わねばならないが——。とかく権力に在る者は権力をちらつかせて自分に従わせようとするものだ。とくに権力の座に長くいると思い上って周りを見下し、誠の心を失ってしまいやすい。このことはお互いによくよく気を付けなければいけないことと思う。いづれにせよ、税制改革はいつかは必要なことだと思うが、今度の売上税についてはとりあえず振り出しに戻して、長く日時をかけて審議してからにしてはどうかと思うのだが——。ところで、十戒のことだが……」

善「住職さん、その続きはまたまた後の日のことにして……。今日はこれから、仕事に行かなくては」

住「そうですか。私もお彼岸の墓掃除の途中だし、他の戒についてはまたの機会にしましょうか」

19

他はこれ吾れにあらず

昨秋から引続いての異常な少雨で、関東北東の各地では断水騒ぎにまで発展しています。テレビ等でも節水の呼びかけをしていますが、私も洗面の時など水道を出しっぱなしにしないようにするなどいろいろ注意しています。しかし、今までのクセが抜けなかったり、自覚が足りなかったりの故以か、まだまだ水を無駄にしていることが多いことに気付きます。頭で解っていても実行が伴わないというものでしょう。

道元禅師について、修業時代の中国での体験に因む次のような話が伝えられています。禅師が真夏のある日、廊下を通りかかると、腰の曲った見るからに高齢な老僧が、炎天下で椎茸（しいたけ）を干している。禅師が気の毒に思って「そんな仕事は若い者にまかせてはいかがですか」と云うと、老僧は「他はこれ吾れにあらず」と答えられた。他人は他人、自分は自分のすべきことを実行するのみというのです。そこで禅師は「それにしてもこんな日盛りの時なさらないで、涼しい日暮れにでも…」と続けかけると老僧は、「椎茸干しは日照りの時に限るのだ。時をはずして行っても行うにならぬ」と言下に云われた。さすがの道元も返す言葉もなく「山僧すなわち休す。廊は歩する脚下、ひそかにこの職の枢要たることを覚ゆ」と、感じ入られたということです。同じ行うにしても、すべき時に行うことが、これまた大切なことです。

さて、渇水騒ぎですが、ここ数年世界的規模で異常気象がみられ、何か大異変でも起るのではないかと心細くなることすらあります。私の畏敬する友人の三浦洋学兄から最近『進歩への幻想─現代文明考序章─』という著書をいただきました。この本は今から半世紀前に書かれた「…社会は安定している。人々は幸福だ。欲しいものは何でも手に入るし、（略）、暮しむきは豊かだ……」というA・ハクスリーの描いた理想世界を「われわれが到達したのはせいぜいこの辺まである」と皮肉を込めて決めつけた文で書き出され、それに続いて各時代に発達した文明、とりわけ現代文明の文化・社会・経済・自然等各面にみられる長所利点可能性、それと同時に存在する短所欠点破壊性について、何とも豊富な文献・資料を材料にして冷静な態度で記述しています。氏の思想の特色は、宇宙規模での生態系を重視するところにありますが、例えばこの立場から一九七九年国連世界保健機関が発表した「天然痘の絶滅宣言」すら「医療および公衆衛生の発達にともなう病原体の撲滅が、遺伝子プールを縮少させ、将来の育種の可能性をせばめることにならなければさいわいである。」ということになります。しかし、決して単なる保守主義者、懐古趣味者ではなく、「人間の干渉によって生態系の変化がともかく許容される範囲は、それが幾世代にもわたってきわめてゆっくり進行した場合にかぎられる」とも述べています。現在深刻な異常渇水についても「…地球にある水の総量の三％にあたる淡水は、その多くが両極地方の氷であるから、われわれが利用できるのはたかだか〇・八％にすぎない。森林の消滅と土地の侵蝕による保水力の低下から、自然がもはや流水を調節できなくなった地方では、洪水と干ばつ、水害と水飢饉がくりかえされ、干ばつ・水飢饉はしばしば長期におよぶ。（中略）今世紀末には水資源の開発が限界に近づくとともに、森林の大規模な消滅にともなって供給はいっそう不安定になると予想される…」と記され、便利さ豊かさだけがとかく求められ、生態系を軽視して進められている科学の発達や森林の伐採から、今日の異常気象・異常渇水は当然おこるべくして起きた一現象にすぎないと考えさせられます。とにかく内容の膨大な書物ですので、たった一例だけを紹介したにすぎませんが、結論として氏は、「地表の荒廃と大気の変質、有害生成物の累積と遺伝資源の損耗、その他もろもろのことがあって、紀元二〇〇〇年を四分の一世紀ほど過ぎたころ、地球規模での飢僅と死亡率の上昇による世界人口の減少が、のっぴきならない形をとって劇的な展開をみせるであろうといわれるが、（中略）人間の本性はおおむね善であるにとどまり、世界はつねに人間の愚行・非行によって曇らされていたから、（中略）同時代の文明にたいする批判なり反省なりにも、とりとめない問題提起こそあれ、そこになんらかの具体的な指針が示された例を知らない。」と述べ、ぶっきら棒に文章を打ち切っております。しかしこのことがかえって、生態系の回復のためにはどうすべきか、少くとも生態系の無謀な破壊と引換えの利益は求めてはいけないことを私達に強く訴えます。何事にも分析的冷静な氏ですら「人間は善である」とは認めてくれているのですから、その気さえあれば人間は出来るはずです。渇水の今こそ、考えるだけでなく実行の大切さを教えてくれることです。

20 足を切られる大入道

先日、古くなった道具類等を入れてある本堂地下の物置き棚を整理していたところ、埃をかぶった一冊の古本が出てきました。何気なく開いた頁に次のような他愛ない小話が載っていましたが、まだまだ暑い日が続く此頃、あまり気張らず御一読の程を――。

昔、ある所に有名な絵描きさんが住んでいた。朝から晩まで画室に籠って熱心に絵をかく。ある夏の夕方、少しは涼風がたったので運動かたがた庭先に下りて植木鋏を持って庭木の手入れをしていた。すると庭の隅から大入道の化物がニューと現れて絵描きをにらみつけた。勇気のある絵描きは大入道をにらみ返した。大入道はこれでもかと云わぬばかりに一層高くなって恐ろし気に絵描きをにらみつけた。絵描きは度胸をきめて「恐くないゾ！」と云うと、大入道はまたまた背を高くしてにらみつけた。絵描きがまだまだと云うと、大入道はこれでもかこれでもかと段々高くなった。その時絵描きがフト大入道の足元を見ると、上へばかり延びたため、大入道の足元は糸のように細くなっていた。シメタと思って絵描きは手に持っていた鋏で大入道の足を切った。足を切られた大入道はパッタリ倒れたが、その頭は四五里も遠方に達していたということサ。めでたし、めでたし。

この夏の昔話は、お化け屋敷と同じ趣向で、子供達にゾクッとさせて涼気を呼ぼうというための小話にすぎませんが、見方を変えると譬え話としてなかなか面白いようにも思えます。

先日の新聞にも、クレジットとサラ金を利用して実際の収入以上の品物をつぎつぎ買い込み、とうとう返済金に行きづまった挙句に犯罪に走った者のことが載っていましたが、世の中には徒らに実力以上のことを望んだり、虚勢をはって偉ぶったりする人が随分います。身の回りに居るこういう人達は、この小話の大入道のような人ではないでしょうか。世間体とか虚名につられたり、他人の煽《おだ》てに乗せられたりして、ついつい足元を忘れて背のびし過ぎるとこの大入道のようになってしまいます。こういう人の足元は糸のように細いから、たとえ他から鋏で切られなくてもやがては横倒しに倒れて自滅してしまいます。私達も充分気をつけたいものです。

さて、お彼岸が近くなって、フト気がつくと今まで何にもなかったような庭の片隅で、彼岸花の茎茅が地面を突き破ってすっくと立ち上っています。あまり太くない緑の茎ですが、その根をさぐってみると丸々と太った大きな球根が茎をしっかり支えているのがわかります。この支えがあるからこそ炎のような大きな美しい花を咲せることができるのです。

大入道の小話といい、彼岸花の茎茅といい、足元の大切さを知らされた秋彼岸の近い此の頃です。

21 竜（辰）年を迎えて

新しく日本の指導者になられた竹下首相がＮＨＫテレビで、本来仏教語であった「他力本願」という語を「他人まかせ」の意味で使ったため、本願寺から誤用しないよう注意を受けたとのことですが、私達が日常何気なく使用している語句の中には仏教用語が数多くあり、しかもこの例のように本来の意味から逸脱して用いられている語句が非常に多いものです。「他力本願」とは「阿弥陀仏の念仏往生の本願」のことであり、その誓願を信じ極楽に往生せんと一心に念仏する真剣な態度を指すもので、決してタナボタ式の他人まかせの態度を表現する語ではありません。

こうした誤用の例はいくつもあることで、例えば三題噺のようですが、「投機」「開発」「利益」の三語が続くと皆さんはどんなことを想像されますか。恐らく財テクばやりの昨今では、株の売買か土地ころがしで大儲けした話しを想像されるでしょうが、仏教語である本来の意味から解釈すれば、師僧の機（こころ）と弟子の機（こころ）が相投じ合って感応し、おのずから内奥の仏性がうち開かれ悟りが発（おこ）り、大いなる利益（めぐみ）が生れることを意味するのです。これらの語はこういう厳しい修行に因む仏教用語だったのです。ついでにもう一例挙げてみましょう。「啖《たん》呵《か》」「渡世」「道楽」といったらどういうことを想像されますか。きっと遊びに身を持ちくずしたヤクザがなぐり込みでもしている映画の一場面でも目に浮べられることと思いますが、「啖呵」とは「弾呵」とも書き、誤りを指摘して正すこと、「渡世」とは迷いの現世を超えて悟りの世界に渡ること、「道楽」とは仏道修業によって得たさとりの楽しみのことであり、まさにこの三語が作り出す場面は、誤りを正し迷いを離れた法悦の境地であり、映画ならば私達仏教徒の仏道修行の理想とも云うべき厳しくも美しい一場面でなければならない筈のものです。

ここに挙げた二例は、日常語としては全く思いもかけないような意味で用いられるようになった仏教語の例であり、このことは大いに気にすべきことではありますが、他面考えようによっては仏教がそれだけ人々の中に融け込んでいる証拠ともいえなくないと思います。近年仏教は人々の現実生活と無縁になったということをよく聞きますが、日常語になった仏教語の本来の正しい意味を考え直すだけでも、釈迦の教えである仏教を人々に見直させ、仏教を再び人々に近づける縁になるのではないでしょうか。

さて、今年の干支は「竜」ですが、西洋の竜（ドラゴン）は怪獣のような形といい、美女をさらったり人を殺したりというようにとかく悪竜です。しかし中国や日本の竜は神に近い聖竜であり、とくに仏教では「天竜八部衆」の一つとして仏法を守護する神とされています。とりわけ仏法に縁の深い今年、仏教を見直すきっかけの年ととらえ、仏教を生活の中に生かしたより正しく明るい一年になるよう心掛けようではありませんか。

22 ぼけたらあかん長生きしなはれ！

小田急沿線の新興高級住宅地、百合ケ丘に住んでいらっしゃるお檀家の方が、「ぼけたらあかん長生きしなはれ！」という題の次のような教訓詩（？）がタウン誌に載っていたからといって持って来て下さいました。

一、年を取ったら出しゃばらず、憎まれ口に泣きごとに、人のかげ口愚痴いわず、他人のことは褒めなされ、聞かれりゃ教えてあげてでも、知ってることでも知らんふり、いつでもアホでいるこっちゃ。

二、勝ったらあかん負けなはれ、いずれお世話になる身なら、若いもんには花持たせ、一歩さがってゆずるのが、円満にいくコツですわ、いつも感謝を忘れずに、どんな時でもへえおおきに。

三、お金の欲を捨てなはれ、なんぼゼニカネあってでも、死んだら持っていけまへん、あの人はええ人やった、そない人から言われるように、生きてるうちにバラまいて、山ほど徳を積みなはれ。

四、というのはそりゃ表向き、ほんまはゼニを離さずに、死ぬまでしっかり持ってなはれや、人にケチやといわれても、お金があるから大事にし、みんなベンチャラいうてくる、内緒やけれどほんまだす。

五、昔のことはみな忘れ、自慢ばなしはしなさんな、わしらの時代はもう過ぎた、なんぼ頑張り力んでも、体がいうことききまへん、あんたはえらいわしゃあかん、そんな気持でおりなはれ。

六、わが子に孫に世間さま、どなたからでも慕われる、ええ年寄りになりなはれ、ボケたらあかんそのために、頭の洗濯生きがいに、何か一つの趣味持って、せいぜい長生きしなはれや。

この詩は、浜松の住吉長寿会の「長生き心得」だそうですが、仏教でも悪口・愚痴は云わない、傲り偉ぶり自分だけの価値判断を他人に押しつけない……ことは、仏教徒として基本的な徳行（波羅蜜多行）としているところでもあります。しかし〝徳行〟などというと、とかく堅苦しい感じがしますが、この詩のように関西なまりを使ったり、一寸回りくどくとも逆説的な云いまわしであったりすると、良薬も口に苦くなく飲み込めるようです。たしかにお年寄りは、高齢のゆえに新しい情報が不足したりして、価値観が古かったりややもすると独善的になりがちですが、この教訓詩のようにして教えられれば、笑いながら素直に受け入れられそうです。

ところで、波羅蜜多とは、古いインドの言葉であるパーラミターを音写したもので、〝むこう岸に渡る（到彼岸）〟という意味です。むこう岸とは、真実の世界、心安らかな安養の世界のことで、そこへ渡るための方法が、波羅蜜多行です。日常とかく惰性で生きている私達に心を緊きしめ直させる契機でもある彼岸会こそ、この教訓詩に教えられているコツを考えてみるのにふさわしい時期ではないでしょうか。また、この詩は繰り返し読みよく味わってみると、何もお年寄りの長寿の秘訣であるばかりでなく、私達すべての人が社会で牛活していく上で心掛けなければならない大切な教えを含んでいるように思えます。

23 茶の十徳

梅雨にぬれて、木々の緑が一層鮮かに目にうつります。このような時期はまた新茶の季節でもあります。過日、年忌の御法要を勤められた方が、供養の引出物に新茶を出されましたが、その包み紙を何気なく見ていたところ、その紙に模様代りに次のような「茶の十徳」が印刷されていました。

一、諸神は加護す。
一、五臓を調和す。
一、惰眠を消除す。
一、煩悩を消滅す。
一、父母に孝養す。
一、息災にして安穏なり。
一、天魔を遠離す。
一、諸人を愛敬す。
一、寿命は長遠なり。
一、臨終を乱さず。

　この十徳は臨済宗建仁寺派の現在の管長猊下が選ばれたものですが、お茶は一般に臨済禅の宗祖栄西が中国からもたらしたものとされています。もっとも、歴史的には栄西禅師より二百年余も前に、伝教大師最澄がすでに茶の種子を中国から持参してきた記録もありますが、何といっても栄西の弟子明恵上人が京都洛北にある栂尾の高山寺に栄西禅師から買い受けた種子を植え、それをまた宇治に移し植えてから本格的な栽培がはじまり、やがて全国に拡がるとともに、人々に喫茶の風が定着したことであり、このことから栄西禅師を茶祖といっても差し支えないと思います。さて禅師は人々に茶を勧めるため、有名な「喫茶養生記」を著わしておりますが、その中で「人間の最も重要な五つの内臓（肝・肺・脾・腎・心）のバラシスをとるには、お茶に含まれている苦み、ほんのりした甘み等の成分がもっとも適しており、これら五つの臓器のバラシスがとれてはじめて心身が健康である」、と当時の医学的知識から論じ、「茶は長生の仙薬なり。延齢の妙術なり。山谷これを生ずれば其の地神霊なり。人倫これを採れば其の人長命なり。……古今希特の仙薬なり」、と云い茶の功徳効用を強調しております。先述の十徳もそうですが、このような宗祖の考えの伝統を引いて、禅宗では正しい持戒と禅定、正しい坐禅のため喫茶は欠せない重要な方法だとしております。禅宗でいかに喫茶を重視しているかを示す次のような「喫茶去」という話しもあります。「喫茶去《きっさこ》」とは「まあ、まずお茶を一杯めし上れ」位の意味ですが―。

禅僧趙州のところに二人の修行者がやって来た。一人は古参者で、もう一人は新参の修行僧である。新参者に趙州が訊ねた、「きみは以前に来たことがありましたか」「いいえ伺ったことはありません」「そうですか。まあ、お茶をお飲みなさい」。こんどは古参の修行者に訊ねた。「きみは以前に来たことがありましたか」「はい、来たことがあります」「そうですか。まあ、お茶をお飲みなさい」。そこで、傍にいたその寺院の事務長に当たる僧（院主）が、「老師、新参者に茶を飲みなさいとおっしゃるのは分りますが、前にも来たことのあるものに改まって茶を飲みなさいとおっしゃるのは分かりませんが……」「院主さん！」「はい」「お茶を飲みなさい」――（田上太秀「禅語散策」より）

　お話しはこれだけです。何のことやら訳けの分らぬ話しのようですが、人には新参者とか古参者とかいって差別や優劣はない。お茶を飲むには資格も必要なければ経験もいらない。素直な気持で精一杯飲むことに集中して飲めばそれで良い。仏道もこれと同じで、求道者には上下とかいった差別はない。皆んな同じ者である。そして求道の道は日常のお茶を飲むということなささやかなことの中にもあるのだ、ということを教えた話しとされております。

　禅の深遠な境地にはなかなか達せられない私達は、このお茶は香りが良いとか、もう出涸しだ、お茶うけには甘いものが一番だ、などと他愛のないことを云い合ってお茶を飲むだけですが、時には「お茶の十徳」を思い出し、お茶の功徳をいただくことも大切だと思います。

24 大喪の礼を迎えて

良「住職さん。今日は珍しく部屋の中にいますね」

住「これから、いつものように墓掃除に出ようと思って……。やっと雨が小降りになったし、それに今日は朝からずうっと大喪の礼をテレビで見ていたのでね」

善「オレ達も民さんのところで一緒に見ていたんだけれど、荘厳だねー。葱華輦《そうかれん》と云うのですかい、お棺を納めたオミコシを大勢で担いで、ザッザッザッと歩いて行くところでは感激したね。それに、あの笙《しょう》という笛の音っていうものは、ときどき住職のところで聞いてはいるが、いかにもタマシイが鎮まるようで、自然と頭が下ったよ。オレの葬式の時も一ツ頼むよ、住職ッ」

住「この間はタダでお葬式してくれと頼んでおきながら、その上今度は笙を入れろ！と云うのは、ムシがよすぎるよ」

善「こいつは冗談だ。葬式は仏式と決っているものだと思っていたが、神式ッていうのも良いものだね。これから流行るよ、きっと」

住「何式の葬儀を行うかは、その家の宗派とか、その人の信仰によるもので、流行り廃りで行うものではないですよ。信仰を大切にしなくては―。ところで、皇室では、古代の昔はさておいて、持統天皇（七世紀末）以降大体は仏式で葬儀を行っていたものなのだ。京都の東山七条から南へ下り東海道線を陸橋で越えた先きを東山の方へ登った先きに泉涌寺《せんにゅうじ》という大きな寺があるけれど、その寺は、〝みてら〟と呼ばれ、四条天皇（十三世紀中頃）以降の天皇の山陵もあり、皇室の菩提寺となっているお寺です」

民「泉涌寺―。行ったことがあるよ。楊貴妃観音があった寺だ。そう云えば、奥の方に月輪陵という御墓所があったっけ」

住「うちの宗派は浄土宗だが、宗祖法然上人には七つの大師号がある。大師とは大導師のことで、大師号とは空海を弘法大師と云うように、有徳の高僧に対して朝廷が賜わる称号のことだ。法然上人は東山天皇からの〝圓光〟を初めとして、中御門《なかみかど》天皇から〝東漸《とうぜん》〟、桃園天皇から〝慧成《えじょう》〟、光格天皇から〝弘《こう》覚《かく》〟、孝明天皇から〝慈教《じきょう》〟、明治天皇から〝明照《めいしょう》〟、そして昭和天皇からは昭和三十六年二月に〝和順〟という大師号を授かっている。七つもの大師号を頂載しているのは他宗の祖師方にも例がないことなのですよ」

良「へえー。そうですか」

住「亡くなられた陛下の仏教に対する関心が高かったことは、昨年七月にお詠みになった《夏たけて　堀のはちすの　花みつつ　ほとけのをしへ　おもふ朝かな》というお歌にも表れている。皇室は仏教とは深い関係があったものです」

民「歴史を思い出したけど、奈良の大仏さまを造ったのも聖武天皇だったよね。それなのにどうして今度は神式なんですか」

住「時の流れと云おうか……。明治以後、政治体制が変って、再び古事記や日本書紀の謂われに従って神道に戻られたのではないかと思うが……。」

良「テレビで偉い人達が、政教分離だ、戦争責任だ、とか難かしい事を云いはじめたんで、住職のところへやって来たんだが…」

住「迷信のような宗教が政治を左右したり、政治が宗教の力を利用したりすることは云うまでもなく絶対認めるわけにはいかないが、今日の大喪の礼に限って云えば、葬儀の仕方で細かくとやかく分離分離というのは私には判らない。大体、人の死を弔うことこそ自体がすでに宗教なのだから、式を執行う以上は独得の宗教形式になることは止むを得ないことだと思うね」

善「オレは結婚式は神式、クリスマスとバレンタインデーはキリスト教、御先祖と葬式は仏教。世界中のカミサマとお馴染みさ」

住「それは結構だけど、ついでに、人としての正しい生き方を教わるのも仏教、とつけ加えてほしいね。ところで話しは戻るが、昭和天皇が下された大師号の〝和順〟とは、浄土三部経の一つである無量寿経の『（仏法が弘まり、念仏の声が世の中に満ちるようになれば）天下和順し日月清明なり。風雨は時を以ってし、災厲《さいれい》起らず。国豊かに民安くして兵戈用うること無し。徳を崇め仁を興し務めて礼譲《らいじょう》を修す』から選ばれたもので、平和を念願された昭和天皇のお心が卒直に現われている語句です。中国の古典『内平らかにして外成る』『地平らかに天成る』から選んで新元号が〝平成〟と定められたけれど、和順と平成は相通ずる人々の心からの願いを示すものですね」

民「平成というと、すこし活力がないような気もしたけれど、云われてみれば何だか有難い言葉なんですね」

住「お彼岸の時には、心を和順に、気持を平成にして、お墓参りにいらっしゃい」

25 折り込み広告に学ぶ

今日も一日中梅雨の雨が降り続いております。しかし、このような日はお墓参りの方もほとんどなく、落着いて机の前に座っていられる日でもあります。少々読書にも厭きて、久振りに新聞も隅から隅まで読んだついでに、普段はほとんど気にもかけないでそのままクズカゴ行きの、折込み広告にまで目を通してみました。今日も通信販売のカタログ、デパートや個人商店の中元売出し、スーパーの安売り特価品、そしていつもながらのマンション等不動産関係のチラシ全部で十四枚の広告が入っています。さすが専門のコピーライターが作る広告です。美しくそれでいて要を得た商品の写真や宣伝文に感心して見入りました。こんな道具があったら便利だろうナ、こんな家に住む人はさぞお金持ちなんだろうナ……、はじめはただ感心して眺めているだけでしたが、そのうち一寸と真剣になってきました。よく読むと広告のチラシの中には、なんと貴重な情報や知識が沢山つまっていることでしょうか。例えば、ある通信販売のカタログ広告には、七夕について牽牛織女二星に因む中国の伝説が書かれ、そればかりか家族全員で七夕祭りを楽しむため、笹の飾りつけの方法や七夕料理まで載っているのです。裏面からは売ろうとする商品に係わるとはいえ、村正《むらまさ》の名刀が妖刀と云われる所以や同田貫《どうだぬき》と呼ばれる刀の謂れを学ばせてもらえたのです。また陶器のこと、貨幣のこと、たった二折四頁一枚の広告から貴重な知識を得ることができました。他の宝石類の通信販売のカタログからは、ダイヤモンドについての次のような五ツの新知識を学びました。

⑴ダイヤモンドという言葉は、ギリシャ語のアダマス（征服できないの意）が語源で、勝利と愛の永遠性を示す言葉だということ、⑵インドでは紀元前八〇〇年も昔から採掘され、何よりも美しく何よりも硬いため魔力を持つ石と信じられ、人々は神々に捧げ、王は魔除けのお守りにしたこと、⑶十五世紀のフランス王シャルル七世が平民の女性を愛し、彼女にダイヤを送ったことから法律が改正され、それまでは特権階級だけの専有物だったダイヤを、すべての人が身につけてもよくなったこと、⑷同じ十五世紀にオーストリアのマキシミリアン大公がフランス女性にプロポーズする際に、ダイヤをあしらった指環を贈ったことが、今日のエンゲージ・リングの始りになったこと、⑸左手の薬指に婚約指環や結婚指環をする習慣は、古代エジプト人が「愛の静脈」が薬指と心臓を結んでいると信じていたことに拠ること。

いかがですか、何だか急に知識がふえたような気がしませんか。これが無料《タダ》のチラシから得た世界にまたがる知識なのです。この他、薬品関係の広告からは身体の仕組みや体質を改善する方法を学びましたし、不動産関係の広告からは首都圏の開発事情等を知ることが出来ました。おそらく、雨が降らずいつものように忙しくしていたならばそのまま見過していたと思われるその日の広告は、はじめに読んでいた高価な部厚い書物よりも、多くのことを私に教えてくれました。梅雨の雨はうっとうしく、とかく嫌われものですが、私にとっては天の恵みだったようです。

心が曇り正しい働きをしないため気が付かないだけだが、全てのものには貴い価値（仏性）があるということを仏教では説きますが心の働き気の配りようで、何でも有難く、感謝せざるを得ないことを改めて知らされた折込み広告でした。

26 「因」を心で知る――「縁」

今年は暖かくなるのが急で、開花予想によると桜も平年より一週間位早く咲きそうだということです。若しかしたらお彼岸のお詣りの頃には境内の桜がチラホラ咲きはじめているかもしれません。御承知の通り当院では御参拝の方に少しでも心を安らいで頂きたいものと考え、庭を整え四季折々に咲く草木を植えておりますが、桜の次には藤・ツツジ・シャクナゲ、やがてアヤメ……と咲き続き境内を賑わしてくれます。このような好季はまた結婚シーズンでもあり、方々で人生の花を咲かせるカップルが誕生します。中にはお寺で仏式結婚を挙げられる方もいらっしゃいますが、仏式結婚では釈迦の本生経のいわれに従って、「行華《あんげ》」といって二人で仏前に紅白の花を献じ、将来の多幸を御本尊に護って下さるよう念じる独特の作法をいたします。特にその時に導師は、二人が出会い結婚するようになったことの因と縁、結婚してから後の二人の人生についての因と縁、すなわち因縁の道理の大切さについて告諭することが慣わしになっております。

大体、仏教思想の基本的特色は因縁の道理を説くところにありますが、「因」とは結果をもたらす直接の原因のことであり、「縁」とは結果をもたらすこの因にはたらきかけるいろいろな作用《はたらきかけ》を意味します。「因」だけで結果が生じてしまうのなら一種の運命論になってしまいますが、努力・環境・教育等々といった因にはたらきかける「縁」のはたらきかけがあるから善悪さまざまな結果が生じ、希望も可能性も期待することが出来るのです。このように仏教では世間の全てのことは因と縁の関係で定まると考えるため、今までの良い因縁の結果として結婚できることになったことを素直に喜ぶとともにその道理を心で理解してもらい、また今後の二人の倖せな将来も因縁の道理に従っていることを識っていただくため「行華」という作法をするのです。

ところで、前にも紹介したことがありますが、精神衛生の専門家である檀家の池田由子先生が最近『引き裂れた子どもたち―親の離婚と子どもの精神衛生』という著書を出版され当院にも御寄贈下さいました。この著書は最近日本でも激増している離婚について、その一側面に警鐘を鳴らすものであります。先生は「従来、親の離婚は子どもの非行と関連づけられていたが、そういう反社会的行動ばかりでなく、ノイローゼや登校拒否、心身症といった非社会的行動にも、親の離婚が原因していることが多い」とまず指摘し、日本大学の大学病院で実際多くの患者と接しておられる幾つかの例を挙げながら、「離婚しないにこしたことはないが、いろいろな事情から離婚するにしても、子どものことを思えば、離婚後も電話や贈り物など、愛情の証を示してあげることが、子どもへの悪影響を防ぐ最小限の親の務めであろう」と訴えておられます。たしかに、結婚した後で「因」というボタンと「縁」というボタン穴の掛け違いから離婚にいたったとしても、子どもへ及ぶ悪結果だけは防ぐような因と縁を作らなければならないと思います。仏典に「父母恩重経」というのがありますが、経名からだけ見ると父母の恩を説き、父母に感謝しなければならないという道徳を教えるお経のように想像されますが、実際はそうではなく、人の一生の間で父母は子供と如何なる因縁で結ばれているか、子供は父母とどのような因縁を持ち得るか、という家族間の因と縁の道理を説いたお経です。この道理をよく心で知ることによって、和やかな家庭を築いていくことを勧めている仏典です。経名に「恩重」とありますが、「恩」という字は、心の上に〝因〟と書きます。これは〝因を心でしっかり受けとめよ！〟〝因を心で知れ！〟ということです。そして「重」は〝尊ぶ〟〝努力する〟で「縁」のことでしょう。因と縁とがさまざまに集まり絡み合って生じた結果を「和」と云いますが、良い因縁で結ばれている家庭は文字通り〝和やか〟で、離婚の危機もありません。

「南無の会」の会長として喫茶店で説教会を開いたり独特の教化活動をしておられる松原泰導師は「聖徳太子が『憲法十七条』の第一に〝和を以て貴しとなす〟とお示しになるのは因と縁との出会いを大切にせよとの教えで、ただ仲よくせよとのすすめではありません。また太子が〝忤《さから》うことなきを宗《むね》とせよ〟とお言葉をお続けになるのも、たんに服従を強制されるのではなく因縁の道理を無視してはならぬ、とのお戒めと受けとめるべきでしょう」と、述べられておりますが、心から肯けるところです。

春の草花に囲まれながら、池田先生の御著を拝見していると、改めて因縁の道理について思いいたされます。

27 お仏壇療法

少々変わった題の小文を読んでいただきますが、申し上げるまでもなく、これが全てで病院のお医者さまやお薬、またその他の真面目な医療方法を軽視したりするのでは決してありません。ただ、朝晩お仏壇の前に座られる時、一寸工夫していただければ、今日の科学でも裏付けられている思いがけない医療が得られるという話です。

さて、皆さんお仏壇の前にお座りになってから、次は何をなさいますか。きっと一呼吸して気を落着け、それからマッチでローソクに火を灯し、お線香に火をつけ、チーンと小鐘をならしてから、お念仏をして……、とこんな順序でしょう。これで結構ですが、明日からは次のようになさってみて下さい。まず座って一呼吸する時は、息をゆっくり大きく長く吐き出して下さい。それから、やや早く強めに鼻で吸って下さい。

吐く息を重視した「出息長・入息短」がお仏壇療法のポイントです。大安般守意経（アナパーナ・サチ）というお経がありますが、これは昔からヨガにも採り入れられており、釈尊の呼吸法として知られているお経です。もちろん、究極の目的は悟りを開くところにありますが、そのために必要な明晰な頭脳と強健な肉体を得るために大切な呼吸の仕方が説かれています。医学博士の村木弘昌先生は医科大学の協力を得て出息長・入息短の呼吸法の臨床的効果を科学的に追求されていらっしゃいますが、先生によればこの呼吸法によって血液中の炭酸ガスの量は普通呼吸の¼に減り、その分酸素量が増えるそうです。またこの呼吸法は横隔膜の運動を必要とするため、内臓の鍛練に効果があり、言ってみれば、レオタードも音楽もいらない、座ったままの楽なエアロビクスといったところで、循環器系統の病気や内臓の強化、ガンの予防等に効果が期待されるそうです。また先生の研究によれば、ゆっくり声を出してナーム・アーミ・ダブーとお念仏を称えることは、この呼吸法と同じ「出息長」に通じ、脳細胞を活性化させ頭の回転を良くするそうです。お念仏は聞いているだけでは眠くもなりますが、自分で称えれば目が覚めるのです。どうせお仏壇の前に座るのなら、しっかり御功徳をいただきましょう。

さて、一呼吸した後は、お線香をつける順ですが、「お香」にも近代科学で折紙つきの医療効果が解っています。秋田労災病院の水野康司博士の実験によると、難治性の胃潰瘍の患者さんに「沈香」という香を嗅いでもらって脳波を調べたところ、香を嗅いだ直後は一時やや興奮状態を示したが、一、二分後には心身の安静状態が顕われて持続したということです。また血圧も平均数ミリは低下し、この安静療法と他の薬物療法の相乗効果によってはるかに早く潰瘍が治ったそうです。このような結果から他大学の医学部の協力を得て実験を繰返し、今ではかなり多くの病院で「心身症」の患者さんに「芳香療法」を採り入れるようになったそうです。近年は社会の激変等によるストレスが原因で、不眠症、食欲異常、登校拒否等の心身症の方が多く見られるようになりましたが、これら一連の心身症と呼ばれる病気にはかなり高い率の治療効果があるようです。ただし、香りには個人によって好みがあり、自分の気に入った「お香」を選ぶことが大切だそうですが、概して、安息香・イトスギ・ラベンダー・白檀等は効果があり、とりわけ「沈香」は万人向きで効果も一段と高いという実験結果が出ています。

紙面の制限上、結論だけをお報らせいたしましたが、明日からはお仏壇の前に座った時、「出息長・入息短」の呼吸を四～五回繰返し、少々上等のお香を焚いて、ゆっくりお念仏を称えて下さい。御先祖様の精霊も今までより一層よろこんで下さり、健康上の御功徳も沢山下さることだと思います。

28　水の効用

もう一月余り前のことになりますが、知人に誘われて利根川の上流山奥の湯宿に行ってまいりました。関越自動車道を三時間余り時間的には東京からそれほど離れていないものの、距離から言ったらやはり遠方、しかも山奥のことで、強い日差しにもかかわらず、木陰を吹き抜ける風は何ともいえない心地良さの別天地でした。ところで、この群馬県水上の奥のこの地方は、東京をはじめ近県の重要な水源地で今夏の異常高温と水不足の折には、とかく人々の関心を集めた所で、私も後学のため矢木沢ダムにも行ってみましたが、来る途中見かけた藤沢ダムもそうだったように、乾いた地肌をさらけ出し、底の方に淀んだような色の水が少々溜っただけの状態で、何とも心細い思いをしたことでした。今年の異常気象は承知しているものの、お天気まかせでない他の水確保の方法はないものか、とボヤキにも似た行政批判をしたくなる有様でした。

しかし、こういうダムの姿を見ていると、節水の必要さ、水の有難さ、そればかりではなく、人間と水との係わりについてしみじみと考えさせられます。古代ギリシャの哲学者タレスの「水は万物の根元なり」という言葉はさて置いて、何億年か前に地球上に溜った水から生物が誕生したことからいっても、水のない人間生活など有り得ようはありません。卑近な日常的なことを考えてみても、一年は「若水扱み」から始まるし、母の胎内で羊水に育まれた私たちが生まれたその時には産湯を使い、死ぬ時は末期の水を飲み、中間の生きている時も水の厄介にならない日は一日としてありません。朝の洗面、水を使っての調理と食事、濯ぎ洗たく、トイレの水洗……挙げたらきりのないことです。人間と水との係わり、とりわけ水が人間に与えてくれる効用の大きさ、多様さを思い知らされます。

　仏教ではこのような水の効用を大きく四つに分けてその大切さを説いております。その第一は「養育の効用」です。喉が乾いた時の一杯の水、美味しそうな色をしたスープ、あるいは植物が吸い上げる根からの水、直接生物の身体に採り入れられ成育に役立つ水の効用です。第二の「活用の効用」とは、荷物を満載した運搬船が逆登る川の水、家を焼かんとしておそいかかる炎を消し止める水の働き、最近では高圧で水を押出すジェット噴流を利用して岩盤を切断したりするそうですが、このようにいろいろな形で人間に役立つ水の効用がこれです。今回の山行でも途中何ヶ所かで水力発電所を見かけましたが、発電に利用される水の効用もこの中に入りましょう。第三の「清浄の効用」とは、文字通り汚れたものを清くするという効用です。岩を噛む急流がそうですが、水は自分自身で揉み合いぶつかり合うことによって自らを清めるとともに、他の汚れを浄めてくれます。科学的にやれ空中の酸素やバクテリヤを取り入れることによって云々とか、とかくの理屈もあるでしょうが、飲んでも美味しくもないおよそ水の概念から離れた純粋の$H^{2}O$のことは今は措いて、ここでは岩の間から滴り落ちる清水をそれを集めて流れる清流の水を対象にしましょう。朝の散歩の折、小さな流れをどこまでも登って行ってみましたが、やがてその流れは濃い緑の苔に覆われた岩の割れ目から落ちる滴水に終っていましたが、何と東京の水道水と違う味と手ざわりであったことでしょうか。散歩といえば、前日少々早めに宿についた私達は、兎にも角にもまず温泉を、とまずは露天風呂に入りましたが、少々ぬる目とはいえこの温泉の湯もまたまろやかで肌ざわりの心地よいものでした。すっかり気持ち良くなった私達はすっかり長湯をしてしまいました。少々上せ気味の私達は、湯ざましがてらブラブラと歩きまわり山奥の湖の方まで行きましたが、丁度夕方のことで、山の端をかすめた茜色の光線が湖の水面全体を染めているところでした。私達はしばらくは無言のまま立ちつくしてこの感動的な染め絵を見つめていました。やがて紺色の山の影がこの茜色を追って水面を渡り対岸に達するまで私達は心を純にしたまま見つめて居りました。その夜はこの水面というキャンバスに画かれた芸術に感動して疲れたのか、宿近くを流れる水の音が気を鎮める子守歌になったのか、夜行性の私達に似合わず、早くから熟睡したことでした。水はこのように私達を感動させ純粋にさせ、心を打つ働きも持っています。第四の効用を「妙法の効用」といいますが、このような働きを云うのです。高祖善導大師は御著の中で「宝水は流れて微波がふれ合い妙音を発つ、その一つ一つの音の中に皆妙法あり」と記されておりますが、心して水の効用を考えれば、阿弥陀如来のお慈悲と同じ妙法の効用が水にはあるのです。

たった一泊二日のささやかな旅でしたが、水を通していろいろなことを考えさせられた印象深い山の温泉行きでした。

29　成道会《じょうどうえ》に思う

十二月八日は、釈尊が菩提樹の下で悟りを完成された日です。先だってのこの日、九段会館ホールで東京都仏教連合会主催の記念法要が営まれました。まず、新しい音楽形式の法要があり、つづいて駒沢大学教授奈良康明先生と放送タレントの永六輔さんの講演があり、小憩の後、「世界のうた、日本の歌」をテーマに秋山恵美子さん等二期会に属する一流歌手が志賀清とキンテートモデルノスの伴奏で唄う清興があるという盛大な催しでした。

さて、その折配られたプログラムに、奈良先生の「成道会に思う」と題する随想文が載っておりましたが、先生の講演とも共通する文ですし、一寸と心に残るものでもあるので転載させて頂きます。

最近の私には、人間って素晴らしいな、という思いが特に強い。

つい先日のこと、あるお通夜があって大雨だった。故人の死を天も悲しむ涙雨だね、と誰かが言い、他の者もうなずいた。翌日の告別式は、カラッと晴れて穏やかな良い日になった。故人の遺徳の故だということで一同の意見が一致した。よくある、そしてさりげない会話だが、物事を良い方に好い方にと理解し、明るく生きようとする、これは人生の知恵というものだろう。

同じことでも右から見るのと、左から見るのでは姿も違うし、意味も違う。前向きに生きるよう自分を仕向けないと、積極的に生きていくことにはならない。

時折、私は今は亡き父が、懇意の老人に言った言葉を思い出す。その老人はリューマチで痛みも激しく、歩行もいくぶん不自由であった。いつもわが身の不幸を嘆き、何で治らないのかと歯ぎしりするような悔しさを隠さなかった。その老人に私の父が言った。「一番楽になる方法を教えてあげよう。あなたの足のリューマチはね、もう治らないと覚悟するほうがいい。」

一見、冷たいこの言い方を、この老人は結局承けなかった。リューマチが治らないことは医者にも言われ、本人も実感しかかっていることではあった。実感しながら、しかし、老人はその事実を認めるのが嫌で、といって痛みはなくならないし、不満を他人にぶつけていたのである。

この老人はそれから、もう治らないのだという現実を、理屈ではなく、身体で受け入れるよう努力し、その強さを与えてくれるよう仏に祈った。「治らない、覚悟を決めたら、気が楽になりました」とは、この老人が後で父に言った言葉である。同時に、これが大切なことと私は思い、印象を強くしたのだが、この老人は少しでも良くなるよう、痛みが少なくなるよう、治療を受け、努力を怠らなかった。治らない、と覚悟を決めたから、何もしなくなったのではない。覚悟を決めたからこそ、療養をはじめ毎日為すべきことを懸命にするようになった。いや、覚悟を決めるというのは、一時の決心で済むことではない。毎日を活きるプロセスの中で、この老人は覚悟し続けていたらしい。それがこの老人の生の充実に連なっていたのである。

私の好きな仏教詩人の言葉に次のような詩がある。

苦しい　苦しい　と思っていたけど　苦しさの中にとびこんだら、苦しさは消えて　生きることだけが残った。

こうした生き方が、実は、釈尊のお悟りに直結していることを私は疑わない。

本来、仏教語である「諦《あきら》め」という言葉は、一般に「そんなことしたって、どうせダメよ……」というふうに消極的な意味で使われていますが、仏教での真の意味は、「正しく自己を認識し、自己をとりまく状況を的確に判断すること」です。一度冷たく突き離された後で、このリューマチの老人が達した「治らない！と決めた覚悟」のことです。表面的には通俗の意味と真の意味とは似てはいますが、両者には大きな違いがあります。前者はまさに敗北主義ですが、後者は老人がそこから本当の治す努力がはじまったように、従来と違ったものの考え方から生まれる積極的な行動を伴うものです。私達は困難に陥った時など、右往左往したり、他人に八ツ当りしたりせず、まず徹底的にその情況を判断する努力をしようではありませんか。これが釈迦の教えです。

奈良先生の後、永六輔さんが講演されましたが、永さんは年末の世相を茶化しながら「日本人は、クリスマスになると、全員キリスト教徒に、大晦日が来ると方々のお寺で撞く除夜の鐘を聞いて仏教徒に早変わり、その後初詣に神社にお参りして神道に改宗し、帰ってくれば儒教の風習からきているお雑煮を喰べて儒教信者になり済す……。日本人は真に活きる力を教えてくれる宗教はいらないのか」と言われておりましたが、反省させられます。

私達は釈迦の教えを通して、真の活き方を求めようではありませんか。

30 地球一家

住「オヤ、今日は寺を素通りですか。ところで三人揃っているけれど、善さんと良さんのケンカはもう仲直りしたのかい。」

善「もう住職の耳に入っているのですか。それにしてもケンカとは他人聞きの悪い。モダンにジハードと云って下さいよ、ジハード。いつもの店で飲んだ時、一寸トイレに立った隙に、美味そうだからとっておいたミーのステーキを、この良のヤローがグルメッてしまったんだ。それでつい……」

良「だからすぐ、大好きなオレの分の焼魚を返したんだ。それなのにカタカナまじりのキザな調子で肉返せ肉返せと云い張りやがる。そこでオレも売り言葉に買い言葉で、お前は高血圧気味だから肉より魚の方が身体に良いのだ、オレはお前の健康のために肉を食ってやったんだ、と突っ張ってやったんだ！」

住「ヤレヤレ。それにしてもジハードとは湾岸戦争からの新知識だね。ところがジハードとは聖戦と訳されている位に、イスラム教徒にとっては大切な義務で、それはイスラムの神を信ぜず神を冒瀆する異教徒に対する戦いを云い、しかも相手が不義を認めイスラムに従ったら直ちにこれを宥《ゆる》さなければならない信仰上の戦いのことです。肉だ魚だと云い合うものとは次元が違う。ところでどういう意味にせよ〝戦争〟を肯定する宗教というのはイスラム教だけで、他の世界宗教には無い。お経に『弱きにも強きにも生命あるものに戦いを加えず。己を以て彼の生命に喩え、殺す勿れ殺さしむる勿れ』とあり、仏教でもはっきり戦争を否定する」

民「あの時は自分が中に入り、飲み代を出してやることで収まったが…。つまらないことに固執して、馬鹿馬鹿しいったらありゃしない」

住「そりゃ民さん偉かったね。しかし、とかく争いというものはメンツもあって、ほんの一寸した自分の云い分だけを固執して相手のことを認めないところから起きるものだ。他のお経に『もし戦いを以て戦いを止めんと欲せば、ついに止むことなし。ただ忍（素直に相手の云い分を聞く心のゆとり）のみ戦いをとどむ』とあるが、フセインさんがこの一句を心で理解していてくれたら、イランとの戦争も湾岸戦争も起こらなかったろうに…。善さんも良さんも、フセインさんにしろ、自分の云い分を盲目的に固執するところに争いの因があるのだ」

善「わかった、わかった。それにしても戦争のテレビは面白かったね、ゲームみたいでサ」

民「全然解っていない。善は戦争体験もないし、他国のことだと思っているから…。子供の時の短期間の経験だけど、弾丸に怯え見知らぬ外地を逃げ回った者から云えば、戦争の悲惨さばかり思われて…。食物を奪い合う捕虜、血を流しベッドに横たわる子供…、目を背けたくなります」

住「民さんは引揚者だったんだね。戦争は勝っても負けても後にいろいろな問題が残るからね。正に『戦いを以て戦いを止むことなし』でねェー」

良「今度の湾岸戦争では、油井の火災、原油の流出等環境汚染が心配されていますね。大好きな魚が石油くさくなったらどうしよう。善の分の肉をまた食べなきゃならない」

善「馬鹿云え！　原油が燃えたススが世界中に拡がって気温が下がり、牧草が生えなくなって牛だって豚だって育たなくなり、肉だって食えなくなるって新聞に書いであったゾ。そうだろう住職さん」

住「全然育たなくなることもあるまいけど…。しかし、ガンとか呼吸器疾患、身体不健全者等は確実にふえるだろうね。湾岸地域の大気中にふくまれている亜硫酸ガスの濃度は、現在すでに日本で四日市ゼンソクが話題になった頃の濃度より高いそうだ。こうした環境破壊のことばかりでなく、安全保障の件はじめ解決しなければならない問題が多々のこされています」

民「起きてしまったものは仕方ないけれど、この戦争を機に世界がまとまり、国連オヤジと赤十字オフクロを中心に各国兄弟が仲良く集まるという地球一家が出来ると良いですね」

住「世界には貧富の差、宗教人種の相違、教育文化の高低等々戦争の原因になりそうな解決しなければならない問題が非常に多いが、絶望せず努力して、民さんの云う地球一家が早く成立するよう心から望みますね。ところで、戦争中一部有志で難民救済の寄金を実行しましたが、今度浄土宗でお彼岸を期して壇信徒にも百円でも良いから浄資を喜捨していただくことになりました。『こころ安らけき者、常に春祭あり』お経の一句です。彼岸詣りの時は喜捨を頼みますよ」

三人「はい、はい」

31
蓮花とサザエ

当院浄土庭苑の池には、夏が近づく頃になると紅白の睡蓮が咲きます。美しいこの睡蓮を見ていると、次のような禅話が思い出されます。

智門和尚のところに一人の修業僧が来て質問した。「蓮花がいまだ水面から出ていない時は、何物か?」すると、和尚は「蓮の花だ！」と答えた。僧は再び問うた。「では、水面から出たあとは何物か？」と。和尚は言った「蓮の葉だ！」。

（碧巌録）

私達未熟者の常識で考えれば、睡蓮はまだ蕾のうちは水面下にあり、いよいよ咲く頃になってはじめて水面に頭をだして花を開かせる。従って、水面から出ていない葉の固まったような姿をした緑色の蕾を「花」とは云い難い。まして、水面から出て立派な花を咲かせているものを「葉」と断言することは、なおさら承知しがたいのではないでしょうか。ところが智門和尚は、水中にある時の葉状の蕾が花で、水上に出てしまうと葉だと云う。この問答、いかにも禅問答らしく、いろいろ解釈が必要そうです。

宗教評論家のひろ・さちや氏は、「われわれはさまざまな問題に悩み苦しむ。夫婦の愛情、姑と嫁の対立、子供の非行、金銭上のトラブルなど。そして、苦しみの中でわれわれは解決を求めるが、智門によると、解決に向って努力を続けることこそが『花』であって、解決されてしまえば『葉』にすぎないのである。われわれは人生において、どうせ悩み苦しまねばならない。それならいっそ、その悩み・苦しみそのものを『花』と楽しんだらどうだ!?。性急に問題解決を求めるわれわれの愚かさを、禅僧がたしなめてくれているのだ」と、この問題を注釈しておられますが、このように理解すれば納得のいく禅話です。

ところで、先日ある会合があって伊豆の方へ行って来ました。さすが海辺の宿のこと、夕食には海の幸が一杯に乗せられた活き造りの舟盛りが出されました。食べるのがはばかられるようなまだ動いている伊勢エビ、コリッとした歯ざわりの鯛……主人が漁師をしている民宿ならではのものばかりでした。さて、その折に給仕のお手伝いさんから聞いた話しですが、活き造りにも出されていたサザエには、外側の殻に刺のあるものとないものとがあり、ギザギザの刺の多いサザエほど美味しいのだそうです。と言うのは、サザエの殻の刺は、その体を海底で支えて安定させるためのもので、潮の流れの激しい所のサザエほど刺がよく発達し、肉もしまって美味しくなると言うのです。成る程と関心したのですが、私達の人生についても同じようなことが云えるのではないでしょうか。

仏教では、この俗世を「裟婆《シャバ》」梵語でサバーと云い、「忍土」「堪忍土」と訳しておりますが、それは現実の世の中はすべて苦に満ちた世界で、その苦を忍受して生きざるを得ないところから来ています。たしかこの語を俟つまでもなく、私達の人生には悩み苦しみが付きものであり、波が立ち浮き沈みがあるものです。重要なことは、こうした困難・逆境に出会った時の私達の態度、覚悟の仕方だと思います。とかく苦労の少い順調な人生を歩んできた人は、どこか線が細く頼りなげな感じがし、ひとたび逆境に会うと消極的にそこから逃げようとするか他人に縋《すが》ろうとし、さもなければ意気消沈して厭世感にさいなまれるかして困難を一層深刻化させてしまいますが、人生経験豊富な苦労を厭わない人は、力強く頼母しげであり、逆境に出会うと逆に活き活きとして底力を見せて来ます。誰しも自分の人生が幸福に満ち順調にいくことを望んではいますが、前記したように現実の人生は、苦の連続の娑婆の中でしかないのですから、蓮花の美しさの真の根元は、水面下の下積み時代にあると智門和尚が喝破し、激しく潮にもまれるサザエほど高価で美味しくなるということを思って、逆境や悩み、苦しみや困難は、人生の花をより美しく咲かせるために必要なこと、と考えて積極的にこれらと向かい合うようにしたいものです。このような〝心のゆとり〟を持つことが仏教の教えの一つです。

32 善さんの体験

善「住職、先日はお見舞いを有難うございました。おかげで、無事退院できました。」

住「そりゃ、おめでとう。それにしても、大したことでなくて良かったネ。しかし、交通事故は後になっていろいろ後遺症が出て来たりするから、しばらくは大事にしなさいヨ」

良「ところが、早速後遺症が出ちまって、頭が少々おかしいんで心配なんですヨ、善のヤツは―。実はゆンべ、民さんと善の快気祝をしようというので一杯飲んだんだけど、突然善のヤツが『オレは気を失っている時に、極楽に行って来た。霊界を見て来たゾ』と云いやがる。前から脳ミソの弱いヤツとは思っていたが、とうとう本物になるんじゃないかと思ってサ……。」

善「何、云いやがる！救急車で運ばれ、病院の治療室に入ったところまでは判っきり記憶があるけれど、その後頬ッぺたを医者にたたかれて意識が戻るまでの何時間かの間に、夢のようでもあるし、幻覚かもしれないし、目覚めた後でも妙にはっきり頭に残っていたから現実のようでもあるし、とにかく美しい景色を見たんです。このことは、善と違って民さんは他人の云うことをきちんと聞いてくれる人だから、民さんにだけはその時話したんですが……。住職だから話しますが、『はじめは何か風車のようなものに乗ってグルグル回りながら上の方に行ったんだけど、ふと気がつくと今度は、美しい花が咲いている広い明るい草原の上を、白い雲の塊のようなものに包まれながらふわふわふわふわ飛んで行く。やがて向こうに大きな湖のようなものが見え、今度はそれに向って良い気持で飛んで行く。そのうち後ろの方で大きな声で名前を呼ばれたけれど、いい気持でいるところをウルサイな、と思って飛びつづけていた。しかし、そのうち、声が一層大きくなると同時に、頬ッぺたをたたかれ、何だろうと思ってふり返ったら目が覚めた、という夢です。でも、その時は直観的に〝極楽！〟と思ったんです。」

民「入院当座はオレが付き添っていたんだけれど、話を聞かされてから思い返してみると、確かにあの時、顔色こそ蒼白だったけど表情は普段見なれた善さんの顔と違った満ち足りたような顔をしていた―。」

善「あの時はいま思い出してもはっきり思い出せる位に良い気持だったんだ。あんまり良い気持だったんで、民さんに云ったんだ、このまま死ねたらいいねって……。」

住「事故や病気で死にかかった人が、生き還ってから語る不思議なイメージ体験を、臨死体験というが、今年の三月ＮＨＫテレビで立花隆氏がこの問題を本格的にとりあげて随分評判になったものだ。欧米ではかなり前から死後の世界・霊界について科学的な研究が行われているが、それによると、トンネルのような所を抜ける、美しい草原に出る、明るい光につつまれる等は臨死体験の共通事項とされている。してみると、善さんも臨死体験をしたんだね。今まで味わったことがないような快よさ、というのも共通事項だし……。」

良「いやだネ。善は頭がおかしくなっただけかと思ったら、死人だったの？　足があるけど、オバケじゃないだろうネ。」

住「お化けなんかじゃないサ。ちゃんと生き還った頭もしっかりした生きた善さんだ。むしろ霊界に一度足を踏み入れた人は、人格が高まると云われているくらいだ。」

善「どんなもんだい。良とは格が違う、格が—。」

住「別にいばることはないが—。霊のことや死後の存在について、あまり詳しく話すことは差し控えたいけれど、臨死体験者が語る霊界の有様などは、阿弥陀経はじめ浄土教のお経で説かれている極楽の様子にそっくりだということは云えるね。

　平安時代に恵心僧都は『往生要集』という本の中で、極楽の様子、またそこに往生するための方法、逆に地獄の有様等を詳しく述べられているけど、特異な宗教体験をもとに書かれているものだろうね。」

民「霊って本当にあるんでしょうかね、住職。」

住「お釈迦さまは、科学的実験の結果として実証することができないようなものについて議論することは利益にならないとして、霊の存否については直接説かれていない。しかし、脳死とそれにもとづく臓器移殖が現実の問題となった現代、霊についてそれなりに認識を深めることは必要だろうと思うね。

　例えば、霊の存在を認めるかぎり、脳死を直ちに人間死と決めて臓器移殖を行うには非常に問題があるから……。脳死のことはさて措いて、私達は霊は存るもの、霊界なり極楽は在るものと一応心得て、普段から正しい信仰、善い行いを心掛けましょう。何故なら、臨死体験者の話し等を総合するとお念仏の信仰を持ち、他人に親切で、努力を惜しまないといった正しい人間生活を行う人は、必ず上級の霊界、極楽に行けるということですから……。」

33　サル年を迎えて

「動物実験の廃止を求める会」の事務局長野上ふさ子さんによると、日本では年間約二千万の動物が実験に使われ殺されているそうです。確かに人間が生きていくために、動物を犠牲にすることは、一面で止むを得ないことではあります。野上さんも無条件に廃止を求めているのではなく、生物が他の生物を食べて生命を維持していくことは自然の摂理でもあるし、可哀そうだが仕方のないことは認めております。ただ、我国の現実の動物実験の有様は、企業間の過度の利益競争や研究者の功名争い、また実験動物に対する慣れからくる倫理観の喪失等によって、実験のための実験や代替実験費を惜しむことから生ずる無制限・無節度の実験動物殺害であり、これに対し廃止を求めておられるのです。たとえば、ウサギを使うドレーズテストというのがあるそうですが、これはウサギは涙腺が発達していないため、異物を目に入れられても涙で洗い流せません。そこでこの特性を利用して、化粧品などの原料や製品を毎日目に注入し、ウサギの目粘膜がだんだん爛《ただ》れて腐っていく過程をデータにとる実験だということですが、このため年間三十万匹のウサギが殺されるということです。このように、人間生活にとって必ずしも必要でないような品物のために、こんなにも多くの動物が実験に供され殺されていることに対して、人間のエゴイズムに対する反省から廃止を訴えているのです。今年の干支サルは人間にもっとも近い動物のため、各種の実験に供されていることは、皆様も御承知のことと思いますが、サルを使った実験の中には、交通事故の実験だといって、椅子に固定したサルの額や後頭部に、ハンマー状の装置を何十回もぶつけて脳の破壊状態を調べる実験もあるそうです。この実験など他に方法がありそうで、人間の横暴としかいいようがない気がいたします。

ところで、譬喩話が多く集められている「六度集経」という仏典に次のようなサルに因む話がのっております。

昔、ある山に多くの猿達を従えていつも平和に暮らしている一匹の猿王がいました。ところがある年、ひどい日照りで山には果実がみのらず猿達は餓えに苦しんだのです。何とかしなければと考えた猿王は、谷一つ隔てた沢山の果実がある国王の果樹園に猿達をつれて行くことにしました。猿達が夢中になって食べているのを見た番人達は、猿達を捕らえようと果樹園をすっかりとり囲みました。これに気付いた猿王は猿達に命じ藤蔓で一本の綱を作らせ、一方の端を自分の腰に結びつけると勢いよく対岸の大木の枝に飛びつきました。ところが綱がやや短く、猿王は枝を握ったまま宙づりのようになってしまいました。しかし、猿王は自分の背を渡って逃げるよう猿達に命じ、一匹残らず渡り終わるのを見届けるととうとう力つきて谷底に落ち、そのまま気を失って捕らえられ、国王の前につれ出されました。頭を地につけた猿王は「ひどい日照りで山には食べる物もなく、切羽詰って犯してはならない王園の果物を食べました。この責任は全て私にあるので、どうか他の猿達は許して下さい。食べた果物の代わりに、この私の肉を差し上げます…」と、人間の言葉を語れないながらも、心の声で国王に詫びました。この心の言葉を感じとった国王は感動し、すべてを許すばかりか果樹園を猿達のために解放したということです。

この話は、猿王の行為を菩薩の行為に喩え、その精神と忍耐、自己犠牲の尊さを説いた話とも、国王の慈悲と寛大さの喩えともいわれていますが、このような国王だったら、先に記した交通事故の実験サルを見たら何と思うでしょうか。または、実験のサルは頭をぶつけられながら、何を人間に訴えたかったでしょうか。

野上さんの話によると、欧米では法律で動物実験を行う場合、事前に国や自治体、動物福祉団体などで構成する倫理委員会の許可を得ることになっているそうです。しかもなるべく動物を使わないように代替法の開発に多額の予算を支出し、また、同じ動物実験をいろいろな機関で重複して行うことがないよう情報の交換機関を設置したりして、従来ならば失われたであろう多くの実験動物の生命を救けているそうです。こういうことは、慈悲の譬喩話を内容とする「六度集経」も経典の一つにしている仏教国の日本こそ欧米に先がけて行うことなのではないでしょうか。動物実験にも無関心な日本だから、他に対する「いたわり」や「思いやり」の心が失われ、「いじめ殺人」等がしきりに起きるようになったとも言えるでしょう。最近、プロ・バスケットボールの花形選手が引退せざるを得なくなったり、人気歌手が死亡したり、予防ポスターを貼るの貼らないので騒ぎになっているエイズは、マラリア・ワクチンの開発の過程で実験動物に使われたチンパンジーなどの猿類から人間に感染した可能性が高いそうですが、動物実験へ対する痛烈な警鐘なのかもしれません。

新年早々今年の干支「猿・申」に因むとはいえ堅苦しい話題になりましたが、平成三年度芸術祭賞を受賞したピョコンとうなだれるしぐさで人気者の、〝次郎〟サルにならって、私達も人間中心主義からくる無制限の動物実験に、〝反省！〟しましょう。

34 お血脈《けちみゃく》の御印《ごいん》

わが浄土宗の大本山、信州長野の善光寺に因んだ落語に、「お血脈の御印」というお話しがあることを、御承知の方も多いことと思います。血脈とは、仏教における尊い教法や戒律が、師僧から弟子へと絶え間なく承け継がれていく様を、人体の血脈に譬えた言葉で、その承け伝えられることを血脈相承《けちみゃくそうじょう》といい、仏教のエッセンス、その宗派の要諦中の要諦が秘伝によって脈々と弟子に承け継がれて行くのです。この師僧→弟子の系譜図を「血脈」といい僧侶には詳細な血脈が下されますが、縁によって篤信の方にも省略した系譜、お血脈の御印がいただけます。どちらにせよ非常に尊いものです。さて、落語の話は次のようです（関山和夫「落語風俗帳」他より）。

昔々、欽明帝の御時、百済《くだら》の聖明王から閻浮檀金《えんぶだんごん》という一寸八分の御仏体が贈られた。ところが、蘇我《そが》・

物部《もののべ》両氏の崇仏排仏の争いの結果、悪疫流行の禍根をなす蕃神であると物部尾輿《おこし》が難波堀江の池に投げ捨てた。後、推古天皇の御代に信濃の人本多善光《よしみつ》が池中から救い出し、昼間は善光が如来を背負い、夜は善光が如来に背負われて故郷の信州に帰り着き、長野の地にお堂を建ててお祀りすることになった…これぞまさしく善光寺の由来。この善光寺、御本尊を安置してある御宮殿と称する戒壇の地下に、かくも尊きお血脈が鍵を掛けられて厳重に保管されている。人々は血脈の御印をいただくために、地下の回路を伝わり「戒壇めぐり」を行ってお血脈の在りかを示すこの鍵に触れようとする。触れさえするだけで御功徳によって極楽往生間違いなし。さてさて、この「戒壇めぐり」が評判になってから善人はもとより、悪人までもがやって来て御印をいただく。このためみんな極楽に行くようになって、地獄は閑古鳥が鳴く始末。はじめこそレジャーを楽しんでいた閻魔《えんま》大王もこれには大困り。とうとう会議を開いて「お血脈の御印」を盗ませることになった。人選の結果選ばれた石川五右衛門、こんなことは朝飯《めし》前と、たちまち本堂の地下に忍び入り「お血脈の御印」を盗み出し「ありがてえ、かたじけねえ。まんまと善光寺にしのび入り、奪《うば》えとったるお血脈の御印。これせえあれば大願成就…」と、千両役者を気取って大見栄を切り、おしいただいたその途端、そのまま極楽へ行っちまった——。

六世紀に仏教がわが国に伝えられてから、次第に人々の間に広まって行きますが、難しい仏教の教説を人々に伝える場合、言葉に抑揚をつけ、洗練された美声とゼスチュアをもった演技的な表出を取りながら聴衆を魅了した独特の説教節《せっきょうぶし》（節談《ふしだん》説教）の役割は極めて大きなものがあったとされています。清少納言の枕草紙にも、説教師は顔のよき…とあり、人気のある説教師は今のアイドルのようにもてはやされた様子が窺われます。こうした節談説教を大成した人として平安時代の天台僧澄憲《ちょうけん》・聖覚《せいがく》、三井寺の僧定円《じょうえん》等が知られており、有名な平家物語冒頭の「祇園精舎の鐘の声…」という美文も、この人々の説教節に発しているのです。こうした独特の節回しや仕草で聴衆を引きつけながら仏教の教説をわかりやすく説いていく風潮は、江戸時代になるとますます盛んになり、やがてこの中から落語が発達してくるのです。例えば、江戸初期の「沙石集《させきしゅう》」という本には、説教師が漁師達を集め〝朝ナ夕ナ、面々に網をモて、アミアミとのたまへば、波がダブダブときて魚がツれる。ナモアミダブツと申すこと有難けれ〟と言ってお念仏をすすめるダジャレが記されております。落語の祖、当時の節談説教の第一人者安楽庵策伝《あんらくあんさくでん》は浄土宗の僧正ですが、彼の「醒睡《せいすい》笑《しょう》」という本には、今日寄席《よせ》等で語られる落語が多数納められております。古典落語といわれる話しの中には、「お血脈の御印」をはじめ「寿限無」（浄土宗系）、「鰍沢《かじかざわ》」（日蓮宗系）、「野ざらし」（禅宗系）等々仏教に因むものは枚挙にいとまがありません。

さて、一ヶ月程前の読売新聞に、「笑いは健康の源―科学で証明」の記事がありました。五年前にガン患者のモンブラン登頂で話題を呼んだ「生きがい療法実践会」を指導している医師達が、ガンや狭心症などの患者を含む多勢の人達に、約三時間漫才や喜劇などを見せて大いに笑ってもらったところ、体の抵抗力を示す免疫機能が、笑う前に比較して35％から40％もアップすることを確認し、医学会で発表するとの記事です。落語で笑うことは、仏教の一端を知る上からも、健康の上からも大いに意義のあることでしょう。現に太閤殿下に一席うかがった策伝和尚は、八十九才という当時としてはきわめて長生きをされました。お盆が過ぎると暑さも本番。皆様も暑い暑いとブツブツ言って消極的に日々を送らず、時には大いに笑って、暑さを笑い飛ばしながら健康にこの夏を過ごすようお願いいたします。

35　一年の計にお念仏も！

私は十年余り前から保護司を務めておりますが、その関係の研修で昨年秋に静岡刑務所を見学してまいりました。その折、刑務所長の茅場薫さんが静岡刑務所独特の更生教育について講演して下さいましたが、大変興味深い意義のある話しでしたので、その時頂いた講演内容をまとめた小冊子の一部を参考までに紹介させて頂きます。

刑務所を出所する日、出所者は異口同音に「もう悪いことは決していたしません。大変御迷惑をおかけしました」と誓って出所していく。もしこの誓いが本当に守られるなら再犯する者は一人もいなくなるはずだ。しかし多くの者が再び戻ってくる。統計によると入所者の63%は再犯者である。なんで一回で懲りずにまた犯罪を繰り返すのか。こんな疑問を持ちながら長年再犯の問題に取り組み、その結果やっと近頃到達し、当刑務所で実践しているのが「再犯できない人」の教育なのである。

さて、出所後再犯するか否かという人生の岐路に立たされた時、再犯するような者は共通して自分に都合よく考えようとする。それも先を正しく読み取るのではなく、目先のその場かぎりの損得計算のみをして行動する。人間の意志の弱さかもしれないが、自分が可愛いから自分に甘く、自分に都合よく考えてしまう。再犯しない者は自分に厳しく考える。ここに差が生ずる。とくに、犯罪に直結する自分に対する甘さには次の三つが大きい。

一つは「誰も見ていない」。受刑者の95%は誰も見ていない所で悪いことをしたと思っている。しかし神様が見て証拠を残しておいてくれるから必ず逮捕される。誰も見ていないから見つかる筈はないと甘く考える。第二は「この位なら許してもらえる」。悪いことではあるが、この程度なら見つかっても許してもらえる。しかし、許す許さぬは裁判によるものであって自分の甘い考えからではない。第三は「皆もしている」。赤信号皆で渡ればこわくない……。しかし、いつでも必ず車は止まってくれるとは限らない。他の人が大丈夫だったから自分も、と甘く考える。この三つの甘さのうち一つでも心の中にあると、本人は知らずのうちに再犯の道を歩むことになる。

それなら、ややもすると起きる心の中の甘えをどうしたらよいか。私は、心の中の母と自問自答し、母の考えを聞けと答える。この世の中で子の健やかな成長と幸せを願わない母は一人もいない。母の思いは永遠である。そこで、行動する前に必ず心で母に意見を聞いてみる。そして自分の考えと母の考えが一致すれば実行、一致しなければ直ちに中止。この母との自問自答が生活習慣になれば、もうあなたは再犯しようと思っても、できなくなる。

「再犯させない」ため頭から押さえつけ矯正させようとする従来の更生方法に対し、このような各人の心の中から啓発して「再犯できない人」に育てようとする更生方針に従って、静岡刑務所では受刑者に石原辰男画伯の描く「幼な子を抱く母の姿の絵」を渡して飾らせ、また母の声にも似た優しい澄んだ音の出る貝で作った「鈴」を持たせ、朝晩にはＮＨＫ紅白で細川たかしが歌った「北緯五十度」の作曲家望月吾郎先生の「母の鈴」という曲を聞かせ、あるいは心の母との自問自答するための学習時間を繰り返し設ける等、「母との対話」が身につくための自力更生学習に励ませている。その結果、静岡刑務所では出所後再び罪を侵す者は他に較べて極端に少なく、約３％にすぎず、とくに最近一年では再犯ゼロである。

　さて、以上の所長さんの方針は、甘い考えの有無が人の行動の是非を決める、その甘い考えは心の中の母によって正す、その母は鈴や絵を持ち歩くというなんでもない方法でいつでも身近に居てもらう、という三段論法の上で、人は自分の内面からの自己改造によってのみ、正しい新しい道を歩むことが出来るようになる、ということだと思います。

　ところで、所長さんの話に出てくる「心の中の母」とは、対象が受刑者ということで具体的に「母」としたものでしょうが、私達を正しい道に向かわせてくれる根元《おおもと》という意味で、私達一般の者としては母を宗教・信仰に置き換えても良いのではないでしょうか。それなら、その母を身近にするための方法として絵や鈴といった容易な手段を採ったことは、難しい修業や特別な場所を選ぶということでなく、居間のお仏壇の前で毎日ナムアミダブツと称える、ことにあてはめ実行すればよいのではないでしょうか。

言い古された言葉ですが、「一年の計は元旦にあり」です。明るく正しい人生を送るために、今年の一年の計に「心の中で、仏サマと自問自答しよう」「毎日お念仏をしよう」を入れていただきたいと思います。

36 時に人生を思うべし

住「揃って来るとは、久し振りだね。」
良「これから民兄貴を元気づけに三人で飲みに行くんだけれど、前を通りかかったし、話もあるし――」
民「実は昨日《きのう》、用事があって横浜近くまで行ったけど、帰りに電車に乗ったら、若い者《もん》がサッと立って席を譲ってくれたんです。仕事で疲れていたし〝有難い、坐ろう〟と思うより早く、凄いショックを受けたんですそのことに。席を譲られるなんて生まれて初めてなんで、オレはもうそんな老齢（とし）なんか！と思うと、思わず坐ってしまった自分がなさけないやら、今の今まで若い衆気取りで振る舞ってきたことが恥ずかしいやら……。東京に着くまで、これまでの人生は何だったんだろうかとか、これからの生き方やら家族のことなど……いろいろ考えさせられて、すっかり落ち込んでしまった、というわけです」
住「そういえば、民さんはもう五十になろうという年齢で、人生の半《なか》ばを過ぎたわけだが、そのショックは分かる気がするネ。それにしても何かの切っ掛けで、見過ごしてきた自己に気付き深く内省したりすることはよくあることだ。諺にも〝他山の石〟とあるが、自分を見つめ向上させるためには、他からの働きかけは大切だ。人間は日々の生活に追われたりして、自分を深く見直したり、人生とか死について哲学的に考えたりすることはあまりないから、年齢のことはさておいて、良い機会じゃなかったかね。その若い人に感謝しなくちゃならないネ。もっとも、民さんは普段からモノを総合的に捉え、慎重に行動するタイプだから問題ないが……、一度ショックを与え自分を見つめ直してもらいたいのは、どうやらお二人の方ではないのかネ（笑い）」

善「オレだって時には自分を見つめ直すことはあるサ。今朝もヒゲを剃りながら鏡を見て、こんな好い男なのにどうして嫁さんがいねえんだろう。男ッ振りが好すぎるからだナ、って反省したばかりだ」

良「バカだなお前は！。善は無頓着すぎて、ヒゲもたまにしか剃らない、着ているモノは汚れていても構わない……。そんなダサイ野郎に嫁さんの来手があるかヨ。民兄貴がいつも注意しているのに聞こうとしねエー」

住「他からの切っ掛けで自分を見直すのと同じように、クセや性格も他人から注意されないと自分では気付かない。ところが、とかく人間は動物的防衛本能から、性格で多少の差異はあるが、他からの注意や働きかけに対し、硬く殻を閉じるか反発攻撃するかしやすい。本当は柔軟に受入れ慎重に対応することが大切だ。そうして、自分を反省し向上さすことが望ましい。法然上人は他から〝知恵第一の法然房〟〝文殊菩薩の化身〟と言われれば言われるほど〝自分はそんな完全な人間ではない〟〝三学の器にあらず〟と内省を深められ、阿弥陀如来の本願の念仏の信仰に精進されたように、他からの働きかけを糧に、内省を深めることは宗教心・信仰の第一歩だと思うがね……」

善「民さんが座席から人生を考えたことで思い出したけど、角《かど》ン家《ち》のオバアちゃんの話では、楽に死ねる方法を教えたんだって？　オレにもその薬教えてくれヨ住職！」

住「自殺の勧めみたいな言い方しなさるな。老齢《とし》をとって死を間近にしても、安らかな心でいられる方法、をお教えしたのですヨ。昔から臨終の用心《こころがまえ》として、一つ、もし病気療養の生活に入っても、あせらず悲しまず心をゆったりと保ちなさい。二つ、命の終わりが近いことに気がついたら、必ず仏の世界に往生できることを信じ、念じて身も心も仏さまにあずけなさい。三つ、この世から仏さまの世界に移り住むのだと思いなさい。四つ、お仏檀を整え、ご本尊阿弥陀さまをお迎えしてお祀りしなさい。五つ、今までに、知らず知らず犯したであろう罪の数々を懺悔《ざんげ》して、仏さまにお許しをいただきなさい。六つ、他の人々のために出来得るかぎりのことをしてあげておきなさい。七つ、往生するみ仏の世界を思い描きなさい。八つ、臨終のときは、仏さまがお迎えにきてくださることを信じなさい。九つ、ご縁のある方々に追善供養をして下さるようお願いしなさい、と教えられています」

三人「つまり『ナムアミダブツ』って言っていれば良いのでしょ――」

住「その通りです。ところで、これから飲みに行くそうだけれど、度を過ごさないように。酒は程々に飲む分には、愉快になってワッハハハか8×8＝64、少々しんみりしてシクシク4×9＝36、足して〝100薬の長〟というわけだ。飲み過ぎてひっくり返って、クスリがクルシにならないように…」

（文中「臨終の用心」は、すずき出版「仏教スクール」より）

37 芭蕉会吟行句より

私も副住職として二十数年、先代の後を受け住職に就任してからでも十年の月日がたってしまいました。この間先代老僧の志を体し、檀信徒皆様のお力添えをいただきながら、建物はじめ境内墓地等の整美のためには微力ながら全力を尽くしてきたつもりです。お陰様でどうやら他の寺々にも伍せる程度の景観は整ったと思います。最近では当院の噂を聞いて、開基真珠院殿水野忠清公の墓所を訪ねていらっしゃる好事家や、貴い意義を持つ浄土マンダラ庭苑を見学に来られる方が年毎に多くなってまいりました。先月も放送大学の俳句教室の方とその同好者芭蕉会の仲間十名余の方が泉桜葉先生に率いられて吟行に来られましたが、その折よまれた当院浄土苑に因む発句のうちいくつかを紹介させて戴きます。

泉桜葉先生五句

来迎の二十五菩薩雲の峰
熔岩の熱砂と燃えて寝釈迦像
翠琴の妙なる音色夏の寺
御手洗の翠琴浄土夏初め
夏涼し紫露草岩しぼり

芭蕉会同人（岡田・佐藤敏・桧山・丸山・佐々木・石田・佐藤久・藤本・加藤・谷団員・関根・石倉——敬称略　順不同）

若葉風立つや菩薩の奏《かな》で初《そ》む
浄土苑菩薩のおん目風薫る
姫榁《ひむろ》杉花粉吐きたり真珠院
胎内を潜れば明《あか》しかきつばた
憂《う》さひとつ晴れし寧《やす》らぎ著莪《しゃが》の花
蔓《つる》蕎麦《そば》の紫微塵《みじん》涅槃岩
をだまきのうす紫や弥陀の息
象《かたど》りし浄土の池に岩八ッ手
翠琴の音滴々《てきてき》と木下闇《こしたやみ》
現世浄土鯉の池畔めぐるかな
風薫る都知事由縁《ゆかり》の錦鯉
青葉蔭羅漢《らかん》並べし無縁墓
二人静そよぎ果てなし怨《えん》の舞
熔岩に千草咲かせて涅槃かな
うらうらと岩を抜け出る菩薩かな
薫風や欣求浄土の彼岸池
法を説く住持ありけり花菖蒲
翠琴の妙なる音に春告げて

安らぎと慈しみの心を！　これは十年前住職就任記念に浄土苑を作庭した時、私がつけた当院のキャッチフレーズです。お寺にいらした方が一ときでも心を寛ろがれ、他を思いやる心のゆとりを持ち、清々しい気持で帰っていただくことが、寺の意義であり住職の勤めである、と考え付けたものです。今度本堂を新築するに当って、形は近代感覚のものであっても、このモットーに反しない寺院らしい荘厳さ、信仰の場にふさわしい雰囲気の建物にすることは、何としても守らねばならぬ原則だと思っております。

ところで法華経に、「長い間家を出て流浪し困窮していた子を、やっと長者は見つけた。ところが流浪の間に親の顔も忘れてしまった子は、かえって長者の威を怖れ逃げようとする。何とか邸に連れ戻した長者は、まず下賤な仕事を与え安心させ、次第に上級の仕事を与えながら子を訓練していく。そしてついに親子の関係をあかし、一切の財宝を子に与える」という有名な「長者窮子の譬」が説かれております。この話は、私達は自分の中に仏性という立派な財宝を持ちながらそれに気付かず、浅ましい日々を送っている。しかし、仏はよくこのような凡夫をも無量の慈悲で包み、かつ方便をもってやがてこの仏性を気付かせ救いとって行く、という「万物悉有仏性」と「慈悲」との関係を説いた教えとされております。

私が先に述べたようなキャッチフレーズを掲げ、少しでも寺院らしい環境を整えたいと努めるのは、この教えに従ったもので、直接仏教教理を説きこれを迫るのではなく、まず寺に入って安らぎと慈しみの心を持っていただき、身心を整え、やがて自分の能力をはるかに超えた存在＝阿弥陀如来のお慈悲を頂戴し、お念仏の信仰を深めるようにしていただきたいがためでもあります。

●平成6年～平成10年

38 七福神めぐり

お正月を迎えて、予想以上に長引く不況を吹き飛ばそうと、七福神めぐりをされる方も多いことと思います。

ところで、インドの福神である弁財天《べざいてん》・大黒天《だいこくてん》・毘《び》沙門天《しゃもんてん》に、中国の寿老人《じゅろうじん》・福禄寿《ふくろくじゅ》・布袋尊《ほていそん》を加えさらに日本古来の福神である恵比寿さまを入れた七神を、瑞祥の象徴、幸福招来の神として信仰するようになった起源については、諸説があってはっきりしません。ある説によれば、弘法大師が創作したとも伝えていますが、室町時代の中頃、応永年間（十五世紀）に七福神をかたどった流行列が伏見で行われた記録が存することからも、かなり早い時代からこれら招福を詣でる風習があったことは確かなようです。江戸時代の記録として、上野の寛永寺を開かれた天海僧正が、始めて徳川家康公に会われた時、僧正が「恐れながら将軍様には、この乱世を治めるにふさわしい七つの福徳を備えておられます」と言上したのに対し「その七福とは何か」と問われ、僧正は仁王護国経の「七難即滅・七福即生・人民安楽・帝王歓喜」の句を引き「七福として長寿・富財・人望・正直・愛矯・威光・大量」の七を挙げ、さらにそれを人形に表わして寿老人・大黒天・福禄寿・恵比須・弁財天・毘沙門天・布袋を示された。家康公は大層喜び後日画師の狩野法眼に命じ、詳しく画かしめられた逸話が残っております。この話が徳川さまびいきで少々オッチョコチョイのお先き走りな江戸っ子気質に合致し、新春の初詣として定着してきたようです。江戸には大田蜀山人や谷文晁等の文人墨客が創設したといわれる隅田川七福神をはじめ、各所に七福神巡りの名所が創られております。ところで近年、多くの区民から「小石川にも七福神巡りを！」との要望があいつぎ、その創設発起人会が設けられておりましたが、当院に布袋尊が祀られていることから有志達に懇請され、七に因み明年から後楽園（福禄寿）・福聚院（大黒天）・コンニャク閻魔源覚寺（毘沙門天）・宗慶寺（寿老人）・極楽水（弁財天）・馬琴寺深光寺（恵比寿）とともに小石川七福神を開創することになりました。

さて、七福神の根拠である仁王護国経の「七難即滅・七福即生」の七難とは、一には日月度を失うの難（太陽に黒点が出現する等）、二には星宿度を失うの難（大流星群の接近等）でこれらは天変に属し、三には災火の難（火山爆発や野火）、四は雨水変異の難（水害）、五には悪風の難（暴風や冷害）、六には亢陽の難（異常な日照等）で、この四難は地異に属する災難です。七つめは悪賊の難ですが、これは単に盗賊や戦争のことだけではなく、病気とかストレス等広く人為的な災害で、前六難が自然的災難なのに対し、不自然的災難すべてを含むものです。そこでこの経文の句は「たとえ自然的災難だからといってはじめからあきらめて放置したりせず、不断に備えを心掛け、また、人為的災難に対しても妄想や邪欲を捨て心の邪業を浄めるように努めて、七難から免がれ七難に打勝つようにすれば、おのずから七難に代って七福が生ずることになる」という意味です。従ってこの経句に拠る七福神巡りをされるには「心掛けを良くします。一所懸命働きます。他人のために尽します。……ですから、どうぞ福をお授け下さい……」という気持でお詣りすることが大切です。この気持はすべての信心に通ずることですが、他から与えられることばかり考えていては、得るものは何もありません。

さて、当院に関わる布袋尊は、七福のうち「大量」の象徴ですが、大量とは「度量の寛大」なることです。また、布袋は七福神の中で唯一実在の人物でもあります。中国唐の時代の禅僧で、本名を契此（かいし）と言い、円満な顔に大きな腹が特色で、いつも杖を持って大きな布を荷い、物を乞われればその袋からほしがる物を出して与え、子供が面白がって寄ってくれば一緒になって遊び、そうかといって時には仏教の奥義を寸言のうちに明らかにする等、その境涯の脱俗ぶりは人々の尊敬を一身に集めた人物でした。貞明二年（九八八年）三月に世を去られますが、臨終に際し「弥勒は真の弥勒にして、分身は千百億なり。時々に時人に示すも、時人自ら識らず」という遺偈（ゆいげ）を残されたことから、後世の人々は「布袋は弥勒仏の化身であったのか」と知り、改めて尊崇されるようになった人物です。とくに腹の大きいのは大度量を示し、袋一つを担うのは分に安んじ天命を楽しむ姿、いつもにこにこしているのは堪忍の徳を示しているものと受けとられ、生存中しばしば示した奇跡の力とあいまって、福神として祀られるようになりました。

この七福神が一つの船に乗っている宝船の画がありますが、これは一身の上に七福を具備することを意味しています。現下の不況という荒海も、自分という船に七福徳を具えて、力強く乗り切っていきましょう。

39 行供養《ぎょうくよう》

いつしかと待ちなむ吾に玉梓の
　言いも寄せずて逝にし妹かも

昨平成五年十一月二十一日早朝、伜の運転する車の窓から夜目にも白く振向いた顔も晴れやかに、「行って参ります」と手を振ってから一週間、空港ゲートに待ちわびる家族全員に、「只今」の声もかけず、顔を見せ得ぬまま、空港内救護施設不備の為、成田通関直前御来迎の彩雲に乗り換えて了いました妻光江の告別式に際して……。

これは昨年十一月二十八日早朝、全く思いもしなかった災難！で、愛妻光江さんを奪われたお檀家の伊藤英一さんが、満中陰七七日忌に際し出された挨拶状の冒頭の一節です。伊藤さんは今後は好きだった趣味の日本の古典文学に親しみながら、孫や息子夫婦に囲まれて悠々自適の余生を送ろうと、永年経営していた小工場を廃業し、その残務整理も終った昨秋、経理担当責任者として苦労を共にしてきた妻の功に報いるため、老人クラブのお仲間達に誘われたのを好機に、妻の光江さんをオーストラリア一週間の旅に送り出したのです。伊藤さんの突然の不幸は、記念すべきその旅行の最後の瞬間に成田空港で起きたのです。前夜の国際電話で奥さんの元気な弾んだ声を聞いて成田での出迎えを約束した伊藤さんは、再会を期待しながら家族一同と出迎えゲートで待ち侘びている時、思いがけず「文京区よりお出迎えの伊藤様、南口においで下さい」との場内放送を聞いたのです。予定時刻を過ぎても姿を見せぬ妻に、何やら不安を感じていた伊藤さんは、虫の知らせでもあるのか、後日その放送を聞いた時の気持を、前記の一首とともに、

脇腹を野分け吹き刺す如くなり

逝きしも知られで佇ち待つ吾れは

と詠んでおられます。執るものも執り敢えず南口に駈けつけた伊藤さんは、係員から大略次のような事情を説明されるのです。「六時十四分定刻着陸。六時二十五分頃昏倒（同行者によると、離陸後第一回の発作が起き、乗務員から応急の処置を受けており、二度目の発作）。六時三十五分頃　救急車要請。医師要請放送。六時四十五分日本医科大学成田クリニック医師到着（成田クリニックは日医大がテナントとしてソファ三ツ置いているだけの養護室で、医療機器は備えてなく、医師看護婦も昼間のみ時間勤務する善意の民間施設。当日は所用で医師が偶然仮眠していた）。脈拍微弱となる。七時　救急車到着。同七分　成田日赤病院に出発。」

あわれ妻この空港に一台の

救急車なし汝は知れるや

救急車に同乗した医師の「何しろ心疾患や血管障害は「五分を争う」のですョ」という言葉を俟つまでもなく、空港に常備の救急車があれば、ある程度の治療機器を備えた診療所が空港内にあれば……もしかして妻の命は助けられたかも……伊藤さんの無念さが偲ばれる一首です。

タクシーに飛び乗って駆けつけた伊藤さんが、成田日赤病院の救急処置室で見たものは、波長がピーンと水平になったままのモニターの画像でした。「カアチャーンッ、カアチャーン、ミツエーッ、ミツエーッ、ミ・ミ・ミツエー」と五声叫んだが反応なし。そして八時三十八分「ご臨終です」との宣告。こんな、こんなことってあってもよいものでしょうか、住職！。葬儀の折、伊藤さんが涙ながらに語る光江さんの最後の有様です。

乱れさく風吹《ふぶき》に紅の花ビラを
両手に受けし妻は逝きける

とりあえず手向けた花に万感を込めて詠った一首でしょう。

葬儀が済み、三七日を迎え、五七日の回向を勤めても、伊藤さんの無念さ悲しさは募るばかりです。そして満中陰七七日忌の折、いまだに涙にくれる伊藤さんを、住職として何とか励ましたいと「奥さんの死を悲しみ涙するのは当然です。しかし、泣いてばかりでは供養になりません。姿形は変っても奥さんを生き返らせたいと思うなら、行供養に勤めなさい」と、なぐさめにはならないと判ってはいましたが、話して来ました。仏教では亡くなった方の霊をなぐさめる供養として、法要を営みお念仏を回向する法供養の他に、残された私達の日々の行動の中に、亡くなった方の長所や、希って果されなかった願いを少しでも叶えてあげる行供養、即ち私達を通して亡くなった方を生かし続ける供養も大切であると説かれています。そのようなことがあってから幾日か経ち、桜のたよりすら聞かれる百ヶ日忌が近づく頃、突然伊藤さんが重そうな紙袋をかかえ寺に訪ねて来ました。そして紙袋から「成田国際空港に国立の完備した医療機関の設置を求む」という趣旨の署名用紙を取出し、「毎日何万人という人が利用する空港に医療機関が無いなんて信じられません。署名運動が実ってもし施設が出来、一人でも二人でも光江のようなことにならずに命が救われるなら、住職の云う行供養になるのではないかと思って……」と、今回は元気そうに話し出すのです。もちろん質は異りますが今度涙を流すのは私の方です。何とか伊藤さんがたった一人で始めた運動を実らせたいと思います。お彼岸にお参りの折、署名用紙を用意しておきますのでご協力をお願い致します。

来る年もまた観んものと言いおきし
花ぞ今年は墨染めに咲け

桜の季節を迎えても、どこか心の一隅に淋しさが感ぜられる一首です。もし署名運動が成功したならば、きっと明るい花を咲かせてくれることでしょう。

40 伽藍堂《がらんどう》

経典には説かんとする説法をわかりやすくするために、難しい論旨を述べた部分についで、それに因む喩え話や小さな寓話が語られることが多いものですが、後世になってこの説話部分だけを集めた経典が編まれたりもしています。こうしたお経の一つに百喩経というのがありますが、地鎮起工式を終え、いよいよ本格的な工事が始まり、今も力強い音をたてて動く頼母しそうな土木機械を使って、杭打ち作業や土留工事をしている職人さん達の仕事を見ていると、次のような百喩経の一説話を思い出します。

少々愚かなお金持ちがいました。ある時、仲間のお邸に呼ばれて行って、その三階建ての建物を見て、あまりの立派さに驚き、自分も三階家が欲しくなってしまいました。家に帰るとすぐ大工を呼び寄せ、自分にもあの家に負けないような三階家を建ててほしいと注文しました。承知した大工はさっそく仕事にかかりました。地面を計って縄を張り、あれやこれやと設計して、それから基礎工事に取りかかりました。ところが、欲しい物は何でもお金で簡単に手に入れることに慣れている愚かなお金持ちは、何日もかかって整地をしたり縄を張ったり、せっかく平になっている地面を掘り起こして石をつめたり、一向に家を建てようとしないことが、どうにも飲み込めませんでした。そこで、何をするのだろうと疑って大工に訊ねました。「お前は何をしているのだ。」大工は当り前の顔をして答えました。「三階建ての家を作るのです。」けれどもお金持ちにはこの答えは通じませんでした。「私は三階の建て物が欲しいのだ。下の二階などはいらないのだよ。大工はあきれながらも噛んで含めるように説明してやりました。「それはできない相談です。一階を作らないで二階を作ることは出来ません。また、二階を作らないで三階だけを作ることはなおさら出来ません。今やっている仕事は、基礎工事といって、一階を作るためには是非ともしなければならない準備の仕事です。そしてこの基礎工事は、二階を作るつもりでしたら、ただ一階だけを作るよりも念入りにやる必要があるのです。これは三階建てを作ろうというのですから、もっと念入りにしなければならないのです。」（野村耀昌訳「百晴経」）

この説話は、人生ならば若い時の精進勉強、仕事ならば充分に練り上げられた事業計画、もちろん建築ならば念入りな基礎工事といった〝物事の土台基本の大切さ〟を説いた喩え話しであることは言うまでもありません。ところで、工事が始まってから暇があるとつい気になって、工事の有様を眺めていますが、専門の職人さん達の仕事を見ていると、素人の身もわきまえず、〝どうしてあの仕事の前にこの仕事をやっておかなかったのでろう…？など疑問に思うようなことがたまにあります。しかし、さらにじっと次の仕事を見ていると〝ああ、やっぱりあの仕事を最初にしておかなければならなかったのだナ〟と、結局は納得させられます。長年の経験、そこから得た知識、それらを総合し基礎として実行される専門家達の仕事は、思いつきだけの素人の考え及ばぬところだと感じさせられ、そして喩え話とはいえ、二階以下なしで三階だけを欲しがったお金持ちを、愚かなどと笑ってはいられない程度の自身の知識の無さ、愚かさに気付かされます。

このようなことからこの説話を考え直してみると、基本の大切さを教えているだけではなく、自分を過信し、他人の忠告に耳を傾けようともせぬ、一人よがりの考えや行為を戒めた話でもあるのではないかという気がします。とかく人間は自身のことを省みず、自分は正しく偉いものと肯定しがちですが、より高い次元から見れば、思い上がりにすぎないものだと反省させられます。

ところで、太いアースドリル杭が打たれ、土留めの何トンもありそうなH鋼が敷設されて行くのを見ると、その上に建つ新本堂の威容が何となく想像されてきます。それにつけても、この立派な本堂が完成したあと、有効に活用し、皆さまにも喜んでもらえるような寺院活動をしなければならないものと、つくづく感じます。

お寺の建物本堂を伽藍といいますが、これは「僧伽藍摩（サンガ＝僧侶・ラーマ＝休息所）」の上下二字を省略した言葉で、本来、心を休める場所のことです。こういう場所は広く静寂な所なので、ヒト気のない部屋などを〝ガランドウ〟などと使っていますが、新本堂がガランドウであってはならないと考えます。もっとも本来ガランドウは「伽藍堂」と書き、伽藍を護る仏さまを祀るお堂のことです。今日では全く誤った使われ方をしていますが、伽藍堂はとりわけ静寂清浄な、魂があらわれる大切な場所です。本来の意味での伽藍堂になるよう活用しなければならぬと思います。工事の進行を見るにつけ、楽しみの反面、いろいろ反省させられ、考えさせられることです。

41 〝つもり〟違い十ケ条

今夏（平成六年）の全国的な猛暑と少雨は、明治八年に気象庁が観測を開始して以来の異常さで、熱帯夜数等の諸記録がほとんど更新されたと言うことですが、特に昨年の記録的冷夏と多雨のそのすぐ後の今年だけに、その異常ぶりが一層実感されたことだと思います。

その原因については、科学的にいろいろ説明されてはいますが、いまだ残暑が厳しく頭の回転も鈍り勝ちな昨今ですし、とやかく理屈をこねまわすことはしばらく措いて、近代化・物質的豊かさ・便利さ等々を性急に追い求めることに馴れ、そのための無秩序な自然破壊や地球環境の変化に無関心であったことに対し、神サマ仏さまが警告を発し反省を求められているのだと、素直な心で受け取ることが大切なのではないかと思います。

仏教寓話集「ジャータカ」（本生経）に次のような譬喩話が載っております。

ある町に、人の背丈ほどもある長い槍を四本も立て、その鉾先きを飛び越えることを芸にしている軽業師がおりました。大変危険な業ですが、いとも軽やかに飛び越えるので大変人気があり、いつも大勢の見物客から拍手喝采され、多くのお金が投げ入れられておりました。それに気を良くした軽業師は、四本を越すことにはすっかり馴れた気のゆるみもあり、見物人の拍手で気が大きくなり、「いつも四本くらい楽に飛べるのだから五本目も大丈夫だろう」とたかをくくり、得意満面で見物人に向かい、「今日は特別に五本の槍を飛んで御覧に入れる！」と宣言しました。その言葉に驚いた軽業師の弟子達は「師匠、おやめ下さい。師匠は今まで一度も五本の槍を飛んだことがないのに、そんなことをしたら命を落としてしまいます。」と諫言したが、上機嫌の軽業師は耳を貸さず、「わしを止めるナ。お前たちはわしの本当の腕前を知らんのだ」といい、とうとう五本の槍に挑戦しました。ところが悲しいかな、軽業師は力およばず五本目の槍に串刺しとなり、鋭い悲鳴をあげて絶命してしまった（松涛弘道訳）という話しです。

馴れからついつい真の自分を見失うことのおそろしさを戒めた譬え話ですが、私たちでも、命を落とすまでのことはめったにないものの、マンネリ化し油断して失敗することなどは、よくあることではないでしょうか。そして思いがけない結果が出てしまってからハッと気が緊まり、「間違いなくやったつもりだったのに……」などと恨みがましく反省したりするものです。「後悔、先に立たず」とはよく言ったものです。〝馴れ〟と同じようなことですが、自分のクセや性格なども自身ではそれに馴れてしまって、他人に指摘されるまでは気が付かないのではないでしょうか。

少々日時が経ってしまいましたが、私が畏敬する本所の霊光寺上人からいただいた今年の年賀状に、次のような「〝つもり〟違い十ケ条」が教示されておりました。この十ケ条も素直な心で味わい、自身に照らしてみてはいかがでしょうか。

高い　つもりで　低いのが　教養
低い　つもりで　高いのが　気位
深い　つもりで　浅いのが　知識
浅い　つもりで　深いのが　欲望
厚い　つもりで　薄いのが　人情
薄い　つもりで　厚いのが　面皮
強い　つもりで　弱いのが　根性
弱い　つもりで　強いのが　自我
多い　つもりで　少ないのが　分別
少ない　つもりで　多いのが　無駄

誰でもこのうちの幾つかは思い当たるのではないでしょうか。

ところで、前にも書きましたが、本堂改築工事からはいろいろなことを学ばせていただいています。工事現場の要所要所には、「開口部・足もと注意」だの「飛来・落下物注意」といった一きわ目立つ注意札が下がっており、馴れ情性からくる事故を防止する策がとられております。そればかりか毎朝必ず朝礼を行い、一日の仕事内容を確認し合うとともに、「暑いから気が緩みやすい。気を付けよう！」といった標語を全員で声を出し注意しあってから仕事にとりかかっています。そのおかげで工事は全く無事故で進行しており、有難いことだとつくづく感じております。

善意をもって注意し合い、素直な心でそれを受け入れ合うことは大切なことだと思います。

42 不《ふ》惜《しゃく》身命《しんみょう》ということ

猛暑だった夏を引き継ぎ平年より暖かい年末ですが、さすが昨今は北国から雪の便りもしきりに聞かれます。このような時季になると、私事で恐縮ですが、恋愛の末結ばれて二年前から日本でも有数の豪雪地である越後の高田市に住むようになった姪のことが思われます。と同時に、住職という一僧侶の身からは、高田に隣接した柏崎・出雲崎で生涯を送った江戸末期屈指の名僧良寛禅師のことが連想されます。良寛禅師、良寛上人、良寛和尚―。

「この里に手毬つきつつ子供らと、遊ぶ春日《はるひ》は暮れずともよし」の句でも知られるように、村の子供達と遊ぶことをこよなく愛した良寛、唯一の家財ともいえる寝蒲団を泥棒に盗み取られて「泥棒に取り残されし秋の月」の句を何のわだかまりもなく詠める良寛、このような名僧には禅師とか和上といった尊号より、心からの敬意を込めて〝良寛さん〟と呼んだ方が相応しい気がいたします。良寛さんの庇護者の一人解良栄重《けらよししげ》は良寛さんの人格について「師良寛がわが家に泊まって日を重ねる。すると家中が自然と和やかに睦み合って、家の中は和気あいあいの気分に満たされる。師が帰った後も、数日間はその和やかな気分に包まれている。師と一夕共に語ると、胸の中が清々しい気分になる。師は特に内外の経文を説いたり、善行を勧めるわけではない。することといえば、台所のかまどの火を焚いたり、奥座敷で静かに座禅したりするごく当り前のことである。その話も難しい詩文のことや人の道についてではなく、ごく平凡な日常の瑣事についてである。それでいて師の内奥にある道徳の力が周りの人に自然と感化を与えていくのである」と『良寛禅師奇話』に記していますが、良寛さんの身中から滲み出る浄らかな仏徳力を端的に示すものでしょう。確かに良寛さんは、七十四年の生涯の間、寺を構えてそこに住し、葬儀・読経・説法などの仏事や作務《さむ》に励むといった、一般にみられるような弘法の生活を送った僧侶ではなく、山中の小庵に独り住み、一衣一鉢《いちえいっぱつ》の行乞《ぎょうこつ》を実践した乞食《こつじき》僧でした。その故に「良寛は弘法僧としてなすべき最も重要な務めに挫折した挙句、閑居の托鉢生活を選んだ」という評も、ごく一部の学僧からされていなくはありませんが、残されている無数の詩歌の奥深さを知れば、またその墨筆の高貴さを見れば、良寛さんの僧としての偉大さを些かも否定することは出来ないと思います。法然上人は、どうしたら道心（仏さまを信じる心）が生まれるか、との問に対し「その要は一つにあらず。或は人の苦に会うを見て三途の苦を思いやれ。或は人の死ぬるを見て無常の理（ことわり）を悟れ。或は念仏してその心を励ませ。或は善き友に会いて心を恥しめられよ。（略）これらの方法ひとしおならず。時に順いて計ろうべし」と教えられておりますが、本堂で経文を説くのも、行乞の姿を示すのも、人々に道心をおこさせる弘法に変わりはありません。

ところで、良寛さんが晩年世話になった木村家の二女が嫁に行く時、父親に頼まれて書き与えた「嫁の心得」を諭した八ケ条の戒語が残っております。その要は「とかく家事全般は毎日のことゆえ慣れから疎かになり勝ちだが怠りのなきように、他人に対しては慎み深く親切に、生あるものは鳥けだものに至るまで情け深くなければならぬ」というもので、一見当り前で常識的な教えですが、釈迦が亡くなる間際に弟子達に示した戒行のうち、「心を摂《おさ》めること」「食を節すること」「恥を知ること」「堪忍すること」「独処すること」「言葉を慎むこと」の六戒を特に座右の銘として、それの実践に徹した良寛禅師の、相手の機根《きこん》（人柄と能力）に応じてアレンジした良寛式嫁心得だと味わってほしいと思います。

話はとびますが、新しく横綱になった貴乃花は、横綱昇進の口上で「相撲道に不《ふ》惜《しゃく》身命《しんみょう》（命を惜まず身を捧げること）を貫く所存です」と述べておりますが、その後の記者会見で「土俵上では相撲にのみ心を集中させますが、土俵外では相撲に拘《こだわ》り過ぎるあまり心身を萎縮させることがないよう注意したいと思います。それが真の不惜身命と心得ます」という意味のことを話していましたが、大変立派な発言だと感心いたしました。自己を真に鍛え抜いた者のみが体得される自他の垣根を超えた包容力、敢えて言えば、良寛さんが達した心境に通じる言葉だと感じます。良寛さんの晩年の句に「われながらうれしくもあるか弥陀仏の、います御《み》国に行くと思へば」「おろかなる身こそなかなかうれしけれ、弥陀の誓ひにあふと思へば」と禅僧とは思えぬような句がありますが、宗派といった小さな枠に囚われず、釈迦の真の教えを会得したおおらかな良寛さんならではの句、だと思います。貴乃花も良寛さんのようなおおらかな大横綱になってほしいと心から思います。

お正月が過ぎ厳冬の雪の日など、良寛さんの一句、嫁の心得、不惜身命の意義などを、静かに味わっていただきたいと思います。

43 人救うのは人

住「三人お揃いとは久し振りですね。今日は阪神大震災から丁度四十九日なので、亡くなられた方の回向の後でこうして当時の新聞などを読み返したりしているのです。一寸この記事を読んでみなさいよ。」

『芦屋市の会社員Tさんは、一緒に壁の下敷きになった二つになる長女絢子ちゃんに、大好きだった童謡を歌って聞かせ続けた。〽ぞーおさん、ぞーおさん、お鼻が長いのねー。わずかに動く右手だけを頼りに、五十㌢の土壁を必死で掘り進みながら、すぐ横で泣きじゃくる絢子ちゃんに、父は優しくそして懸命に歌い続けた。三分後、泣き声は消えた。絢子ちゃんが再び声をあげて泣くことはなかった。〝あれが別れの歌になってしまった。つらいです〟Tさんは声にならない声を絞り出した』・『神戸市の商店街で父のS（七四）は絶叫していた。「お母ちゃん、寿美子（六九）がこの下におる！」地震から五分とたっていなかったが、既に向かいの一角から火柱が上がっていた。「這って来い。」Sの呼びかけに寿美子は「足がタンスにはさまれて動かれへん」と答えた。「火が来とるで！」息子のTはシャッターの金属棒でガンガンと壁を突いた。三十分もたったころ「もう危ない。逃げんと死んでしまう」近所の人がSに言った。最後は羽交い締めにした。「お父ちゃん、もういいから行って」寿美子の声がする。「かんにんやで、かんにんやで」とS。Tも熱さに耐えられるギリギリまで壁を壊そうとしたがついにあきらめた。「母さん、もう行くで。」「行って、行って。」最後に聞いた母の声は落ち着いていた。翌日SとTが焼け跡から拾い出した寿美子の遺骨は、大きいものでも七、八センチだった。二人は涙を流れるにまかせていた。』

民「ある新聞の〝震災の構図『鎮魂歌』〟というシリーズ記事を読んだけど、梁に押しつぶされた夫が、これまた動きのとれない妻の手をさぐりながら『子供達を頼む。おまえは三途の川を渡るなヨ…』と云いながら冷たくなっていった話、孫娘の死によるショックもあって『足手まといになっては悪い』と漏らしながら避難先で死んでいった老婆の話……なんとも切ない話が多すぎますね」

住「五十数体もの死体検案書を書いた医師が、どの顔にも必死で何かを伝えようとするかのような無念が感じられた、と話しているが、亡くなられた方々の心情を思うと、胸が痛みます……」

良「少しは明るい話もしましょうよ。百六時間ぶりに救出されたおばあさん、三本の懐中電灯の光の中で無事産まれた赤ちゃん、式を延ばしたら地震に負けるような気がして―と神前結婚を挙げた新婚さん、ボランティアの活躍……、住職はいつも後ろに四分、前に六分で心の思考、と云っているでしょう。前向きの話をしましょうよ」

善「オレは親方の云いつけで業界の仲間と神戸へガレキ片付けに行ってきたけど、ボランティアと云うのですかい若いモンも炊き出し、老人の世話、便所掃除…よくやるね。近頃の若い者は―と云うけれど、結局は人間性の問題だ。それにしても役人は良くないのが多いねェ。いくら忙しくてももう少し親身になれないものかと思った……」

住「政府の対応の遅れをはじめ、いろいろ行政への不満を聞くね。国際会議に出席した経済学者の佐藤氏の記事だけど、会議では経済問題そっちのけで、大震災について避難所の住環境の劣悪さと期間の長さに対する疑問、自衛隊アレルギーをおこすほど国際的危機管理の観念が欠如している社会党内閣だから国内的危機にも対応できず救済が遅れたのではないかという質問、非常時の第一優先事項交通路の確保と情報の収集に失敗したことへの疑問、外国からの援助に積極的でなかったこと等について質問が集中し、議論の挙句、おおむね行政の非を内外に立証した形になった、とあるけれど残念なことですね。

日赤副社長の近衛氏の記事だけど、災害時の救援対策は基本的には被災地の行政が行うのは当然であるけれど、メキシコ大地震やアルメニア大地震の時、大災害で行政が救援対策の機能が果たせなかった経験をふまえて、数年前に国際赤十字等八つの国際救援組織が集って『人道援助を享受し、或は供することの権利は、あらゆる国のあらゆる国民にとっての基本的な人道原則である』との行動規範を採択し、時によっては行政の要請がなくても救援団体が域外からの援助活動を行うことを合意したとのことですが、今回でも行政側がこのような人道的合意があることをしっかり認識していれば、善さんに指摘されるような、被災者や内外のボランティアに対する不親切な態度をとらなかったろうに。

良さんの云う通り、前六分に目を向けて、今後の教訓にして欲しいものです。」

善「今度神戸へ行って、懐中電灯と月の光があんなに明るいものとは思わなかった」

民「この記事に被災者50人が答えた〝私が必要とした防災用品〟というのが載っているが一位懐中電灯、二位ラジオ、三位非常食、四位飲料水、五位薬……・縄バシゴ・ノコギリというのもある」

住「防災用品も普段から用意しておくべきだが、大災害の後では、災害の恐怖や長引く避難所生活からイライラが募り、笑わない・食べられない・眠れないの災害症候群という心身症になりやすいそうだ。阿弥陀さまを信じお念仏の生活をして、どういう時でも心の安定が保てるよう不断から心掛けておきなさいよ。人を救うのは結局は人なのです」

44 いろいろなキ（木）

先日、書籍類を整理している時、ある宗教関係の古い本に、次のようないろいろな木の種類についての記事があるのをみかけましたのでご紹介いたしましょう。

お金の成る木＝コン木（根気）・ユウ木（勇気）ゲン木（元気）・シ木（士気）・カツ木（活気）・エイ木・（英気）・チシ木（知識）・ジョウシ木（常識）・ゴウ木（剛気）・フン木（奮気）・ハヤオ木（早起き）・ヨウ木（陽気）・ハタラ木（働き）・オチツ木（落着き）・ナナコロビヤオ木（七転び八起き）。

つねにセイ木（精気）を持ちショウジ木（正直）で何事もナガツヅ木（長続き）して、自己の天職にホン木（本気）で当れば、わが家の庭にはこの『お金の成る木』が自生して、家庭は円満繁栄し幸せになることは間違いありません。

しかし、うっかりすると次のような雑木が庭に繁栄するかもしれません。

ビョウ木（病気）・ウツリ木（移り気）・ウワ木（浮気）・ヨロメ木（よろめき）・タン木（短気）・ソン木（損気）・タメイ木（溜息）・コテサ木（小手先）・オモイツ木（思いつき）・ホラフ木（法螺吹き）イン木（陰気）。

こんな雑木がはびこると、何をするにもイヤ木（嫌気）がさし、いつの間にかウソツ木（嘘つき）になり、そのためにノッピ木（のっぴき）ならぬはめに堕ち入り、世間からはもちろん、家の者にまでゴロツ木（無頼漢）かアッ木（悪鬼）のように嫌われます。

世の中には、言うことだけは立派でも、本質的には余り評判がよくなく信頼のおけない人や、ガ木（餓鬼）のような目付きで他人の些細な欠点を見つけ出し、それを生き甲斐にしているような人がおります。こんな人の庭には、よくない木が生えているのではないでしょうか。ホラフ木（法螺吹き）とかヤマッ木（山気）という木は、すぐにメッ木（鍍金）がはげて、その枝はビン棒（貧乏）という棒になりますが、こんなワルイ木（悪い気）は大きくならぬうちに切り倒したいものです。

親兄弟や知人をあてにして寄りかからず、何事にもヤル木（やる気）を出してマケン木（負けん気）でがんばり、仏さまのオミチビ木（御導き）をいただいて、良い木を育てるように努めるべきです。自分はまだ若いなどノン木（暢気）に構えていたり、自分は間違ったことはしていないなどとイイ木（良い気）になって、神様のカン木（勘気）をこうむるようなことをせず、せっかく人間に生まれてきたのですから、この生涯をできるだけユウイ木（有意義）に送るようにしたいものです。

さて、この度本堂建立という一生に一度あるかないかというような大事業を、たいしたトラブルもなく無事完成させていただきましたが、それもこれも全て諸仏諸菩薩、天の神地の神、祖霊ないし三界諸精霊の力強いお恵み、言うまでもなく檀信徒有縁の方々の温かいお力添えがあったればこそと、本当に心から思っております。感謝の気持ちで一杯です。落慶式の折には、お恵み下された有難いお力に対して、まず心から御礼を申しあげなければならぬと思っております。そして祝宴では、住職などでなくお力をお恵み下された多くの方々が主役ですから、皆々様とともにお祝いし合い、慶びを頒ち合いたいと存じます。なお、当日は神様もお祝いにかけつけて下さることになっております。と申しますのは、縁があって知人の紹介で、重要無形民族文化財・国の選択文化財・東京都文化財・荒川区文化財・芸術祭大賞受賞・江戸里神楽師流四代目家元松本源之助先生が、秋の芸術祭参加公演の準備で忙しい折、しかもお祭シーズンでご多繁であるにもかかわらず、当院のため時間を割いて下さり、門人達と獅子舞いを披露して下さることになりましたが、これもお寺のこととはいえ、この度の本堂完成を神さまもお慶び下されお祝いにかけつけて下さるものと受け取れ、心からうれしく思われます。

今日も植木屋さんが入って、落慶式までに間に合わせようと、いろいろな植木を動かし庭園を整えてくれていますが、庭の木々を見ていると、自分の心の庭にはどんな木が繁っているのか内省させられます。お祝いに免じて許していただければ、本堂建立に当たっては、コン木・ゲン木・フン木・ハヤオ木・ハタラ木は少々茂っていたのではないかと思います。しかし、今後どんな木が繁ろうとしているのか、キ（木）の種類の教えを参考に手入れを怠らないようにしなければならぬと自戒しております。

45 本堂落慶に寄せて

今回の本堂建立と境内整備に当たっては、機会ある毎に申し述べておりますように、浄土教教義の具象化を第一の基本理念といたしました。もちろん、建物ですから法要儀式に必要な諸機能、あるいは新しい時代に要求される諸設備を有たせなければなりませんが、それらをこの理念の中に統合するよう心掛けました。歴史的に見ても、寺院の伽藍配置や堂宇の荘厳は、時代思想を反映した特色ある形式が発達しています。浄土教が盛んであった平安期には、宇治の平等院や奥州の毛越寺、金沢文庫で名高い金沢八景の称名寺等がそうですが、浄土曼陀羅を現出するための極楽浄土伽藍が造営されています。この形式は山門と阿弥陀堂を最短距離の一直線の道で結び、中間に設けられた大きな蓮池には橋を渡して道を通すというものですが、このような伽藍配置は、『たとえ娑婆世界に生きる私達のような凡夫であっても、ナムアミダブツと称えさえすれば難しい修業に依らなくても、弥陀の浄土に渡り往生できる』という易行道《いぎょうどう》（仏の他力によって成仏する教え）の浄土教の特色を具象化したもので、この教えを比喩的に説いた「二河白道《にがびゃくどう》」の経話に拠るものです。さらに阿弥陀堂自体も経典に説かれている極楽の様相に倣《なら》うように、内装には明るく美しい色彩を施したり、金箔を貼って眩《まばゆ》いばかりに輝く荘厳で飾るという形式です。今回はこのような浄土教の原点の伽藍形式を尊重踏襲した上で、現代に則した手法、新しい技術を用いて現代の浄土伽藍を建立することを願ったのです。例えば、大きな蓮池を設けることが不可能な都会の真ん中という地理的条件、また自動車社会に対応するため駐車場所を確保しなければならないという時代要求を満すため、参道に多色の敷石を使って波紋模様を描くことによって二河白道の比喩に代え、あるいは、本尊阿弥陀如来を祀る本堂内部を光り輝く極楽に倣《なら》うためには、新技術を駆使してトップライトを設けて自然の光をふんだんに採り入れることにし、さらに最高級のガラスモザイクを用いて陽光に映える瑞雲を棚引かせ、また人天蓋《じんてんがい》を象ったシャンデリアからは光の束が降り注ぐ手法によって、かつて用いられた金箔と極彩色に代えることにしました。さらに本堂の建物自体を阿弥陀如来に見立てるように、地下階から上段に従って地・水・火・風・空の五輪（仏教で説く（宇宙根元要素＝仏さま）を象徴する形の壁龕《へきがん》を正面に据え、また庇《ひさし》（向拝《こうはい》）は水面に葉と蕾を浮かせた睡蓮をデフォルメした形にして、仏さまに供えられた花を象徴させました。紙面の制限上詳細説明は略しますが、新しい感覚の浄土伽藍の建立が何よりの願いだったのです。拾数年前に住職晋山記念として大改修した客殿広書院も、またその折作庭した庭園を「厭離穢土《おんりえど》の庭」「欣求浄土《ごんぐじょうど》の庭」そして来迎二十五菩薩を奉安した涅槃《ねはん》姿に組み上げた岩山を特色とする「極楽国土の庭」の三部構成としたのも、この理念の上でのことです。

つまり、以上を総括して住職としては『当院を初めて訪れる方はまず庫裏の控の客間に上がっていただき、前面に展がる六根清浄石や坐禅石等の配置で聖道門《しょうどう》（自力で成仏せんとする教え）の教義を象徴した「厭離穢土の庭」を眺めながら、心の苦しみや普段の悩みを頒ち合い、しかし所詮は自己の力・人間の能力には限界があることを思い知らされ、それなら他にどんな道があるのかを求めて参道左側の「欣求浄土の庭」に歩を進めていただき、法然上人の遺跡二十五霊場を巡りながら上人の教えを受取り、ついに本堂右奥に展開する「極楽国土の庭」に入り、選ぶべき道・求むべき浄土の姿をはっきり心に決めていただき、迷うことなく二河白道の参道を渡って本堂に入り、極楽の様相を目の当りに本尊阿弥陀如来に帰依していただく』という浄土信仰の過程、浄土教教義の諸相・浄土曼陀羅を思い描いたのです。

いろいろな事情から本堂を改築することになり、しかも諸条件から近代的建物にせざるを得ない以上、いかにも浄土宗の寺に相応《ふさわ》しい、檀信徒の皆様にも満足していただける伽藍にすることが、住職の務めの一つだと考えております。もちろん今後の住職の大きな務めは、新しい伽藍に恥ないような布教活動を行うことだと心得ております。そのため四月をメドに諸準備もいたしております。

昨年は、真珠院にとっては本堂諸堂宇の落慶を祝うことが出来て記念すべき年でしたが、日本全体としてみると一月早々の阪神大震災で正月気分が吹き飛んだのに続いて、三月の地下鉄サリン事件のあと一連のオームム関連事件が明らかになって国中が騒然となり、年末近くなってはイジメ自殺が相次ぐなど、一年を通じての経済不況と相まって、悪い印象のみが残るような一年間でした。これが人間界の娑婆の姿なのかも知れませんが、今年は全体に良い年であるよう祈りたいものです。今年の無事多幸を願って墓参においでになる折には、小衲の意図をお汲みとり下さりながら、菩提寺真珠院のたたずまい、現代の浄土曼陀羅をご鑑賞いただければ幸いです。

46
六根清浄《ろっこんしょうじょう》

三月三日の桃の節句が過ぎると、土中深く寒さを避けていた虫たちが、春の陽気に誘われて地上に現れるという啓蟄《けいちつ》の節季がやってきます。この頃は本当に日差も和らいで、私達人間ですら閉じこもり勝ちだった家を出て、郊外にでも出掛け思い切り身体を伸ばしてみたいような気になります。釣り好きな方ならきっと竿を撫でながら渓流に思いを馳せ、山好きは山好きでまだ残雪が消えぬ山々を思い画いていることでしょう。山といえば、昔は〝六根清浄、六根清浄…〟と呪文を唱えながら登るのが普通でした。今でも富士山とか出羽三山など山岳仏教の信仰対象の霊山では、白衣に身をかため金剛杖を手にした行者姿の人達が、〝お山は晴天、六根清浄。六根罪障、さーんげ懺悔！〟と唱えながら山を登る姿をよく見かけます。

六根とは、仏教で説く人間の六ツの基本的感覚器官のことで、眼根・耳根・鼻根・舌根・身根・意根がそれです。なお、樹木の根が養分を吸収する機関であると同時に、枝葉を成長さす働きをも持っているように、六根の「根《こん》」は、「働き」をも含んだ広い意味での「機関」＝「器官」を指して用います。まず私達には外界の事物の色や形を把握するため視覚があります。これが眼根です。美しい音色や騒音を聞き分けるのが耳根であり、芳しい香りやいやな臭いを嗅ぎとるのが鼻根、甘い辛い、酸っぱい苦い等の味を知るのが舌根です。以上の四つの感覚器官は身体の特殊な部位にありますが、冷たさ熱さ、痛みやくすぐったさを知覚する触覚は全身にゆきわたっています。この全身の触覚が身根です。これら五根はいわば外面的な器官で、私達はこれら五根によってまず外界の対象を受容し認識します。感覚器官にはもう一つ、内面的な器官ともいえる意根があります。意根によって楽しさ・苦しさ・善い悪い等といった外界の対象の価値に密接に関連するものを知覚するのです。こうして知覚した認識が経験となり、経験が積みかさなって次第に固有の人格が形成され、さらにその人格にもとづく価値判断にしたがった行動が起されて日々の生活を営んでいるのです。

したがって、六根は人間生活を基礎づける根本ですから、明るく正しい、少くとも出来るだけ間違いの少ない生活を送るためには、六根が正しく機能するよう、たえず六根を清浄にしておくことが必要です。ただし、六根はその一つだけの働きですべてが決るわけではなく、互いに補完し合って全体として機能するものです。

ヘレンケラー女史の例を引くまでもなく、たとえ眼根が通常人と異っていても、心眼根が開かれていたり、意根の働きが優れているため、豊かな人間性をもったすばらしい人格者がおられることは説明するまでもないことです。一方逆に、一見して正常な六根を備えているようでもどこかの根の働きが異常なために、人々から嫌われ相手にされないような劣った人格の持主がいることもよく見られます。むしろこういう人ほど自分の六根こそ正常で他人の六根が異常だと思い込んでいるため始末におえない場合が多いものです。ところが六根は、反省もなく日常生活に追われていたり、世間の悪風の中で長く身をさらしていたり、管理社会で上からの重圧に抑え続けられていたりすると、次第に汚れがたまり働きもにぶくなって正常でなくなり勝ちになります。マフィアの中に入っていると殺人が当り前になったり、テレビの見過ぎで目が悪くなったりするのも一例といえましょう。時には心して六根の働きをチェックし、その浄化に努めることが必要です。

さて、法華経という経典に「この経を大切にし、読み、誦し、了解し、書写するならば、この人は八百の眼の功徳（略）、千二百の意の功徳を得ることができる。是の功徳によって六根皆清浄となる」とあり、無量寿経には「仏道を成ずるならば、六根はあくまでも清浄になり、もろもろの悩み患いは無くなる」ともあります。経典にありますように六根を清浄にし、正常なものに保つためには、正しい信仰をもち修行に励むことが一番大切です。とはいえ、なかなかそうはしていられない方は、陽気に誘われ春の郊外にハイキングにでも行かれた折には、せめて声を出して〝六根清浄、六根清浄…〟と唱えて自分に云い聞かせてみて下さい。あるお経に「六根清浄なり得ば、寿命増さん」ともありますし、心身の健康に役立つことでしょう。

ところで、ドッコイショという掛け声がありますが、この語は「六根清浄」がなまりつづまって出来た言葉だそうです。どうかドッコイショと腰をもち上げてお寺においで下さり、ご本尊阿弥陀さまとご先祖さまの前で素直な気持でお念仏をし、六根を清浄にして下さることをおすすめいたします。

47　そういう者に、私は成りたい

今年は宮沢賢治生誕一〇〇年に当たり、各地で記念の催し等が行われていますが、私も久しぶりに賢治の代表作「雨ニモマケズ」を読んでみました。

雨ニモマケズ
風ニモマケズ
雪ニモ夏ノ暑サニモマケヌ
丈夫ナカラダヲモチ
欲ハナク
決シテ瞋ラズ
イツモシズカニワラッテイル　（断）
一日ニ玄米四合ト
味噌ト少シノ野菜ヲタベ
アラユルコトヲ
ジブンヲカンヂャウニ入レズニ
ヨクミキキシワカリ
ソシテワスレズ　（知）
野原ノ松ノ林ノ蔭ノ
小サナ萱ブキノ小屋ニヰテ
東ニ病気ノコドモアレバ
行ッテ看病シテヤリ　（度）
西ニツカレタ母アレバ
行ッテソノ稲ノ束ヲ負ヒ
南ニ死ニソウナ人アレバ
行ッテコハガラナクテモイ、トイヒ
北ニケンクヮヤソショウガアレバ
ツマラナイカラヤメロトイヒ
ヒデリノトキハナミダヲナガシ
サムサノナツハオロオロアルキ
ミンナニデクノボートヨバレ
ホメラレモセズ
クニモサレズ
サウイフモノニ
ワタシハナリタイ　（証）

この詩は、病床にあって死を自覚するようになった賢治が、まともな原稿用紙にではなく、枕元の手帳に覚え書きふうに記し残したものですが、法華経の熱烈な信者であった賢治らしい、現代語訳教典といっても差し支えないほどの内容をもった詩だと思います。この詩の価値をはじめて世に紹介した宗教新聞「中外日報」の主筆だった三浦参玄洞師は、「宮沢文学の良さはその心の良さから来ている。（略）つまり洗練された善意、力まないで自然に滲み出ている善意、それにわれわれは魅せられるのである。かくて善意はおのずから他を感化する力を備え得て（略）」と述べ称賛しておられますが、この詩も言葉は平明で素朴、それでいて、献身的悲願ともいえる純粋性が人の心をうたずにはいられない内容を有った感銘深い詩と言えると思います。云うまでもなく、この詩の味わい方は万人万様ですが、私は法要の折に必ずお読みする

衆生無辺誓願度・　全衆生を苦界より救わん
煩悩無辺誓願断・　全煩悩を断除し尽さん
法門無尽誓願知・　全法門を悉く学知せん
無上書提誓願証・　無上の仏果を証得せん
自他法界同利益　そして自他共に彌陀の浄
共生極楽成仏道　土に往生し仏道を成ぜん

という度・断・知・証の「四弘誓願《しぐぜいがん》（総願偈《そうがんげ》）」の章句を思い浮かべます。四弘誓願とは全ての菩薩が必ずおこすところの誓願で、私達浄土教信者はもちろん、仏道を志す者はいつでも心がけていなければならない四ケ条の目標理想であり、幼年期に父親から厳しく教えられた浄土教、長じてから自らの意思で選んだ法華経の熱心な信者になった賢治ゆえ、四弘誓願の心が深く身についていたことが、死に臨んで、誓願を果たすことなく死んで行くことへの慚愧の思いと、後生でこそは果さんものとの期待を込めて、この詩になったものと思います。しかし、四弘誓願は私達の願いであり実践徳目ではありますが、何とこれらを現実に行ずることの難しいことでしょうか。「決シテ瞋《いか》ラズ」にいること、「ジブンヲカンジョウニイレズニ」人々と交

わり生きることの何と難かしいことでしょうか。心の良い、善意あふれる賢治だけに、いっそう現実と理想との乖離《かいり》に苦しみ挫折感に悩まされます。代表作「銀河鉄道の夜」で、空想的四次元世界〝銀河〟へ向う鉄道の旅に出掛ける動機として〝人々から狐《きつね》のように見られたため〟突然疎外感孤独感に悩まされたこと、としているのは、挫折感を文学的に表現したものでしょう。仏教徒として、いや社会人としても守らなければならないような徳目と現実との間には、何と大きな落差があることでしょうか。私はこのような時、至らない自己、つい自分を勘定に入れてしまう自己―に気づいた時、誓願の一つすら果たせない私達をこそ救って下さる阿弥陀さまを頼らざるを得ずして頼ります。心から〝阿弥陀さまよろしくお願いします〟ナムアミダブツとお称えいたします。と同時に、他人のために一生懸命してあげて、もし失敗しても、阿弥陀さまはついていて下さるという安心感から、非難や失敗をいたずらに恐れぬ気力も沸いてくるのを覚えます。

孟蘭盆会を機にいっそうお念仏の信仰を深め、誓願を実践する者に成りましょう。

48 心訓七ケ条

トリックの名手〝和製クリスティ〟と呼ばれていた人気推理作家の山村美紗さんが死去されましたが、テレビのサスペンス・ドラマ等には、もともとは仕事の上で良きライバル同士であった者が、競争が過熱するに従い互いに敵意を抱くようになり、やがて一寸した相手の成功を妬んで殺害に及ぶ、という筋書きのドラマが少くありません。このようなテレビを見ると、私達はつい名探偵か敏腕刑事になったような気分になって、巧妙な殺害方法のトリックを見破ってやろうと夜遅い時間まで夢中になって見てしまいます。このような時、興味はトリックのみに集っていて、正直言って〝嫉妬は良くないものだ！〟等という道徳的・宗教的教訓を学ぼうということにはほとんど関心が無くなってしまっています。もっとも、嫉妬も軽い程度のもので、恋人同志が一寸拗《す》ねてみたり、わざと冷い素振りをしたりする位のものは他愛もありませんが、嫉妬は本質的には「嫉妬・慳貪《けんどん》・地獄の沙汰」と言われる位激しいもので、ドラマのように殺人にも結び付きかねない人間の煩悩の中でも最悪のものの一つです。

ところで、『比喩経《ひゆきょう》』というお経に、次のようなやきもち夫婦の話があります。ある日、夫が「甕《かめ》から酒を汲んできてくれ」と妻に言いつけ、さっそく妻が酒ガメの蓋をあけるとそこには美しい女の姿がある。嫉妬のあまり夫に対して「あなたは美しい女をかくまっている」となじると、「いやそんなことはない」と酒ガメを夫がのぞくと、今度はそこに男の姿が見えた。「おまえこそ男を囲っている」と激しく言い争い、とうとうつかみ合いの喧嘩になってしまった。この騒ぎを知ってたまたま通りかかった賢人が争いの理由を聞き、「それでは、私がその男女をつかみ出してあげよう」といい、酒ガメに近づくや叩き壊してしまった。もちろん、酒ガメに見えた男女は夫婦の影であって、実の男女が居るわけはない。そこで賢人は「酒ガメに映った男女の姿は実体ではなく影である。愚かな人は空なる影を実の体だと信じているが、それは間違いである。いち早く、迷いの夢からさめなければならない」と諭したという。

このように嫉妬は〝心のはたらき〟の一つであって、とくに実体のないものをあるかの如く見あやまるところから生ずる迷妄といえます。しかしながら厄介なことは、嫉妬心は、良い意味での競争心や向上心・自尊心等と密接な関連を持っていることです。現状に甘じず向上しようとする気持や、他人から辱しめられないような人間になろうとする心が全く無くなってしまっては、社会の進歩も人間としての価値の向上ものぞめません。ただし注意すべきことは、自分の能力の程度や置かれている環境の如何といった客観的諸条件を全く無視して、冷静さを失ったまま他人と比較し、相手より優れていると錯覚したり、自分が劣っていると思い込んだり、実体とは無関係な影像の迷妄に陥ったまま競争し向上心を働かせることです。このような時に嫉妬心が湧いてくるのです。フランスの思想家ルソーはその著『エミール』で、「人間は自分が幸せであるだけで十分なのではない。他人が不幸であることが必要なのだ」と述べていますが、ただ羨ましく妬ましく思うだけではなく、時には他人の幸福をぶちこわすことに快感を抱く人がいることも確かです。他人の幸福をぶちこわしてはもうこれは犯罪です。私達は、特定の相手に異常な競争心が湧いたり、ムラムラと嫉妬心がおきてきた時には、自分はいったい何のためにそうした気持になっているのだろうか、自分の心は実体と離れた相手の虚像に惑わされているのではないのだろうか、と冷静に自己分析・情況判断をしてみる必要があるのではないでしょうか。

さて、冷静な自己分析、的確な情況判断の能力を養い育てるには、正しい信仰心を持ち、普段から正しい宗教体験を積んでいることが何よりですが、次に紹介する『心訓』を目のつく所に掲示し、時々読み味わってみることも良いことではないかと思います。

一、世の中で一番楽しく立派な事は、一生涯を貫く仕事を持つと言う事です
一、世の中で一番みじめな事は、人間として教養のない事です
一、世の中で一番さびしい事は、する仕事のない事です
一、世の中で一番みにくい事は、他人の生活をうらやむ事です
一、世の中で一番尊い事は、人の為に奉仕し決して恩にきせない事です
一、世の中で一番美しい事は、すべての者に愛情を持つ事です
一、世の中で一番悲しい事は、うそをつく事です

この心訓七ヶ条は、一萬円札にもなり、日本中から敬愛（？）されている福沢諭吉翁の諭されたものですが、現在の自分の心境と照し合わせてみてはいかがでしょうか。きっと、嫉妬心などおきることのない、秋空のような高く澄みきった心になれることと思います。

49

雑巾《ぞうきん》を蔵金《ぞうきん》に

トンチ話で名高い一休禅師が、元旦髑髏《どくろ》を竹棹に挿して

門松は冥土の旅の一里塚
　目出度くもありめでたくもなし

と、歌いつつ町々を歩いたことは有名ですが、理屈からいえば確かにその通りで、自分の余命が日々短くなっていることを強調して考えれば、目出度いなどとは到底いっていられないことでしょう。しかし、一日一日を健康で精一杯真剣に過し、爽やかな気分で一年の最初の日を迎えられたと思えば、これは有難くめでたいことです。一休禅師も人々に生き方や心の持ち様の大切さを反省するよう求めて、禅師一流のトンチ姿で教えたのでしょう。

昔の笑話に落語のネタにもなっている次のような話があります。

何事にも縁起をかつぐことで有名な大店の主人がおりました。その日も正月元旦のこととて朝早くから起きて顔を洗い、先ず神サマにお燈明を上げようとした時、神棚の隅に黒い変なものがあるのに気がつきました。何だろうと思って手に取ってみるとそれは雑巾でした。前日大晦日の大掃除をして店の誰かが置き忘れたのでしょう。ところが日頃潔癖で縁起かつぎの主人ですからたまりません。「誰だッこんなものを此処に置いたのは！」と時ならぬ雷が落ちました。そのえらい剣幕に恐ろしがって誰一人名乗りません。主人はますますイラ立って「誰も返事しないナ、それではきっと、誰かこの俺《おれ》に怨《うら》みがあってこの店に災難が起るように、元旦早々神棚にこんな不吉なものを置いたのだろう。もう承知できぬ。誰がしたか言え！」とドナリ続けます。店の者達はバタバタと逃げまどう。その時お隣に住む狂歌の先生が案内もなしに飛び込んできた。おおかたこの騒ぎを聞きつけ、何か変事でも起ったのかと心配してやって来たのでしょう。見るとこの有様、そこで先生が「まあまあお静かになさいよ。今日は元

旦じゃありませんか、何をそんなに腹を立てておられるのですか」「先生聞いて下さい。実は是れ是れなんです。元旦だから黙っていられないのです」「成程、それはごもっとものようだが、しかし、考えてみるとこれは不吉どころか大そう目出度いことですよ」「先生まで何をおっしゃるのです。何が雑巾がめでたいものか、馬鹿にしないで下さい」「いやいやその理由《わけ》はこうです。今私が歌を一首詠みますから、それで得心《とくしん》がついたならご機嫌《きげん》を直して下さい。

雑巾を当字《あてじ》で書けば蔵と金
　あちらふくふく　こちらふくふく

では如何でしょう」。蔵金《ぞうきん》・富久《ふく》・富久《ふく》といわれては、直って無事におさまりがついたそうです。

もともと縁起かつぎのご主人ですからたちまち機嫌が

　さて、なにもお正月だけに限らず、私達は毎日を〝有難い〟〝お目出度い〟という充ち足りた感謝の心をもって暮らすことが大切だと思います。俗に「病は気から」と言いますが、心が常に安定し、晴々とした爽快な心持ちでいたならば、自然身体も壮健であり、従って家庭も円満に商売も繁盛し事業も順調に進展するものです。決して、商売が繁昌し事業が好調だから心が安定し爽快な気でいられるのではなく、雑巾を蔵金と思い取る心掛けが、現象としての商売繁盛等を招くのです。心を置き去りにした金儲主義の繁昌などは一時の見せかけで、やがて破綻することは、厚生省の岡光元事務次官や福祉を食い物にしようとした小山容疑者が、今や刑事罰を問われ世間からも糾弾されて没落していく実例からも理解できることでしょう。このような状態になって、絶えず不愉快な心持ちで日々を暮らさなければならなくなると、病気にも罹り易くなり、それからそれへと何も彼もが不仕合せになって悪循環を繰り返すようになってしまいます。

　根本は精神の爽快・心の安静・充ち足りた気持で日々を過ごすか、どうかです。それならこのような精神状態、心持ちはどうして保たれるのでしょうか。それには正しい宗教的信念、すなわち不動の信仰心を持つことが一番良いことだと考えます。宗教とは人生の目的を明らかにし、その目的に至る道を教えるものですが、正しい信心とは、この「教えられた道」に自分の全生活の方針を定めようという決定心《けつじょうしん》のことです。

　私達浄土宗の宗旨は「成仏のためには先ず、阿弥陀仏の本願を信じ浄土へ往生すること、その目標のため常に念仏を行ずること」と説くものですが、このことを解り易く言葉を換えて言えば、「最後の最後は阿弥陀サマ。今日《こんにち》只今爽《さわや》かに、明るく生きようナムアミダブツ」とでも言えることで、阿弥陀如来に全てをおまかせすれば、雑巾を蔵金にとる心構えが自ら備わり、富久が生ずるものです。

　元旦に因む笑い話しから、いろいろなことを学ばせていただけるのも、仏サマのご功徳でしょう。

50 生命への視点を

　本篇39に「行供養」と題して、成田空港内医療救護施設の充実を求めて一人敢然と立ち上がり署名運動を始めた、救命の術もないまま愛妻光江さんを空港内で失ったお檀家の伊藤英一さんの善行を紹介し、ご支援をお願いしましたが、過日この三ヶ年余の総括とご挨拶の文を改めて頂戴いたしましたので、住職からの御礼をも含め、ここに掲載いたします。

　風寒く雲低けれど茜して
　　成田の初日今昇るらし（九年正月）

（略）妻を突然失った当初こそ呆然自失のていたらくではございましたが、皆々様の心温まる励ましをいただき、なんとか今日まで頑張ってまいることができました。〝めくらへびにおじず（原文ママ）〟の喩えどおり、何も判らないままに始めた署名をいただく運動も、皆さま方のご支援のお蔭で、北は北海道から南は九州まで驚くほどの短時日の間に、十二万五千人余の方々にご協力をいただきました。あらためて、署名をしてくださった全ての皆さま方と、国会へ提出するにあたって快く請願人をお引き受けいただいた方々、紹介議員としてお力添えをいただいた諸先生方に心からのお礼を申し上げる次第です。

（略）お蔭様で次々と改善のための手が打たれており、私たちの望む〝人の生命を大事にする安全な国際空港〟を目指して一歩一歩進んでいっているように思います。

その後、改善されたり方向性が確定した施策などを簡潔にご報告し、お世話になりました皆さまへのお礼の言葉に代えさせていただきたいと存じます。

一、ターミナルビル三階と地下一階のクリニック急患対応室を結ぶ大型エレベーターが昨年十一月に完成、稼働しはじめました。引き続き地下二階に救急車待機所までの工事が行われており、二月末には出来上がる予定です。

このことで、従来は数名の要員でエスカレーターを乗り継いで二十分余りかかったものが、二名がストレッチャーに付き添って三分たらずで対応室に搬送されます。

二、入院を要する患者の加療移送のために、現在使用中の救急車に心臓マッサージ器、携帯ボンベの純粋酸素人工呼吸器が加設され、移送中の医療空白解消の一助になりました。来年度中には、高規格救急車を配備することが決定され、これが実現されれば救急対応所要時間が従来の三分の一に短縮されるなど、顕著な改善が見込まれます。

三、昨年、この運動の成果としてクリニックに隣接する十八㎡が、急患対応室として新たに貸与され、ベッドが三床設置されましたが、これが五床規模に拡張され、カテーテル挿入程度の小手術が可能になりました。救命率の倍増が期待されます。

四、千葉県医療整備課、成田市空港対策部、利用航空会社の三者による合意にもとづき、国に対して「国費で救急医療施設を構内に設置する」要求を提出する方向で進められているとの連絡が千葉県からありました。これには千葉県議会、地域振興連絡会も賛同し支援していただけるそうです。まだ前途に幾多の山河がたちはだかり予断はできませんが、皆さまとともにあげてきた「生命への視点を！」の声が、かすかにながら届いてきたかの感がいたしますし、運動開始から満三年、どうやら曙光を望める地点まで到達しえたかと思うこの頃です。

　遥かなる旅路の果ての滑走路
　　生命の灯火《ともし》仄かにまばたく

（略）心からのお礼とご報告をさせていただきます。

伊　藤　英　一

　さて、行政機関が一般庶民の声を聞いて、素直にそれを行政に反映さすことなど、ほとんど皆無に等しいことは先刻ご承知のことと思います。このような現状にもかかわらず、十分とは言えないまでも短時日の間に、前記のような成果を得ることができたのは、まったく驚嘆すべき前代未聞のことではないでしょうか。伊藤さんの運動が〝救命〟という全く純粋な目的のみに終始つら貫かれていたからでしょう。伊藤さんは最近の心境を、

　三年を十三万の声届き
　　機首は成田を生命に向けぬ
衆人のモシヤを愁いマサカなる
　　事常なるに備えてしがな
　露の身の誓しの程は葉末にも．
　　とどめてしがな空港医療

と詠んでおられます。最近、オレンジ共済事件、薬害エイズ事件、彩グループ特養事件等々行政のオエライ方（？）の私利私欲にからんだ不祥事が続いていますが、この短歌をよく味わうと、喜びの反面、行政の手に移ったこの運動が順調に進展して行くものか、誰かの手にでもかかって純粋性を失ってしまうのではないかなど、産みの親にも似た危惧の念が読みとれます。行政当局の善意を心から信じたいものです。運動を始めた三年前の春には「来る年もまた観んものと言いおきし、花ぞ今年は墨染めに咲け」と詠んでおられますが、桜の花よ、今年からは本来の色で咲いてくれても良いでしょう。

51 念仏四字熟語

近頃はクイズばやりで、クロス・ワード・パズルや数字揃え等を集めたクイズ専門の週刊誌まであるそうですが、私達も流行に遅れず四字熟語に関する字当てクイズをしてみませんか。

それでは問題。次の□の中に当てはまる漢字の数字は何ですか。（答えは281頁上段）

Ⓐ 浄土教によれば、私達は死ぬと「□蓮托生《たくしょう》」といって、阿弥陀仏が正法を説くために居られる宮殿の前に拡がる、清く澄み切った水を満々とたたえている七宝池の中の、蓮華の座に往生し、身を托することになるとされています。そして同じ処の蓮華の台で愛する人とはもちろん多くの勝れた人々と倶に会うことができるのです。阿弥陀経の「倶会《くえ》□処」とはこのことです。今では、同じ悪事を働いた仲間を指して「□蓮托生」の身、だ、などとマイナスの意味で用いられる場合が多いのですが、本来の仏教語は全く逆の意味で、極楽の人々の多くは、「□生補処《ふしょ》」といって次の生では必ず仏に成り得る不転退の地位を得た人々で、この人々と処を倶にするのです。

Ⓑ さて、極楽へは誰もが往生できるのではありません。生前悪いことばかりした人々は論外ですが、少々善行を積んだ位で往けるものでもありません。称名念仏の一行だけが唯一娑婆世界から極楽世界に行ける手段と言っても差し支えありません。高祖善導大師はこの事を比喩的に〝虚《むな》しく忌《いま》わしい娑婆界と極楽界を結ぶ道はただ一つ。ところがこの道はいかにも狭く細い。しかも左方からは貪《どん》欲の大水がせまり、右方からは瞋痴《しんち》（いかりとおろかさ）の大火が襲う。渡ろうとする者はいづれも頭の中ではこの道だけが両界を結ぶ唯一の白道《びゃくどう》だと解ってはいるが、もっと広い大きな道が外にあるのではないかと思い迷いこの道を進めない。思い切って、此岸に立って早く行けと言う釈迦如来に従い、彼岸から招く阿弥陀如来を信じ、念仏を称

えてこの道を渡れよ〟と説かれています。この比喩話しを「□河白道」の譬えといいますが、宗祖法然上人はある夜の夢の中で、高祖善導大師から親しくこの譬え話しが記るされている『観音経疏《かんのんぎょうのそ》』を伝授され、わが国の浄土教を開かれるのです。この夢中の対面が有名な「□祖対面」です。私達は謙虚な気持ちになって、自分の機（素質）は微力であって自力では悟りを得て浄土に往生するなどとても無理だと深く信じ、阿弥陀仏の正法（お慈悲）だけが往生極楽の唯一の行だと深く信じる「□種深信」を自覚しなければなりません。

Ⓒ　なお、往生極楽のためただひたすら称名念仏に励むならば、阿弥陀仏もまた如来の「□念願力」をもって娑婆世界で苦しむ私達を守って下さいます。苦しい時、困った時、判断に迷った時、一心に阿弥陀如来を信じお念仏をお称えしましょう。仏さまはきっと守って智慧を与えて下さいます。だからといって阿弥陀如来に甘えすぎ身勝手な仕度い放題をして良い訳はありません。「□福正因」といって、この世で良いとされていることは積極的に行う世福、世俗法といえどこれは守り悪いとされていることは行わない戒福、菩提心をおこし他人のために損得をぬいても尽くす行福は、正しいお念仏の基本であり往生を願う者が守らなければならないものであることは言を俟ちません。つまり「□福正因」を行なえば必ず仏さまは「□念願力」をもって私達を見守って下さり、その上で心からのお念仏を不断に称えれば、法然上人も体験された「□昧《まい》発《ほっ》得《とく》」が得られ、現世に在りながら目の当たりに阿弥陀如来を拝することすらできるでしょう。

ところで、昔の子ども達は良寛さんも一緒になって楽しんだ「かくれんぼ」をして遊んだものです。ジャンケンをして負けた子を鬼と称し、その子は目かくしをしてしゃがみ込む。しばらくそうしている間に他の多くの子達はそれぞれ適当な見付けられにくい物かげなどに隠れる。鬼の子は頃合いを見計らって「もう、いいかい？」と呼ぶ。すっかり隠れ終わっていると、皆んなが「もういいよ！」と答える。そうして鬼はウの目タカの目で隠れた子ども達を探し当てる。最初に見つけられた子を鬼にしてまた繰り返す。誰でも経験のあるこの「かくれんぼ」遊びは、モノの本によると念仏の聖空也上人《ひじりくうや》が、安心確実な自分の身の置き所を確保しておかなければ、鬼（禍や悪）に捕らえられ身を亡ぼしてしまうことを教えんがため創作した遊びだそうです。さらにこれを通して、私達無信の者達に、入信の大切さを教えたものとされています。

恐ろしや右や左も皆悪魔

かくれ家さがせ弥陀のふところ

空也上人のこの歌が、このことを示しています。上記のクイズも遊びを利用し入信を勧めた空也上人に順ったものとご理解いただき、暑さしのぎの一興に楽しんで下さい。なお、クイズには賞品がつきものですが、このクイズの正解者には阿弥陀さまから『極楽』という豪華賞品がいただける筈です。

（答え、Ⓐは一、Ⓑは二、Ⓒは三）

52

母の死、そしてそこに学ぶ

〝正にこれこそ天寿を全うし尽くした人間の死そのものだ！九十五才―〟。

八月一日午前四時三十六分。母の死を確認した時、真っ先に私のこころに過《よぎ》った感慨がこれです。

年齢が年齢だけに序々に体力が衰えては来たものの、特に病気らしい病気もなく、介添えさえすれば日常の用は足せ、朝夕には運動を兼ねて本堂まで歩いて行きお念仏を日課としていた母が、突然意識が薄れて救急車で掛り付けの病院に入ったのは今年（平成九年）の二月半ばのことです。数年前から老化現象の一つとして偶《たま》にこのようなことがあり、健康診断がてら入院したことはあったものの、いづれも後遺症も無く数日で退院していたのですが、今回に限って判っきり衰えを見せ年齢相応の状態に陥入りました。だからと云って、精密検査をしても生命に直接関わるような病気は見当らず、栄養補給を主とする点滴を行うのが療養の全てと云って差し支えないものでした。しかし、三月も末に近い頃、精密検査の結果を聞きに医務室に呼ばれた折、やや緊張気味の担当医から「全身の老衰の状態から診て、一ヶ月、いや何ヶ月も先ということではなく自然死が訪れるかも知れない…」と告げられました。その時点で、それならば私共としては、永年住み慣れた自分の部屋のタタミの上で終らせたい旨、申し入れました。このような経過を経て、母の状態が安定するのを待って四月十七日退院、自宅に連れて戻りました。もちろん、私共だけで手落ちがあってはならぬので、看護の有資格者を介護人に依頼し、出来るだけの態勢を整えて介護の日々を送ることにしました。驚いたことに、いや喜ばしいことに家に戻って安心したのか、その後見違えるように状態が改善し、表情が顔に戻り言語も多少話せるようになり、何より食欲が出て来たことが大きな救いでした。たとえアイスクリーム一匙にしろ、口から栄養が摂れることが生命の維持には欠せないことですから。しかし、年齢から来る衰えは如何ともしがたく、暑さが日増しに厳しくなって来た七月お盆の頃から、眠っている時間が次第に長くなってきました。そしてついに、毎日のように診に来て下さる訪問看護婦さん、近所に来たからと云っては立寄って下さるお医者さまから「もう何日もないかも知れない。人間が自然死に至る場合、やがて血圧は下降線をたどるようになる。それなのに脈拍は早く多くなる。時々は手足の末端部に血液の滞流を示す症状が顕れる。呼吸は浅く…。そして、ついに心臓が停止する。これが人間の本当の死に方なのだから、気を落着け、心を静め、肚《はら》を据えて、天寿を全うする母を看取るように――」との忠告を受けました。その後数日を経て、全くこの忠告通りの過程を辿《たど》るようになり、ついに月が新たまった日の早暁、太陽が昇り西に向って行くのに合せるかのように、母は西方浄土に旅立って行きました。この際の感慨が冒頭の一節です。これより数分前、母の隣室で仮眠していた私は、急を告げる介護人の言葉で跳び起き立ち上ろうとした瞬間、部屋の中がパァ！と明るくなったような気がし、直観的に「ご来迎！」

と感じました。今、冷静に考えてみれば、疲労もあって軽い貧血でもおこしたものなのかもしれません。あるいは地表に現われんとする朝日の光が、雲間をつき破って室内を輝したのかも知れません。しかし私は、念仏者の臨終には阿弥陀如来が極楽からその者を迎えにやって来る、と経典にある「ご来迎」だったと信じます。不思議といえば、先代老僧は生前、口グセのように「ワシが死んだら九年目に、バアさんお前を迎えに来るョ」と言っておりました。私共は老僧と母は九才違いだからまたあんなことを云って…と軽く聞き流しておりましたが、今年は正にその九年目なのです。しかも諸事情から本葬儀を修することに決めた初七日の八月七〜八日こそ、同じ九十五才で遷化した先代住職の本葬儀を勤修した日に相当したのです。経典によれば、極楽に往生した者は神通力を身につけると説かれていますが、先住も自分の予言を実現できる神通力を具えられたものと信じます。

さて、母が床に着くようになり死期も近づく頃、さまざまな人が見舞を兼ねて訪れてまいりました。誠実な人柄そのままに口数は少いけれど暖かい心使いを見せた方、思わず心の内を疑いたくなるような常識外な事を云い出す人……。経典に「法界の性は一切ただ心が造れるものと観ずべし」とありますが、これらの方々から真実心が如何に大切かを学ばせていただけたことも、真実の死の在り方、ご来迎や神通力と云う経典の真実を学ばせて頂けたことと共に、心から合掌し謝恩を念じたい神聖な「母の死」でした。

天寿を全うして間違いなく極楽に往生した両親を、最後まで看取ることが出来た私には、今は、悲しいという何となく暗いマイナスの気持はほとんどありません。むしろ、入学試験に合格した時のような、大事業を成し遂げた時に味わうような満足感充実感を感じます。もちろん両親に対して感謝の気持が素直にわいてきます。

53

プラス思考で幸福を

過日、河野義行さんの「家族の絆《きずな》」という題の講演を聞かせて頂きました。ご承知のように、河野さんは四年前におきた松本サリン事件の第一通報者で、そのためかえって犯人扱いを受けて筆舌に尽くしがたい苦しみを味わされた方です。警察からの冤罪《えんざい》を晴らすために費した労苦、報道関係者からの屈辱や一方的情報に操られた人々からの冷酷な仕打ちに対する忍耐、何より未だに涙を流すことだけしか自分を表現できずにベッドに寝たままでいる愛妻を看病する姿などについては、時折マスコミによって報道され、テレビでも紹介されているところでしたが、講演を聞いて改めて目頭が熱くなる思いがいたしました。ついつい自分がもしこういう目に遭はされたら…と、自分の身に置き換えてみた時、河野さんがこうした体験談をきわめて淡々と話されるのを見て、何より感動いたしました。

講演の後、早速買い求めた著書『妻よ！わが愛と希望と闘いの日々』の中で「私は、ある人にはいつも冷静で感情を表に現さない人間だと思われ、他の人には警察やマスコミを相手に一人で闘った粘り強い男だと思われているようだ。だが（略）本当の自分は、短気でわがまま、そして寂しがりやの甘えん坊なのだと思う」と少々謙遜されていますが、本当は「私は、昔から、物事をありのままに受け止めていくところがあった。これも人生、あれも人生というとらえ方だ。そのベースには、人間は、死のうと思っても死ねないし、生きようと思っても生きられない。生も死も一つの自然のサイクルのなかにあるものだという、私の考え方がある。事件の当初から、どんな事態に陥っても、私自身あまり動じなかったのは、これも自分の人生なのだと、まずありのままに受け止めたからだ。そうして一度、受け止めた後、ではどうしようか、現時点は何ができるのかと、考えてきた。（略）幸福というものは、自分の考え方、心のもち方一つで感じられるものだと思っているからだ。それを感じるのは自分の感度の問題だと思う。どんな状況でも、それを不幸だと感じれば不幸なのだし、逆にどんな状況に置かれてもそのなかで幸福を感じていけば、どこにでも幸福はある。」と自分のことを記しておられますが、このような人生観、価値観の方なればこそ、あの困難を乗り超えることができたのだとつくづく納得させられました。

宗教評論家のひろさちや氏が紹介するインドの民話に次のような話があります。

九十九頭の牛を所有する金持ちがいた。しかし彼はあと一頭あれば百頭だと考えた。それで彼は、自分の牛をぜひとも百頭にしたいと考えた。ある日、彼はわざとボロを着て、遠くに住む旧友を訪ねて行く。旧友は貧しく、ただ一頭の牛しか持っていなかった。ところが金持ちは、旧友に偽りの窮状を訴える。「お前はいいなあ…。一頭の牛を所有している。自分には牛なんていない。それどころか、あす食う物にも困っている。一家心中の直前だ」と。一頭の牛を所有する友人は言った。「遠く離れて知らなかったとはいえ、それは気の毒なことをした。それであれば、わたしの牛を差し上げよう。自分は牛がなくとも、なんとかやって行けるから、どうか持って帰ってくれ」。金持ちは心のうちでペロリと舌を出しながら、礼を言って牛をもらって帰る。百頭になったので、その日は彼は幸福であった。一方、牛を布施した男も、布施ができた喜びを味わいつつ幸福であった。

ひろさちや氏はこの民話を評して、牛を失っても、友人に施しができたことの方を喜べるこの貧しい男は、一生幸福に生涯を暮らせるであろう。しかし、他人をだましても牛を得ょうとするような金持ちは、翌日には百五十頭の牛を持ちたい、それにはまだ五十頭も足りない、とマイナスの面にばかり心が奪われ、生涯幸福を感じることはないであろう。幸福とは物事をこの民話の貧しい男のようにプラス思考をするか、金持ちのようにマイナス思考で把えるかによって決まる、と述べ、さらに幸福をもたらす教えという点では仏教の悟りとプラス思考は共通するものとし、その大切さを強調されています。まさに、河野さんの人生観こそ、宗教的であり、プラス思考そのものではないでしょうか。

　河野さんは、あとがきの中で「私は、この事件に関して、誰に対しても恨みを抱いてはいない。そう話すと、偽善者ぶっているように思われるかもしれないが、それは本当なのだ。（略）そんなことよりも、澄子（奥様の名前）の回復を、これから始まるだろう澄子と二人の生活を、どう楽しんでいくのか、そのことを考えていこうと思っている。私は、たとえいま意識がなくても、澄子は生きていてくれたことに感謝しているのだ。澄子が生きることは私が生きることだという思いが、いまさらながらに私のなかで大きくなっている」と。この言葉からも解るように、幸福をもたらすプラス思考は、他を一方的に拒絶し否定するところに存するのではなく、一旦これを受け止め肯定するところから生まれるのです。

　お彼岸にあたり、素直な心で仏さまのお力、ご先祖さまのお徳を頂戴いたしましょう。

54 「おぎん」を読んで

先きに死去された世界の巨匠黒澤明監督の代表作「羅生門」は、大正期を中心に活躍した天才芥川龍之介の短篇小説を題材にしたものであることはご承知の通りですが、私の好きな短篇に「おぎん」があります。今回久し振りに思い出したので読み返してみました。その粗筋《あらすじ》は次のような話です。

元和か寛永か、とにかく遠い昔、江戸初期のことである。その頃は幕府の鎖国政策からキリスト教徒の弾圧が行われ、多くの信者が迫害され捕えられ火炙《ひあぶ》りや磔《はりつけ》の刑になり殉死《じゅんし》していった。そのような頃、九州浦上《うらがみ》のある小村におぎんと云う童女が住んでいた。おぎんの実の父母は大阪からはるばる長崎にやって来たものの、慣れぬ土地でいまだ何もし出さない内に、おぎん一人を残したまゝ二人とも故人になってしまった。宗教に関して知識もなく深い信仰とてなかった二人のこと、当時の習俗に順って仏式の葬儀が行われ、そのまゝ村はずれの墓場の松のかげにひっそりと埋葬された。一方、おぎんは幸いにも熱心なキリスト教徒で慎み深い農夫ジョアン孫七と、心優しいその妻ジョアンナおすみ夫婦に引きとられ育てられることになった。おぎんはこの善意あふれる夫婦の養女としてやがて洗礼を受けマリアの名を頂き、神の教えを素直に受け容れ育っていった。牛を追ったり麦を刈ったりの普段の農作業、その合い間に人目を避けながらも祈祷《きとう》に身を捧げたり、とにかく三人の平穏な信仰を深め合う毎日が続いていた。そうしたある年のクリスマスの夜、突然代官所の役人達がこの平和な家を襲った。ジョアン孫七、ジョアンナおすみ、マリアおぎんの三人は捕らえられて土の牢に投げこまれた上、天主の教えを捨てるようにいろいろな責苦に遇わされた。しかし水責め火責めにあわされても彼等の決心は動かなかった。むしろ天国へ行ける日が近づいたことを喜ぶ風であった。代官や役人達にはとうてい理解できぬ三人の神への信仰ぶりであった。一月余の仕置きの後、ついに彼等の処刑が決った。ジョアンを始め三宗徒は、村はずれの刑場へ引かれる途中も全く怖れる気色は見えなかった。刑場はちょうど墓場に隣り合った石ころの多い空地が選ばれた。高く積まれた薪木《たきぎ》を踏えて立てられた十字架に、右からジョアンナ、中央にジョアン、左にマリアおぎんが磔けられた。一切の準備が終り役人の一人がキリストの教を捨てるか否か最後にもう一度訊ねた。しかし三人の顔は平安に満ち充ちていた。そうして、静寂の時間が暫く過ぎて行った。とその時、突然人々の耳ははっきり意外な言葉を把《とら》えた。「わたしは神の教えを捨てることに致しました」声の主はおぎんである。刑場をとり囲んでいた人々がどよめいた。しかしすぐ静かになった。それは孫七とおすみが悲しそうにおぎんに振り向いて声を出したからである。「おぎん！お前は悪魔にたぶらかされたのか。もう少しで神のみもとに行かれるというのに。祈っておくれ。祈っておくれ。」しかし、おぎんは返事をしない。ただ眼は人々の向うに立っている墓場の松の木を眺めている。おぎんはやっと口を開いた。「お父様、お母様、どうか堪忍して下さいまし。私は神の教えを捨てます。それは、あの松の木が見えたせいでございます。あの松の根元に眠っていらっしゃる実のご両親は尊い教えもご存知なく、今はきっと地獄に堕ちて苦しんでおいでになられます。どうして私一人天国で安穏にしていられましょう。私も地獄に堕ちて、苦しんでおられる実の父母を少しでも励ましてやりとうございます。どうか私などにかまわずに、お二人様は天国へいらして下さいまし…。」それだけ云うとおぎんは啜《すす》り泣きに沈んでしまった。その後長い長い沈黙の時間が過ぎた。孫七とおすみの顔は蒼《あお》ざめたり、ある時は血の気を漲《みなぎ》らせたり、煩悶《はんもん》と苦渋《くじゅう》が交互に全身をかけめぐった長い時間であった。心の眼が、自分の霊魂《たましい》を奪い合う天使と悪魔との争いを見定める時間でもあった。この争いはあらゆる人間に共通する争いである。不思議な崇高な光を宿した眼を見上げておぎんは云った。「さあ、地獄へ参りましょう。三人で、いや五人で悪魔にさらわれましょう…。」

この結末が、悪魔の成功だったかどうかは、作者ははなはだ懐疑的《かいぎてき》である。

少々長くなってしまいましたが、この短篇をどう受けとめるか、私も作者の芥川同様、悪魔の成功とするには懐疑的です。むしろ、こういう善意の人々にこそ、神の恩寵《おんちょう》が下り、仏さまのお慈悲にあずかれるものと思います。また、この話から仏教とキリスト教を比較したり、まして優劣云々する心算りはありませんし、親子の関係について教訓的道徳論をするものでもありません。

55 心身を整え、いい表情——顔訓十三ヶ条——

「四十歳を過ぎた人間は、自分の顔に責任を持たなければならない」とは、アメリカの第十六代大統領リンカーンの言葉だったと思いますが、「二十歳までの顔は親が作り、三十歳を過ぎたら自分が自分の顔を作る」という寸言もよく言われてきた教訓です。説明するまでもなく、心の在り様がその顔の表情に端的《たんてき》にあらわれることから生まれた〝こころ〟の大切さを教えた言葉です。確かに内面の人間性は外面の顔によく表われ、逆に、顔の表情を好くすれば、心も豊かになるものです。「顔はその人の履歴書」とか「顔は人の看板」というのも、よく的《まと》を射《い》た顔に関わる言葉だと思います。

ところが、人の顔を作るのは〝こころ〟ばかりではありません。病気の時に顔色が悪くなったり、ムクんだりすることは誰でも知っていることです。お酒をいただいて顔を真っ赤にしてご機嫌顔の方もよく見かけます。身体の状態がいろいろな形で顔に表われる一例です。人間の全身には三百を超す「経穴《けいけつ》（ツボ）があり、各ツボには体内の組織や臓器につながりをもつ「経絡《けいらく》」という通路を持ち、全ての経路は主に顔面・手・足・腹・胸で互いに連絡し合い、統一をとりながら一定方向に「気血《きけつ》（生命エネルギー）」を流し、そしてその人を「衛営《えいえい》（守り養う）すると考える東洋医学では、身体の状態が経路の重要な中継地で、多数のツボが存在する顔面に表われることに早くから注目していました。押した時のツボの反応とともに、顔色やムクみ、顔の歪《ゆが》みや皮膚《ひふ》の艶《つや》などは病気診断の上で欠かせない要素であることを、東洋医学書は教えてくれています。まさに「顔は人の看板」です。

今年（平成十二年）一月二十一日の朝日新聞に、人の顔とその人の心身の状態との関係についての特集記事「心身をととのえ、いい表情」がありました。これによれば、心の在り様や気の持ち様、身体的状態や健康の良悪といったことばかりでなく、歯並びや寝癖《ねぐせ》・趣味や好みなどまでが顔と微妙に関係するとのことです。東大教授原島博先生は「電話やパソコンの発展で顔を見せない匿顔《とくがん》社会になりつつあるのに、私たちは基本的メディアである顔を研究してこなかった」という反省から人類学者、情報工学者、哲学者、医者など多方面の専門家を集め「日本顔学会」を数年前に設立し、人間のコミュニケーション機能の基本を担っている〝顔と体や心の関係〟を研究しはじめられたそうですが、いろいろ興味深い研究成果が得られることと思います。

その原島先生が、いい顔になるための「顔訓《かおくん》十三ケ条」を作られておられます。

第一条　自分の顔を好きになろう（自分の顔を大事にすること。それは自分の顔を知るすべての人を大事にすることです）

第二条　顔は見られることによって美しくなる（適度の刺激と緊張がいい顔をつくる）

第三条　顔はほめられることによって美しくなる

第四条　人と違う顔の特徴は、自分の個性と思おう

（平均的美人顔は魅力に乏しい。顔のゆがみやホクロもチャームポイント）

第五条　コンプレックスは自分が気にしなければ、他人も気づかない（気にするからこそ不自然な顔になる）

第六条　眉間《みけん》にしわを寄せると、胃にも同じしわができる（ストレスは内臓と顔に直結）

第七条　目と目の間を広げよう。そうすれば人生の視野も広がる（自分の世界だけに閉じこもるな）

第八条　口と歯をきれいにして、心おきなく笑おう（破顔大笑が最高のストレス解消法）

第九条　左右対称の表情ずつくりを心がけよう（無理なつくり笑いは顔がゆがんで不自然）

第十条　美しいしわを人生の誇《ほこ》りとしよう

第十一条　人生の三分の一は眠り。寝る前にいい顔をしよう（悩みは不眠のもと）

第十二条　楽しい顔をしていると、心も楽しくなる

第十三条　いい顔、悪い顔は人から人へと伝染する（例えば、社長の顔つき一つで、会社の雰囲気は変わる）

さて、梅が咲き、桃の花がほころんで、桜の開花が待たれる頃になるとお彼岸です。彼岸とは古いインドの言葉である「パーラミター（波羅蜜多《はらみった》）」の漢約の「到彼岸」を略したもので、悩みと迷いの現世である「此岸《しがん》」から悩みのない悟りの世界「彼岸《ひがん》」へ到るための修養期間を意味します。自らを省みて、仏教が教える六つの徳目（布施《ふせ》・持戒《じかい》・忍辱《にんにく》・精進《しょうじん》・禅定《ぜんじょう》・知慧《ちえ》）を実践することを再確認することに大きな意味がある日です。この六つの徳目の第一の布施は〝人のためになることを惜まず行う〟ことですが、具体的に食物や金銭を施し貧者を救うこと（財施）だけが布施ではありません。やさしい温かい言葉をかけて人を励ますこと（愛語施）も、ニコニコと笑いかけて心を和ませてあげること（和顔施）も立派な布施行です。お彼岸を迎えて前記の「顔訓」と自分の顔とを照らし合せながら、和顔施の実践を心掛けましょう。

56

心の鏡を持とう

近頃テレビではサッチーこと野村沙知代さんに関する話題が賑やかに取り上げられています。経歴を詐欺しているのいないの、旅行のキャンセル料を払え払わない……なんでも疑惑が16箇条もあるそうです。もちろん、この疑惑について兎や角云うつもりは全くありません。何でもサッチー問題が公になるきっかけは、永年の親友、舞台役者の浅香光代さんに対し無礼な言動をしたことだそうですが、こちらの方は少々気になります。無礼な態度については、少年野球の父母等他にも多くの方々がその横暴さに怒りをあらわにしておられます。もっともこの件についても真疑を確かめることが出来ない当方としては論評を差し控えます。しかし、一般論としてですが、世間の人の中には、故意にまで他人の心を傷つけ踏み躙《にじ》る言動を行って平然としている人が結構いるのも事実です。完全無欠な人間等居るわけはありませんから、誰でも少し位の欠点や失敗、行き届かないこと等はあるものです。ところが、サッチータイプの人は、こうした普通の常識人なら大目に見て宥《ゆる》してしまうような他人の些細な弱点等を、ウの目タカの目で探り出し発《あば》き出し、必要以上にどぎつく批難し、相手の心情などお構いなしの横暴な態度で嚇《おど》すのです。こういう人格的に疑問符をつけざるをえないような人に共通していることは、自分自身に対する反省、自分の行動に関する認識だけは、ほとんど欠けていることです。自分の言動についての正しい自覚・認識が無ければこそ、他人の弱点欠陥が実際以上に大きく映《うつ》るのであり、そしてこれを非難する時の言葉でも、二枚舌を使い前後で矛盾することを云っても、事実と違うことを喋《しゃべ》っても平然としていられるのでしょう。

自分の心の中に、自身を映す鏡を持たぬ人には困ったものです。

お教えの宝石函とも云われる「法句経《ほっくきょう》」に「愚かなる者も、おのれ愚かなりと思うは、彼これによりてまた賢きなり。愚かなるに、おのれ賢しと思うは、彼こそまことと、愚かといわるべし」とあり、イギリスのモラリストのコルトンは「智者も愚者と同じように愚かさを持つ。しかし両者の愚かさには区別がある。すなわち、愚者の愚かさは世に知られるが本人は気づかず、知者の愚かさは本人がよく承知しているが、世の中からは隠されている」と教えてくれています。賢者と云われないまでも、ほんとの愚者と云われないようにするには、心の中に自分を映してくれる鏡を持つことが大切ではないでしょうか。

閑話休題　現在では人権思想が普及し、福祉制度もかなり充実してきており、身体障害者に対する人々の認識接し方は、一昔前とは較べものにならないことは申し上げるまでもないことです。もちろん、どんな時代にも心温かい人、障害者に対し深い理解を持っていた人はいましたが、それはほんの小数であり、全体としては蔑視《べっし》し嫌《きら》って遠避《とうざ》けたものでした。このような時代に、少数の理解者に支えられ、また自らの強い意志と努力によって、神仏に感謝しつつ立派に生き抜かれた方がいらっしゃいます。その人こそ中村久子さんです。久子さんは明治三十年に飛騨《ひだ》高山に生まれましたが、三歳の時、細菌に冒《おか》されて突発生脱疽《だっそ》になりとうとう両手両足を切断されることになります。生活の一切を他人の手を借りなければならなくなった久子さんですが、十歳の頃から、「障害があっても自立しなさい」という母と祖母の強い願いに励まされ、先ず腕に巻いた包帯《ほうたい》に差し挟《はさ》んだ箸を使ってご飯をたべる訓練から始めます。何回も何回も訓練の繰り返しです。この間、何度自分の障害を呪《のろ》い、手を貸そうとしない母を怨《うら》み、死を択《えら》ぼうとしたことでしょうか。その努力が実ってやがて食事は自分で食べられるようになります。すると今度はお裁縫の練習です。まずハサミを口にくわえ着物を解《ほど》くことで布の扱いに慣れることから始め、針の糸通し…私には想像もできない努力の末、とうとう裁縫なら他に引けをとらない程の腕前にまで上達します。このような血の滲《にじ》む訓練を重ねている時、ふと久子さんの心に浮かんだ感慨があります。障害者が針に糸を通せた時のこの喜びは、健常者には味えないほどのものではないか、障害あればこそ……。この感慨がその後の久子さんの訓練を支える力の基になります。二十歳の折〝自分のパンは自分で稼《かせ》いでこそ人間の尊厳がある〟と自覚、自ら進んで見世物小屋入りを決意、だるま娘の芸名で裁縫や書道を人に見せ収入を得ることになります。四十過ぎて引退しますが、その二十年余の間に結婚し、二人の子供を育て上げ、その後も強く、しかし明るさを失わず、昭和四十三年七十二歳で生涯を終わります。久子さんの一生を支えたものは、お裁縫の訓練の時感得した「自分にはこんな喜びを持つことが出来る力が身体の中にはあるのだ、この力こそ自分の仏さま、その仏さまを拝ましてくれた四肢なきことが私の善知識（お導《みちび》き）」という宗教心・心の鏡であったのです。

万灯会にはヘレン・ケラーをして「私より障害の大きい人がいる。しかし、私より偉大な人である」と感嘆させた久子さんの生涯について講談の一龍斎春水師匠が語って下さいます。

57 一九〇〇年代を振り返って

紀元二〇〇〇年が目前に迫るにつれ、せいぜい小さな計算機を手にするくらいで、コンピュータ等には全く無縁な私には、コンピュータが誤作動して引き起こされる二〇〇〇年問題は、他人事のように思っていましたが、マスコミ等を通していろいろな知識を得るに従い、ぼんやりですが理解できるようになりました。朝日新聞の天声人語欄に「どこに問題があるのかぐらいコンピュータで調べれば良い」と笑い話し風に評した小記事がありましたが、通信ネットが世界規模にまで拡大している上に、コンピュータの計算能力の限界、なにより扱う人間が万能でないこと等が絡《から》み合って、現在のところ絶対無事安全とはいえないのが現実なようです。物質的に豊かで便利な一九〇〇年代を生きてきた私達は、ややもすると人智を万能のように思いがちですが、一〇〇〇年問題をつきつけられたり、人智を尽くした筈のアメリカの火星探査機が行方不明になったり、日本の人工衛星が失敗を重ねたりするのを見たり、大地震や大雨で同じような大災害を被ったりするのを経験すると、人智について強く見直しを迫られている感がいたします。

ところで去る十二月十日、九段会館で東京仏教連合会主催で、釈迦のお悟りの日「成道会《じょうどうえ》」を祝う式典が催され、記念講演が行われました。

まず、行動派作家として知られ、近年は自然環境保護運動にも取組んでおられる立松和平《たてまつわへい》先生が「お釈迦様、その人へ」と題して講演して下さいました。先生は、過日亡くなられた世界的仏教学者の中村元《はじめ》先生の著書を紹介しながら、「二十世紀は、相手を暴力で殺戮《さつりく》する戦争、相手を生きたまま支配する経済戦争など、闘争に明け暮れた世紀であった。この傾向は来世紀にも持ち越されそうだが、それは人々に寛容の心が失われてきているからである。仏教教理の根本である因果律《いんがりつ》から云っても、怨《うら》みは怨みを生み、闘争は新たな闘争を生むだけだ。怨みは怨みを超えた忍《にん》を行じてのみ息《や》むことができる。この如来の法を易しく云い換えれば、本来自然は万物を全く差別することなく扱っているのに、人間だけが人智によって勝手な理屈をつけてことさら人間と他物を区別し、人間同志の中ですら優劣をつけようとする。そのことから嫉妬《しっと》・怨み・闘争が生れる。従って、自然界での万物の在り方に戻り、他者の存在を寛く認容し合うように耐《た》えず心掛ければ、安らかな新世紀を迎えることができよう。この意味で、因果律を説き寛容の心を実践されたお釈迦様の教え、仏教こそ次世紀に必要な教えであると確信している」と、法隆寺での毎正月の修行体験や屋久島の古代杉の話などを例に引きながらお話し下さいました。

次いで「都市と仏教」の題で、東大医学部出身で解剖学の権威者・エッセイストの養老孟司《ようろうたけし》先生は、「今まで多数の死体解剖を手掛けて来たが、今でも顔と手を解剖する時は平静ではいられない。それは、人が他人と接する場合、身体の他の部分は衣服で覆われていて見えないが、服から外に露出している顔と手が表わす微妙な表情を常に読み取っている。そこで解剖の折でもまず目が顔と手に行ってしまい、その表情からいろいろなことを想像するからである」との専門の話から、人間の思考・行動は、日々生活している場を取巻く環境・条件に大きく影響されるとされ、「この観点から将来を考える時、いろいろな問題が存していることに気付く。さて、私達が生活している現代社会を大きく把えて一言で云えば、都市社会と云うことが出来よう。都市では極めて多数の住民の生活を円滑に行わせるため、人工的に規則法律が制定され人々を画一的に管理し、また生活の便利のため人工的に同一品が大量生産され、そして人々はその人工製品に慣らされていく……このようなことの繰り返しの中で都市社会の人々は、人工物や画一的なモノに対しては容易に適応性を示すが、非人工的自然物や例外的なモノに対しては戸惑い適応に困難する性向が形成される。例えば、仏教で説く生老病死の四苦は、自然界ではごく当り前のことだが、現代では無益と思われるような延命策が一律に施されようとしたり、危険と紙一重のクローン動物が生産されようとしたりする。一方、人工化と自然態との間に挟まれた人々の中には、生きることに不安を感じたり、精神的不調に陥ったりする。こうした人々は、極端なもの過激なものを憧れるようになり、カルト宗教や原理主義にのめり込んだり、考えられないような極悪犯罪を起したりする。このような傾向が今後も続くものとの認識に立って、新世紀には仏教の中道主義を人々に浸透させる必要があろう」と講演されました。

紙面の制限上、それぞれ九十分間づつの両先生の講演全容をお伝え出来ませんが、結論として両先生ともに、「二〇〇〇年代を生きる人々にとって必要なのは仏教的思考である」ということだ、と受け取らしていただきました。一九〇〇年代を終るに当って、今までの反省の上に立って、もっともっと仏教、とりわけお念仏の教えを身近なものにしなければならないとの感を強めます。

58 先端科学と般若心経

良「新聞の特集記事に、本年中にヒトの遺伝子が全部解読されて、その人の性格や運命が全て予想できてしまう、と書いてあるのを読んで、善のヤツがすっかり悄気《しょげ》てしまったのだけど、何とかなりませんかネ、住職。なにしろ善の両親は、ヤツが幼い頃に亡くなっているので、自分の寿命はあと少しだ、と思い込んでしまっているのですョ。」
民「病気になるのも寿命の長短も、遺伝子とかで決まる、と云うのは本当ですかねー。」
住「そんなことはありませんよ。善さんについて云えば、オヤジさんの死は遺伝子とは無関係な不慮の事故に巻き込まれたためだし、母親は残された子供達を一人で育てなければならないので無理を重ねた上、良い治療法も無い当時のことだから気の毒なことになったけど、特効薬が開発された今なら軽く治ってしまった病気のためでしょう。」
善「それを聞いて安心した。今夜はこれから祝い酒だ。全部オレのおごりだゾ！」
住「それにしても、今日は染色体・DNAの話とは恐れ入りました。この分野については専門外だし、他人に話せる知識も無いけれど、善さんに元気を出してもらわなければならないので、少々解説させてもらいましょう。学校で教わったと思うけど、人の細胞一個には性染色体を含め二十三対四十六本の染色体がある。染色体は生化学的にはDNAと呼ばれる核酸の一種だが、DNAは四種類の塩基、つまりアミノ酸の基本《もと》物質がある種の規則性をもって二列に延々と三〇億個とも云われるほど、紐《ひも》のように繋《つな》がり合って出来ている。この塩基対《つい》のヒモのある特定部分が、体質とか病気に関わる情報をもつ存在、遺伝子といわれている。一つの遺伝子は四五〇〇個位の塩基対で構成されていると考えられるが、それなら、一つのDNAにいくつ位の遺伝子があると思いますか。三〇億を四五〇〇で割れば……ン百万の遺伝子があるわけです。これが四十六本ですから、細胞一個の遺伝子の数は？……。現在、ＲＮＡというアミノ酸をタンパク質に生成さすのに欠かせない核酸の一種を、ＤＮＡに作用さすという高等技術を使ったり、あの手この手の方法でシークエンサーという極精密機器を用いて、ＤＮＡの遺伝子読み取り作業を、世界各国の研究所が連携して行っているのです。その結果として、近年中にもン億の遺伝子が全部解読されるだろう、とのあの予想記事になったのでしょう。」

良「住職さん、もう充分です。なんせああいう親からもらった遺伝子しかないオレの頭にゃ、これ以上のことは……」(笑)

住「善さんの元気回復のためです。もう少し聞きなさいよ。ＤＮＡの構造が解って、遺伝子の場所が特定されても、どの遺伝子がどういう情報を伝えるものか、そこまで判っている遺伝子はまだまだ極く僅かです。ある難病については、塩基対の配列の形で、発病の可能性が予想できるものもありますが、これとてもその配列の遺伝子を持ちながら発症しない人もいるのです。これは一体どうしてだと思いますか。一つは未知の遺伝子の中に発病を抑える働きの遺伝子があったためでしょう。実際、病気の抑制の働きをもつ遺伝子の存在も確かめられています。もう一つは、眠っている発病遺伝子の目を醒まさせる外部の刺激、活性酸素とかダイオキシン等といったものから、たまたま細胞が護られていた、ということも考えられます。

　仏教の縁起《えんぎ》論では〝ある結果は因《いん》と縁によって生じる〟と説きますが、この例にあてはめれば、発病遺伝子＝因があっても、活性酸素等に曝《さら》されるという縁がなければ、或いは抑制遺伝子が存在するという良縁に恵まれれば、発症という結果は生じないのです。仏教的に云えば、本来どの遺伝子も、これは善遺伝子、これは悪遺伝子だ、と色付けすることができない〝無《む》〟色・〝空《くう》〟なものと考えられます。般若心経に〝観音さまは、森羅万象《しんらばんしょう》を構成している要素は全てが空《くう》であると観察した〟…」とある通りにです。さまざまな縁によって生じた結果に色がつくのです。今夜のお祝い酒も度を過して、遺伝子が悪結果を生じてしまう縁とならないようにして下さいよ。」

良・善「ますます難しくなって、オレ達の頭脳遺伝子が悲鳴をあげそうだ。お酒でも飲んでリラックスしなければ…」（笑）

住「理屈はさて措《お》いて、信仰に根ざした穏やかな気持、仏教で説く中道《ちゅうどう》の日々を送ることが健康のもと、と云いたいだけです。遺伝子に関しては、遺伝子組み換え作物の毒性の有無、宇宙の出現と遺伝子の変遷、遺伝子情報と人権問題等々、興味を持ち出したら切りがありませんネ。また都合の良い時にでもお話ししましょう」

民「遺伝子については解らないことばかりだと聞いただけで善も元気が出たようです。明日からのお彼岸には揃ってお墓参りをして、仏さまやご先祖さまから良いご縁をいただけるようお祈りいたします。」

59 法楽を聞いて心を浄《きよ》めよう

当り前のことですが浄土教関係の経典には、極楽の様相がさまざまに描かれています。たとえば、無量寿経上巻には「栄華をほこるこの世の帝王は、百種の音楽でも千種の音楽でも、最高の演奏の音楽を好きなだけ楽しむことができるが、極楽で奏《かな》でられている音楽は、その千億万倍も勝れている。そこでの音楽はそれ自身がすでに法の声であり、音色は清く微妙で調和がとれており、その音を聞くものは全て身心が安まり、極く僅かな汚《けが》れさえ無い全く聖《きよ》らかな身となる。（釈意）」とあります。この外、観無量寿経にも阿弥陀経にも極楽の音楽のことが記され、良い音楽は聞く者を浄化する働きがあることが説かれています。そこで、先きに記したように、法要会の折に法楽《ほうがく》として歌舞が奉納供養されることがよく行われます。歴史的にも天《てん》平勝宝《びょうしょうほう》四年（七五二年）東大寺の大仏（毘盧遮那《びるしゃな》仏）の開眼法要の折に繰り広げられた絢爛豪華《けんらんごうか》な音楽法要は、空前絶後の法要として今に伝えられていることはご承知の通りです。因みに記しますと、それから一二〇〇年後の昭和五十五年十月、昭和大修理が完了した東大寺大仏殿の落慶法要が勤修された際にも、国際的作曲家で指揮者の團伊玖磨《だんいくま》氏の作曲指揮の「大仏讃歌」が、一〇〇人のオーケストラと一三〇〇人の混成合声によって演奏供養されたことは記憶に新しいところでしょう。仏教のお教えを説き弘める手段として、また信仰心を深め心身を浄《きよ》める有効かつ重要な手段として、仏教行事と音楽は切り離せません。

さて、本年の万灯会の法楽は、岡田修師に津軽三味線を演奏奉納していただきます。岡田師は昭和三十二年に山形県酒田市に生まれ、四十才を過ぎたばかりで、今が一番油が乗った新進気鋭の演奏家です。二十才前に津軽三味線に出会い、名人山田千里師について修業、二十七才で津軽三味線全国大会優勝、この頃から国の内外で盛んに活動しておられます。たとえば、一九八四年テレビドキュメント「人間列島」に出演したのを皮切りに、翌年にはＴＢＳ・ＴＶでチョー・ヨンピル氏と共演、同年には鬼太鼓《おんでこ》座と共に三ヶ月間ヨーロッパ七ヵ国を巡演、その後も毎年のように西ドイツ・フランス・アメリカ等各国で演奏活動し好評を得ております。もちろん、国内でも各地で出演しておられますが、これは切りがありませんので省略させていただきます。ただ特筆すべきことは、この間に数々の新曲を作られていることです。「旅立」・「嵐」「流雲」等。また「遥《はる》かなる地より―南風にのって―」は沖縄出演旅行のお土産ともいえるものです。この他、自作の詩に曲をつけた「空へ」「津軽四季唄」「白花―雪舞い」は詩に語られる津軽の情景がはっきり目に浮かぶ何とも魅力的な曲です。もちろん云うまでもなく古くから伝わる民謡「じょんがら節」や「十三《とさ》の砂山」等も演奏されますが、これらの民謡も現代風にアレンジしたり、シンセサイザーと合奏したり、現代の若い人達にも受け入れられやすい演奏も心掛けられております。こうした新曲のなかで代表作は何といっても「火の鳥」でしょう。詩人の椿《つばき》千穂さんは、この曲と演奏する岡田師の印象を次のように描いています。

太棹《ふとざお》をかまえ　眼を閉じ
静寂な空気をつんざく響き
その顔は　微動もしない真剣にいどむ
古武士の風貌《ふうぼう》を保つ
三本の糸をあやつる　繊細《せんさい》な左指
右手のバチからほとばしる烈火の気迫は
炎と燃え　聴く者の五体を圧し
稚《わか》き血を湧《わ》かせ恍惚《こうこつ》へ誘《さそ》い込む
富士の懐《ふところ》　宝永火山の山肌《はだ》がきざむ
荒々しい稜線《りょうせん》に
移りゆく気象は　渦《うず》巻《ま》く雲となり
天を駆《か》ける火の鳥は
風に向い　はばたく
無限の境地に憑かれ陶酔する
岡田修の　世界

万灯会の折には「火の鳥」をはじめ、伝統的な民謡「じょんがら節」、作詩作曲の「津軽四季唄」等多様な節曲を熱奏して下さる予定です。

近頃、バスジャックや五千万円集団恐喝等十七才の凶悪犯罪が続きます。大人の犯罪も宇都宮宝石店員焼殺事件のように、安易に他人の生命を奪う殺人事件が多くなったような気がします。〝人を殺して、人肉を喰べてみたかった〟という名古屋の行きづり殺人者は論外として〝簡単にカッとなってキレる〟〝自分の利益にさえなれば他人のことなどかまわない〟…という自分中心の屁理屈《へりくつ》だけが優先し、罪の意識が希薄《きはく》なことが、これらの犯罪の容疑者達に共通しているように思えます。現代社会の各面で起こっているヒズミが、人の心をどうにかしてしまったのではないかと心配されます。こうしたことについては、いづれかの機会に譲《ゆず》ることにし、先述のように良い音楽は人の心の浄化に役立つものです。お盆の一夕、津軽三味線の入魂の演奏を聞いて、心を浄め豊かにし、正しく明るく生きる活力を得ましょう。浄土に還られるご先祖様もよろこばれることでしょう。

60

お墓参りで正しい心を

「吾れ以外、すべて師」という至言がありますが、檀信徒の方々とお会いしていると教えられることばかりです。一月余り前、お盆の棚経で酒井家を訪ね、回向が終った折、ご主人の正敬様から「産経新聞にこのような記事が載っていましたが、心にとまったのでコピーしておきました」と、八月十二日付の社会部次長森脇陸郎署名の「墓参りで知る自分の根」と題する評論を渡されました。

「島根県出雲市で食料品店を営んでいる父は、盆が近づくと私達小学生の兄弟三人を墓参りに連れ出した。先祖代々の墓は線路沿いの小山の中腹にある。アブラ蝉の騒音の中で草をむしり、墓石に水を注いでいると、父からどんな先祖が葬られているかを聞かされた。戦中戦後の実家の様子や、時には家系のルーツにまで話しは及んだ。花を供え、線香を上げて手を合わすと、落ち着きと充実感に満たされた。その瞬間が不思議だった。

平成九年、その年神戸は嵐のような日々が続き、人々は憔悴《しょうすい》しきっていた。二月、小学六年の少女が少年にハンマーで頭をなぐられたのに続き、何人かの少女達が同じ傷害をこうむった。そして五月、六年生の男児が絞殺され、切断された遺体が挑戦状とともに中学校の校門で見つかった。六月始め地元新聞社に二通目の挑戦状が届き、その異様な文面に日本中が震え上った。下旬に中学三年の男生徒が逮捕されると、今度はあまりのショックに放心状態になった。そんな中、兵庫県と神戸市の教育委員会が「緊急会議」を設置し、臨床心理学の権威河合隼《はや》雄《お》氏を中心に「心の教育」の在り方を協議していた。最終会合のとりまとめには「個としてのいのちが遠い祖先から連綿と受け継がれ、次代につながっていく生命体として存在していることを学び、生命のもつ神秘や不思議さに目を向けさせることが大切である」とあり、具体的提言の一つに「祖先祭記や墓参などの伝統行事の理解と継承」が挙げられていた。河合氏は記者陣の質問に対し「人間関係を見直す方法論の一ツとして、過去のしくみの再評価、を入れたが、昔に帰れという意味ではなく、良さを見直し、今に合った形に変えて生かすということで、そのことから現代の物的豊かさに見合う、心の豊かさを持たせたい」と答えている。

過去から未来に続く命の鎖の途中に「自分」がいる。墓参りはそんなことを体感する機会だったと今では思う。先祖を思うことによって「日本人」という同体意識《アイデンティティ》を無意識の中で確認していた。だからこそ、落ち着きと充実感に満たされたのではないか。

河合氏の著書『こころの処方箋』に「国際的とやらで根無し草のようにふらふらするよりも、自分の根を深く深く追求することによって、他と交わることを考えるべきであろう」と。

実家の父母は、夏休みに帰省した孫達を今は墓参りに誘う。小学六年生の長女は「線香のにおいが好き」だと云う。」

以上が概要です。

さて、神戸の事件以後も、バスジャックやバット殺人等々少年達による異常な事件が頻発しています。こうした少年達の「心」はどうなってしまっているのでしょうか。大人にしろ、大銀行や有名デパートを破綻《はたん》させても一向に実効ある責任をとろうとしない人達の「心」も理解できません。最近、日本人の「心」が変化でもしているのでしょうか。

因みに、漢和辞典で「心」という字を調べてみると、心臓の形ψから生れた象形文字で、思考や意志といった心神作用を意味するものだが、その根底には、心臓が身体のまん中にあり、しかも生死に関わるきわめて重要な機関であることから、生きて行くための人間の行動すべてを決定する基本的心神作用を意味する「語」であることが了解できます。つまり、その人の「心」次第で、善悪さまざまな行為活動が定まると云えましょう。

ところが、戦後急激に進行し、現在も進行中の日本社会の管理主義化、人間を機械の部品のように取り扱う分業化、能率と利益を目標に育成する人間画一化……こうした社会の中で、正常で豊かな心の人間は、一体、生まれ育って行くものでしょうか。理解しがたい異常な犯罪が今日多発するのは、戦後短期間の間に進行した、社会の各面のヒズミが、限界にきたものではないでしょうか。さらに今また、パソコンの普及から、一方的に情報を流し合うだけのインターネットが急速に発達してきています。個室にこもり、自分の感覚に合った情報だけをさぐり出し自分のものにする、こうしたインターネット社会で育つ「心」はどんな種類の心でしょうか。IT革命の推進を唱えるなら、それに見合う心が育つ方策も同時に考えていただきたいものです。

　棚経の合い間の短い時間で、充分なお話もできませんでしたが、お墓参りに因む示唆に富む記事を頂戴したことを紹介させていただきます。河合先生のお言葉もあります。物的豊かさに見合う、心の豊かさを、ご先祖さまからいただくことをおすすめいたします。

61

新世紀のお正月の計は―

〝一年の計は元旦にあり〟とは、云い古るされた諺ですが、やはりお正月、しかも新世紀の正月を迎え、今までより一段と改まった気分になって、いろいろな計画を立てたり、人生の目標を決められたりした方も多いことと思います。しかし、そのような方々の新世紀元旦の計に、決して水を差すわけではありませんが、「計」は一ツか、せいぜい二ツ位にしておいた方が良いのではないかと思います。その代り立てた計は、忍耐強く最後までやり遂げるように心掛けていただきたいものです。

　中国の唐の時代に、鳥窠《ちょうか》という有名な禅僧がおります。坐禅をする時はいつでも松の大木の枝に座って瞑《めい》想《そう》されたので、人々は親しみを込めて。〝鳥の巣の上人〟鳥窠禅師《ぜんし》と呼んだのです。この風変わりな禅師の噂を聞いた唐代屈指の詩人白楽天が、禅師の人物を試そうとした事があります。まず、枝上の禅師に白楽天が話しかけます。「おい和尚、木の上などに座っていないで、地上で座ったらどうだ―」。はじめ無視していた禅師は何回も問われるので「まだまだ未熟なところのあるワシには、ここが一番坐禅向きなのだ」と答えます。凡人の私達なら不安定な枝の上なぞ、落ちないかと心配で心が乱れそうですが、鳥窠ほどの高僧だと緊張感が逆に心の統一に役立つものなのでしょう。白楽天は続けます。「坐禅をして何を得ようというのだ」。「釈迦の教え、仏教の真髄《しんずい》を自分のものにしたいのだ」と禅師は答えます。「その仏教とは、どういう教えなのだ」と白楽天。「仏教とは、もろもろの悪いことをしないことじゃ」と禅師。重ねて白楽天は聞きます「それだけか」。「それからなあ、もろもろの良いことをすることじゃ」と禅師が語ります。それを聞いた白楽天は「なんだ、仏教とはたったそれだけか。ハッハッハッ…。そんなことなんか、オレだって知っているわい。そこいらの三才の子供だって知っていることだぞ。」とやや軽蔑《けいべつ》の意を込めて云い放ちます。この言葉が終るか終らないうちに、頭上の枝から大音声が落ちてきます。「三才の子供が知っていながら、八十の年齢を重ねても出来ぬ、『諸悪莫作《しょあくまくさ》・衆善奉行《しゅぜんぶぎょう》』こそ仏教の真髄じゃ。そういうお前は、一体どうなんじゃ、喝《カツ》！」。すべての人が認める高僧から、〝何歳になっても人間には完成ということはない、死ぬまでが修業の身だ〟と教えられ、後日、詩の道では頂点に達することを得た才能を持つ白楽天なればこそ、禅師の真意を立ちどころに理解し、それ以後鳥窠の弟子になったということです。

この話からも、悟りを得るまでのことはさて措《お》いて、一つのことを完成するだけでも大変な忍耐が必要なことが受け取れましょう。

ところでまた、お正月を迎えると福徳を願って七福神巡りをされる方も多いことと思います。ご承知の通り、当院は小石川七福神で布袋尊を祀る寺です。七福神とは恵比須・大黒・寿老人・福禄寿・昆沙門・弁天・布袋の七神ですが、記録によると唯一の女性神弁才（財）天の代りに吉祥天を祀り七福神としたり、寿老人と福禄寿を合一して南極老一神とし、代りに吉祥天を入れ女性二神を含めた七福神を祀ることもあったようです。現在でも吉祥天を併記し、末広がりの八に因んで八福神巡りをする所もあります。さて、この吉祥天に関して、平安時代の説話集「日本霊異記」に次のような話が載っています。

聖武天皇の御代のこと、親しい貴族数人が集って宴会を開くことになった。ところが、接待役に当った貴族は貧しくて、その日が近づくというのに、もてなすための食料を買い集めることが出来ない。貴族は貧窮は前世の報いだと思い恥じ、都はずれのお堂に祀ってある吉祥天に心をこめて祈った。すると宴会当日、前触れもなく貴族の乳母が、豪勢な料理と立派な食器を持って訪ねて来た。そこで貴族は無事宴会を終えることが出来た。急場を助けてくれた乳母に、貴族は客人からもらった土産の着物を与えた。その後、お礼参りにお堂を訪ねたところ、乳母に与えた着物が吉祥天にかかっていた。驚いて乳母に問い合せたが、乳母は全く知らないという。これは吉祥天がこの貴族の一心な行いに感じて報いてやった果報だという。

日本霊異記には、一途《いちず》な心掛けが吉祥天のご加護によって報いられ、望みがかなえられたという説話がいくつか載っています。これらの話しからも「計」を立てたら忍耐強く継続して行うことの大切さを知ることができましょう。

因みに、正月の「正」という字は「一」と、本来は〝歩《ある》く〟という意味から出た「止」と二つの部分を合せた形声文字ですから、「正」は〝脇目をせず、まっすぐ一筋道を進んで行く〟という意味を持った語です。従って、お正月に立てる「計」は、あれもこれもと欲ばって多数立てるのではなく、一つだけ立て、じっくり確実に実行してこそ、お正月の語意にもかなったものといえましょう。こうしてこそ、神仏のご加護もいただけ、正しい結果を得ることが出来るものと思います。さて、皆様方の計は幾つで、どんな計でしょうか。

62 〈むなしさ〉の心理学

善「近い内に首相が交代するそうだけど、それに併せて世の中もガラッと変わってほしいですね。何しろ近頃、政治も経済もパッとしないで、社会全体が無気力沈滞ムードで暗いったらありゃしない…」
民「ウチの娘がいつもCDかけているので、アッシもつい覚えてしまったが、今人気の浜崎あゆみの歌の詩が、今の日本人の気持ちを表わしているようですね。たとえば

　　Duty　という曲
誰もが探して　欲しがっているもの
『それ』はいつかの　未来にあると
僕も皆も　思い込んでいるよね
なのにね　まさか過去にあるだなんて
一体どれ程の人間《ひと》気付けるだろう
予想もつかない……

　　End of the World　という曲
……私は何を想えばいい
私は何て言ったらいい
もてはやされたって
羨まれたって
解ってるのかさえ解らない……

明るい将来が見えないで、生きていることに漠然と途惑《とまど》い迷っている……という感じが、受けているのでしょうね」
良「民兄貴《たみ》が、浜崎あゆみを知っているとは驚きだ。でも兄貴、あゆみちゃんに対するイメージが毀《こわ》れるから、歌うのだけはやめてくれよ」
善「それにしても住職、どうしてこんな日本になっちまったんでしょうねえ―」
住「昔風に一口で言えば〝政りごとが悪いから〟ということでしょう。社会学者でないし分析的学問的に説明はできないけれど、密室で首相が決められたり、幽霊会員が幅をきかせたり、高官の私腹に税金が納ったり……国民の望むことと全く逆のことが実行さ

れても、有効な反対手段が限られている―。しかも戦後続いている画一的管理主義教育が身についている―。その上経済的には豊かになってハングリー精神は稀薄―。こう国民にとって不利な三拍子が揃っては、何事にもあきらめムードが拡って、気がついたら活力のない沈滞した社会になってしまってた……ということではないでしょうか。どこかで風穴を開けたいものですね」

民「少年による理由なき殺人事件、いじめや親の子殺し、テレホン交際や出勤拒否……こうしたことも沈滞社会の持つ歪《ひず》みがはじけて生じた特異現象の一つでしょうね」

住「その通りだと思います。教育学博士の諸富祥彦先生の統計によると、大学生の八割が〈むなしさ〉を感じ、〈絶えざる疲れ〉を覚え、人生に不安とあきらめを持っているとのことです。失敗したことに悩むとか、課題の解決法が分らず陥ち込むとかでなく、何となく〈むなしい〉のだそうです。そしてその原因として、豊かさと画一のそれなりに安定した社会の中で、自分の存在価値が見出しにくいこと、つまり自分は必要とされていない人間という思い込みによることが大きいそうです。」

良「ある人のように、みんなが罷めろ!と言っているのに、オレ以外に適任者はいないと思い違いして居座り続ける神経があれば良いわけですね。周りはむなしいけれど―」(笑)

住「そういう神経は特製だから……。政治を立直し、活気ある社会に作りかえることが第一番に必要だが、とりあえず個人的解決法として諸富先生は、発想の転換・思考方法の変革の大切さを説かれています。人にはその人特有の思考方法があり、その思考方法から結論として〝自分は必要ないもの〟と思いむなしくなる。それなら、思考方法を変えてみてはどうか。例えば、社会という人間関係の中で〈自分〉を考えてみるのではなく、宇宙の中で自分とはどういう存在なのか、どうして他の生きものでなく自分は人間なのかと考えてみたり、どうして指は五本なのか、それぞれの指はどんな役割りを果しているのか……といったように、発想を変えて自分を見直してみることが有効だとされています。そうすることによって、〝生きる〟ことに目覚めることができる、といわれるのです。ここでは私流の要約しか言えませんが、詳しくは『むなしさの心理学』（講談社現代新書）を読んでみて下さい」

善・良「住職の話しはいつもだんだん難しくなる。オレ達の脳ミソがむなしくなってくるから、今夜もこれから一杯やろう」

住「時にはパアッとやるのもよいことだよ。それはさて措いて、宇宙規模で人間の存在を考える、などと言うのはきわめて宗教的だと思います。吉田兼好は徒然草《つれづれぐさ》で〝つれづれわぶる人は、いかなる心ならむ。まぎるるかたなく、ただひとりあるのみこそよけれ（一人でいることを淋しがりいやがる人の気持が解らない。一人で居るのが一番良いのに）〟と書いていますが、宗教的思考を以って社会の中での自分を再発見し、兼好の心境まで高まるようにしませんか。その第一歩として、お彼岸のお墓参りを通し、仏さまのご功徳を頂きましょう。」

63 二つの伝道句集

当院を含む小石川地区の諸宗七十余箇寺で小石川仏教会を組織しておりますが、昨年の総会で〝二十世紀を終えるに当り、所属各寺の現状を記録して来世紀に残そう〟という提案があり、早速「寺院名鑑刊行委員会」を発足、来春完成を目指し作業を始めました。このような事情から、委員の一人として私も、協力を得ることになった神保町の西田書店、とくに日高編集長と打合せのため時折お会いする機会がありました。先日、ごく最近当書店から出版した書籍です、と数冊の本を頂きましたが、その中の一冊に五月発行の『日有・掲示板伝道名句集』があります。

　本の題名中の日有とは、本書の編者鈴木順隆師の師父、茨城県成顕寺前住職鈴木日有上人のことです。日有上人が四十数年に亘って門前の掲示板に、布教のため掲示した伝道句を、現住職順隆師が師父の顕彰のため編集製本したのが本書です。因みに、日有上人は日高編集長の中学時代の恩師でもあります。兎も角目につくまま無作為に五句を紹介しましょう。

一、小僧時代、師匠からよく畳の〝ヘリ〟を踏むなといわれました。〝ヘリ〟とは縁と書きます。縁は踏みつけてはいけません。ご縁は大事にしなさいということだったのですね。

一、祖先の教えを失った考えや文化は、波にただよう根無し草である。血脈（血のつながり）が、存在の根拠なのである。

一、欲深き人の心と降る雪は、積もるにつれて道を失う。

一、死んでも死なないもの、焼いても灰にならないもの、埋めても土に帰らないものがある。それは日々につくるあなたのおこないである。

一、苦しい時には不平を云うが、楽しい時には感謝を忘れる。「かんしゃく（癇癪）」がおきた時には「く（苦）」の字をすてて、「かんしゃ（感謝）」として暮らせ、今日の一日。

珠玉の寸言、五五〇篇を集めた句集です。ところで、伝道句集といえば、七月になって港区妙定院住職小林正道師から『心おだやかに生きる』題名の本をいただきました。本書も正道師の師父小林貞賢上人が三十数年間に亘って門前の伝道掲示板に提示した伝道句五〇〇篇余を、正道師が先住貞賢上人の遺徳を偲んで、別の出版社から発行したものです。

有徳の両上人が万感を寸言に凝縮させた伝道句のことです。両書を拝読すると、表現は異っても意図するところは共通する句が、いくつもあります。（以下敬称略）

一、人間は自分に都合のいい人を、良い人だといい、自分に都合の悪い人を、悪い人だという。（貞賢）
他人の過ちは見やすく、おのれの過ちは見がたい。

他人の罪を風のように吹き散らす人は、おのれの罪をひたかくしにかくす。（日有）

一、真面目に努力する人が、失敗したとしても、失敗者として、見なされてはならない。彼が勇気を持ち、周囲が温かい心を持つならば、彼は新しい方法を試みるであろう。（貞賢）

人生ときには失敗することもある。失敗したことに気がつけばすぐ改めるのが当然だが、この場合、大事なことが一つある。改めるということからさらに一歩すすんでまったく新しいものを生み出す姿勢である。そのようにすれば失敗というものはむしろ大きな発展につながる。だから、すんだことは追求したり叱責したりしないことだ。〝すんだことは言うまい〟と私は心に決めた。（日有）

一、怨《うら》みなき教えを仏教といい
争《あらそ》いなき教えを仏教といい
誹《そし》りなき教えを仏教という（貞賢）
あなたの心をだめにする三つのもの。
欲が深いこと（むさぼり）
怒り狂うこと（はらだち）
おろかな行い（いたらない考え）、とお経に説かれています。（日有）

紙面の制限上、数句しか紹介できないのが残念です。そこで終りに、お彼岸に因んだ両上人のお言葉を記しましょう。日有上人は「お子様がたに、幼い子供に合掌させることが、どんなに魂の浄化になるか、あなた自身がよく知っているはずです。自我に捉《と》らわれる心、思いあがりの心を根こそぎ取り除こうとする行事、これがお彼岸の意味であります」と教えられ、貞賢上人は「特別の味は持たないが、お米はおいしい。特別の愛は感じられないが、親はなつかしい。いただいたとは思えないが、仏さまはありがたい」と、墓参する家族のほほえましい姿を想われておられます。

なお、浄土宗東京教区教化団から、最近各寺に配布された標語は次のようです。

核家族　心のきずな　墓参り

いつの世も　心おだやか　おかげさま

64 是非、心の世紀にしよう

毎年恒例の日本漢字能力検定協会が募集する〝一年間を象徴する漢字〟に、今年の世相を表わす語として「戦」が第一位に選ばれたとのことです。因みに第二位には「狂」、第三位は「乱」だそうですが、上位の三字を組合せると「戦乱」「狂乱」……新世紀第一年にしては、良い意味の語が一つも出来ないことは何とも気がかりです。

今年を振り返ってみると、前半は数年前から続いている不景気との戦いはあったものの、小泉内閣期待論に流されてやや慣れっこになりかかっていましたが、後半に入るや九月十一日の超テロ事件が勃発し、それを機に政治的経済的に世界中が大狂乱・大戦乱に陥入ってしまった感があります。このテロ事件に関連して、十二月十一日の朝日新聞「天声人語」欄に次の一文が載っていました。

テロリストというと思い浮かべるのが次のような話だ。帝政ロシアの時代である。皇帝暗殺をねらってテロリストが馬車を待っていた。目指す馬車がやってきた。テロリストは爆弾をかまえる。投げようとしたとき、馬車の中に子どもの姿が見えた。テロリストは一瞬ちゅうちょした。馬車は去り、テロリストは機会を逃した。確か作家の故高橋和巳氏の文章ではなかったかと思う。「子どもは未来だ。テロリストは「未来」を抹殺はできない」といった趣旨の感想があったと記憶する。暗殺をやめたのは、テロリストの感傷ではなく、テロリストの倫理だというのだ。帝政を倒して、新しい体制をつくろうというテロリストたちのことだ。後の世代のためのやむを得ない行動だというなら、子どもたちを巻き添えにはできない。そんな解釈である。米国での同時多発テロではなお明確なメッセージが出ていない。「反米」はうかがえるにしても、目的は何だったのか、いまだにはっきりしない。そこが中東をはじめ他のテロと違うところだ。独立という目標があった北アイルランドをめぐるテロでは、交渉の余地があったたし、実際話し合いが進んだ。もっと困難な問題を抱えているにせよ、パレスチナも同様だ。対イスラエルの姿勢にかなりの違いはあるが、目標が掲げられている以上、話し合いの余地はある。こちらも実際、一度は和平交渉が軌道に乗ったのだ。（以下、略）

この一文にもあるように、今回のテロ事件については、こういう点が誤りで不満だから、こういう社会の構築のため戦うのだ、といった事件の理由目標について、どこからも未だ公式声明はされていません。どんな事件でもそうですが、原因目的が明確でないことは、私達平凡な庶民にとっては一番困ります。最近、ムシャクシャしていたから刺した、無性に人が殺したくて相手は誰でもよかった、といって弱い小学生や通行中の婦人を殺す惨忍な事件が相つぎますが、こんなことで一方的に殺されてしまう被害者はたまったものではありません。他方、こうしたことに対して、仇《あだ》を討《う》つのに力をもってしてはまた怨《うら》みをかい、怨みの連鎖反応が続くだけだ、という意見も聞かされます。しかし、原因目的が判っきりしない場合、とりあえずの予防手段―もちろん、怨みを晴らすためだけの力の行使であってはなりませんが―を講じ、その上で事件の背景などから原因目的を察して解決策を探るというのは常道でしょう。

今回の同時テロについては、テロ側の公式申し分はありませんが、米国の一国至上主義に対する反感であるとか、国際間の富貧の差の拡大に伴う軋轢《あつれき》であるとか、宗教間の対立で十字軍の再発であるとかが理由として言われており、恐らくこうした事柄や他の多くの事情が複雑に絡《から》み合って起こされたものと推察されますが、何百万人という難民の困苦や、経済不況回復を希う上からも、早期解決を願ってやみません。と、言うのは簡単ですが、その実現は不可能に近いほど困難であることも想像に難くありません。だからといって、国連まかせでただ座視しているのではなく、私達も出来ることからまず始めてみてはどうでしょうか。

例えば、イスラム教徒なら苦しみはお互いで分ち合い共有するというラマダン断食行事の心を再認識し、キリスト教徒は右の頬《ほほ》を打たれたら左の頬を差し出すというお互いを赦《ゆる》し合う愛の心を再認識し、そして私達仏教徒は、いたわりと励《はげ》まし、いつくしみと安らぎという慈悲の心を再認識し、何事につけてもこの「心」を以って行動する、というのはどうでしょうか。世界中の宗教徒がこの相互理解を前提とした「心」を自分のものとすれば、少しは解決も早まるのではないでしょうか。

幸い年末になって、皇太子ご夫妻に内親王さまがお生れになり、明るい希望の光がほの見えてきたような気がいたします。しかも、敬宮愛子《としのみやあいこ》さまと命名されましたが、その出典は中国の古典「孟子」の「君子は仁を以て心を存じ、礼を以て心を存す。仁者は人を愛し、礼有る者は人を敬す。人を愛する者は人恒《つね》に之を愛し、人を敬する者は人恒に之を敬す」によるとのことですが、愛と敬こそ、先述した各宗教が説く「心」と同じものでしょう。内親王さまにあやからせて頂いて、今年から明るい平和な年にしたいものです。今世紀を、是非、心の世紀にしましょう。

65 金子みすゞの詩より

何気なく庭の陽《ひ》だまりを見ていたら、もうスミレが紫色の可愛らしい花を咲かせていました。つい最近まで黄色い花を楽しませていてくれた福寿草は、すっかり葉が生い茂って緑のかたまりになってしまっています。注意して見渡すと、だれに云われたわけでもないのに、草木はすっかり春の気配でした。その時、フッと金子みすゞさんの詩が心に浮かびました。

「土と草」
母さん知らぬ、
草の子を、
なん千万の
草の子を、

土はひとりで
育てます。

草があおあお
茂ったら、
土はかくれて
しまうのに。

最近、金子みすゞさんの詩の愛好者がふえ、とくに昨秋、人気ナンバーワンの女優松たか子さんがみすゞを演じたテレビドラマ「明るい方へ」が評判になってから、ますます知られるようになったようです。ドラマの所為《せい》だけでなく、みすゞの詩は全てが、何となくほのぼのとした温かさを持っているため一度、みすゞの詩に出合うと、だれもが離れられなくなるのだと思います。最近の現代詩がややもすると哲学的な語句を用い、抽象的概念を表現するものが多いのに、みすゞの詩はやさしい言葉で心地よいリズム感をもっているので、人々に素直にうけ入れられるのでしょう。口の中でつぶやくだけで、この詩は何を訴えようとしているのだろうか、などと頭を捻って考えたりする必要はなく、すんなり納得させられるところが、一番の魅力です。

「花のたましい」
ちったお花のたましいは、
みほとけさまの花ぞのに、
ひとつのこらずうまれるの。

だって、お花はやさしくて、
おてんとさまがよぶときに、
ぱっとひらいて、ほほえんで、
ちょうちょにあまいみつをやり、
人にゃにおいをみなくれて、

風がおいでとよぶときに、
やはりすなおについてゆき、

なきがらさえも、ままごとの

ごはんになってくれるから。

この詩を読むと、誰でも素直にこの花のように、人を愛し人に愛されて花園に行けたらなぁ、と思うのではないでしょうか。仏教語で説くなら、利他行に精進し極楽往生を願う、そういう信仰心に共通します。みすゞの祖母やご両親は、大変観音さまを指仰していたらしく、みすゞもその影響で宗教心が篤《あつ》く少々長いですが次のような詩もあります。

「お仏壇」
お背戸《せど》でもいだ橙《だいだい》も、
町でみやげの花菓子も、
仏さまのをあげなけりゃ、
私たちにはとれないの。

だけど、やさしい仏さま、
じきにみんなに下さるの。
だから私はていねいに、
両手をかさねていただくの。

家《うち》にゃお庭はないけれど、
お仏壇にはいつだって、
きれいな花が咲いてるの。
それでうち中あかるいの。

そしてやさしい仏さま、
それも私にくださるの。
だけどこぼれた花びらを、
踏んだりしてはいけないの。

朝と晩とにおばあさま、
いつもお燈明《あかり》あげるのよ。
なかはすっかり黄金《きん》だから、
御殿のように、かがやくの。

朝と晩とに忘れずに、
私もお礼をあげるのよ。
そしてそのとき思うのよ、
いちんち忘れていたことを。

忘れていても、仏さま、
いつもみていてくださるの。
だから、私はそういうの、
「ありがと、ありがと、仏さま。」

黄金《きん》の御殿のようだけど、
これは、ちいさな御門なの。
いつも私がいい子なら、
いつか通っていけるのよ。

解説は無用でしょう。仏さまご先祖様のご功徳が頂ける春彼岸、ご墓参をお忘れなく。

（矢崎節夫編金子みすゞ全集より三篇）

66 法然上人の心を世界へ

良「玄関の壁に貼ってあるクイズのポスター、あれは何ですか、住職」

善「賞金が書いてないけれど、一等賞は一万円くらいもらえるのですか」

住「クイズ風にはなっているが、クイズじゃないよ。あれは我々の宗派浄土宗が世界に向けて発した〝新世紀はこうであってほしい、そうしたい〟とアッピールした宣言文です。二十世紀は人間の限りない可能性を信じ、全ての面で合理的科学的思惟を至上とする風潮が幅をきかせた時代でした。その結果、確かに美味しい物を何時でも食べられ、テレビや携帯電話で居ながらにして世界中のニュースを知ること

（ポスター）

（文中□内に、下記語群から適語を選んで下さい。

	（語群）
□者の自覚を	賢・愚
（例）家族にみ仏の光を	光・恵
社会に□しみを	楽・慈
世界に共□を	生・存

（浄土宗21世紀劈頭宣言）

が出来、良く効く薬も手に入り、生活は快適で豊かになりました。けれども一方で、恐るべき核兵器が開発され、貧富の差が世界的に拡大し、そこから対立と紛争が頻発し、家庭の崩壊、道徳の荒廃……マイナスの面も大いに目立つようになってしまった。この前会った時、善さんも良さんも、今年の夏は何て暑いんだ！と、ブーブー言っていたけれど、近年の異常気温だって、人間が行ってきた自然破壊の結果でしょう」

善「南極の氷が融《と》けて、インド洋の小島の国が、もうじき海中に沈むんだって！」

良「それで解った。一行目の□は「賢」だ―。だってもっと皆んな利口になれって云うだろう」

民「その後に〝自覚をもて〟と続いているから〝賢だと自惚《うぬぼ》れるナ、実は愚なのだゾ〟という意味で『愚』をいれるべきでしょう」

住「民さんの言う通りだ。確かに人間の能力は勝れている。しかし、万全万能ではない。神サマ仏サマの知恵に較べたら欠陥だらけだ。そのことを絶えず自覚し、謙虚であれ、というのが一行目ですね。愚という文字は『禺』と『心』から出来た会意文字ですが、禺とは未進化のサルの呼び名、つまり〝適正な判断が出来ない〟ものの喩《たと》えです。とくに、知恵の働きより〝心の働きが劣っているもの〟それが『愚』なんですよ。合理思考の重視、科学技術の進歩も結構ですが、それと同時に大切な『心』、周囲の者達への配慮といったものを欠いてはいけませんね。どちらかというと〝心が置き去りにされていた〟感が強かったのが二十世紀の特色ではないでしょうかね。自分の目的のため、他者への心を欠いて手段を選ばぬ行為の極端が、テロでしょう」

良「二行目の『仏の光』というのはいいね。お馴染《なじ》みのスナックの女の子が、光ちゃんて言うんだ。可愛いんだ」（笑）

住「意味としては『恵《めぐみ》』でも良いけれど、光の方が明るい感じがするし、仏典では仏サマのお恵み、お慈悲、すべてを含めて『光』に喩えているしね。ところで、仏というと〝架空《かくう》の遠いもの〟のように思っているかもしれないけれど、簡略に言えば、親・兄弟・友人等誰れでもなんでも、自分を優しく見守ってくれ、何かの折には暖かい手を差しのばしてくれる一切のものを、仏というのですよ」

善・良「いつものように、だんだん住職の話しが難しくなってきたゾ。先きを急いで、早く光ちゃんの所へ行かなくっちゃ」

民「暖かい誠の心を！、という全体の流れから、三行目は、社会に慈しみを、ということですね」

住「その通りです。四行目は『共生』です。これで〝ともいき〟と読みます。共存でも良いことは良いのですが、語感として、共生の方が、お互い援け合い励まし合って生きている意味が込められ、生き生きとした積極性が感じられるでしょう。独立しながらも、互いに心が通い合っている…」

民「劈頭宣言の重要性は充分理解できますが—。これを世界に広めるのは、大変ですね…」

住「大変は大変ですね。だからと言って、誰かが言い出さなくては、全てが始まりませんから。今は、インターネットが発達しているし、国連という組織もあることだから。世界宗教者会議で発表するとか、浄土宗も考えている筈です。あの法然上人が自らを凡夫・愚者といい、他人には暖かい目を向けた、その心を世界に広めたいものです。まだまだ、言い足りないことがたくさんありますが、善さん良さんが早く、光ちゃんのところへ行きたそうなので、今日はこれまでにしておきましょう。これでも、心を配っているのですョ」

67 乞食僧の真意

昔から画僧といえば第一に雪舟、ついで博多の仙厓《せんがい》等々が有名ですが、表紙頁に紹介した月僊《げっせん》も五指の中に入る才人です。しかし、作品の美術的評価を除いた僧侶としての行状からいえば、月僊の生涯のほとんどは、最下位にランクされそうな人物でした。と云うのも、仙崖などは画を求められると、誰にでも価も取らずに気軽に描き与えたのに比べ、月僊は必ず強く代金を求め、むしろ名声があがると画料をドンドンつり上げ、やがては代金の先払いまで要求したからです。その上、ケチで食べ物も人からの貰い物ですませ、蓄財に励むという人物でした。専門の絵師ならばともかく、常日ごろ欲を捨てよ、物欲に執着するな、と衆生に説く僧侶の身からすれば、物欲の固まりのような月僊は、俗物以下の人と批難されても致し方ないことでした。実際に人々は「乞食月僊」と蔑《さげす》んでよんでいました。このような当初の月僊について、次のような逸話が残っています。

月僊の評判を聞いた全盛の芸者が、礼金五十両を差し出して、絹地に牡丹《ぼたん》の絵を画いてくれるよう頼んだ。五十両という大金と聞いた月僊は二つ返事で引き受け、何日もかかって絹地に見事な牡丹の花を描きあげ、芸者の所へ持って行った。丁度その時、芸者は料理屋で大勢の客と宴会の最中でしたが、月僊が来たと聞くと、「乞食坊主が来たの。それではこの席にその絵を届けに来るように云ってちょうだい」と云い、酒席の端に座らせた。そして月僊から絵を受取ると、芸者は絵を展げたかと思うと立ち上がり、着物の前をはだけて湯文字《こしまき》を脱ぎ、替りに手際よく絵を腰に巻きつけて云った。「お金さえ出せば誰にでも、どんな絵でも描く乞食坊主の絵なんか、床の間に飾るのなどもったいない。わたしの腰巻きで充分だわ。どうみなさん、似合うでしょう」。その場に居合せた客や女達は、一瞬、どうなるかと息をひそませますが、月僊は平然と「なるほど良く似合いますよ。それではもう二、三枚も註文してください」と云い、何事もなく帰って行った。

（岸上安敬「画僧月僊伝」外より）

これ以降「腰巻月僊」の異名まで付いたとのことです。

このように悪評の高かった月僊ですが、その後、知思院檀誉貞現大僧正の計いで、伊勢の荒寺寂照寺の住職に就きます。この寺に来てからも暫《しばら》くの間は「乞食月僊」の行状は続き、蓄財の金子は膨《ふく》らむ一方です。

しかし、ある年から大雨が続き、天災がしきりに起きたのを機に、月僊は一変します。まず、伊勢地方の道路が不通になるとその復旧に大金を差し出し、また一千五百両という大金を官に納めて、その利息で災害で困っている人々を救うように申出ます。この貧救の資金は「月僊金」と称され、その後永い間人々の役に立つことになります。もちろん、その一方で寂照寺の復興に尽力し、本堂・山門・僧坊を次々と再建し、寺は面目を全く一新していきます。永い間、人々の痛罵に耐え、こういう時に備えて蓄えられていた大金を役立て、月僊の真意が顕《あら》われたのです。もちろん、これ以降今日まで、月僊を卑《いや》しみ謗《そし》り「乞食僧」などと云う人は、一人もありません。

ところで、時機を得て「乞食僧の真意」が顕われた逸話はこの頃の江戸にもあります。当院と格別のご縁のある近所の西岸寺に係わる逸話です。（「小石川の寺院」より）

西岸寺に「鏡の御影《みえ》」と称す宗祖法然上人の肖像画が大切に記られています。伝承によれば、ある絵心のある僧が上人のお姿を描いたところ、上人は左右に二面の鏡を置き、前の水影に映った姿を見ながら、自ら一部手直しされてその僧に与えられた。この御影はその後永く京都二尊院に記られていたが、天明五年、出開帳のため江戸両国回向院に貸し出されます。ところがその年は、浅間山の大噴火（一七八三）の影響もあって大雨つづきに大飢饉で人が集まらず、二尊院への礼金はもとより旅費人件費も支払えない事態になってしまった。この困窮を救ったのが、当時の西岸寺住職専蛾《せんが》（泉察《せんさつ》）上人です。上人の詳細は明かではありませんが、恐らく数年来の天候不順に加えての浅間山大噴火の教訓からか、質素倹約蓄財に努め、非常時に備えてかなりの大金を、この頃貯えていたことが知られています。この蓄財を投じて前記の御影を引取り西岸寺の霊宝としたのです。この事実があればこそ、二尊院回向院の苦境が救われたばかりか、もしかしたら今頃は散逸して失われてしまっていたかも知れない浄土宗一宗の宝が護られ、しかも多くの善男善女に法然上人のご功徳が頒ち与えられるようにもなっているのです。

心ない人の悪評にも耐えながら貯えた蓄財を、いざという時に差し出し人々の困窮を救ったという点で、月僊と専蛾の行為は共通の価値をもった善行といえるでしょう。私達に、その人の真意を知ろうともしないで、表面の言行だけで軽々しく評価してはいけないことを、この逸話は教えてくれます。

なお、お正月ですから夢を語ることを許していただければ、月僊と専蛾上人はほぼ同時代の人で、しかも増上寺で学んだ浄土宗侶です。だからきっと、増上寺の学寮ではお互いの真意を語り合い、不言実行を誓い合った仲だったのではないでしょうか。

68 阿修羅《あしゅら》の正義

インドや中国、それに当時の日本でも語られていた仏教説話を集めて、平安時代末期に作られた「今昔《こんじゃく》物語」に、古いインド神話にもとづいた「帝釈《たいしゃく》阿修羅合戦語（第一巻、第三十話）」と題する説話が載せられています。仏教評論家ひろさちや氏の原神話からの訳文を参考に概要を紹介すれば、次のようです。

正義の神阿修羅に美しい娘がいた。名を舎脂《しゃし》といった。父親の阿修羅は、この自慢の娘を、なろうことなら神々の帝王である帝釈天の妃《きさき》にしたいと内心で願っていた。娘の舎脂は帝釈天の妃にふさわしい美貌《びぼう》と気品のもち主であったからである。ところが、ある日、偶然に舎脂を見掛けた帝釈天は、たちまち美しい舎脂に好意を持つようになり、父の阿修羅の内心を確かめようともしないままに、全能の力を発揮して舎脂をやや強引に自分の妻にしてしまった。それを知った父親の阿修羅の怒りはいかばかりであったろう。阿修羅は帝釈天に好意的であっただけに、その帝釈天に裏切られ、娘を凌辱《りょうじょく》された怒りは大きい。自分が司どる正義を踏みにじられたことで、阿修羅はどうしても帝釈天を許せなかった。

だから、阿修羅は武器をとって立ち上った。帝釈天に戦いをいどんだのである。しかしながら、帝釈天は神々の帝王である。武勇無双、全能の力をもつ戦士である。全力を尽してぶつかったところで、阿修羅は帝釈天に勝てるわけがないのである。気の毒であるが阿修羅は負ける。しかし、一度くらい負けたところで、阿修羅はあきらめはしなかった。阿修羅は再度挑戦し、再度敗北する。それほど彼の怒りは大きかった。軍勢を立て直しては五度・六度…何回も帝釈天にいどむ。その度に負けるのだが—。阿修羅は執念《しゅうねん》の鬼と化したように挑戦し、敗北を重ねる。理の是非からいえば、阿修羅が正しく、とがめられるべきは帝釈天である。しかし、この時、阿修羅の正義は、執念に堕《お》ちていたのである。表面だけの正義では、全能の力に勝てるわけはないのである。

しかも説話の続きによれば、この頃、舎脂は帝釈天の妻として幸福な日々を送っていたようである。舎脂の心の傷を察した帝釈天は、仙人について仏法を学び、優《やさ》しく温かく舎脂を愛し、二人は仲のいい夫婦で甘え合っていたことを記している。

そうとも知らぬ阿修羅は、最後の決戦を帝釈天にいどむ。この戦いは、珍しいことに帝釈天の側の敗北が濃厚であった。阿修羅の軍に追われて帝釈天軍が逃げて行く。帝釈天は指揮車に乗って先頭を逃げていた。と、突然帝釈天が命令を発した。「全軍、止まれ！」。なぜなら、彼は行く手にアリの行列を見たからである。何千匹、何万匹というアリが大群をなして道路を横切って動いている。そのまま軍を進めれば、この何千、何万というアリが殺されることになる。それで帝釈天は軍を止めたのである。将兵たちはびっくりした。今ここで止まれば、阿修羅軍に全滅させられる—。しかし、帝釈天は引き返せと命ずる。自分達の戦いとは無関係なアリ達を犠牲にすることができなかったからである。逆に驚いたのは阿修羅である。逃げていた敵軍が突如として引返してくるのだから。何か策略があるに違いないと、一寸躊躇《ちゅうちょ》したそのスキをつかれ、またしても帝釈天側の勝利に終わった。この戦いの後、阿修羅は捕えられ、人間界と畜生界の中間に留め置かれることになった。

仏教では地獄・餓鬼・畜生・修羅・人・天の各界を六道（六界）と言い、前世の因縁によって各界を輪廻《りんね》する…と考えますが、本来は五道であったところ、前話の結果、新たに修羅道（阿修羅界）が設けられることになったのです。

結局、たとえ正義に基づく行為であっても、その正義にあくまでも固執して、他者を全く許すことがないならば、それは最早正義ではなく、単なる執念、独《ひと》り善《よ》がりに過ぎなくなってしまうことを、この説話から学べます。とくに、怒りを伴う正義ならば、なおさらのことでしょう。

ところで、現在、世界は騒然《そうぜん》としています。大量破壊兵器の査察をめぐるイラク問題、拉致《らち》事件をはじめとする北朝鮮の問題、パレスチナ問題やテロ事件…。これらの諸問題に関して、当事国同志が、〝正論はわが方、われこそ正義なり！〟と主張し合っています。一体どの国が帝釈天なのか、阿修羅なのか。国連の場でも平和に向けての意見が一致しないことは、全ての国が阿修羅道に浸っているのでしょう。残念なことです。ただし、この問題で一つだけはっきりしていることは、アリの大群は各国の一般庶民だということです。しかし、一般論として考えを拡げた場合、私達庶民も必ずしも善人ぶってもいられないと思います。些細《ささい》なことでいがみ合ったり、殺人にまで進む例はいくらも見かけます。帝釈天すら仙人に学んでおります。春彼岸を迎え、素直な心で先人達の知恵から、多くのことを学びとりましょう。

69 ギリシャ神話とハープ演奏

昨年の万灯会の法楽《ほうがく》はフルート、そして今年の法楽はハープ。笛と竪琴《たてごと》、こう二つの楽器が揃うと思い出すのが、ギリシャ神話の次の一話ではないでしょうか。暑い夏のことです。まずは気楽に、しばらくの間ギリシャ神話におつき合い願います。

オリンポスの山上の宮殿に在って、天を治めることになった神々の王ゼウス（英語でジュピター）を中心に、オリンポスには十二人の有力な神々、いわゆるオリンポスの十二神が住んでおりました。海の神ポセイドン（ネプチューン）、死者の国の支配者ハデス（プルトン）、美と愛の女神アフロディテ（ヴィナス）、月の女神として結婚もせず純潔《じゅんけつ》を愛したアルテミス（ディアナ）などの神は、日本人の私達でも知っている名前でしょう。ところで、笛と竪琴に関する話しは、十二神のうち、羽の生えたサンダルをはき、先端《せんたん》に蛇のついた杖《つえ》を持って風のように早く走り回る商業貿易の神ヘルメス（マーキュリー）と、医術の神、また輝く光と真理、予言の神、音楽の神として名高いアポロン（アポロ）にまつわる話です。

ゼウスの末っ子として生まれたヘルメスは、生まれつき早熟《そうじゅく》ですばしこく、揺《ゆ》り籠《かご》の中に入れられてもじっとしていられず、ある時などは、籠に近づいてきた亀を捉《つか》まえ、肉をえぐり出して甲羅《こうら》に穴をあけ、それに何本もの糸を張り、それを弾《はじ》いて音を出して遊ぶしまつでした。この楽器が竪琴のおこりと神話はしています。それほど活発《かっぱつ》で悪戯《いたずら》好きなヘルメスのこと、ある夜などはこっそり宮殿を抜け出すと遠くの牧場まで出掛け、牛たちを見付けるとついつい悪戯心から五十頭も盗んでしまいました。しかも、あとをつけられるといけないので、足跡が逆《さか》さにつくようにと、後ろ向きに追いたてたてきたものです。こうして盗んで来た牛のうち二頭を神に捧《ささ》げ、その足の腱《けん》を利用して竪琴を作り、それで遊んで平気な有様です。ところで、ヘスメスが盗んできた牛は、あろうことか、ゼウスの息子アポロンが飼っていた牛たちでした。朝になって牛が盗まれていることを知ったアポロンは、ひどく腹をたててさっそく捜《さが》しに出掛けます。あちこち捜してやっと山奥の谷間まで来ると、沢山《たくさん》の牛の足跡がついているのを見付けました。ところがその足跡は、皆んな自分の宮殿の方に向いているではありませんか。

不思議に思っているその時、谷間のほら穴から今まで聞いたこともないようような美しい音が聞こえてきました。それはヘルメスの弾く竪琴の音だったのです。

「出て来い、牛泥棒め！」アポロンは叫びます。ところが、穴から出て来たのは兄弟のヘルメス。「まったく、たいしたものだよ、お前は！。これからはお前を泥棒の王様と呼ぶことにしよう。でも、いくら足跡を変えたってこのアポロンさまの目はごまかせないよ。この裁《さば》きは親父のゼウスに頼もう」そう言って、アポロンはヘルメスの腕を掴《つか》まえようとしました。これはたまらないと思ったヘルメスは、すばやく竪琴を弾きだしました。すると不思議、アポロンの怒りはおさまり、それどころかその美しい音色に、すっかり魅了されてしまいました。牛を盗まれたことも忘れてしまったアポロンは、「その竪琴をボクにおくれ！そうしたら牛のことはゆるしてやろう……」と申出ます。その時、天上からゼウスの声が聞こえます。

「それは良いことだ。そうすれば、これからはアポロンを音楽と歌を司《つかさ》どる神にしよう」と。こうしてアポロンは竪琴の名手となり、音楽の神となりました。ところでヘルメスはその後、ある羊飼いの少女と結婚し、パーンという名の子供が生まれます。その子は父親に似て音楽が大好きでしたが、竪琴を弾くことは禁じられているため、川辺に生えている葦《あし》を切って笛を作り、笛の名手になったということです。この笛を〝パーン・フルート〟と言いますが、十九世紀のフランスの作曲家ドビュッシーは、この笛にまつわる神話を題材に美しい曲を作っています。「牧神の午後への前奏曲」がそれです。

さて、昨年のフルートの音色がまだ耳に残っている今年、大村典子さんにハープを演奏していただけるとは、うれしいかぎりです。しかも、演奏曲目の中に、ドビュッシー作曲の「月の光」「亜麻色の髪の乙女」二曲を予定して下さるとは―感激です。きっと幻想的な神話の世界に引き込まれることでしょう。曲目の詳細は未定ですが、映画でおなじみの「禁じられた遊び（スペイン民謡）」「ひき潮（マックスウェル曲）」等、ハープならではの美しい曲を演奏して下さるとのことです。期待で胸がワクワクしませんか。

バロック音楽の大成者、十八世紀初頭の作曲家バッハは「音楽は精神の中から日常生活でしみついた塵埃《あか》を掃除する」と、言っています。音楽の神アポロンの神力をいただきながら演奏される、大村典子さんの美しくも魅惑的なハープを聞いて、日頃の「苦＝心のアカ」を取り去り〝安らぎと慈しみのこころ〟をとり戻しましょう。再びお浄土に旅立って行かれる友達やご先祖様の霊魂《みたま》も、皆様同様に充ちたりた一夕になることでしょう。

70 あれから四十年……

過日、綾小路《あやのこうじ》きみまろの賑やかな漫談が、テレビで放映されていました。

以下、そのさわりを紹介します。

・振り返れば、亭主に会った、あの若いころ、女房に出会った、あの若いころ、女房の顔を見るだけで、心がときめいた時代がありました。あれから四十年。いま、女房の顔を見るたんびに不整脈です。

・若いときは命懸けでした。命を懸けていました、亭主に。あれから四十年。いま、生命保険をかけています。

・昔は手を取り合っていました。あれから四十年。いま、財産を取り合っています。

・昔は喋り足らず、夜中まで喋ったものです。あれから四十年。いま、口を開けるのは、薬を飲むときと、歯を磨くときだけです。

・昔は赤い糸で結ばれていると信じていました。あれから四十年。気持ちは変りました。ふたりはいまコードレスです。

・昔は愚痴をこぼしていました。あれから四十年。いま、ご飯をこぼすようになりました。

・昔ははめを外《はず》していました。若かったんです。あれから四十年。いま、外せるのは入れ歯ぐらいです。

・「あなた、この子供たちのためにも、長生きしてね、お願い！」約束いたしました。あれから四十年。子供たちも順調に育って、ふたきりになり、旦那の横顔を見つめ、「まあ、長生きしそう！」

　笑い、笑い、大笑いの連続です。一体、どこにこの連続大爆笑の原因があるのでしょうか。きみまろのファンは、圧倒的に中高年の女性に多いそうですが、単に巧みな話術のためばかりでもなさそうです。たしかに、一部のギャグネタについては、オヤジギャグに属する他愛ないものもありましたが、自分達ご夫妻の実態をズバリ云い当てられた、テレ隠しの笑いが多いのではないでしょうか。少々同感するところもあり、出来ないものねだりの願望あり――複雑な心境の誤魔化《ごまか》し笑いでしょう。

　しかし、考えてみると、こうした漫談を笑っていられる人は、まことに幸せではないでしょうか。

　命を懸けた連れ合いを早く亡くされ、実際に死亡保険金を受け取った経験のある方は、「あれから四十年、今は生命保険を掛けています」というギャグを、どういう気持で聞かれることでしょうか。あるいは、高齢のため正常な心理作用を失ったご夫婦などは、複雑な気持でコードレスとの指摘を受止めることでしょう。


いろいろな事情から孤独な生活を余儀無《よぎな》くされている方、病気等で笑うどころでない方も多勢おられることと思います。だからと云って、こうした漫談を、不謹慎であるとか無思慮であるとか、と批難するつもりは全くありません。笑えば身心が活性化し、免疫力が増加して健康に良いことは、医学的にも証明されていることですし、なにより人間同士の社会生活にとって欠かせない潤滑油でもあります。むしろ、何才になっても、こうしたお笑いネタをギャクとして受入れ、笑いとばせるような年齢のとり方をしたいものだ、と考えたいのです。空想的、理想的すぎるかもしれませんが、夫婦円満、共に健康、経済的にもほどほどの収入――これが、わだかまりなく大笑いできる秘訣だと思います。

　ところで、折にふれて書き記しているように、お釈迦さまの教えられたことの中心は、「すべてのものは因縁によって起る」という縁起論《えんぎろん》にありますが、因縁とは、見方をかえれば「無常無我」ということであり、「すべてのものは変化する、また変化させることもできる、ということ」と云えなくもないと思います。それなら、死亡とか不慮の事故といった物理的要件はともかく、心理的感情的要件に関することは、心掛けと努力によって、四十年前の二人、すなわち若い時の亭主と女房の間柄に戻そうではありませんか。このことについても、ご親切にも綾小路きみまろ大先生（?）は、次のように漫談を聞かせてくれました。

・私には主治医がおりますけれども、獣医です。その先生がいうには、（いつまでも若くてボケずに長生きするコツは）性格で決まるんだそうです。クヨクヨしない人なんだそうです。おおらかなかたです。わかりやすくいえば、人から金を借りてもすぐ忘れてしまうような人です。老人ホームでも、長生きしている人は、朝起きて、しっかりお化粧のできるおばあちゃんだそうです。そのおばあちゃんを追いかけるおじいちゃんは、もっと長生きをしているそうです。長生きしたいなと思ったら、恋をすることです。いまさらこんなシワの年になって恋なんて……。奥様！　シワとシワが合わされば、幸になれます。いやー、俺はハゲているから……。ハゲなんか気にすることはないんです。恋にハゲめば。

このギャグの中にも、四十年前の二人に変身できるヒントの一部があるように思えます。恋する相手を男女と限らず、仕事や趣味にしてもよいでしょう。こうして、皆さんが四十年前に戻ったら、綾小路きみまろ師匠の漫談はどのように変化するでしょうか、楽しみです。師匠も云ってます「わたしの漫談はみなさまのお役に立てればよいのです」と。

71 申(猿)年を勝《まさ》る年に

昨二〇〇三年は、江戸開府四〇〇年に当り、いろいろな行事が行われたりしましたが、次の話は開府間もない江戸初期の話です。

徳川四代将軍家綱のころ、幕府の老中をつとめた板倉重矩《しげのり》は、下野《しもつけ》の国(今の栃木県)烏《からす》山の城主でしたが、家臣に対してもなかなか思いやりがあり、家中一同から慕われていました。

重矩がまだ若かった頃のある年の元旦のことです。給仕係の若ざむらいが、正月の祝い膳をうやうやしく捧げて入って来ましたが、重矩の前に座って膳を下ろしたはずみに、どうしたわけか、膳のふちが、ポトリと取れてしまいました。さあ、大変です。膳のふちがこわれたのは、厳密にいえば給仕係の責任ではなく、お膳を用意した膳部係の責任ですが、もちろん、そんな言い訳は通らない時代です。——元旦早々、膳のふちが壊れるとは縁起でもない。〝扶持《ふち》に離れる!前兆か……〟と、殿さまも不吉な連想を働せて、きっとお怒りになるにちがいない。給仕係がまっ青になって「申し訳ございませぬ」と手をつくと、重矩はにこり笑って、「おや、膳のふちが取れたな。これは元旦早々まことに縁起が良い。ふちがとれたのは、もっと扶持が取れる前兆かもしれぬぞ。そのほう達も喜べ喜べ」と云って、祝の杯をあげました。

このような重矩ゆえ、家臣はもとより領民からも慕われ、国中も良く治まったとのことです。もちろん、そのせいだけではないでしょうが、重矩が老中職に任ぜられたのは、それから間もなくだったということです。(榊原正彦著「朝礼訓話」より)

物事を善意に前向きにとらえる性向が、良い結果を招いていった例話でしょう。

ところで、表現の仕方がすっかり変った現代の日本人、とくに若者達の会話では、使われることがなくなった今年の干支《えと》「猿」に因む故事・諺《ことわざ》に「朝三暮四《ちょうさんぼし》」という語があります。

中国の遠い昔、春秋時代の宋の国に、狙公《そこう》（サルの旦那《だんな》）と呼ばれるサル使いがおりました。猿の飼育が上手であったため、しだいに繁殖し、もはや養いきれなくなってきた。いろいろ考えた狙公は、サルどもを集めて、先ずこう云った。今日からはエサのトチの実は、朝三ケ、夕方に四ケを与えることにする。するとサルはいっせいに歯をむき怒りだした。そこで狙公はサル達をなだめ、じゃあ、朝は四ケ、夕方は三ケにてあげよう、と。それを聞くとサル達は納得し大いに喜んだ。これは「列子」という本に載っている寓話です。

この語は、同じ七箇のトチの実を、口先で煙にまいて素知らぬ顔をして与え、思惑通りにコトを運ぶということから、為政者が国民を言葉巧みに支配する喩《たと》えに使われています。事の是非・善悪は他にゆずることにして、年金の給付額と保険負担金、イラク派兵か北朝鮮の脅威か、公共投資の拡大を計るのか、緊縮財政の継続か……国会での論争を見ていると、朝三暮四の語は、現在の政治にも充分通ずる語ではないでしょうか。なお、この語で注意することは、サルは愚《おろ》かな者であり被支配者である私達のこととして扱われていますが、「和訓栞《わくんのしおり》」（江戸後期の書）には「猿は〝まさる〟というぞ本名なるべし。獣中にて智の勝れたる義なり」と記される通り、サルの語は、梵語の摩期吒《まかた》→摩斯吒《ました》→勝るマシラ→サル（猿）に変化した語ですから、私達も、ただ愚かで騙《だま》されるだけでないよう、いろいろ知恵を働かせて、与えられた条件を善い方向に持って行くようにしたいものです。ただし大切なことは、「善い方向」とは何か、たとえば国政ならば、国家の利益は守られるのか、国民主権は保護されるのか、といった将来の結果をはっきり見通しておくことだと思います。登山と同じで、登る山とその頂上を判《は》っきり決めておかなければ、道に迷って遭難してしまいます。目的さえきちんとしておけば、たとえ途中で道を間違えたとしても、戻って他の登山道から登り直すことができます。しかし、目的が定まっていなければ、道を間違えたことすら解りません。このことは、個人についても云えることだと思います。人生の目的、それに合せた一年の計、そのための日々の過ごし方……を思いおこしてはみませんか。今、お正月はその丁度よい時期ではないでしょうか。一年の計は元旦にあり、とはどなたもご存知の格言です。

手のつかぬ　月日ゆたかや　初暦《はつごよみ》

昭和期に活躍した女流通俗作家の第一人者だった吉《よし》屋信子《やのぶこ》さんの句ですが、真新しいカレンダーを前に、将来を考え、一年の計に思いを巡《めぐ》らせている姿が目に浮かびます。

そして、人生の目的が定まり、一年の計が立ったなら、その実現のため、諸条件を整え、前向き志向で善い因縁を積み上げ行くよう、少しでも精進いたしましょう。こうすれば、今年のサル年が、これまでのどの年より勝《まさ》った年になることでしょう。

72　世界に一つだけの花

年末大晦日《おおみそか》恒例の人気番組、紅白歌合戦で昨年白組最後の歌を飾ったのは、慎吾ママや中居クン、美男子の代表キムタク等々が集った人気軍団《バンド》ＳＭＡＰの「世界に一つだけの花」でした。若い方々ならほとんど暗記していることでしょうが、槇原敬之作の詞の一節をご紹介しましょう。

ＮＯ・１にならなくてもいい
もともと特別なＯＮＬＹ　ＯＮＥ

花屋の店先に並んだ
いろんな花を見ていた
ひとそれぞれ好みはあるけれど
どれもみんなきれいだね
この中で誰が一番だなんて

争うこともしないで
バケツの中誇らしげに
しゃんと胸を張っている

それなのに僕ら人間は
どうしてこうも比べたがる？
一人一人違うのにその中で
一番になりたがる？

そうさ　僕らは
世界に一つだけの花
一人一人違う種《たね》を持つ
その花を咲かせることだけに
一生懸命になればいい

困ったように笑いながら
ずっと迷ってる人がいる
頑張って咲いた花はどれも
きれいだから仕方ないね

やっと店から出てきた
その人が抱えていた
色とりどりの花束と
うれしそうな横顔

―後略―

春になっていろいろな花が咲きはじめました。この歌の詞のように、花屋の店先にも、選ぶのに困ってしまうように、色とりどりの花々が並ぶようになりました。桃・木瓜《ぼけ》・猫柳《ねこやなぎ》、店頭の一段低い台の上には、クロッカス・三色すみれ・菜の花等々の春の草花を植えた鉢が並んでいます。もちろん、現代のことですから、温室で温度や日照時間を調節して咲せている百合・菊・カスミ草・アイリス……きれいな花々が一杯です。ところで、自然と密着した生活をしていた昔の人々は、さまざまな自然現象に素直に驚き感動し、喜び悲しみ、その感情を詩歌や絵画に表現し、あるいは神話や伝説におきかえてきました。季節ごとに咲く花には、こうしてそれぞれの花にまつわる神話や伝説、花ことばが生まれてきています。花の神話といえばギリシャ神話が有名ですが、紅白でも歌われ、今でも評判の高い歌の題名でもあり、また、お彼岸が過ぎた頃に咲く日本の国花「サクラ」には日本神話があります。

山の神の大山祇命《おおやますみのみこと》と、野の神の草野姫命《くさのひめのみこと》との間に生まれた木花開耶姫命《このはなさくやひめのみこと》は、天照大神《あまてらすおおみかみ》の命によって日本国を統治するため、高天原《たかまがはら》から日向国《ひゅうがのくに》の高千穂峰《たかちほのみね》に降り立った瓊瓊杵命《ににぎのみこと》に嫁ぐまで、花の宮殿の奥深くに住まっていました。ある時、父の命《みこと》のいいつけで、雲を踏み、霞《かすみ》に乗って、紫雲にそびえる富士の山頂に降り下り、種子を撒いて育てました。それからサクラの花が国中に咲き乱れるようになった、というのです。

因みに、花ことばは、純潔・淡白・高尚ですが、木全体を包むように咲く見事な満開の姿、清純な花の色、散る時の潔《いさ》ぎよさ、まさに神業《かみわざ》としか云いようがない美しさに感動して、神話として作られ、それに相応《ふさわ》しい花ことばが付いたのでしょう。

このような感動は、サクラばかりでなく、たとえ路傍に咲く雑草の花を見てもおこるものです。別に花は人を驚かせたり、感動させようとしているわけではなく、時季に応じて無心に精一杯花を咲かせているだけです。この無心さが人の心のあちこちの窓を開け、喜ばせたり悲しませたり、いろいろな種類の感動を心の窓から引き出すのです。誠実に、純粋な気持ちで、一生懸命に生きることの大切さは、人間にも当てはまることです。人間は知能が発達しているばかりに―それはそれで貴いことですが―ついつい他人より良く見せようとして無理したり程度が過ぎたり作為《さくい》が先に立ちがちです。しかし、そのため非難されたり、争いがおきたり、逆効果が生まれることが多いものです。

仏教では、無作為の自由自在の境地の中にこそ真実が存し、自他の区別が消えた真の法悦《ほうえつ》を楽しむことができる、と説きますが、バケツの中で誇らしげに咲いている沢山の花から、どれを選ぼうか迷っているその迷いは、きっと法悦の一種ではないでしょうか。SMAPの「世界に一つだけの花」は、メロディー曲が美しいだけではなく、詞がこれまた心を打つ内容の、仏教に通ずるすぐれた歌ではないでしょうか。

春彼岸、墓参の花には、「世界に一つだけの花」を供えていただきましょう。

73 蓮の花が咲く音

浄土宗のお寺でありながら、極楽にはなくてはならぬ蓮が無いのは一寸おかしくはありませんか、と三浦功大さんにお叱り?を受けて、昨年から始めた蓮の栽培ですが、まずは大成功で、昨夏は見事に三輪ほどの花を楽しむことができました。それなら今年は！と、昨年中に育った蓮根を分けて、八鉢に増しました。その後、気温の高い日が続いたりして天候に恵まれて育ちも良く、現在すでに七ツほど花の蕾《つぼみ》を数えることが出来ます。

ところで、私をそそのかし蓮の栽培に引きずり込んだ三浦功大先生は、栽培についてはもちろん、種類や生態、文学に語られ、絵に描れている蓮のこと、蓮にまつわることなら何でも詳しい、わが国屈指の蓮の権威者で、ご自身が主宰する〝蓮文化研究会〟の会報は云うまでもないこと、テレビや新聞雑誌いろいろな場で蘊蓄《うんちく》の一端を発表されています。その全てを紹介することなどとても出来ないことですが、私達浄土宗で発行している「浄土」（法然上人鑽仰会発行）に連載された記事からいくつかを紹介いたしましょう。

［蓮の誕生］ 蓮は非常に古い被子植物です。いつごろから地球上に現われたかは不明ではあるが、恐竜が栄えていた時代の白亜紀中期（一億四千万年前〜八千万年前）には存在していたことが、蓮の葉の化石がヨーロッパ・シベリア・アラスカなど主に北半球で発見されていることから言える。わが国でも白亜紀後期の蓮の葉の化石が、北海道・福井県・京都府・佐賀県などで発見されている。とくに福井県池田町皿尾で昭和二十七年発見された蓮の化石は、アジア最古の蓮の化石で「トウヨウハス」の和名がついている。

※有名な大賀ハスは、二千年以上前の種子を発芽させたもので、現在では自然交配等で純系の絶滅が心配

される程増殖しています。

［万葉の蓮］万葉集には蓮を詠んだ歌は長歌一首、短歌三首の四首が見えます。

（巻十三）御佩《みはかし》を　剣の池の　蓮葉《はちすば》に　渟《たま》れる水の
行方無み　わがする時に　逢ふべしと　あひたる君
を　な寝そと…

（巻十六）蓮葉はかくこそあるもの意吉麻呂《おきまろ》が　家な
るものは芋《うも》の葉にあらし（以下二首略）

仏教伝来以前の蓮は、まだ宗教色がなくのびのびと詠まれています。

［浄土と蓮］仏教伝来以降日本人の心には、蓮の華は極楽への来迎花になりました。特に、浄土教と蓮の係りは大変深く、浄土三部経の一つ無量寿経に「衆生は蓮花の中に、自然に化生《けしょう》して、跏趺《かふ》して座す」と、阿弥陀経には極楽浄土の様子を「七宝で光輝く蓮池に、五色の大輪の花蓮が、青黄赤白の光を放っている」とあり、人々は来世極楽浄土教の思想を具体化した浄土庭園を創り池に蓮を植えました。

蓮華　この不可思議　たとえ七宝池八功徳水なくと
も小さな泥田に　咲く　美しく咲いている。（一部改
変）

［君子の花］わが国では仏の花として敬遠されることもある蓮は、諸外国では吉祥の花として親しまれてきました。特に中国では蓮を花十友では「浄友」、名花十二客の中では「静客」としてあげています。なかでも宋代の哲学者、周茂叔は「愛蓮説」の中で「予は独り、蓮の淤泥《おでい》より出づるも染まず、中通じ外直く、蔓《つる》せず枝せず、香遠くして益々清く、蓮は花の君子たる者なり」と賛えています。（後略）

この他、まだまだ多数の蓮に関する記事がありますが、割愛《かつあい》させて頂きます。ところで皆さん、蓮は花を開く時ポンという音がすると云われていますが、本当でしょうか。三浦さんに訊《たず》ねてみました。残念ながら応えは「NO」でした。がっかりしている時、仏教詩人の坂村真民の文に「暁のうす明りの中で見事な花を咲かせたとき、一途《いちず》に咲いた花たちが大地に落ちたとき、思わず洩《も》らす〝あゝ〟という声、この溜息《ためいき》とも悲鳴ともいえない音、それを聞きとるのだ」という要旨

のものがあることをしりました。蓮の花が咲く時の音は、心でしか聞けない音なのでした。それほど蓮の花は魅力的なのでしょう。

ご案内の通り今夏の万灯会の法楽は、岡田修師の津軽三味線です。伝統的な古典的民話「津軽三下り」「じょんがら節」「津軽音頭」の外、自作の新曲「彷徨―最上川下れば」「津軽四季彩」を熱奏して下さる予定です。耳で聞こえる太棹《ふとざお》の音に交って、皆様の心ではどんな音が聞えることでしょうか。蓮の花が咲く時の音が、人間の心を清め全身を浄化するように、岡田師の入魂の撥捌《ばちさば》きよって発する妙音も、皆様の全身全霊を浄めてくれることと思います。大いに楽しみです。

夏の盛りとはいえ日差しも少しはやわらぐ夕方のことです。

74 「災」の年に思う

昨年（平成十七年）を振り返ってみると、わが国に限っていえば、自然災害に苦しめられた年だったと思います。北京オリンピックで過去最多のメダルを獲得したり、野球のイチローが八十年振りに世界記録を更新したりという、喜ばしい出来事もありましたが、何といっても観測史上最多の10箇の台風が上陸してもたらした風水害、夏の長期にわたる異常高温と局地的大豪雨、あげくは新潟県中越大地震と、もう好い加減にしてくれと云いたくなるような自然災害が連続してきたのが、年間の印象ではないでしょうか。毎歳年末恒例の漢字能力検定協会が全国公募する一年の世相を表わす漢字に「災」の字が群を抜いた得票で一位に選ばれたのも、納得のいくところです。自然災害が続いた原因については、気象学や地球物理学の専門家ではありませんし、社会学的に探究したわけでもありませんので、科学的説明など充分できませんが、人間の程度を超えた性急な欲求の下で、世界的に行われている森林の大規模伐採や、工業化に伴うオゾン層の破壊と温暖化等が大きな原因になっている、と一声言っても過言ではないものと思います。

さて、災害の原因追求や復興策等についてては、専門家に任せてここでは措《お》くとして、災害状況等を映すテレビを見ると、人間の本性は何なのだろうか、とか或いは、社会の中で人と人とはどのように結び付き合うべきだろうか、といった〝人の本性〟について考えさせられることも多かったような気がします。例えば、土砂崩れで巨大な岩の下に埋ってしまった三才の優貴ちゃんの救出場面を見て、一刻も早く無事救出したい、それにしても自身の危険をも顧《かえり》みず懸命の作業を行っているレスキュー隊の人々も無事でいてほしい、と希わなかった人は一人も居なかったものと思います。或はまた、大きな余震で腰が抜けてしまい往来で坐ったままの老人を、通り掛りの見知らぬ若者が背負って安全な場所まで運ぶ映像を見た人は、誰でも感動しここ

ろ安らいだのではないでしょうか。人は大災害に遭遇《そうぐう》するなど、極限の場に立たされた時は、思わず理屈ぬきでその人の本性に従った行動をとるものですが、決死の作業の隊員に、背中を差し向けた若者に、二人の本性である「善意性《ぜんいのしょう》」を感じることが出来ました。しかし、見方を代えると、これらの映像を見て感動した人、その全員にも善意性が存していている、とも云えると思います。それがあればこそ、善意性と善意性が共鳴し、感動になって表われたからです。良かった！と思ったことが、善意性の存在の証拠です。ところで、チャンネルを回して災害の映像を変えると、親の実の子への虐待《ぎゃくたい》や凶悪犯罪の映像も映しています。やはり人の本性は「悪意性《あくいのしょう》」にあるのでしょうか。しかし、災害を見てこれを悪用し詐欺まがいの悪事を働こうとする者もいることはいるものの極く稀であり、凶悪犯罪者も少数のことです。厳密に仏教的に云えば、人間の本性は「善」でも「悪」でもなく、「無」とでも称すべきかもしれませんが、ここでは簡略化して、大多数の人の本姓は「善意性《ぜんいのしょう》」のものである、と云って差し

支えないことでしょう。ただし重要なことは、本性が善意性と同一のものとして働かすためには、美しいものを見たり、善い人に学んだりして、普段から善意性として作動しやすくしておくことが必要です。この意味で「真の善とは」をはっきり示し、この目標に至る道を教える、いわゆる宗教は、人間にとって必要なものです。

ところで、一年を象徴する漢字を発表する際の恒例の行事に慣《なら》い、京都清水寺の貫主《かんす》上人が墨痕《ぼっこん》あざやかに大きな白紙に「災」と書き、「災い転じて福となす」の喩えどおり、来る年は「福」の年にしたいものです、とコメントされておられましたが、私達も清水寺の由緒に順って「福」を招きたいものです。と云うのは、清水寺と聞くと誰でも、本尊観世音菩薩を祀る本堂奥半分の正堂、その前面に拡がる露天の板敷き部分、清水谷に臨む崖に張り出した、俗に「清水の舞台」と呼んでいる礼堂を思い浮かべることと思いますが、この懸崖《けんがい》造りの舞台は、娑婆世界、つまり人間の社会を表象して建てられているもの、とも云われているからです。この舞台は、何百本という柱が全く釘を用いず、巧みに刻まれた互いの枘《ほぞ》を噛み合わせるだけで、上下左右の柱がしっかり組み合わさって出来ています。しかも崖から大きく張り出しているのです。危ないようでも枘がしっかり組み合っている限りは安泰です。しかし、一本でも柱が折れたりして組合せが崩れたら、舞台は谷底に崩れ落ちてしまいます。人と人とが結びついて出来ている社会も同様で、もし一人でも善意性が欠けて人との結びつきが狂ったら、その社会は崩壊の危機に瀕《ひん》してしまいます。善意性という相は極めて大切なのです。正堂の観音さまが礼堂の舞台の安全を見守っていて下さるように、私達も仏さまやご先祖のお導きとご加護を頂きながら、善意の性を一層大切に育てて行くようにいたしましょう。そして災害の困難から一刻も早く立ち直り、より良い社会に築き直し、本年を「福」の年に転じましょう。

75 ゲーム脳・メール脳の功罪

近頃たまたま、板橋区立ホタル飼育施設に立ち寄ったことが機縁になって、ホタルの飼育と研究では自他ともに認める日本一のホタルの権威者、阿部宣男さんと知り合いになりました。その阿部さんに奨《すす》められて、日本大学教授・脳神経学医学博士・森昭雄著『ＩＴに殺される子どもたち』（講談社）を読みましたが、非常なショックを受けました。是非皆さま、とりわけ現在子育て中の若い親御さんには読んでいただきたいとも思い、とりあえず、主な目次と極く一部要旨を紹介します。

はじめに

二〇〇四年六月一日、長崎県内の小学校六年生が同級生にカッターナイフで殺害された事件は、あまりにも衝撃的で残酷すぎるニュースでした。子供同士の激しいケンカや傷害事件はこれまでにもありましたが、この事件はまことに稀《まれ》なことです。加害児童はチャットやインターネットへの書き込みをひんぱんにしていたそうです。そのことから考えると、ＩＴに長時間かかわることで、人間としてもっとも大切な脳の部位、前頭前野《ぜんとうぜんや》の働きが悪い状態になっていたものと推察されます。

ヒトのからだの中でも、もっとも早く発達したのが脳です。とくに、他の動物の脳と異なるのは、前頭部の前頭葉《ぜんとうよう》の領域が著しく大きくなった点です。前頭葉のもっとも額《ひたい》に近い側は「前頭前野」とよばれており、理性、創造性、ワーキングメモリ（作業記憶）や身体を動かす意志を決定し、順序よく運動命令を出す最高司令塔の役割をもつところです。ここが機能しなくなると、ものごとに対してやる気がなくなったり、集中力が極端になくなったりします。

二一世紀は、私たち人間がＩＴ（情報技術）といかに共存していくかを真剣に考える時代だと思います。利便性を追求するあまり（幼い頃からＩＴ機器に長時間浸《ひた》りすぎると）、結果として脳機能が低下、とくに前頭葉の中の前頭前野が恐ろしいほど機能しなくなってしまいます。それが行動障害までも引き起こしていることを考える必要があります。

第一章　ＩＴ使用の現状を危惧する

コンピューターの光の点滅を見たり、マニュアルを機械的に選ぶ脳の部位と、感覚を通して体験し、学習し創造したりする時の脳の部位とは違うのです。小学生の頃は、体験に基づく記憶を脳にどんどん入れないといけない時期です。その大切な時期に、ボタン一ツの操作ですませていては、前頭前野を活性化し記憶力を高めること等はできません。テレビゲームの熱中による「ゲーム脳」の脳波は、痴呆の方の脳波と酷似しております。ケータイでメールを打っている高校生の「メール脳」も同様の脳波です。

第二章　人間の心は脳にある

（脳の解剖学的各部位の機能についての説明）　省略

第三章　ＩＴの影響をデータで分析

（脳波計等各種機器を用いて、ＩＴを使用している時の脳各部位の科学的分析。キレ易い人の脳の仕組みとの比較等）　省略

第四章　やる気を生む場所

（意志決定等、人間の行動は前頭前野が重要な機能を握っていることの説明）　省略

第五章　ゲーム脳を改善させる

ゲーム脳は改善します。テレビゲームから暫《しば》く遠《とお》避《ざ》かることはもちろんですが、著者は読書・音楽鑑賞・散歩・お手玉などの運動の四つをすすめています。読書の場合、声を出して読む、読み終わったら内容を他人に聞かせたり、感想文を書く。幼児で本を読めないなら、聞かせて話を云わせてみる。しりとり遊びも良いでしょう。こうすることによって、脳に入力したものが、再び出力し、前頭前野がまんべんなく機能し、発達します。（散歩・音楽鑑賞省略）。お手玉遊びは脳の全てを働かさないと出来ない遊びで、もっともおすすめします。

第六章　脳が疲労している現代人
（近代社会はいかにストレスがたまりやすいか、について説明）　省略
第七章　人間らしい脳を育てる
（前頭前野をはじめ、脳の発達には小学校低学年までの期間がとくに重要である、ことの説明）　省略
あとがき

現代社会はＩＴなしでは存在しない。従ってを否定するのではなく、いかにこれを利用し、共存するかを考えるべきであると考えます。

ＩＴ脳が即、犯罪の原因ではありませんが、最近の寝屋川市小学校教諭殺害事件の加害者も、ＩＴ少年であったことも参考になるでしょう。それにしても、当書表紙の折返し部に、ホタルを見ている幼児の一際《ひときわ》活性化した脳の写真が載っているのは印象的です。ホタル博士阿部さんの、ホタルに注ぐ情熱が、一層高まってきたのも当然ということです。

76
和気あいあいとした家庭を……

過日行われた記者会見で、皇太子さまが紹介されたドロシー・ロー・ノルト女史の詩「子は親の鏡」は「子どもが育つ魔法の言葉」の副題通り、子供が立派な社会人に育つため、親が心掛けなければならない生活の知恵を、箇条書きにしたような詩です。先きの会見でも、皇太子さまご夫妻が愛子さまにどう接しておられるかの説明として、引用されていらっしゃいました。僅か二十行の詩ですが、紙面の都合上八行だけご紹介しましょう。

『けなされて育つと、子どもは、人をけなすようになる。
とげとげした家庭で育つと、子どもは、乱暴になる。
親が他人を羨《うらや》んでばかりいると、子どもも人を羨むようになる。
認めてあげれば、子どもは、自分が好きになる。

見つめてあげれば、子どもは、頑張り屋になる。
分かち合うことを教えれば、子どもは思いやりを学ぶ。
子どもに公平であれば、子どもは、正義感のある子に育つ。』

（PHP文庫　石井千春訳）

一見、当り前のことを述べただけのようですが、現実の自分の行動を省《かえり》みながら熟読すると、ハッとしてしまうのではないでしょうか。たとえば、疲れて帰宅し、急いで食事の用意をしている時、子どもが誤ってテーブルのご馳走のお皿を落した場合、どうしてそんなことをしたのか、後始末をどうしよう、子供にケガは無いだろうか……を考えるより前に、バカ！の大声とともにガミガミ叱りつけてはいないでしょうか。思い当った方は、前記の詩行のうち四ケ条位は該当していると思います。

さて、二十行の詩のうち前半では、将来問題を起しやすい子供に育ってしまう可能性を含む親の行動を詠んでいますが、後半では前半の裏返しで、良い子に育つための親の心掛けを詩にしています。しかし、ロー・ノルト女史は、この詩で主張したかったことは、良い子悪い子を超えて、〝全ての人が生きがいのある人生を送れるようになってほしい〟という願いだ、と解説し、それが結論としての最後の詩、

『和気あいあいとした家庭で育てば、子どもは、この世の中はいいところだと思えるようになる』

の行に凝縮させたとしています。

ところで、「42不惜身命ということ」で述べたことですが、江戸末期屈指の名僧良寛さまが、自分の行ないを省みたり、人の話や振る舞いを見たりして、「こんなことはしてはいけない」とか「こういうことは気をつけよう」と感じて語られた「戒語《かいご》」（戒《いまし》めの言葉）を集めたものが伝えられています。良寛の良き理解者であり保護者であった土地の有力者解良栄重《けらよししげ》の「良寛禅師奇話」や、良寛さまに心底から私淑した貞心尼《ていしんに》の「蓮の露《はちすつゆ》」等に収められているものですが、約八十語程あります。この戒語には、先きに記したロー・ノルト女史の詩と共通したものが随分あります。例えば

ことばの多き、はやきこと。かしましくものいふ。
（自分の都合だけでガミガミ云う）
ことぐる。へらずぐちひょうりぐち。（くどくど同じことを繰返したり、云うことと実際の行動は違う）
いささかなることを言ひたてる。ことごとしくものいふ。（小さなことを大げさに云ったり、大声出して騒ぎたてる）
こどもをたらかす。こどもにちえをつける。（子供で何も知るまいと侮《あなど》って、間違ったことを教えたり、逆に悪知恵をつける）
上のうはさ、下べのさた。（蔭《かげ》で上司の悪口を云ったり、部下をけなしたりする）
まだまだありますが略します。このような事に心と気を配られたからこそ、良寛さま独特の穏和な人格が生まれたのでしょう。解良栄重は「師良寛がわが家に泊って日を重ねる。すると家中が和やかに睦み合って、家の中は和気あいあいの気分に満たされる」と、奇話に記しています。

さて、今夏の万灯会法楽は弦楽二重奏です。ヴァイオリンの野村弘《ひろむ》さんは中学時代に入賞したのを皮切りに、様々なコンクールで入賞した有能な演奏家で、江藤俊哉氏とも共演する等、数々の室内管弦楽団の首席奏者を勤められています。チェロの小高菁子《せいこ》さんも、大学在学中から求められて演奏活動を始められた才人で、三枝成彰氏と共演する等、国の内外で幅広い活躍をされています。お二人とも後進者の指導にも熱心で幾多の逸材を育てられています。きっとロー・ノルト女史の詩や、良寛の戒語にも適う育て方をされているのでしょう。当日は、円舞曲なのか、管弦楽組曲からなのか、日本の曲はあるのか、一切演奏曲目はお二人にお任せしているので、現在では未だ判りませんが、心が安まり和む演奏をして下さることだけは、間違いありません。多数ご参加下さり、ご先祖様の霊とも楽しい夏の一刻を過ごされ、和気あいあいとしたご家庭を築かれて下さい。

77 すべての人の心に花を

善「住職ン家《チ》の犬が死んだ、と聞いたのでいつものメンバーでお悔みに来ました」
良「どうもご愁傷さまです、住職」
住「久し振りにきたので何かと思ったら、ご丁寧な挨拶に痛み入ります。何しろ生まれて二ヶ月位の子犬の頃から、十八年間一緒だったから……。人間の年令に換算すれば、九十か百才に当るだろう。一ヶ月位前から食が細くなり、いろいろ手は尽《つ》くしたが、老齢に加え、不治の病もあって、とうとう……。淋しいかぎりです」
良「でも、もう一頭いるから、いいじゃないですか——」
住「それはそれ！人でも動物でも日頃身近にいたものと死に別れるということは悲しいものです。良さんなんか、この前使い古したサイフを失した時、見るも無惨に悲しんでいたじゃないか」（笑）
民「動物、とりわけ犬は心を慰《なぐさ》め、人を和《やわ》らげてくれますからね。知人のムスメさんが特別養護老人ホームに勤めていますが、そこには月に何回かボランティアの人が犬をつれて来てくれるそうです。お年寄りは慰められるばかりか、脳の活性化にも役立つそうですよ」
善「仕事がら住宅街に行くことが多いけど、ほとんどの家で犬を飼うようになったね。飼い犬ブームって云うんだろう。良、お前もそう感じないか」
住「イライラして相手は誰でもよかった、と云って通りがかりの人を刺したり、女性や子供といった弱い者に突然殴《なぐ》りかかったり、という犯罪の多発から察せられるように、世の中が何となくギスギスし、人の心もトゲトゲしているので、無意識のうちに心が癒《いや》されるものを求めているのでしょうね」
民「二号前の「寺だより」（340頁）にゲーム脳・メール脳の弊害のことが載っていたので、『ITに殺される子どもたち』を読んでみましたが、パソコンや携帯電話の発達は一面では害も多いのですね。学問の無い自分なんかには理論的な説明はできませんが、情報技術ＩＴの急激な進歩によって、あふれるほどの情報が、次から次へと押し寄せてくると、脳がパニックをおこし思考力を失って、勝手にしろ、どうにでもなれ！と投げやりな気分になり、その上、世間に遅れてとり残されてしまうのではないか、という一種の恐怖感にもかられ、結局は目先きの一番単純なことに反応してしまいがちになります。この焦《しょう》慮《りょ》感から、人間社会とは無関係な振舞いをする犬の行動の中に、一層強い魅力を感じ、心が癒され、ペットブームになっているのでしょう」

住「今日はすっかり民さんにお説教されました。ところで、民さんの云う〝単純化された行動〟と一脈通じますが、近頃の世間の傾向として、社会全ての面で二極化が進んでいるような気がします。政治上でも民営化は是か非かだけが問われて他の問題は二の次、経済上でも貧富の差は拡大し、社会上でも勝ち組と負け組に仕分けられ……、天気まで土砂降りか、ダムが干上がるほどの少雨か？——。中間で右往左往している者として、少々僻《ひが》みたくなる風潮があるのではないでしょうか。ＩＴでもアナログからデジタルへ変化の時代です。中間も大切にされ、犬に頼り心を癒してもらう社会は、代えたいものですね」

善「そう云えば、夏川りみの「花（すべての人の心に花を）』は、癒し系の歌だ」

良「癒しだけでなく、希望も与えてくれるよ。

川は流れて　どこどこ行くの
人も流れて　どこどこ行くの
そんな流れが付く頃には
花として花として　咲かせてあげたい
泣きなさい　笑いなさい
いつの日か　いつの日か　花を咲かそうよ

（中略）

花は花として　笑いもできる
人は人として　涙も流す
それが自然の　唄なのさ
心の中に　心の中に　花を咲かそうよ

（後略）」

民「話は跳びますが、選挙で惨敗した諸政党の方々も〝いつの日か　いつの日か　花を咲かそうよ〟と心を落着かせ、政権交代が可能な体制を早く整えてほしいものです。中間の小政党が上手にバランスをとりながら、二大政党が切磋琢磨し合うのが理想のように、自分には思えます」

住「民さんから政治理論まで教わりました。ついでに「寺だより135号」（「66法然上人の心を世界へ」）で記したことですが、五年前の浄土宗二十一世紀劈頭《へきとう》宣言の「愚者の自覚を、家庭にみ仏の光を、社会に慈しみを、世界に共生《ともいき》を」とある〝共生《ともいき》〟とは、意見を異にするものを問答無用式に封圧するのではなく、より高い次元の中に包み込むことでしょう。政権を担うことになった方々も、驕《おご》ることなく、共生の心を失わないでほしいものです。さて、秋彼岸、愛犬をつれて、きれいな花を供えてご先祖さまのお墓にお詣りし、心の言葉で共に生きた日々のことなどを語り合えば、心は大いに癒されることでしょう」

78　お閻魔さまの警告

お正月を迎え、暦の月日を数えながら、四月までにこれをして、八月お盆休みにはあそこへ旅行……と今年の計を練っておられる方も多いことでしょう。ところで、十二ヶ月一年を読み込んだ次の句があります。

西向く士《さむらい》　生き盡きて
　いざ　ご七夜の十王経
（二・四・六・九・十一　小の月）
（一・三・五・七・八・十・十二　大の月）

昨年は、皇室のお目出度のような明るい話題もありましたが、性再犯者の幼女殺害、偽装書類を利用した違法建築、相変らずの政官民癒着の談合等々と、社会に大きな不安と相互不信感をもたらした、法律を巧みに利用した暗い事件が相継いだような気がします。日本人から倫理観や宗教心がすっかり薄れてしまったようで心配です。耳障りの良い標語を振りかざして刺客を放つという選挙も、明るい感じはしなかったのではないでしょうか。これら全ての出来事は、理屈はともかく自己満足と利己主義放任の結果といえましょう。

　さて、前記の句にある「十王経」とは、お閻魔さまに関するお経です。悪いことをしたら、死後おエンマさまのお裁《さば》きで、地獄に落とされますよ、とは昔は云われもしました。ついては、一休禅師の「正月や冥途《めいど》の旅の一里塚、目出度くもあり目出度くもなし」の教句に免じていただき、十王経記載の冥士の旅を少しだけ見てみましょう。

　一般論ですが、死ぬと直ちに地獄か極楽に行く人は、極悪人か限《かぎ》られた全くの善人かだけです。ほとんどの人は冥途の道を歩くことになります。先ず七日目に行き着く所は、秦広王《しんこうおう》が構える宮殿です。この宮殿の法廷で最初の審判を受けなければなりません。ところで秦広王とは多勢いる閻魔さまの同類の一人で、七日日毎の審判は担当の王が異ります。紙面の制限上以後王名は略しますが、初七日の秦広王は主に「死者が生前殺生をしたかどうか」について調べます。仏教では、誰れもが守らなければならない戒しめとして、五つのものを定めています。㈠不殺生《さっしょう》戒（生きものを殺さない）㈡不盗偸《とうちゅう》戒（盗まない）㈢不邪淫《じゃいん》戒（邪《よこしま》な異性関係を行はない）㈣不妄語《もうご》戒（ウソをついたり騙《だま》したりしない）㈤不飲酒《おんじゅ》戒（酒を慎《つつ》しむ）の五戒ですが、前四戒を性戒《しょうかい》（本質的な悪）とし、お酒は度《ど》を超《こ》すと過《あやま》ちを犯し易くなるだけですから遮戒《しゃかい》（間接的な悪）として区別しています。初七日は不殺生戒の審判です。しかし、厳しく問われてみれば誰れでも釣りをしますし、殺虫剤も撒《ま》きます。でも、人殺しとは違います。そこで執行猶予付きで次の審判に送り出されます。なお、この世の裁判で弁護士が付くように、冥途の審判でも弁護役が決められています。初七日は「お不動さま」です。一時保釈で送り出された死者は、三途《さんず》の川を渡って二七《ふたぬ》日《か》目に、不盗偸戒についての審判を受けることになります。弁護役は釈迦如来です。事情が斟《しん》酌《しゃく》されると、送り出されて、不邪淫戒についての三七《みなぬ》日《か》の審判があり、文殊《もんじゅ》菩薩《ぼさつ》の弁護もあると、次に送られ普賢《ふげん》菩薩の弁護を受けながら四七日《しひちにち》の不妄語戒につき問われます。こうして三十五日目にいよいよ閻魔大王の登場です。地蔵菩薩の弁護を参考に、大王は不飲酒戒を考慮しながら、これまでに調べ上げられた性戒侵犯を総合判断します。判決困難な者については次の六七日目の審判送りです。重要なことは、これ以降は死者の生前の善行につき主に調べられることです。調査済みの悪行と善行が天秤《てんびん》に掛けられ判定されるのです。弥勒《みろく》菩薩の弁護の甲斐もあると四十九日の最終審です。この審判では全ての善悪行が、薬師如来の意見を参考に再審査され、一応判決が出され死者の行き先が決ります。しかし、全ての者を救うという慈悲を基本とする仏教では、これ以降も控訴審があります。これが百ヶ日忌（観音菩薩）・一周忌（勢至菩薩）・三回忌（阿弥陀如来）……と続く年回忌です。年回忌の控訴審では、遺族達の「追善供養」の善行が何より重視されます。しかし考えてみればこの善行は、勤めた者が死んだ時、その人の善行として役立つものです。死者に向けたものが、自分に回ってくるので追善回向とも云うのです。以上が諸経に断片的に説かれている冥土の姿を、総合して記述している十王経の概略です。なお、閻魔さまなど素通りして、直ぐに極楽に行きたいと願うなら、生前から阿弥陀さまによくお願いしておくことです。それが南無阿弥陀仏の念仏に外なりません。

　さて、科学が進歩し合理主義万能の下で、実際に触れることが出来、日に見えないものなど納得しない風潮の今日、お閻魔さまの話しなど無視される方も多いことと思います。しかし、アスベストが空中を漂い、テロの銃口がねらいをつけ、エイズが密かに拡大している目に見えない不安な社会、先述したような法律お構い無しの世相……と、地獄の様相とはどのような差違があるのでしょうか。合理主義者なら現代社会をどのようにして改善するのでしょうか。問題点ばかり目に付くようになった現在の世相は、人々の将来を心配したお閻魔さまが、警告のため見せてくれている地獄の様相の一部ではないでしょうか。

79　アミダサマのご功徳

梅と桜の開花日の差が一ヶ月、その間に桃も開花するという異常気象の今冬は、平成十八年豪雪と命名されたほどの記録的な大雪でした。この大雪でいろいろな事故等が起きたことはご承知の通りですが、私も一月中頃に所用で出掛けた東北地方からの帰途、猛吹雪のため除雪が間に合わず、ある雪国の小駅で列車が立ち往生するという難儀を経験しました。はじめの一、二時間は降雪を見たりの余裕もありましたが、持参の本を読み切った三、四時間も経つと、少々不安になり平静さも失われ勝ちになるのを感じました。そのような折、吹雪以外の全ての音が吸収され妙に淋しく静まり返った駅舎の方から、野太い男の声が聞えてきました。窓のくもりを拭いて見てみると、身形《みなり》もきちんとした中年の男性が、しきりに頭を下げている駅員に向って、何かしきりに叱りつけている場面が見えました。離れてもいましたし詳細は分りませんが、おそらく長時間待たされて苛立った乗客の一人が、些細なことで鬱憤《うっぷん》をぶつけているという雰囲気に見えました。ぼんやりそんな光景を見ているうちに、フッと自分も何かして心を落着かせようと思いました。そこで思いついたのが〝ことば遊び〟――、僧侶の身ですしアミダサマの五文字を頭文字に用いて仏さまの心に適った短歌?、語呂合《ごろあわ》せ道歌?を作ろう、と考えました。先ず出来上がったのが前記の光景をヒントにした一作です。

「普段の心掛け」

ア　アラを見ず

ミ　見得や見かけに

ダ　ダマされず

サ　騒ぎ周章《あわ》てず

マ　丸き心で

心も落ち着いてきて車内を見渡したところ、数席前方の子供づれの若夫婦が目に入りました。思い出してみると、あの子供さんもはじめはハシャいでいたもののやがて退屈して、ダダをこねたりして両親を困らせていました。車内のこと故、親は大声で叱ることもできず、お菓子をあげたり、シリ取り遊びをしたり、時には車外に連れ出して雪ダルマを作ったり、小声で歌を唄ったり……。しかし、今改めて見てみると、お父さんのオーバーを横にして三人の膝《ひざ》の上に掛け、仲良く肩を寄せ合って眠っているではありませんか。この親子の睦《むつま》じい姿を見て次の句が出来ました。

「子育て」

ア　あたたかく
ミ　見守りましょう
ダ　ダメとせず
サ　些細《ささい》なことも
マ　まずほめてから

先に紹介したドロシー・ロー・ノルト女史の詩「子供が育つ魔法の言葉」がヒントになりました。二句作って少々疲れましたので、車外に出て自動販売機で茶色の小ビンに入った疲労回復飲料水を買って飲みました。成分表には二十種類もの医薬品名が記されています。おかげでファイト一発、次の句が出来ました。

「健康」

ア　アリナミン
ミ　ミネラル摂《と》るも
ダ　大事なれ
サ　爽《さわ》やか心ぞ
マ　勝《ま》さる健康

すっかり余裕《よゆう》も生まれ、先き程いっしょに買った緑茶の清涼飲料水を飲みました。その緑茶のペットボトルを何気なく見てみると、ラベルには原材料名等の外に、宣伝のため募集し、応募入賞した小学生の俳句が印刷されていました。このお茶の俳句に〝おーいお年寄り〟と呼びかけられ、一句考えつきました。

「ボケ防止」

ア　歩くこと
ミ　見たこと書きとめ
ダ　ダンス良し
サ　様態《さま》よき姿勢
マ　負けるな老化

いろいろ頭を捻《ひね》っているうちに時間は苦もなく過ぎ

て、やがて運転再開を告げるうれしいアナウンスが流れました。列車は静かに動き出し、雪山の間を走り続けました。終着駅で東北新幹線に乗り継ぎましたが、さすが新幹線は快調に西の方角東京に向って順調です。ことば遊びの上とはいえ、アミダサマのお蔭で苛《いら》つくこともなく過せた地方列車の長時間、西に向う新幹線の快適な時間、アミダサマのご功徳をしみじみと思い感じた帰京の車中でした。そして一首

「アミダサマのご功徳」

ア　あな貴《と》うと
ミ　弥陀のお慈悲に
ダ　抱《だ》きとられ
サ　西方浄土に
マ　まいる幸せ

東京に帰り着いたのは、予定より半日遅れのことではありました。

お念仏を称えれば、いつでもいろいろなご功徳をいただくことが出来ます。

80

先ずは音楽をどうぞ

私達日本人に一番好まれ親しまれている作曲家は、ベートーヴェンやバッハ等でなく圧倒的にモーツァルトだそうですが、今年は生誕二五〇年にあたります。そこで方々で記念音楽会が行われたり、催し物が開かれたりしています。本屋に行っても専門コーナーを設けてモーツァルト関係の本が多数置かれています。こうした関係の本のほとんどは伝記であったり音楽学的専門書の類いですが、一見モーツァルトとは関係ありそうもないような内容を表題にした本も目につきます。例えば『科学分析にもとづく、モーツァルト音のサプリ』（なかにし礼モーツァルト・コレクションよりアーティストハウス編）とか『脳と心に効く母と子のためのモーツァルト』（和合治久著）といった本が同じコーナーに積まれています。こころみに手に取って、宣伝のため表紙に巻かれている帯の文を読んでみると「副作用

いっさいゼロ。高血圧、ストレス、アレルギー、頭痛、不眠症に効果的！免疫力がアップし、生体機能を正常に整える万能サプリです。」であったり「お母さんのイライラ解消！子どもの集中力アップ！」であり、まるで啓蒙的な医学書の感じです。昔から、体験的に音楽が心を和《なご》ませ気を静めることは知ってはいましたが、そのことを音響学的に、あるいは音の組合せや曲の構成を科学的に分析して、他の作曲家には無いモーツァルトの特色を証明しようという試みの本です。とても詳述は出来ませんが、中核的な一部を要約して紹介いたしましょう。人体は頭のテッペンから足のツマ先きまで、各部位で良く感応する音の周波数（一秒間に繰り返される音波の数のことでヘルツという単位で表す）が異なる。一般的に脳幹（生命活動を司どる主要的器官）を中心とした頭脳の部位は、人の耳には音として聞こえない高周波を含めた四〇〇〇ヘルツ以上の音に感応し、首のあたり頸椎《けいつい》は二～三〇〇〇ヘルツの比較的高い周波音に敏感であり、胸から腹にかけては中周波に勝れて反応し、腰から下部は低周波に感応しやすいことが実証された。従って、認知症や不眠症等神経系の疾病《しっぺい》には四〇〇〇ヘルツ位の高周波音を聞かせると効果が得やすく、糖尿病や高血圧等生活習慣病に良い影響を与えるとされるのは一〇〇〇～三〇〇〇ヘルツの高めの周波数の音、胃腸や肝臓等内臓の病気には低中周波の音によって改善が期待できるとされるのです。つまり、さまざまな周波数の音で構成されている音楽は、音が与える身体各部への刺激を受けて交感神経か副交感神経が働きそれを通して治療にも役立つとされるのです。これらの事実をふまえて著者和合治久氏は、全ての曲は複数の音で構成されているわけですが、この組合せで倍音《ばいおん》（複数の音が響き合うことで生まれる高いオクターブの音）の質が変わってきます。モーツァルトが注目されている理由は、他の作曲家の曲に比べて音の組み合わせが良く、倍音がより豊かに響いているためです、と記しています。過日のNHKの人気番組「ためしてガッテン」で、モーツァルトの曲の人気の秘密は、他者より主要三和音を豊富にしかも巧みに使用しているため、自然界の和音、葉擦《はず》れや波の音が持つ心地良さと同じ効果がより多いからである、と結論していましたが、和合氏の主張と同じことでしょう。紹介したモーツァルト療法のキー・ポイントもここにあったのです。

ところで、今夏の万灯会法楽は「サクソフォンを楽しもう」を合言葉に、向井浩二さんのキーボード伴奏で、関根裕子さんのサクソフォン（サックス）演奏です。関根さんは六才でピアノを習い始め、サクソフォンは十一才からだそうですが、武蔵野高校、武蔵野音楽大学を通してクラッシックを学び、本格的にポップス・フュージョンのサックスを始め、現在のスタイルになったのは卒業後のことだそうです。パックダンサーと一緒に踊りながら吹いたり、歌いながら演奏したりと、新しいスタイルの演奏振りは魅力たっぷりです。各地でライブを催していることはもちろんですが、定期的に福祉施設を訪問演奏したり、多方面で活躍されておられます。この度はお檀家の中島様のご紹介で出演して下さることになりました。伴奏を勤めて下さる向井浩二さんは多才な音楽家です。四才から始められたピアノの技能については云うまでもないことですが、武蔵野音楽大学では声楽科を卒業されたというシンガーとしても秀逸、新人アーティストに楽曲を提供するなど作曲家としても著名な才能豊かな方です。当日の演目については未だお知らせ頂いておりませんが、モーツァルトの曲にも劣らない医療効果もある合奏をして下さるものと確信しております。本来サクソフォンはクラリネットを改良して、クラリネット以上に力強く変幻自在な音が出せることを目標に造られた楽器だそうです。名演奏によって、可能な限りの周波数の音が私達を慰めてくれるものと思います。いや、理屈はどうでもいいことです。音楽は音を心から楽しめば良いことです。

81 千の風になって

数奇な体験が歌唱力を微妙に深めることになった、

テノール歌手秋川雅史さんの歌う「千の風になって」が、今もテレビから流れてきています。涙ぐむ方も多いことでしょう。

私のお墓の前で　泣かないでください
そこに私はいません　眠ってなんかいません
千の風に　千の風になって
あの大きな空を　吹きわたっています
秋には光になって　畑にふりそそぐ
冬はダイアのように　きらめく雪になる
朝は鳥になって　あなたを目覚めさせる
夜は星になって　あなたを見守る
私のお墓の前で　泣かないでください
そこに私はいません　死んでなんかいません
千の風になって　千の風になって
あの大きな空を　吹きわたっています
千の風に　千の風になって
あの大きな空を　吹きわたっています
あの大きな空を　吹きわたっています

二〇〇一年九月十一日に起きたニューヨークのテロ事件の追悼集会で朗読されたり、この詩はかなり以前から、死を悲しむ遺族の心をなぐさめる詩として知られてはいました。ところが、日本語訳に曲がつけられ、昨年末の「紅白」で歌われてから、一気に日本中に知られるようになったことはご承知の通りです。作者不明の英語詩を日本語に訳した新井満氏は、原作者の心を推測して『〝いのち〟の有り様は文字通り千差万別で、この地球上には無数のいのちが共存している。人間もその中のワン・オブ・ゼムにすぎない。人間としての役割を終えたあと、まずは風になり大空を吹きわたる。次に雪や光や雨になり、鳥や星に姿を変えてさらにさらに生きつづける。即ち、この地球上で太古の昔からえいえいと営まれてきた〝いのちの大きな循環〟の中にくみこまれる、というわけだ。「私はたしかに死にました。けれど、人間以外のいのちに生まれ変って今もしっかり生きているんです。だから心配しないでください。私のお墓の前でそんなに嘆き悲しまないで下さい…」作者はそういう詩を書いたのだ。（これは単なるアニミズムの考えを超えて）地球上に共存する生きとし生ける全てのいのちに対して、この作者は「良し！」と叫ぶのだ。絶対的に肯定するのだ』と解しておられますが、〝いのち〟に対するこのような仏教的価値観に、多勢の方が共鳴するから大人気になったのだと思います。

ところで、昨年十二月九十八才の天寿を全うして亡くなった仏教詩人の坂村真民さんに次のような「風」に因む詩があります。

一度通っていったら　二度と帰ってこない
風　風は宇宙の声
冷たい風　暖かい風
人間を人間たらしめる
風の鞭　風の愛
風は
かなしい者の友　さびしい者の味方
人は幸せになると
風の声が　きこえなくなる
そしてそれを
不思議とも　思わなくなる
（中略）
かすかに吹いてゆく風にも
こまやかな愛がこもっているのを
どんな小さな花たちでも
ちゃんと知っている
この呼応の美しさを
わたしは華厳《けごん》とよぶ
　　註　華厳——仏さまの世界

千の風にまで昇華した死者のいのちから人々を、人々から風のいのちをと、見方の違い、表現の違いはありますが、両詩には共通したものがあるのではないでしょうか。仏教では「若人欲了知《にゃくにんよくりょうち》　三世《さんぜ》一切仏《いっさいぶつ》　応観法界性《おうかんほっかいしょう》　一切唯心造《いっさいゆいしんぞう》（萬物すべてが持っている貴いいのちは、心のはたらきが造るものである）」ことを説きますが、風・雪・花…に〝いのち〟を感ずる時、その風雪花は極楽世界のものであり、それを感じた人は極楽往生への道を一歩踏み出した人、すなわち、より高次の心へ生まれ変った人と云えるでしょう。極楽往生とは肉体的生死を問わぬこういう心身の更生をいうものと考えます。そうして、このために必要なことが、いのち＝仏さまはどこにでもいらっしゃると確信することです。これが仏への帰依、南無阿弥陀仏ということです。

一本の木を見つめていると
神とか仏とかいうものが
よくわかってくる
見えないところで
その幹を　その葉を　その花を　その実を
創っていってくれる
根の働きは　見えないところで
私たちを養って下さっている
神とひとしく　仏と同じである
見えないものを見る目を持とう
見ないものを知る心を持とう

82　梵音楽生《ぼんのんがくしょう》

三十年位前から、当院浄土庭苑の北西隅、四阿《あづまや》左脇の植込みに「水琴窟《すいきんくつ》」が作られて、幽《かす》かな響きを奏《かな》でていたことを、ご承知の方も多いことと思います。もっとも、数年前に杉並地区では死者まで出し大きな被害をもたらした想定外の驚異的集中豪雨があった時、小石川のこのような高台でも、凹んだ所では排水が間に合わず一面浅い池のような水溜りが出来てしまい、水琴窟の中にも土砂が流れ込み、それ以降すっかり音も小さく悪くなってしまったので、関心も失われてしまったのも事実です。ところが一ヶ月程前、文京アカデミア（旧区民大学）の関係者が来寺され、この秋開講予定の講座に「江戸の粋・水琴窟の音色を聴く—五感を磨く④聴覚」と題し、水琴窟を採り上げたいが、その折りに是非真珠院の水琴窟を見学し、実際の音を聞いてみたいとの申し出がありました。

水琴窟とは、縁側《えんがわ》角の手水鉢《ちょうずばち》や、植込みの蹲踞《つくばい》の排水方法を工夫し、手水の水滴音や蹲踞の排水音を、琴の音色のような心地良い幻想的な音になるよう変えさせる庭園装置の一つです。手水鉢や蹲踞の近くの地中に、空の甕《かめ》を伏せて埋め、甕底にあけた小さな穴から排水を少量落し込み、その水滴が落下点に置いた水を満した平皿に当って砕《くだ》けるその音を、甕の壁に反響させて拡大し、穴から洩《も》れてくる音を楽しむ構造になっています。「僧都《そうず》（ししおどし）」と同じように、排水音まで無駄にしないで利用しようと考える、日本人独得の繊細な神経が生み出した庭園装置です。水琴窟の正確な考案者は判っていませんが、ワビ・サビに代表される日本独自の文化が栄えた桃山時代、小堀遠州《こぼりえんしゅう》が創案したとも伝えられ、初期の頃は「洞水門」とか「伏甕水門」と呼ばれていましたが、いつの頃からか「水琴窟《すいきんくつ》」と優雅な名に代っています。その後いろいろ改良工夫され、粋《いき》が特色の江戸時代には、上級武士や豪商の邸宅などの庭に作られたことが現在の調査で解っています。ところが明治以降、西洋文化の勢いに流され、水琴窟の名はすっかり忘れ去られてしまっていましたが、昭和五十八年七月二十八日付朝日新聞「天声人語」欄に、編集委員辰濃和男《たつのかずお》氏の「水を注ぐ。間があって、ぽぽぽん、ぽん、ぽぽんと静かな音が地中からかすかに聴えてくる。こんこん、とくぐもった金属音にもなる。鍾乳洞で水のしたたる音を聴くような、涼気がある。まことに悠長な話だが、ぽぽんのあとの余韻がいい。余韻・余情・余香・余哀。昨今は「余」という文字をもつことばが余計者扱いにされ、肩身を狭くしている時代だけに、この清音がなつかしく聴えた」の記事が出た後、大反響がおきることになったのです。当院では丁度その頃、庭の大改造を心掛け、二十五菩薩奉安の現在の真珠浄土庭苑を作庭した時でしたので、早速庭師に依頼し古い作図をもとに設置したのが、先述の水琴窟です。現在では、ＮＰＯ法人日本水琴窟フォーラムが結成され、全国各地の調査復元、あるいは指導によって新規の水琴窟が製られたりしています。当院でも文京アカデミアの申し出もあり、今夏の復元工事を計画し常滑焼《とこなめやき》水琴窟甕を用意したり、フォーラムの方とも連絡をとり準備を整えております。秋彼岸会の頃には、新しい水琴窟から響き出る妙音が、参詣の皆様の心にしみ入り、魂を捉えるものと考えます。

ところで「華厳経《けごんきょう》」という経典に、「如来妙音深満足　衆生随類悉得解　一切皆謂同其語　梵音普至最無上（釈迦如来の貴いお言葉は、奥深くしかも全てのことを云いつくしており、聞く者はそれぞれの分に応じて、ことごとく理解し心に納まる。従って全ての人はお言葉通りになる。まことに如来のお言葉は、至らないところはないほど、この上もなく貴い）」という一節があり、ここから「梵音楽生（仏さまの声を聞く者は、全て苦をのがれ楽を生じる）」の仏教熟語が作られ、さらにそこから、音のもつ不可思議効能を象徴して、ミュージックの訳語として「音楽」の語が使われるようになったのです。

ある方の要望によって、今夏の法楽ではマンドリン演奏を楽しんでいただきますが、バラライカ（露）・ウクレレ（米）、琵琶《びわ》や三味線、インドのシタール等多くの弾奏楽器の仲間があります。古来から文学的にも音楽は〝愛〟とともに語られることが多いものですが、インドの神話には、シヴァ神が弁才天の寝姿に魅入り、軽くリズミカルな寝息を音に、豊かな胸のふくらみを形にした楽器を造形し、マンドリンの原形の楽器（弁才天の持ち物）を考案したと伝えていますが、もの好きの統計によると、中近世ヨーロッパ絵画（泰《たい》西《せい》名画）で画かれている楽器のうちでは、マンドリンが一番多いそうです。そのくらいマンドリンは身近かな楽器で、しかも心に受け入れられやすい魅力的な音のでるものなのでしょう。そういえば、音の大小はあるものの、水琴窟の奏でる音と、マンドリンの音と似ているのではないでしょうか。少くとも心に安らぎを与え、苦しみを楽に代えてくれるところでは共通です。

83

猛暑の夏の出来事

善「たいへんだ、大変だ、住職。安倍総理が首相を辞めたんだってー！」

住「びっくりしながら、テレビを見ているところです。まあ、皆さんお上がりなさい。」

民「それにしても、突然の辞任には驚きましたね。時期から云っても、無責任の誹《そし》りは免《まぬ》がれないでしょう」

良「プッツン、切れたんだ。この前見たテレビ番組『クローズアップ現代』で、分別のある30代から50代の大人がキレる実態について放映していたけれど、総理大臣みたいな偉い人でもキレるんですかねェー」

住「良さんが真面目な番組を見ているのを知って安心したよ。ＩＴ機器の発達によって、前頭前野の脳機能が低下し、キレやすいゲーム脳・メール脳になる危険について述べましたが、ＩＴ機器の発達普及は、他面では人間関係を希薄なものにし、それが人間不信をもたらし、やがて関心が自分の中にだけ閉じ込められるようになり、一種の〝うつ〟に陥《おちい》る。こうした状態の時、何かを切っ掛けに一気に暴発してキレる―という内容でしたね。首相がそうだとは云いませんが、一般論として、補佐官などが何人いても、最後は国家の全責任を一人で背負わなければならない孤独な首相が、参院選の敗北、年金問題、テロ特措法、閣僚の不正金等々、思い通りにならない大問題が次々と起きて来ては、良さん達のキレかたとは違うにしても、体調不良が契機になって、緊張感が一気に失《う》せることもあるのでしょうね」

民「朝青龍がうつ病寸前になってキレたのと、共通するものでもあるのでしょうか。それに、今年は異常な猛暑で、このワタシも体調をくずしたくらいです」

善「夜の暑いのには本当に参るね、眠れないのは。そういえば住職。地球温暖化で、そのうち白熊が絶滅してしまう、というのは本当ですか。オレも早いとこ北海道の旭山動物園に白熊を見に行かなくっちゃ」

良「コイツ、また遊ぶこと考えている。善がキレると大変だから、ストレス解消に遊びに行くのも良いか」

住「最近話題になっている本に、テレビコメンテーターの末吉竹二郎先生の『有害連鎖』があります。石油燃料の大量使用が主原因となっている地球温暖化がもたらしたさまざまな異常現象、その異常現象がさらに二次的異常現象を引き起す、そういう有害事象の連鎖反応をまとめたものです。例えば今夏も経験したことですが、雨が降れば集中豪雨で洪水と山崩れ、農作物の被害は当り前になってしまっています。先生の本から引けば、気温が上り海水温度が上昇すれば水蒸気による上昇気流のエネルギーが大きくなって台風は強大化し、雨量は増大し、耐風強度90メートル設計の東京タワーすら耐えられなくなるような強風が吹く。洪水、家屋の被害は云うまでもないことですが、思わぬところでは損害保険が危くなる。実際十年前アメリカを襲った大ハリケーンの時、保険金の支払いに行詰まった保険会社が十五社倒産し、それ以降、台風被害の補償を無くしたり、保険料を高くした。すると家の新築で借りるローンの条件が厳しくなる。これが不況の原因にもなりかねない……という連鎖です。氷山がとけて白熊が生活できなくなる、という話もですが、この他、ぞっとするような連鎖がいくつも書かれています」

民「風が吹けば桶屋が儲かる、ではないけど、世の中のことはすべて関連しているわけだから、一つが急激に大きく変れば、他に影響することは当り前でしょうね。住職がよく〝現在の有りようは、過去の因縁、今の因縁、後世への因縁〟と云う事ですね」

良「民兄貴の話しはだんだん住職に似てくる。年齢《とし》のせいですね。年寄りは熱中症になるといけないから、お茶でも飲みなさいよ」（ドッコイショと云いながら、冷茶ポットを持ち上げて、お茶を配る）

住「今、良さんがドッコイショと云ったけれど、ドッコイショとは本来は仏教語です。霊山に登ったり、滝に打たれたりして身を静める時〝六根清浄〟と唱えますが、六根とは眼・耳・鼻・舌・身（触覚）の五感・五根に、五感が得たものに、好き嫌いだとか善悪だとか、いろいろな価値判断をする意根《こころ》を加えたものを云うのです。昔の人は、何か事を始める時、欲を断った清らかな六根でなければその事は成就しないと考え、まず六根清浄を祈願したのです。今、世間では構造改革とか市場原理主義とかが幅をきかせていますが、所詮それは六根を汚す人の欲をかきたてる儲け是認の利己主義が根底になってはいないのか、懸念されます。話しは横にそれましたが、ロッコンショウジョウが使っているうちに縮って、ドッコイシヨになったのです。良さんがお茶一つ注ぐのにも六根清浄と唱えてくれて、有難いことです」

善「首相も、六根清浄と唱えながら政治をしていれば、よかったかもしれませんね」

84 「ご遺訓」を味わう

世界各地で起っている異常自然現象、その主原因が熱帯雨林の大規模伐採、石油資源の乱用等による二酸化炭素（CO^{2}）の排出量の急増にあることは、今や常識になっています。十二月八日から始まった朝日新聞の連載記事「地球異変」に掲載されたヒマラヤ山脈の麓・ネパール奥地の氷河湖の決壊現場の写真、ＮＨＫのテレビ「クローズアップ現代」が十日に放映した「地球温暖化・森林破壊を防げ」を紹介するまでもなく、地球環境が日々悪化し、私達の生命すら脅《おびや》かされているのが、昨今の地球世界の現状ではないでしょうか。

もちろん、こうした現状を改善し、地球世界を救おうとする努力も、一方では行なわれているのも事実です。十年近く前に、日本の京都で国際会議がひらかれたのをはじめ、現在はインドネシアのバリ島で国連気候変動枠組み条約締約国会議（COP《コップ》13）が開催され、対策を協議していることはご承知の通りです。しかし、マスコミを通して報らされる限り、これほど危機が差し迫っているのにもかかわらず、各国の利害思惑が対立し、協議が思うように進んでいないのが現実のようです。ドイツの環境保護団体ジャーマンウオッチの調査によると、世界全体の炭酸ガス排出量の90％以上を排出している56ヶ国中で、実効ある温暖化防止策を実施し、排出量が削減されている国の第一位はスウェーデン、第二位ドイツ以下10位までのほとんどはヨーロッパ諸国で、日本は42位、ロシア・アメリカ等超大国はそれぞれ50位・55位で適切な対策不熱心国としています。米国は世界全排出量の20％強を一国で排出しているというのに……。

CO^2の排出による地球温暖化は、前号でも少々触れましたが、単に集中豪雨が頻発するとか旱魃《かんばつ》が大規模化するといった異常気象ばかりでなく、それによって食料不足が起き餓死者が大量発生したり、ウィルス性病気の拡大、病虫害の蔓延《まんえん》等々、人智では計り知れない人類の生存に関する悪結果が連鎖して引き起こされかねないことです。このように考えてみると、地球温暖化対策に不熱心なことは、人類に対する一種のテロ行為と言えないことはないと思います。不特定多数の生命が失われることを黙視するものですから―。現在日本の国会では、テロ対策特別措置法の是非が最重要課題になっています。この法律はアフガニスタンの山地に拠って世界をねらうアルカイダを対象にした法律だそうですが、社会的・政治的歪みから生まれ、目的のために手段を選ばないアルカイダ一派をテロ集団と決めつけ、その一掃を希うなら、それと同様に、経済的・政治的理由からCO^2排出削減に消極的な国家もテロ一味と承知し、遠慮なくその非を説き態度を改めさせるべきだと思います。

閑話休題《ところで》。ご覧になった方も多いことと思いますが、昨秋東京国立博物館で「大徳川展」が開催されました。徳川家と縁の深い水野家の菩提寺住職として私も見学に参りましたが、徳川二五〇年間の泰平の所産である文物に感心しているうちに、突然のようにかつて習い憶えた、家康公が子孫のために遺した「家訓」を思い出しました。

『人の一生は重荷《おもに》を負《おい》て遠き道を行くが如し。
急ぐべからず。
不自由を常と思えば不足なし。
心に望みおこらば困窮《こんきゅう》したる時を思い出《い》だすべし。
堪忍《かんにん》は無事《ぶじ》長久《ちょうきゅう》の基。怒《いか》りは敵と思え。
勝つことばかり知りて負くることを知らざれば害はその身に至る。
己《おの》れを責《せ》めて人を責むるな。
及ばざるは過ぎたるに勝《まさ》れり。』

このご遺訓は、学校の授業では、古い儒教思想に基づいた為政者の政治理論だ、として遠ざけられていましたが、前段で述べた地球温暖化問題を考える時、ある種の新鮮さを持った教訓と思えます。と言うのは、CO_2排出激増を招いた経済至上主義の根底には、際限なく拡大する人間の欲望を、グローバル化だとか構造改革だとかの用語を巧みに使いながら、刺激することにあるのに対し、すべての宗教で「戒」を設けてその抑制を求めているのと同様、ご遺訓は中庸《ちゅうよう》の徳（ほどほどの貴さ）を説くものだからです。

ふたたび、閑話休題《さてさて》。少々息苦しい話をしましたので、最後はお正月らしく落語を一席。

大金持ちの檀那、お正月の祝酒をいただこうとお手伝いさんに、金のツルのついた上等の土瓶（どびん）にお酒を満して持ってくるよう頼んだ。ところがお手伝さん、誤ってこの土瓶《どびん》を落として壊してしまった。檀那の怒声を聞きつけた隣家のご隠居《いんきょ》、この有様を見て「鈍《どん》」と「貧《ひん》」が割れ散って、後に金の鶴が居残った、こんな目出度いことはない、となだめ丸く収めました。

人間誰しも貧乏はいやでお金はほしいものです。だからといって「貧すれば鈍す」の諺のように、あまりガツガツすると、かえって身を滅ぼすことにもなります。経済至上主義が地球温暖化をもたらすのもこの類いです。地球のことはさて措くとして、妙な儲《もう》け話しのサギに会わないためにも、お笑話を楽しむ余裕をもって、「ご遺訓」を味わい直し、日々の生活に役立たせてはいかがでしょうか。

85 沖縄紀行

先日、所用がおきて急に沖縄本島に出掛けることになりました。往路は偏西風に逆らってとぶので三時間近くかかるから、気楽に読める本を買っておくように、という旅なれた方の忠告に従って、売店でサラリーマン川柳を集めた講談社発行の本をまず買いました。エコノミー症候群になってはいけないから、ペットボトルの飲料水を持つようにとの教えもあり緑茶も一本買いました。空港の荷物検査は厳しいとの話も聞かされてはいましたが、靴を脱がされ、生命の水を調べられたのは、人相が悪いから疑われたのだということを棚に上げ、少々気分を害されます。しかし、機内は平穏、サービスのコーヒーを飲みながら早速川柳の本を開きました。

ぶっ壊す壊されたのは庶民だけ
　年金はいらない人が制度決め

などなど、少々平和ボケの気味はありますが、サラ川《せん》は世の様《さま》伝え二十年、の通り世相を風刺した傑作ばかりです。楽しんでいるうちに、快適なフライトを終え、生まれて初めての沖縄に降り立ちました。

何はさて措《お》き所用を果《は》たさなければなりませんので、タクシーに乗り本土と同じ規格で立派に作られた高速道路を走り目的地に向かいましたが、知識としては持っていた、徳利《とっくり》の木やガジュマルに合点し、丘の中腹に並ぶ小形の家のような独得なお墓に納得し、手入れの行き届いたゴルフ場のような基地の住宅地、どの民家の屋根にも水タンクが備えられていることに沖縄の特異性を感じ、竹林が全く見られないことに驚いているうちに、目的の名護市に着きました。当日は所用を無事に果たすことが第一、曇りで南国の星空が見られないことを残念に思いながら、ホテルに帰り着いたのは九時を過ぎていました。

正直に言って、琉球沖縄は初めての土地、二日目は帰京の飛行機時間まで数時間、観光に使うことにしました。とはいえ、太平洋戦争を経験した身、犠牲者の慰霊を兼ねて激戦の跡地を巡ることは欠かせません。那覇《なは》まで送って頂いた後、個人タクシーをチャーターし戦跡廻りに出発。先ず道順でもあり、琉球王朝の居城首里城に立ち寄りましたが、焼失後やっと十数年前に復元された正殿は、中国の王宮のような、それでいて細部は日光東照宮のようで、まさにチャンプル（交ぜ合わせる）文化の粋と感動させられました。朝のテレビ小説「ちゅらさん」の舞台となった民家のある金城町石畳《いしたたみ》道等を散策した後、世界遺産の一つで、琉球の始祖アマキミヨを祀った斉場御嶽《せいふうたき》に立寄ってから、平和祈念資料館に赴きました。資料館が建つ平和公園には、沖縄戦で亡った世界中の国々の人二〇万人余の名が刻まれた「平和の礎《いしずえ》」が整然と並んでおり、万感の意を込めて般若心経一巻を誦えさせて頂きました。また、沖縄らしい赤瓦で屋根をふいた資料館では、沖縄戦の悲惨な実状を伝える展示品を通し、改めて〝不戦と平和〟の憶いを強めましたが、この憶いは、この後訪ねたひめゆり平和祈念資料館で一層強まったものでした。従軍看護婦として動員されたひめゆり学徒隊の少女達はどんな憶いで自決したのでしょうか。展示室で生き残った元学徒隊の方の証言ビデオを見ましたが、自分がその身であったらどういう行動をしただろうか、と考えざるを得ませんでした。戦いで追いつめられた人々が逃げ場を失い、集団でとび降り自決した断崖絶壁の続く喜屋武岬《きやむみさき》に着いた時、雲が払われて晴天となりましたが、全く穏《おだ》やかなコバルトブルーの海を見て、平穏の意義について考えたことです。時間的余裕が少なくなりましたが、旧海軍司令部壕にも寄ってみました。沖縄県民の窮状に心を痛め「後世格別の配慮を！」と東京に訴え自決した司令官太田中将が率いる海軍部隊が全滅した地下壕跡です。

現那覇空港は、旧海軍の飛行場を拡大整備したものですから、ここからは車で十分余りのところです。今日の戦跡めぐりの興奮もあり、また、旅の終りという気の弛《ゆる》みもあって、〝喉もと過ぎれば、暑さ忘れる〟という諺があるけれど、国会議員は当選した時に、必ず一度は広島の原爆記念館と沖縄の平和祈念館を見学することを義務付けたらよいでしょうね、と同年輩の運転手さんに話しかけたのが切っ掛けになって諺の話になり、運転手さんから沖縄に「チユニ、クルサッテイニン、ダリーシ。チユクル、チェニン、ダラン」という諺があり、標準語で意訳すると「人に心を傷つけられると眠れない。自分で（非を認めようとしなかった意地）心を傷つければ眠れる」の意味ですが、夜中に目が冴えた時、これを三回唱えると安眠できる呪文ともされている、と教わりました。面子《めんつ》に拘《こだ》わり意地を張り合うと、争いは次々エスカレートすることを諭したものでしょう。

丁度このような話しが一段落した頃、車は空港に着きました。僅か二日間の沖縄行きでしたが、得ることの多かったことを感謝した帰路の機内ではありました。

86 猛暑の夏の出来事・パートⅡ

善「住職、あきれましたね。去年と全く同じ九月、今年も総理が突然辞めるなんて—」

良「五月病というのは聞いたことがあるけれど、政界には九月病があるのですね」

善「そう云えば、去年も今頃皆さんと突然の首相辞任について話し合いましたね。たしかその辞め方の異常さから、ＩＴ機器の発達は脳機能を低下させ、何かきっかけがあるとすぐキレる人間を作り易い、という話をした覚えがあります。これが原因とは云いませんが、構造改革とかプライバシー保護とかの言葉を使いながら、昔から守られてきた道徳観や宗教観を遠ざけ、自己中心主義を容認し、責任を曖昧《あいまい》のまま見過ごす風潮が世の中にあることも影響しているかも知れません。二世議員共通の性格的弱さを指摘する専門家もいますね。」

良「思い出したぞ。去年の時、民兄貴が〝風が吹くと桶屋が儲かる〞という話があるけれど、世の中はいろいろな事が関連し合っているから、原因も一つじゃないでしょう、なんて住職みたいな事を云っていた」

善「ところで、風が吹くとどうして桶屋が儲かるんだっけ。風、桶屋…？」

住「落語のことだけど―。風が吹くとホコリが舞う。ホコリが立つと目に入る。善さんみたいな武骨な人は、ゴミを取ろうと目をこする。するとバイ菌が目に入り傷ついた眼球を悪化させ目が見えなくなる。落語の昔だから、目の不自由な人は三味線を弾きながら家々を回り門付《かどづけ》をしなければならない。三味線の需要がふえると、胴に張る猫の皮が必要になり猫を捕える。猫がいなくなると鼠《ねずみ》がふえる。ふえた鼠が桶をかじる。穴のあいた桶は桶屋さんに直してもらう―という話です。この笑い話しは、仏教で説く〝因縁〞ということを説くために作られたとも云われていますが、ちょっと二人とも一緒に考えてみて下さい。もし、ゴミが目に入った人が慎重な人で、しかも現代ならばどうするでしょう。恐らく水道で目を洗い、それでも具合が悪かったらお医者さまに行くでしょう。そうしたら、桶屋の儲けになって行きません。因と縁が変わると結果は別になります。或は、皆んなが医者に行くと医療費がかかり医療制度に影響する。制度にもれ医者に行けない人は、目が痛みイライラして人を殺したくもなる…こうなっては問題で、現代社会の一面のようでしょう」

善・良「なる程。世の中のことは、よくよく考えないといけませんね、先きの先きまで」

住「善さんも良さんも神妙《しんみょう》な顔になってしまったが、因縁の原理は悲観的な結果だけになるわけではありません。北京オリンピックで交通量の制限をしたり、工場排煙の規制を実施したら急速に北京の空気がきれいになって、マラソンも無難に終わったことは報道の通りでしょう。つまり、原因になる事象を正確に分析し、その上に立って、原因が善い結果を生むような勝縁を整えれば、善果が得られるのです。ところが、人間がもつ貧《とん》（欲望）瞋《じん》（勝手さ）痴《ち》（能力の限界）の三毒のため、原因の事象の分析も不十分なまま、欲が先立つまま自分勝手な理屈で行動し勝ちなため、結果に問題が起きてしまうのです。しかも、その結果に責任を持とうとしなければ最低です。」

民「テレビで、カビ毒や禁止農薬で汚染された輸入米を、国産米に混ぜて食糧米として売っていた食品会社のことを報じていますが、この会社の社長や幹部達は、どういう精神構造なのでしょうか。また、未だ警察も動こうとしない、農水省の大臣や担当役人も自己保全なのかのらりくらり、張本人の社長も、毒の入っているお菓子と判っていたら自分だって食べません、としゃあしゃあと云ってのける…、これが通るようでは、日本の将来が案ぜられますね。」

住「かつては〝そんなことをしたら罰《ばち》が当たりますよ。神さま仏さまはちゃんと見ていらっしゃいますよ〟とよく云われたものです。神さま仏さまの意志《こころ》（罰）とは、因縁の道理のことに外ならないのです。平安時代の歌集『梁塵秘抄《りょうじんひしょう》』に〝仏は常に在《ま》しませど、現《うつつ》ならぬぞあわれなる。人の音せぬ暁《あかつき》に、夢の中にぞ現わるる〟とありますが、今現在の行動は、すぐ結果として出なくても、忘れた頃に思い知らされる、と受取ることも強ち間違いとも云えないと思います。」

民「去年の時も、世の中について〝現在の在りようは、過去の因縁、今の因縁、後世への因縁〟と住職はよく云うと話しましたが、この意味から、今年中にも行われると予想される衆議院選挙では、二大政党制が実現し、互いに牽制《けんせい》し合い、より正しく偏《かた》よらない政治が行われるようになると良いですね。」

住「政治もそうですが、日常生活でも、幸せな日々を送れるよう、仏さまご先祖さまのお力をいただけるようお念仏して下さい。」

87 されど「牛」…!

今年の干支「牛」について記しましょう。もっとも、昨二十年は「変」に象徴された年だったからといって、狂牛病のことや、産地偽称の牛肉の話ではありません。むしろ、何となく寒々とした暗い不景気な昨今の世の中ですから、せめてお正月だけでも明るくなるように、今年の立て役者「牛」サンの力を借りようという趣向です。

第一話。当院近くの高台に菅原道真《すがわらみちざね》を祭神とする北野神社、俗に牛天神があります。神社の縁起によると、源頼朝が東国追討の折、ここの入江の松に船をつないで風待ちをした。たまたま、まどろむ夢の中で天神が牛に乗って現われ、頼朝に二つの幸《さち》のあることを告げたという。夢からさめて傍を見ると、牛に似た岩石もあって奇異に感じたが、同年秋には頼家が誕生し、翌年は平家が滅びるという頼朝にとっては二つの慶事がお告げ通りに実現した。このため報恩のため頼朝が創建した神社と伝えられています。面白いことは、この神社の境内の左隅に、貧乏神を祀る太田神社と称する小祠があることです。

江戸の頃、小石川三百坂（当院のすぐ裏）に貧乏旗本が住んでいた。健康なことだけが唯一の取り柄で、懐はいつでも貧窮この上もなかった。しかし人の良い旗本は、健康なだけでもいられるのは、きっと尊い神様が守っていてくれるからだ、と信じ祠を建て神を祀っていた。この噂を聞いた牛天神の別当竜門寺（現在廃寺）の僧は〝旗本の家を護る貧乏神は、吉祥天の双子の妹闇黒天《あんこく》に違いない〟と判じ、小祠を牛天神に移し、今まで以上に尊崇すれば吉祥天の加護も得られて福が授かり、「貧乏」が「人望」に転化する、とすすめ今では芸能人の信仰を集めています。（「文京区史跡

散歩」「江戸東京の庶民信仰」参考）

現在の不況も、牛の力強さを見習って耐えていれば、きっと明るい光がさしてくるでしょう。禍福は糾《あざな》える縄《なわ》の如しです。

第二話。神サマならばギリシャ神話は欠かせません。古代ギリシャ文明の中心クレタ島を治めていたミノス王にも、大きな悩みが一つあった。それは王妃がポセイドン（英名ネプチューン）の贈物の聖牛と通じて生んだ、下半身は人間だが、上半身は牡牛のミノタウルスという怪物の男子がいることだった。神の血を引く怪物のため殺すこともできず、王は名人ダイダロスに命じ、複雑な迷路のため一度入った者は出られなくなる迷宮を作らせ、奥の一室に怪物を住まわせた。ミノタウルスは迷い込んだ人間を殺して食物としていた。ミノス王の支配下にあった都市国家アテネに、ギリシャ屈指の英雄テーセウスが立ち寄ったのはその頃です。市民から怪物の事を聞いたテーセウスは、持ち前の義侠心から怪物退治を決意しクレタ島に渡り、迷宮に至ります。この雄々しく美しい青年テーセウスを一目見て恋心を抱いたのはミノス王の娘アリアドネです。彼女はこの若武者を何とか助けたいと考え、着ていたセーターを脱いで渡し、迷宮に入る時にセーターを解《ほど》いた糸を張っていくことを教えた。勇気百倍した青年テーセウスは迷宮奥深く進んで行ったが、幸いなことにミノタウロスは部屋で眠り込んでいた。跳びかかったテーセスは全力で怪物を締め付け、とうとう息の根を止めることに成功した。無事迷宮から生還した若い二人が結ばれるのはご想像の通りです。ギリシャ神話は二人の将来について延々と話が続くのですが、省略させてもらいます。

神話では、この話の外、主神ゼウスが雪のように白い牛に姿をかえて、美女エウロペ（ヨーロッパの由来）に近づいて口説く話など、牛が主役の話がいくつもありますが、牛は力強くて美しく、気高い動物として扱われているようです。

第三話。牛を神聖な動物とし、シヴァ神の乗り物と考えるインドに起源を持つ仏教には、牛と関わる話がいくつもあります。

大体、仏教の祖お釈迦さまはゴータマ族の出身ですが、ゴー「牛」・タマ「最上の」ですから生まれから牛には関係ありますし、阿弥陀如来の忿怒形ともされる大威徳明王像は青い水牛に乗っているのが特徴です。

昔、信濃国善光寺近辺に住んでいた老婆が、隣家の牛の角に干し物の白布をひっかけられ、それを取り戻そうとして善光寺に到り、無信心で善光寺の霊場であることすら知らなかったのを改め、善光寺詣りを欠さなくなった、いわゆる「牛にひかれて善光寺参り」の話はご承知の通りでしょう。禅宗には「禅の修道の過程を、牧人と牛との関係になぞらえた十牛図」があります。

法然上人と同時代の高僧明恵《みょうえ》上人高弁《こうべん》の言葉「水を飲んで蛇は毒を作り、水を飲んで牛は乳を作る」は、現在の困難な状況を前向きに変えなければならないことを教えたものです。「牛」は「丑」とも書きますが、「丑」は指先を曲げてモノをしっかり掴みとる形を描いた象形文字です。じっと耐えながらも、チャンスがあればしっかりそれを捕らえ自分のものにすべきことを教わる今年の干支です。

88 日本の子供唄、イタリアの民謡

三大ピアノコンクールの中でも、最も格式が高く権威のあるコンクールといわれるバン・クライバン国際ピアノコンクールで優勝した辻井伸行さんは、受賞を振り返り「演奏の途中から、お客様の応援の気持ちが伝わってきて、心地よく弾けて幸せでした」と喜びを語っておりますが、ピアノの音が演奏者と観客の心を一体化させていた有様がうかがえます。まさに音楽には、人種・性別・年齢・宗教等を超え人々の心を繋《つな》ぎ合わせる世界共通語の魔力があることは申し上げるまでもないことです。

今夏の万灯会の法楽《ほうがく》は、これまでの楽器中心の音楽でなく、一歩すすめて言語＝詩につけられた音楽、歌声をおとどけしようと思います。

出演のお二人は、共に東京の音楽大学声楽科でソプラノとテノールを専門に学ばれた才媛《さいえん》と才人です。しかし、今宵はいわゆる歌曲ではなく、お寺の行事に合わせて童謡・唱歌日本の子ども唄と、イタリア民謡カンツォーネを聞かせて下さいます。

ソプラノの土屋朱帆さんは、全国童謡歌唱コンクールで第一位となり、金賞と寛仁親王賞を受賞し、また中田喜直記念コンクールでは銀賞を受けられています。でもエルミタージュ日露国際芸術祭に日本人アーティストとして参加、オーケストラと共演、日本の童謡の紹介に努めたりされています。もちろん、ソプラノ歌手として独唱会などの音楽会で活躍されていますが省略いたします。

テノールの坂爪いちおさんは、太陽カンツォーネコンコルソのクラシック部門、ポピュラー部門で各第一位、全国カンツォーネコンクール・ナポリターナ部門第一位となり、史上初の国内カンツォーネコンクール三冠を達成され、今やカンツォーネなら坂爪のいっち、として有名ですが、今宵は童謡も歌って下さいます。

お二人の伴奏をして下さるピアニストの石塚幸子さんは、東京音楽大学出身ですが、すでに付属高等学校在学中から埼玉ピアノコンクール高校生部門で銀賞を受けられたり、ヤングアーティスト・ピアノ部門で奨励賞を受賞するなど頭角をあらわされ、大学卒業後もポーランドクラクフ管弦楽団と共演されるなど国内外で活躍されています。

さて、この方々が出演して下さることになったのは、知人の片山陽一様の紹介によるものですが、片山様は子供の健全な育成、そのための情操豊かな生涯教育を！を理念として、童謡の啓発と普及に努め活動しているNPO法人「童謡館」「童謡館　東京」の責任者です。前記三名の方々は「童謡館」の趣旨に賛同し、その専属の歌手と伴奏者としてボランティア活動をしておられる年若い篤志家たちです。

大阪教育大学教育学部教授で日本歌謡学会常任理事の小野恭靖先生は御著『子ども歌を学ぶ人のために』の中で、子ども歌の魅力について、第一に歌詞を口にすることによって言語の習得が容易になるばかりでなく、歌詩世界の中に広がる季節感や郷愁、情愛を理解することによって、人としての感受性や思いやりの心が涵養《かんよう》される。第二に子ども同士や親と子、あるいは地域の人の間のコミュニケーションの仲立ちとしてきわめて有効である。第三にその民族の精神や文化の伝承に貢献する、の三つの特色があることを指摘されておりますが、童謡館の活動理念と一致するものでしょう。なお小野先生は「子ども歌」とは、狭く〝わらべ唄〟〝童謡〟だけでなく、子供に親しみやすい歌、幼い頃から耳なれた歌等も含めて広く歌謡全般を把らえておられます。この意味から、当夜のプログラム、カンツォーネのオソーレミヨもフニクリフニクラもこの範疇《はんちゅう》に入れても強《あなが》ち間違いでもないでしょう。当日は十数曲の歌謡を歌って下さる予定になっておりますが、その中の一曲「わたしと小鳥とすずと」で金子みすゞさんも詩っています。

わたしが両手をひろげても
お空はちっともとべないが
とべる小鳥はわたしのように
地面をはやくは走れない

わたしがからだをゆすっても
きれいな音はでないけど
あの鳴るすずはわたしのように
たくさんうたは知らないよ

すずと　小鳥と　それからわたし
みんなちがって　みんないい

そうなのです。みんな違ってみんな可いのです。大切なことは、お互いの違いを認め合うことではないでしょうか。現在、世界各地で見られる紛争やいがみ合いは、すべて他の違いを認めず、無理矢理自分の思い通りにしようとすることから起こっているのです。音楽はお互いの違いを解かして一つに融け合わせる魔法の力を持つものです。子ども歌を聞いて歌って、心に魔法の力を豊かに蓄えましょう。仏さまやご先祖さまもお力をおかし下さることです。

89 「いのちの理由」

大ヒット曲「精霊流し」や「無縁坂」「関白宣言」などの作詩作曲家で歌手でもあるさだまさしさんの最新曲に、「いのちの理由」という曲があります。

私が生まれてきた訳は　父と母とに出会うため
私が生まれてきた訳は　きょうだいたちに出会うため
私が生まれてきた訳は　友達みんなに出会うため
私が生まれてきた訳は　愛しいあなたに出会うため

春来れば　花自ずから咲くように
秋くれば　葉は自ずから散るように
しあわせになるために　誰もが生まれてきたんだよ
悲しみの花の後からは　喜びの実が実るように

私が生まれてきた訳は　何処かの誰かを傷つけて
私が生まれてきた訳は　何処かの誰かに傷ついて
私が生まれてきた訳は　何処かの誰かに救われて
私が生まれてきた訳は　何処かの誰かを救うため

夜が来て　闇自ずから染みるよう
朝が来て　光自ずから照らすよう
しあわせになるために　誰もが生きているんだよ
悲しみの海の向こうから　喜びが満ちて来るように

私が生まれてきた訳は　愛しいあなたに出会うため
私が生まれてきた訳は　愛しいあなたを護るため

この新曲は、来る平成二十三年の宗祖法然上人八百年大遠忌記念諸事業のうち社会貢献文化振興計画の一つとして、さだまさし氏に依頼し作曲していただいたものです。氏の作曲ノートによれば、次のようなイメージを頭に描きながら作曲したことが知られます。

『さて、生きることはやはり簡単なことではない。生活の不安、健康の不安、そして仕事のストレス、人間関係の軋轢《あつれき》などさまざまなハードルが私の前に横たわっているからだ。

思えば、生きるということは、沢山の思い出が積み重なって出来ている。止まった写真が繋がって動画になるように、だ。つまり「思い出の連写」だ。（中略）思い出は成長する。但し出来事の後の自分の生き方によって、だ。切なく辛い思い出が、ある時急に輝き始めることがある。思い出が体温を持った瞬間の輝きだ。

振り返れば善き思い出を刻んだ日の朝は、その遠い記憶の中で美しい光を放っている。生命が産まれ、言葉を発し、意思を持ち、自らを知り、生命に目覚め、友と出会い、心の戦いに臨み、敗れ、或いは勝利し、恋をし、愛に目覚め、悩み、苦しみながら生き、やがて年老いて、自らの生命を許すその瞬間まで、一こま一こまの静止した美しい朝が繋がることによって、人の命が出来ていると気づくことが出来る。

僕らは意識さえすれば、毎日訪れているその美しい朝に気づくことが出来るのだ。

自らの生命にもっと目を凝らそう。一こま一こまの美しい己の生命の連写を大切に見つめてみよう。

そこにおそらく大切な人の大切な生命の重さと美しさが刻まれているはずだ。

もう一度言う。生きることは苦しいが、生命は美しい。』（ライナーノーツ抜粋）

さて、浄土宗では宗祖大遠忌を記念するメッセージ・シンボルとして「法然共生《ほうねんともいき》」の語を掲げています。「共生《きょうせい》」とは語源的には、中国浄土教の祖善導大師の著『往生礼讃』の「願わくば衆生と共に安楽国に往生せん」によるものですが、語義を布衍《ふえん》して〝ともいき〟と訓読し〝すべてのものはお互いご縁によって繋がり生かされていることを自覚し、このご縁を大切にして生きよう〟の意を持たせています。とりわけ法然上人の〝仏さまとのご縁には、智者と愚者、能力の有無、男女貧富…一切の差別はない〟との教えを讃え記念する意味も込めて「法然共生」を標語にしています。さだまさしさんはこの標語から、前記のイメージを浮かべ作曲したものです。

法然上人のお歌に「露の身はこゝかしこにて消えぬとも、こゝろは同じ蓮のうてなぞ」とありますが、同じイメージです。なお、今回政権を担うことになった鳩山首相は「自立と共生を柱とする友愛の社会を目指す」と申されますが、この概念にも共通するものが在ると云うのは、少々牽強付会《（こじつけ）》でしょうか。

90 四摂事《ししょうじ》

菩薩が衆生の心をひきつけ、親しみを持たせ信頼させ、ついには仏道に引き入れるための四種の行為を四摂事といいます。四摂法とも云いますが、人々を導くための四つの方法、逆にいえば、次の四つの事が備わっていると人々を心服させ信頼さすことの出来る特色ともいえます。その四つとは、布施《ふせ》（見返りを求めない施し）・利行《りぎょう》（相手が得になり利益になる行為）・愛《あい》語《ご》（真心のこもった温かい言葉）・同事《どうじ》（相手の身になり同じ立場になった行い）の四者です。この四事が全部揃っていなくても、一つでもあれば人々を引き付けられるともされています。

一寸と話題を代えますが、寅年に因んで「虎」の話を紹介しましょう。世界的文化遺産であり国宝にもなっている法隆寺に、玉虫厨子《たまむしのずし》が祀られ、その厨子の左側面に、崖下に横たわる飢えた親子数頭の虎に向って、崖上から身を翻《ひる》がえして真っ逆様に飛び下りようとしている人物が描かれていることは、どなたもご承知の通りです。この画は「金光明経《こんこうみょうきょう》」の「森の奥に忘れ物を取りに戻った王子が、飢えに苦しむ虎の親子を見付け、いろいろ考え悩んだ末、自らの肉体を虎に与え飢えを救ってやろうとした、王子の究極の慈悲心」を説いた「捨身飼虎《しゃしんしこ》」の説話に基づくものです。もちろん、この王子は帝釈天《たいしゃくてん》の計らいで生き返り菩薩の位に昇華しますが、四摂事の布施や利行に適う行為でしょう。さて、虎はこのままでは残忍な動物！で終わってしまうので、虎の名誉のため「阿《あ》育王《いくおう》経」の虎を紹介しましょう。「親虎に死なれ飢えに苦しむ子虎を見付けたある聖者が、哀れに思って寺に連れ帰り弟子の修行僧と全く同じ情を掛けて育ててやった。しかし、人間より寿命の短い虎のこと、やがて命を終えることになった。この時も聖者は人間の葬儀の時と同じように、〝諸法無我《しょほうむが》・涅槃寂静《ねはんじゃくじょう》…〟と経文を説いて聞かせ懇《ねんご》ろに葬ってやった。何年か経って、一人の若者がこの寺に現われ修行に励むことになった。この僧は他人のいやがる仕事も喜んで行うばかりか、寺を襲《おそ》う悪獣を追い払ったり何かと寺のため尽した。こうしたことを不審に思った仲間の修行僧が聖者に問うたところ、聖者は『人間に生まれ代ったかつての虎である』と明かした」。この説話からも四摂事に適った行為のいくつかを指摘することが出来ましょう。

　虎から離れますが、近頃、介護福祉の関係者の間で話題になっている歌に、原作詩は不詳ですが、樋口了一さん作曲・歌唱の「手紙―親愛なる子供たちへ―」があります。

年老いた私がある日
今までの私と違っていたとしても
どうかそのままの私のことを理解して欲しい。
私が服の上に食べ物をこぼしても
靴ヒモを結び忘れても
あなたに色んなことを教えたように
見守って欲しい。あなたと話す時、
同じ話を何度も何度も繰り返しても
その結末をどうかさえぎらずに
うなずいて欲しい。あなたにせがまれて、
繰り返し読んだ絵本のあたたかな結末は
いつも同じでも私の心を平和にしてくれた。
悲しい事ではないんだ
消え去ってゆくように見える私の心へと
励ましのまなざしを向けて欲しい。
（中　略）
足も衰えて立ち上がる事すら

出来なくなったなら、あなたがか弱い足で
立ち上がろうと私に助けを求めたように
よろめく私に、どうかあなたの手を
握らせて欲しい。私の姿を見て悲しんだり
自分が無力だと思わないで欲しい。
あなたを抱きしめる力がないのを
知るのはつらい事だけど、私を理解して
支えてくれる心だけを持っていて欲しい。
きっとそれだけでそれだけで
私には勇気がわいてくるのです。
あなたの人生の始まりに、私がしっかり
付き添ったように、私の人生の終わりに
少しだけ付き添ってほしい。

（後　略）

四摂事の「同事」とは、お年寄りの現状を自分の子供時代の姿とを重ね合わせて考えることだと思います。また、同事の立場に立つならば、自ら布施・利行・愛語の三摂事もついてくる筈です。四摂事は夫々切り離された概念行為ではなく、関連し合った一体となった菩薩行ではないでしょうか。現在政治の世界では、子育て手当てについて、マニフェストの評価にからめて、所得制限をするのしないのと姦《かしま》しいことですが、その前に、将来を担う子供達のため、自分は今何をすべきか四摂事に立って考えてほしいものです。

さて、新年を迎え、海外旅行は何日間にしようか、地デジテレビは何にしようか…いろいろ一年の計を立てられていることでしょう。しかし、こうしたお金のかかる計は、不況の昨今では立てるのも苦労がいりますが、四摂事を少しでも実践してみようという計は、お金の心配は少しも必要ありません。それにもかかわらず、その功徳たるや絶大で永遠のものです。

91 維新！　不信？　関心！

良「住職、旅行に行っていたそうですね。どこに行ったのですか」

住「三日間程閑間《ひま》がとれたので、久し振りに行ってきました。急に思い立ったし、日時の制限もあるし、あれこれ選択するわけにもいかず、思いつくままに、NHKの大河ドラマの影響の龍馬ブームに乗って、土佐の高知に行って来ました。」

善「皿鉢料理で地酒の土佐鶴を一杯―、一緒に行きたかった。尤もカツオの時期には早過ぎないですか」

住「飲み食いが目的じゃなく、坂本龍馬の事を知りたくもあったのです。それにしても高知県挙げての熱心さで、高知駅前の〝龍馬であい博メイン会場〟をはじめ、足摺岬《あしずりみさき》近く土佐清水市には龍馬の目を世界に向けさせたジョン万次郎の〝くろしお会場〟、愛媛県境の山中檮原《ゆすはら》町に〝脱藩・維新への道会場〟また、安芸《あき》市には龍馬の活動を資金的に支えた三菱の創始者岩崎弥太郎《いわさきやたろう》の〝こころざし会場〟と、四つのテーマパークがありこれらを巡るだけで二日半ほどかかりました。それだけに、坂本龍馬の全体像が頭に入ってきました。」

善「へえー。住職がオサムライ好きの歴女の仲間だったとは知らなかった」

住「おいおい、私は女性じゃないよ。ところで、龍馬博に行きたいと思ったのは、明治維新を側面から見てみたいという興味もあったのです。と言うのは、昨年秋、六十年以上も続いていた自民党政権が終って、新しく民主党政権が成立するという、正に政権交代という大激変があったわけですね。この時、明治維新にも匹敵する変革と評され、マスコミでも〝今こそ、幕末・維新に学べ〟とか〝新政権は官僚に大政奉還をさせられるか〟と煽《あお》り立てていたものです。ところが、民主党トップ二人の不詳金問題が広まったとたん、半年も経たないうちに不信感が高まり内閣支持率が急降下した。この変化の早さに何か不思議な感じがするのです。」

良「何億円ものお金の説明ができない、ではオレ達庶民は怒りますよ。オレなんか高校生の頃からオフクロからお金もらったことないし、萬札一枚だってフトコロの中で眠っていたことなんかありゃしない」

善「不動産無し、金庫無し、親も無し……」

民「龍馬博を見て、何か解ったものでもありましたか――」

住「近代史の専門家でも、政界の裏を知っているわけでもなく、通り一遍見学しただけですから、正直に云って何も解りません。むしろ、明治維新を成功させた志士達の活動資金はどの位かかって、どこから得ていたのだろうか……妙な疑問が起きてきました。龍馬個人からいえば、実家が商家で当時としては少しはゆとりがあったようだし、長崎の豪商の援助もあったようだし、何より岩崎弥太郎率いる海援隊の利益がたよりだったろうし、姉への手紙では福井藩主松平春獄から資金を出させたことを自慢しています。もちろん、金銭の明細などなかったでしょう。維新全体としてはどの位の金員がどう動いたのでしょうか。おそらく現在問題視されている二人の不詳金どころではない膨大なお金が、不詳不明のまま使われたことだと思います。決して二人の不詳金を是認するわけではありませんが、革命なんてこんなものでしょう。むしろ、今回は人命が失われなくて良かったのではないでしょうか。」

民「最後の自民政権でも、二人の不詳金と同額位の官房機密費が通常より多く使われていたそうですね。ところで新政権の不評は、政治とオカネのことばかりでなく、期待していたほど新鮮味が政治の上で発揮されていないことにもよるのでしょうね」

良「事業仕分けで、官僚達をとっちめている場面ではドキドキしたけどね……」

住「もっともまだ半年、それも一刻も早く新年度予算を編成しなければならない緊急の時期ですから、新鮮さを出せる余裕も無いのでしょうね。百喩経というお経に〝鼻の形に少々不満はあったものの、大変な美人の妻を得て満足しきっていたある男、町で鼻の形の美しい女性を見掛けて、あの鼻を妻の鼻につけ替えたいと思い、女性の鼻を切り落として家に戻って妻の鼻を切り落として付けようとした。もちろんそんなことは出来るわけはなく、可哀そうに二人の女性は命まで落としてしまった〟との話がのっています。これは一部の欠点を直すことだけに執着し

すぎると全体まで壊わしてしまうことを教えた譬え
です。明治維新も鳥羽伏見の戦から大政奉還を経て
憲法制定まで約三十五年、平成維新もせめて一期四
年間位は関心を持ちながら見守ってはどうでしょう
か。」
善「難しい話しはその位にして……。まさか住職、高
知のはりまや橋で、かんざしを買うようなことはし
なかったでしょうね」
住「いいえ、買いましたよ。三人が食べているお菓子
の包紙を見て下さい。」
良「あれぇー。〝かんざし〟という名前のお菓子だ。
どうりで、オツな味がするはずだ」

92 桜桃忌《おうとうき》の頃

梅雨のこの頃は、イチゴに代ってサクランボ（桜
桃）が店先きを飾る時期です。またこの頃は、もう半
世紀前のことですが、「斜陽」や「人間失格」で有名
な小説家太宰治《だざいおさむ》が入水自殺し、菩提寺三鷹の禅林寺で、
太宰を偲ぶ法要「桜桃忌」が営まれる頃でもあります。
病弱と麻薬中毒からくる精神疾患で地獄のような一生
を送った太宰ですが、太平洋戦争の危機が高まった時
期に、逆に精神が安定して、女性の第一人称の告白体
を用いた一連の作品「女生徒」「皮膚《ひふ》と心」等が次々
と発表されます。その中の一つに評論家の奥野健男氏
をして〝年若く結核で死んだ妹を思う父と姉との息づ
まるような愛情を、中年婦人のおだやかな思い出話の
語りの中で表現している。つくりものの中に緊迫した
真情が表現されている〟と評された「葉桜と魔笛」が
あります。

桜が散って、このような葉桜の頃になれば、私はき
っと思い出します。――とその老夫人は物語る。妹は
私に似ず大変美しく髪も長くとても可愛い子でござい
ましたが、身体が弱く、その城下町に移って二年目の
春、私二十、妹十八で妹は死にました。腎臓結核とい
う悪い病気で、医者も百日以内とはっきり父に申しま

した。手の施しようもなく父も私もだまって見ているだけで、その百日目が近づいてまいりました。野も山も新緑で息づまるようなある日、考えること考えることと不吉なことばかりに耐えられなくなった私は、野原の一隅で顔もあげず泣いて過ごしました。日が暮れかけてきた頃、家に帰って参りましたが、妹の呼ぶ声で病室に入りました。「姉さん、この手紙いつ来たの？」妹は無心に問います。その問い掛けに、私は血の気が引いていくのをはっきり意識しましたが、気をとり直して、「ついさつき。あなた眠っていらっしゃったので、枕元に置いておいたの…」。妹は美しく微笑《ほほえ》み「姉さん、このお手紙おかしいわ。私の知らない人なのよ」と申します。知らないことがあるものか。私はその手紙の差出人M・Tという人をちゃんと知っているのです。私はその数日前、偶然のことから妹が大切にしている緑のリボンで結ばれた手紙の束を見つけてしまったのです。いけないことですが、もしやのこともあり私はその手紙を読んでしまったのです。差出人こそ妹の友達の女名前ですが、実際は全部M・Tという男の方からの手紙だったのです。三十通ほどの手紙ですが、去年の秋の最後の一通を読みかけて、私はぎょっといたしました。妹達の恋愛は心だけのものではなく、もっと醜くすすんでいたのでございます。しかも卑怯《ひきょう》なことには、妹の病気を知るとともに妹を捨て、もうお互い忘れてしまいましょう、など残酷なことを平気で書いてあり、それっきり一通の手紙も寄こさないらしいのです。「姉さん、読んでごらんなさい。私にはちっともわからない」。私は妹の不正直を憎く思いました。「読んでいいの？」そう云う私は、当惑するほど身体が震えていました。開いて読むまでもなく、私は手紙の文句を知っていました。

—今日は貴女にお詫《わ》びを申し上げます。僕は貧しく無能であります。あなたの苦しみをどうして上げることもできなくて、逃げるため僕は嘘《うそ》をついていました。しかし今は、タンポポの花一輪の贈り物でもあなたがほっとできるのなら、それをするのが男の僕がすべきことだと反省しています。僕はあなたを愛しています。毎日、歌を作って送ります。待ち待ちて　ことし咲き

けり桃の花　白と聞きつつ花は紅なり。それから、毎日お庭の塀の外で口笛を吹いてお聞かせしましょう。明晩六時にはきっと口笛をふきます――。

「姉さん、ありがとう。この手紙姉さんが書いたのね」私はあまりの恥ずかしさに居ても立ってもおられぬ思いでした。妹の苦しみを見かねて、私がＭ・Ｔの筆跡を真似て書いたのだ。「姉さん、あの緑のリボンで結んだ手紙を見たのでしょう?。あれはウソ。あんまり淋しいから、ひとりであんな手紙を書いて自分に出していたの。病気になって、青春の大切さを心から判ったの。恋も知らないで死ぬなんていやだ。死ぬなんていやだ」。私は悲しいやら、うれしいやら、こわいやら…胸が一杯になって、ただ痩《や》せた妹を抱きしめていました。あっ!その時聞こえるのです。確かに口笛です。神さまのお恵み…。

年とった今考えると、私達の話を立聞きした父が、吹いたのかもしれません。厳酷な父の一世一代の狂言にしろ、神のお恵みには違いありません。妹は三日後に、静かに息を引きとりました。

以上が「葉桜と魔笛」の概略ですが、音楽の持つ魔力を示す文学作品の一例といえましょう。

93
小話二題

改めて書くことも気が引けますが、九月も一週間経った今日も猛暑日。日本各地で、観測所はじまって以来の猛暑記録が更新された異常高温の今夏でした。熱帯夜の連続による寝不足と重って、頭脳の回転もにぶい昨今のことですから、他愛ない話題を紹介しましょう。丁度テレビで、人気番組「ゲゲゲの女房」を放映しているので思いついたのですが、落語に「一眼国《いちがんこく》」という小話があります。

諸国を廻り歩く六部《ろくぶ》（乞食僧）が、香具師《かぐし》（見世物小屋の興行師）の親方のところに一晩の宿を借りた。香具師は何か変った人間でもいれば、いや化物ならなおさらいいが、とにかく捕まえて見世物にして、一と儲けの種にしようと考えていたので、六部に「お前さんは諸国を廻り歩いていなさるが、どこかで変った人間、たとえばオナラで歌を唄えるとか、変った人物を見ているだろう。一つ話を聞かせてくれないか」と持ちかけた。はじめは知らぬ存ぜぬと云っていた六部ですが、とうとう思い出したように「実は、こちらに来る途中、道に迷ってしまい、東へ東へと歩いて行くと、深い森に入り、とうとう日も暮れたのであきらめて野宿をしようと、木の根方に寄りかかり一服していた。すると、おじさん、おじさんと呼ぶ声がしたので振り返ると、五つ位の女の子。よく眺めると目が一つ。仰天して夢中でもと来た方へ走って、ようやく里に出た。荷物を置いてきて充分な旅費も失ったので親方のご恩をたよったのです。」という話。喜んだ香具師、六部にたっぷり金包を渡して帰すと、早速旅支度を整え、六部の話の方角へ歩いて行った。日が暮れかける頃、なるほど深い森に着いた。森の中へどんどん入って行くと、六部が放り出して行った荷物の所に出た。この木の根方だと合点し、一服しはじめると案の定、おじさん、おじさんと呼ぶ女の子の声。振り返り、一つ目であることを確認するや、ものも言わずに飛びかかって捕え、小脇に抱え森の外に向って一目散。子供はキャアッと悲鳴を上げる。その声を聞きつけたのか、ホラ貝の音が響き渡ったかと思うと、あっちからも、こっちからも一つ目の百姓達が現われて、とうとう香具師は捕まり縛り上げられて、お奉行所に突き出された。現われた奉行、「こりゃ人さらい、面を上げい」。ひょいと見上げると、お奉行も役人もみんな一つ目。人々の殺してしまえ！という声を制した奉行、「おのおの方、こやつを殺してしまうのはもったいない。この二つ目の化物を見世物にして見物料を取ることにしよう」。

他愛のない小話ですが、欲に目がくらむとミイラ取りがミイラになって身をほろぼす、という教訓と受け取るのもよし、あるいはまた、世間で常識と思われていることも、次元を変えてよくみれば非常識、物事はよく目を見開いて、三つも四つもの目で見なければいけない、との教えとするのも可いでしょう。

なにしろ、落語は、法然上人の弟子聖覚《せいかく》の説教節にはじまり、江戸初期に浄土宗の僧安楽庵策伝《あんらくあんさくでん》が大成させたものですから、その話しの中には、何らかの教訓が含まれているのが本来の形であるからです。笑い話しばかりでなく、仏教を説く補助読物として、中世には多くの説話文学が発達しています。その一つ、鎌倉時代の「十訓抄《じっきんしょう》」に秋の気配を感じさせる虫に因む次のような話しが載っています。

花園大臣《はなぞののおとど》 源 有仁《みなもとのありひと》公に新しく仕えることになったある人、早く自分のことを周囲の人に覚えてもらいたいと思い、自分の名札の端に「特技―歌」と書いておきました。或る秋の夕暮、大臣は人を呼んで部屋の格子を下させようとしましたが、他に男手もなかったので、新参者のこの男に命じて格子を下ろすよう命じました。その時、名札の特技に気がついて、丁度庭で鳴きはじめた機織虫《はたおりむし》（キリギリス）を題にして一首和歌を詠むよう命じました。この男はかしこまって承知し、すぐに「青柳の……」と最初の五文字を詠み出しましたが、それを聞いた控えていた女房達は、秋の今なのに春の季語の〝青柳〟を使うとは……と少々馬鹿にした笑い声をあげました。これを制した有仁大臣は「最後まで聞かないで笑っていけない」と女達の不作法をたしなめ、男に続けるように云いました。はじめ気分を害した男も、大臣の言葉にすぐ元気をとり戻し、

青柳の緑の糸をくりおきて
夏経て秋は機織りで鳴く

と続けました。これを聞いた大臣は大変感心し、これ以後、この男を重用したということです。

ある人は、特技を持つことの大切さを教えた話とも、またある人は、侮蔑《ぶべつ》に耐え精進すれば良い結果も生まれること示す話とも、大臣の示した寛容の徳を重視する人もいます。

「暑さ寒さも彼岸まで」の言葉通り、この寺だよりが皆様のお手元に届く頃には、きっと爽やかな秋日になっていることでしょう。そうなった夜など、虫の声を聞きながら満月の下で読まれたら、こんな他愛ない小話でも少しは面白味が増して感じられるのではないでしょうか。

94 法爾《ほうに》の道理

本年三月十一日の東日本大地震によって、日本中が大パニックに陥ったばかりの三月十六日、宮内庁で、羽毛田長官から総本山知恩院門跡・浄土門主伊藤唯真《ゆいしん》猊下《げいか》に、宗祖法然上人八百年大遠忌ご祥当を迎えたことにより、宗祖に対し八つ目の大師号「法爾大師」のご加諡《かし》（おくりな）が天皇陛下によって贈られたとの勅書が伝達されました。大師号とは、有徳の高僧に対し朝廷から贈られる尊称で、天台宗の祖最澄の伝教大師、真言宗の祖空海の弘法大師はとくに有名ですが、一人に対し一度きり与えられるのが原則です。一人に対して複数贈られたのは、黄檗《おうばく》宗の祖隠元禅師《いんげんぜんじ》の真空・華光大師の二号と法然上人のみです。とくに法然上人へは、御著「選択本願念仏集」撰述五百年に当る元禄十年に最初の大師号「圓光」が加諡されてから、ほぼ五十年毎に加諡される栄光が続いています。

圓光《えんこう》	東山天皇	元禄一年（一六九七）
東漸《とうぜん》	中御門天皇	宝永八年（一七一一）
慧成《えじょう》	桃園天皇	宝暦一一年（一七六一）
弘覚《こうかく》	光格天皇	文化八年（一八一一）
慈教《じきょう》	孝明天皇	万延二年（一八六一）
明照《めいしょう》	明治天皇	明治四四年（一九一一）
和順《わじゅん》	昭和天皇	昭和三六年（一九六一）
法爾《ほうに》	今上天皇	平成二三年（二〇一一）

ところで、今回加諡された大師号の「法爾」とは、炎が空へと上方に燃え上がるように、あるいは水は低い方へと流れるように、あれこれ理屈を説明するまでもない〝あるがままの道理《ことわり》〟を意味する「法爾道理」・「自然法爾」また、法然上人のお名前の由来ともいわれる「法然道理」から出た語です。

難しい仏教教理によれば「道理」とは、物事が存在し変化していく時、必ず依遵《いじゅん》（拠《よ》りしたがう）する決まり、すなわち、生滅変化する一切万物を貫いている間違いない法則とされています。この法則を、観待《かんたい》・

作用《さゆう》・證成《しょうじょう》・法爾の四種に分類し、観待道理とは、すべてのものは他に依存してのみ存在し得るということ、云い方を代えれば、それなりの条件が揃ってはじめてそのようなことがおきるということ、作用道理とは、そのものの存在自身が他のものへ変化し生滅する働きをもっているということ、證成道理とは、そうなるには正当な証拠があるということ、云い方を代えれば、観待・作用への変化を説明する論理的思考をいいます。そして法爾道理とは、生あれば必ず死が伴うような、また死を見れば悲しみの涙がわいてくるような理屈ぬきの本来のことわりを言います。

大災害後百日が経とうとしていますが、今回のことを前記の「道理」に当てはめてみると、東北沖の大地殻変動が観待道理によって大地震・大津波をまき起こし、それが作用道理によって大火災や大破壊、さらには原発事故等を引き起こしています。これら一連の事象は全てその関連性を説明することができます。正に證成道理の通りです。そして今、東北の当事者の方々は勿論ですが、日本国中の人が悲しみの一方で、復旧復興へ向けて〝東北がんばろう！みんながついているー！〟を合言葉に「絆《きずな》」を強め合っています。この暗黙の盛り上がりこそ、法爾道理の事例です。

ところで、四月二十三日付「朝日新聞」投書欄に、千葉県四街道市の小学生、森田佑香さんの「がんばろう日本　かぞえうた」が載っていました。

一、ひどい地しんで　たいへんね
二、ふだんの生かつ　したいよね
三、みんなで力を　合わせれば
四、よいことといっぱい　あるんだよ
五、いろんなことが　あったけど
六、むりをしないで　がんばろう
七、なみだをふいて　前むきで
八、やりたいことを　みつけよう
九、こんどはそれを　かなえよう
十、とってもえがおに　なってゆく
百、ひかりで明るく　なってゆく
千、せかいの人たち　ありがとう

万、まい日かんしゃし　生きていこう
　みんなまもるよ　人びとを
　きっとまってる　たのしい日
　がんばれ日本　手をつなごう

法爾の道理そのままの詩ではないでしょうか。
　今回の大災害について世界中の関心が集まっていますが、一つは言語を絶する津波の威力、もう一つは原発・放射能問題、それに日本人とりわけ東北の方々の人間性についての三点に関心が集まったようです。諸外国での大災害では救援物資の略奪、商店の襲撃が普通見られるのに対し、誰からの指示があるわけではないのに、日本人本来の倫理観・法爾道理に基づいて社会の秩序が保たれていることは、外国人の目には感嘆に値する関心事だったに違いありません。この日本人の良俗は、永年に亘る仏教の教えによることは、多くの人々の認めることですが、庶民の心に仏教を滲み込ませた最初の人が法然上人であり、その上人に、この年法爾の大師号が贈られたことは意義深いことです。

お盆を迎え、日本人の良俗を法爾の道理として受け継いできて下さったご先祖さまに、深く感謝いたしましょう。

95 禅僧たちのエピソード

今夏は〝節電々々〟ということで、昔風に朝顔やゴーヤの緑のカーテンや葦簀《よしず》で日除けをしたり、打水をした戸外で夕涼みを試みてはみたものの、クーラー馴れした躰には少々暑さがこたえた夏でした。しかし、東北の被災地の仮設住宅で冬の到来に備えて、早くも断熱材の補強を急いでいるテレビを見たりすると、心なしか東京でも朝夕の風に、秋の涼気を多少感じるようにもなりました。また同じテレビでもともとは田畑だった土地に葦が生えはじめてきた画像を映していましたが、自然のエネルギーの底力を感じさせられました。

さて、葦（よし・あし）、暑さ涼気……と続くと次のような話を思い出します。

江戸中期の禅僧に、白隠《はくいん》禅師（一六八五〜一七六八）がおります。厳しい公案《こうあん》（禅宗で信道のための修行課題）を中心に日本独特の姿に禅宗を変革し、臨済宗中興の祖といわれる方です。また書画の名手としても名高い高僧です。この白隠がダルマ大師が葦原に坐禅している姿を描き「達磨《だるま》夕涼」と題し、

よしあしの　葉をひっしいて　夕涼み

と、賛《さん》（画の趣旨についての寸言）を詠じました。葦《あし》はイネ科の多年草ですが、アシと読むと〝悪し〟に通ずるので、梨《なし》を〝有りの実〟としたように、ヨシと呼んで〝善し〟に通じさせて読むのが一般的です。白隠は、ザワザワと音をたててうるさい周りの葦を押し倒して、座布団《ざぶとん》代りにして坐禅しているダルマ大師の姿に、善悪を克服した悟道の厳しさを見立てているのでしょう。

白隠からほぼ一世紀位後の禅僧に、仙厓《せんがい》和尚（一七五〇〜一八三七）がおります。彼は九州博多の聖福寺に永く住しますが、気さくな人柄で人々から慕《した》われます。仙厓もまた白隠と同じように書画の名手であり、しかも白隠と同じモチーフのダルマ大師坐禅の画を描いておりますが、ただし、その賛には、

よしあしの　中こそよかれ　夕涼み

と詠んでいます。周囲に融《と》け込み、善し悪しなど関係の無いところに悟道の境地はあるものとしているのでしょう。もちろん、凡人の私には、両者の賛の優劣、正誤など判るものではありません。多分お二人の性格・好みの相違から、悟道に対する視点が違い表現が異なったものなのでしょう。悟道の真実は一つの筈ですから。

またまた禅僧の話になりますが、仙厓和尚から少し後の方に風外本高《ふうがいほんこう》禅師（一七七九〜一八四七）がおります。風外もまた書画に優《す》ぐれ、独特の技法から蛸《たこ》風外とも呼ばれた名手です。彼が大阪の荒れ寺に住んでいた頃、川勝太兵衛《かわかつたへえ》という金持ちの大商人が、人生相談

のため風外を訪ねます。川勝は一生懸命、自分の悩みを風外禅師に訴えます。その時、丁度暑い夏のことで、たまたま一匹の虻《あぶ》が部屋に飛び込んで来ました。ご承知のように虻は、外に出ようと窓に向かって、あるいは障子に向かって、元気よくぶつかっていきます。そして失神したように落ちて、しばらくするとモゾモゾ起き上って、また同じところへ体をぶつけていくというような愚かさを繰り返すものです。

風外禅師と川勝太兵衛の間に飛び込んできた虻がそれを繰り返し始めました。禅師さまは川勝の話を聞いているのかいないのか、虻ばかり見ておられる。川勝太兵衛は我慢できなくなって「禅師さまは、よっぽど虻がお好きとみえますな」と、皮肉たっぷりに申してしまいます。

禅師さまは「ああ、すまんかったな、あなたが一生懸命話をしていてくれたのに。でもこの虻はかわいそうなもので、この寺は有名な破れ寺だ。障子も破れ、建て付けもガタガタ、どこからでも出ていくところはあるのに、自分がここからしか出られないと思い込んでいる所に、頭をぶつけてはひっくり返る。こんなことをしていたら、死んでしまうわいな」とおっしゃいました。そして、たった一言「人間も、よう似たことをしておりますなあ」とつけ加えられました。この一言で、川勝太兵衛はハッと気がつきます。虻にこと寄せてお諭《さと》し下さったと気づいて、目からウロコが落ちた川勝は、厚く禅師に感謝のお礼を申して寺を辞します。新しい目標に向って斬新な努力を重ねた川勝は、その後大成功を収めるとともに、熱心な参禅者になったということです。（「天地いっぱいに生かされて」青山俊董より）

申し上げるまでもなく、東日本大震災に引きつづいての和歌山県等近畿地方の大雨災害の復旧復興が喫緊《きっきん》の課題となっております。しかしマスコミ報道等によると、地域の特異性・複雑な行政組織、とりわけ財源問題がネックになって思うように捗《はかど》っていないようです。新内閣はもとより関係の方々には、三人の禅僧のエピソードが諭している〝一つのことに拘《こだわ》らない自由な発想〟で問題解決を急いでいただきたいと思います。

さてお彼岸ですが、是非墓参下さり、仏さまご先祖さまから仏力をいただき、私達の日常生活の中でも、蚫のようにならない自由な発想力を発揮していただきたいと思います。

96 平成二十三年を憶う

良「古新聞をなん枚も拡げて何をしているのですか、住職」
住「年末ですから、いろいろ片付けものをしているのです。古新聞を見ているとつい手が停まって、今年はこんなことがあったんだ〜と思い出して感心したり、反省したりしてしまいます。君達も一番印象に残っている出来事は、〝東日本大震災〟でしょうね」
民「はじめの頃は、大地震と大津波、それに伴う言語を絶する大破壊に気をとられていましたが、多少落ち着いてきた近頃は、原発事故による放射能汚染のことがとくに気懸りです」
善「放射能は目に見えないだけ恐ろしいですね。見えないだけでなく、臭いもしない、音もないうっかり触ればもっとあぶない。本当に厄介だ」
良「シーベルトとかベクレルなんて云われでも全然ピンと来ない。検査器を当てると簡単に赤や緑に輝いてキラキラ光るようなものでも出来れば、ネオン慣れしたオレ達にはすぐ危険度も判って便利だけれど……」
住「復旧・復興の方は、予算も通ったことだから序々にでも進展して行くだろうけど、放射能汚染は今後何十年も跡を引く大問題ですね。専門家でも未知の部分が多く、有害の程度にも差があるし、神経質になりすぎて怯えてもいけないし、そうかといって無神経ではいけないし……。樹木や土壌の除染を考えると際限がありません。それから津波被災者の心理的ケア等もこれからの問題でしょう」
民「心理面といえば、近所同士の援け合い、家族間の結びつきなど、今ではとかく軽んぜられてきたことが見直され大切にされるようになったことは、収穫でしょうね」

住「毎年恒例の、一年を象徴する漢字一文字に災や震の字を抑え〝絆《きずな》〟が選ばれましたが、絶望的困難に際して、唯一心が癒されたのが家族愛であり、人々の援け合いの温かさだったのでしょうね。ところで本来〝絆《きずな》〟とは犬や馬をつなぎ止める手綱のことで、訓では〝ほだす〟と読んで束縛《そくばく》するの意味を持ったマイナスの用語として使われていたのですが、あの大災難を乗り切るには、それほど強い結びつきが必要だったからなのでしょう。良さん、善さんは、ネオンの町の可愛子ちゃんの言葉にホダされて、うっかり道を誤らないように」

善「ところで、原発がダメになり、猛暑の夏は電力不足で大変なことになる！と嚇《おど》かされていたけれど、停電もなく乗り切れたじゃないですか。大企業や各家庭のよっぽどの節電協力があったのかも知れないけど、今後も原発って絶対必要なのでしょうか」

良「原発は絶対安全というお上《かみ》の説明も、一体何だったんでしょうか」

民「今回の災害を通して、何事によらず政府の説明に対しては不信感がおきましたね。環太平洋諸国間の貿易自由化を目指すＴＰＰ参加の問題にしろ、話し合いで日本の文化・利益は必ず守るから……と説明されてますが、評論家等の意見を聞けば聞くほど問題が多く、本当に国益が守れるのか心配になります。結局は、グローバル化に遅れるとか、世界協調のためとかいった抽象的理由で腰くだけになるような気もします」

善「ＴＰＰも原発再稼働にしろ、あまり先走りしない方が良い気がします、オレの勘によれば。住職お気に入りのブータンの政治理念、〝国民総幸福量〟と云うのも、ゆっくり進もうということでしょう？」

住「一言で云えば、正にそういうことです。ヒマラヤ奥地の小国ブータンでも、二十世紀半ばから近代化が進み、とくに二十世紀末にインドの援助で水力発電所が設けられ、またインドとブータンの首都を結ぶ舗装道路が出来たのを機に、経済発展に伴って自然環境の破壊、貧富の格差の発生、伝統文化の荒廃等の諸問題が起きてきました。そこで経済発展を過度に重視することを改め

（１）経済成長と開発
（２）文化遺産の保護と伝統文化の継承・振興
（３）豊かな自然環境の保護と維持可能な利用
（４）国王に対する信任投票制とよき統治

の四つの柱を据え、これに基づいて二年毎に国民に聞き取り調査して国民の幸福感、生活の満足度を調べながら政治を行うのが、国民総幸福量という考え方です」

民「日本でも原発再稼働・ＴＰＰ・消費税などは、選挙による等何らかの形で国民の意志を聞いてほしい問題ですね。大災害の影にかくれて、何となく路線が敷かれている感じです」

善「首相の交代など十大ニュースに入りますかね。むしろ橋下市長の方がニュースですね」

良「オレとしては、ナデシコジャパンの世界優勝は忘れてほしくありません」

住「住職として云わせてもらえれば、宗祖法然上人八〇〇年大遠忌、それに因んで行われた大法要や各種展覧会、大師号法爾《ほうに》の加諡、真珠院としては、記念事業の薬師三尊十二神将を祀る小堂の完成は平成二十三年度の憶いから欠かせない事柄です」

97 東日本大震災一周年を迎えて

大激震と巨大津波が東北地方を襲ってから一年目を迎えます。震災直後の二、三ヶ月はとにかく住む所を見付け、その日に食べる物をどうするかが喫緊《きっきん》の課題でした。もちろん行方不明者の探索、病弱者の救護、なにより原発事故による放射能からの避難なども緊急な課題でした。その後、多少は客観的にモノを見る余裕が出てきた半年後頃からは、将来を見据え現状からどのようにして抜け出すか、立ち上るかについて問題

意識が移って行ったように思います。テレビでもいち早く立ち上がった人々のことを報ずることが多くなりました。例えば、自費で「がんばろう石巻」の大看板を立て、人々に呼びかけた塗装業の人、今回は海から大被害を受けたけど、これまでは海から大恩恵を貰っていた。だから、この土地、この海から逃げるわけにはいかない、と云いながら漁具の手入れに励んでいた漁師、「腹が減っては戦はできぬ」の譬えどうり東北の人に旨いものを喰ってもらって元気を出してもらおう、と考え食堂を開いた夫婦。始めた頃はラーメンだけだったメニューも次第にふえて、いまでは〝グラタン、作ってみます〟の一品も加わったようです。こうした映像を見ると、私達まで元気づけられます。

　さて、誰かが始めなければ、皆んなも始められない、との思いからいち早く立上ったこのような人達を見て感じることは、この人達は悲惨な現状は現状としてまず肯定し受け入れ、その上に立って前に向って一歩を踏み出されたことが共通しているように感じます。

　このような気運が起こりはじめた昨秋十月、宗教評論家ひろさちや氏の『無常を生きる』（角川書店）が発刊されました。氏自身も新幹線の中に三時間半閉じ込められ、やっとたどりついた京都のホテルのテレビで見た大惨状を見ているうちに、天変地異が相ついだ平安末期、そこから生まれた「方丈記」「平家物語」が脳裏に浮かびまとめたのがこの本だそうです。紙面の制限上、結論的に要旨だけを述べれば、世の中に存在しているものは「つくられたもの」化し、絶対不変のものは一つもない。いわゆる「諸行《しょぎょう》無常《むじょう》・有為《うい》転《てん》変《べん》」が世の常であり、大震災もこの無常の一例として肯定し受止めることがまず必要で、この肯定の上に立ってこそ、善い状態が悪い状態になったのと同じように、悪い状態を良い状態に変える可能性を見出せるのではないか、とこの災害を「無常観」を通して受け止めることを期待しているものです。なお、震災直後に発刊された「サンデー毎日増刊グラビア」で哲学者の山折哲雄氏は「私が驚くのは被災者の表情が実に穏やかなことだ。こうした場合外国人ならば見せる怒りやヒステリックな行為はなく、大人も子供も、高齢者も病床に伏す人も一様に苦しみに耐え穏やかな表情をしている。地震学者の寺田寅彦が『日本人の自然観』（昭10刊）で自然災害の多い不安定な自然と付き合うことの多い日本人は無常観が身についている」を引用しながら「身についた無常観が穏やかな表情の原因とし、また今後の長く苦しい生活を生き抜く支えになるのではないだろうか」と、ひろさちや氏と同様趣旨を述べていることは興味深いことです。

　過去の状態と現状を冷静に切り離して考えることから始めよう、という無常観を重視した考え方は、災害の真っ直中にいる者とは乖離《かいり》していると云ってしまえばそれまでですが、復興予算の決定や配分、放射能除染の方法等々の政治的・行政的処置は関係各機関の速やかな善処にまかせるとして、配分された金員をいかに有効に使い将来につなげていくかといった予算の実行段階では、何事によらず必ずしも過去の状態にこだわるナ、とする両氏のような考え方は大いに役立つのではないでしょうか。

　直接震災に触れた本ではありませんが、東北復興を考える時に参考になると思われる本に、五木寛之氏『下山の思想』（幻冬舎新書）があります。この本は震災以前に発刊された『人間の覚悟』（新潮新書）を震災勃発《ぼっぱつ》をふまえ発展させた本ですが、自己満足目的の無差別殺人の頻発、年間三万人を超す自殺者の恒常化、人間関係の著しい希薄化、自然環境の悪化…から、五木氏は市場原理を重視する欧米的現代資本主義社会はすでにピークを過ぎ下り坂を降りつつあることを人々は正しく認識すべきであるとし、現代資本主義社会という山からゆっくり下りようではないか、余裕のあるうちに下山すれば、その途中でこの山の様々な側面を観察できるし、新しく登るべき山も見えてくる、という提唱です。現代資本主義社会の行づまりについては、すでに経済学者中谷巌氏が『資本主義はなぜ自壊したか』で述べているところですが、近著『資本主義以後の世界』（徳間書店）では、日本経済再生のカギは、日本人特有の繊細な感覚をいかした産業の創設、商品の生産にあるとしています。東北再興を考える時、五木氏が指摘するように、かつての資本主義経済の再現を目的とせず、中谷氏の意見をヒントに東北ならではの特色ある創造を目指してほしいと思います。

98 今夏の三つのお楽しみ

今夏の万灯会の法楽《ほうがく》は、今まで二回も出演して下さっておなじみの、岡田修師の津軽三味線です。ご承知のように昨年は、東日本大震災の影響で万灯会の法楽は中止しましたが、今年は東北の復興と、大災害で亡くなられた多くの方々の鎮魂を希って、なにより東北の人々に親しまれている津軽三味線を法楽に選びました。心に訴える東北の調べが聞けることと思います。心に訴えるといえば、昨年に引き続いて今年も当院の池にやって来たカルガモ夫婦が、生み育てている子ガモの姿も、心に訴える和やかさを見せてくれます。また、十余年前からホタル博士阿部宣男先生のお力をいただいて養殖しているホタルも、心に安らぎを感じさせてくれるものです。万灯会の折、この三つの楽しみを、聞いて見て感じて下さることをおすすめいたします。

過日のお施餓鬼法要の折、簡単に紹介した法要の冒頭で誦《とな》える「破地獄偈《はじごくげ》」とは「若人欲了知《にゃくにんよくりょうち》　三世一《さんぜいっ》切仏《さいぶつ》　応観法界性《おうかんほっかいしょう》　一切唯心造《いっさいゆいしんぞう》（もし人が、過去・現在、未来にわたる全ての仏について認識しようとすれば、この世界のあらゆるものの本性は、心によって造り出されるものだと観知すべきである）」という句です。その意義を要約すれば、すべてのものの本性は仏さまであるが、それを感得できるのは心だけである、宗教的に簡単に云うならば〝心だけが仏さまと感応《かんのう》し合える〟ということです。この句は、地獄の苦しみを打ち破れるのは心だけである……と説く「華厳経《けごんきょう》」の一偈文《げもん》に依拠した句です。さて、仏さまと感応し合える真実心は、正しい信仰（お念仏）によって得られることは申すまでもないことですが、美しく清らかなもの、感動的なもの等を見たり、感じたり、聞いたりしても得られるものです。

ある仏典に、カモに因んだ一寸と面白い話が載っています（「ジャータカ」四五一）。

昔、一羽の悪食のカラスがいた。もっと美味いもの、もっと変わった肉が食べたいとガンジス河の岸を歩きまわっているうちに、雌雄番《つがい》のカモを見つけた。「この鳥は何ときれいな羽根をしていることか。きっと何か旨い肉でも食べているからだろう」と考えたカラスは、カモ夫婦に近づいて何を食べているのか尋《たず》ねた。カモは「わたし達は水草や草の実しか食べておりません」と答えた。それを聞いたカラスは「オレは旨い肉等を腹一杯食っているのにこんな色の体をしている。水草だけのこの鳥と何と違うことか」と疑問に思った。これを感じたカモは「他の鳥たちを襲ったり、人間に害を与えたり嫌われることをするから、そんな色の体になるのです。わたしたちは他の生類を傷つけません」と云って次の句を読んだ。

　自ら殺さず　他をして殺させず
　自ら征服せず　他をして征服させず
　すべての生類を害しないならば
　だれもかれを怨《うら》まない

カラスさんも、他のものに嫌われるようなことをしなければ美しくなれますよ。

鳥には一寸と気の毒な話ですが、一譬喩譚《たとえばなし》として受けとめ、ご自分の反省の材料としてお納め願い心の糧《かて》にして下さい。

一方、蛍《ほたる》についての記述は仏典にはほとんどありません。仏教が発達した北インドは乾燥し年気温も低いので光があまりきれいでない陸ボタルが多いからでしょうか。それでも原始仏教経典にはいくつかの例が載っています。しかし、いずれも太陽の光と比較し、蛍はかすかな小さな光のものとされ、大乗仏教と小乗仏教の優劣、聖道門と浄土門との勝劣のような扱いを受けているのがほとんどのようです。そこで仏典を離れ、ホタル研究の第一人者、阿部宣男先生が理学博士を取得された学位論文「人の感性に共鳴するホタルの光と快適水圏環境の創成について」を基にした同氏著『ほたる、こい！』（弘文堂）から、蛍の光の何が人の心に訴える要因となっているのかを実証した結果、だけを紹介しましょう。

蛍の光と、クリスマス・ツリーのイルミネーション、また幾色にも変化するグラスファイバーの光を人に見せ、それぞれの脳波を調べたところ、α波《アルファ》（リラックスした時出る脳波）が格別多く見られたのが、蛍を見せた時だった結果が出ています。とくに蛍が光っている時の明るさの微妙な抑揚（ゆらぎ）がα波の出方に影響しているとのことです。金子みすゞの詩に、「ほたるの頃になりました。新しい麥ワラで、小さな蛍篭を編みましよか。編み編み小徑《こみち》を行きましよか。青いつゆくさ露のみち、はだしで蹈《ふ》み蹈《ふ》みゆきましよか」という一編がありますが、穏やかな山里風景が目に浮びます。阿部先生の研究によると、ホタルが生育している場所の自然環境、例えばせせらぎの音、青い若葉の香り、頰《ほほ》をなでるそよ風等が、蛍の光と総合的に作用し合うと、α波の出方が一段と増すそうです。

音楽が人の心を和らげ清めることは、誰しも認めるところでしょう。

カモ、ホタルに次ぐ最大のお楽しみは、法楽の津軽三味線です。ご連絡によれば、伝統的な東北民謡「津軽よされ節」「津軽音頭」「津軽じょんがら節」の他、自作の新曲も二曲演奏して下さる予定だそうです。その一つ「さかた幻燈記」は、―残念ながら、私はまだ拝聴しておりませんが―題名から察して、先生の生まれ故郷山形酒田地方の風物を幼い頃の思い出に重ねてふんだんに盛り込んだ曲だと察します。もしかすると、前述した金子みすゞさんの詩のようなホタルが飛ぶ山里風景や最上川の川辺に浮んで遊ぶカモ親子の姿が想像されるような曲の部分があるかもしれません。もう一曲の「龍雲」では、今年の干支でもある龍は、どんな龍になって演奏されるのでしょうか。想像するだけでも心が豊かになり純化されてくるのを覚えます。

99 初夢の中の「二師対談」

小訥も本年中に満で八十才になります。そこで、今後の余生の送り方の参考のお言葉をいただきたいものと、東の日野原・西の早川と世間で評判の高いお二人の先生に、初夢の中で対談していただきました。

※以下の会話は、ユーキャンＫ・Ｋ発売の文化勲章受章者・聖路加国際病院長・一九一一年生れ一〇三才の日野原重明先生「講話集」ＣＤ12巻と、京都西陣元堀川病院長・一九二四年生れ九十才の早川一光先生の爆笑ステージ「人間ばんざい！」ＤＶＤ８巻より、共通内容の部分を抜粋し会話形式に編集させて頂いたものです。もし、関係の方にご迷惑をおかけすることがあれば、心よりお詫び申し上げるとともに、お正月の初夢の中のこととご海容下さることを切にお願い申し上げます。

住「先生方はいろいろ『老』について講演されておられますが、〝老い〟をどのように捉えておられますか」

日「私は、人間が最も自分らしく生きられるのが老《お》いの季節だと考えています。動脈硬化が起こるとか、白髪《しらが》が生えるといったことを、医学的には〝老化〟といいますが、私がお話しする〝老い〟は〝老化〟とは別の概念のものです。外見的な老化と、心の姿は違います。人生の経験を積み重ねた後にやってくる最後の季節には、その人の生きかたが滲み出てきます。老いとは、人生の仕上げであり、成熟することです」

早「昔は〝大老〟とか〝老中〟とか、卓越した手腕をもつ人に『老』という字を使った。人間が熟していく姿を〝老い〟と云うのです。老いは老衰でも衰弱でもない、円熟だと思うことです」

日「瑞々《みずみず》しい老人とは心がまろやかでやわらかいものです。つまり、老化に頑固に抵抗するのではなく、一つ一つの変化を穏やかに受け入れるしなやかさが大切です」

早「仏教でも説いているでしょう、生・老・病・死って。オギャアと生まれたときから〝老い〟は後をついてきているのです。大切なことは、老いに気付いた時ビックリしないような生活を普段から心掛けていることです」

住「宗教的修行を積んでいれば問題ないのでしょうが、ビックリしない、瑞々しいやわらかい心、どうしたらもてるのでしょうか」

早「（わたしは関西人で、お笑い芸人が大勢いるところで暮らしている所為か）、講演の時『ぼけない音頭』を歌って聞かせます。呆《ぼ》けるという字は、赤ん坊が両手足を開けてオムツをしている姿を映した字だそうですが、このような状態に戻らないようにすることが、瑞々しい柔軟《じゅうなん》な心をもった若さを失わない秘訣だと思うからです」

――ぼけない音頭――

唄や踊りを　習う人
仲間が居る人　ボケません
いつも気持ちの若い人
人に感謝の　出来る人
いくつになっても　年をとっても
ボケません
　ボケたくない人　歌いましょう
ボケの薬の　ボケない音頭
　歌って踊れば
　ボケません　ボケません
（この部分は一章ごとに繰返す）
役者　タレント　芸能人
精進する人　ボケません
いつも頭を　使う人
ものを書く人　絵かきさん
いくつになっても　年をとっても
ボケません
（繰返し部分）
人のお世話の　好きな人
本を読む人　ボケません
いつも笑って　暮らす人
趣味の楽しみ　もった人
いくつになっても　年をとっても
ボケません
（繰返し部分）
花の風情《ふぜい》の　わかる人
歌を詠む人　ボケません

いつも俳句を　ひねる人
旅やおしゃれの　好きな人
いくつになっても　年をとっても
ボケません
（繰返し部分）

日「私は六十歳の頃、ある哲学者の、〝人間は年をとっても『始める』ということさえ忘れなければ、いつまでも若くいられる〟という言葉に感銘を受け、それ以来トライする勇気と実行力を大切にしています」

住「なんにでもトライする実行力を持つことと、ボケない音頭の文句とは一致するものですね。老いについては、家族との人間関係、それでも老化した時の準備、その他八十過ぎた円熟期だからこそ出来ること等々について、医学的感想をふくめてお聞きしたかったのですが、外からは新聞配達人のバイクの音なども聞えるようになり、目覚めも近いようです。私もこれからすべきトライのことなど考えてみようと思います。いろいろ有難うございました」

100

お釈迦さまの故郷、ネパール

「いろは歌」　　　　　　　　「四句の偈」
色《いろ》は匂《にお》へど　散《ち》りぬるを　（諸行無常《しょぎょうむじょう》）
我が世《よ》誰《た》れそ　常《つね》ならむ　（是生滅法《ぜしょめっぽう》）
有為《うい》の奥山《おくやま》　けふ越《こ》えて　（生滅滅已《しょうめつめっち》）
浅《あさ》き夢《ゆめ》みし　酔《え》ひもせず　（寂滅為楽《じゃくめついらく》）

長い間、弘法大師作の歌と伝えられ、仏教思想の根本を端的に表現しているとされていたこの「いろは歌」は、仏典の「涅槃経《ねはんきょう》」に説かれている雪山童子《せっせんどうじ》の逸話《いつわ》に基ずくものであることをご存知の方も多いことと思います。経典によると、釈迦が過去世において、雪山童子と名のり雪山（ヒマラヤ）深くこもり、真理を求め坐禅三昧の日々を送っていた時、突知目の前に一羅刹《らせつ》（悪鬼）が現われ「諸行無常是生滅法（一切のものは無常であり、やがて消滅し変化していく）」と云い放った。これを聞いた童子は、目からウロコが落ちた心地になり何ともいえぬ歓びを感じた。そこで、この続きの句を教えてほしいと羅刹に願った。ところが羅刹は「オレは今、腹がへってたまらぬ。知っての通りオレの喰い物は人間の生き血と肉だ。お前の身体を喰わしてくれるなら続きの句を教えてやろう」と言った。

何としても悟りを得たいと願っていた童子は、この申し出を承諾して着ていた鹿皮の衣をぬいで地面に敷き羅刹を師として迎えた。童子の心底を見抜いた羅刹は「生滅滅已　寂滅為楽（無常を超越した境地にこそ安楽がある）」という後半の句を教えた。これを聞いた童子は、後に続く修行者のために、そこいら中の地面や岩肌に、あるいは手当り次第に木の幹や枝に四句の偈文を書き印した。これが終った童子は約束通り高い樹に登って羅刹の前に身を投じた。そして童子が正に地面に激突するという時、羅刹の姿は帝釈天《たいしゃくてん》に変わり、童子を抱きとめ、そっと地面に下ろし「ワシはお前の真意を試すためこのようなことをした。お前は今見せた菩薩行《ぼさつぎょう》の因縁によって、必ず成道し如来《にょらい》（仏）となる」と告げられたが、いまこうして釋迦如来として存しているのはこうしたことによる、と自からの本生譚を語られたことが涅槃経に載っています。因みに、国宝の法隆寺金堂に安置されている玉蟲《たまむしの》厨《ず》子《し》の台座に、この逸話を題材にした図柄が描かれていることはご承知の通りです。

さて、仏教というとインドで生まれ、インドで弘まった宗教というイメージが一般的ではないでしょうか。たしかに、菩提樹のもとで悟りを聞かれたブッダガヤー、初めて本格的に説法をはじめられた鹿野苑《ろくやおん》の地サールナート、そして、沙羅双樹《さらそうじゅ》の下に用意された床の上で死を迎えられた入滅の地クシーナガルと、お釈迦さまの生涯に因む四大聖地のうち三つまでがインドの地であるため止むを得ないことかもしれませんが、お生まれになり、前半生を送られた生誕の聖地ルンビニは、ネパールの首都カトマンドゥから小型飛行機を利用して一時間余で行けるネパールの地です。

今から二五〇〇年前、当時この地を治めていたシャカ族の王シュッドーダナ（浄飯王《じょうぼんのう》）と王妃マーヤー

（摩耶夫人《まやぶにん》）の間に生まれた王子ゴウタマ・シッダールタが、後にお釈迦さまとして親しまれている釈尊の実名です。生まれてすぐ一人で立って歩き「天上天《てんじょうてん》下《げ》唯我独尊《ゆいがどくそん》（天にも地にも尊いものは自分自身である）」と云われたことは有名ですが伝説のうちでしょう。二十九才で出家、三十五才で成道、八十才で入滅、これがお釈迦さまの生涯ですが、生誕の地といい、先述の前生譚といい、ネパールは仏教にとって等閑視してはならない聖地です。

そのネパールから仏教の香りのただようヒマラヤの風をもたらしてくれるのが、今宵の法楽です。

パンチャ・ラマ氏は、地元の民族音楽等に親しんでいるうちに音楽的才能が開花、幼少の頃から〝バンスリ（笛）の天才〟として知られるようになり、プロに転向後はネパールを代表するミュージシャンとして国内外で演奏活動を行い、日本へは十数年前に来日、さだまさし氏と共演する等、わが国にほとんど定着して活躍している方です。一方、弟のサラバン・ラマ氏は指や手のひらで叩きながら高低多種の音階をあやつるタブラ（打楽器）の名手で、またマーダル（両面太鼓）の演奏にも勝れ、兄のパンチャ・ラマ氏と組んで各地で演奏、好評を博しています。今宵の万灯会法楽では、日本の歌謡を含め、山の国ネパールから来日し生まれてはじめて間近に見た海に感動して作った「海のさざ波」、目を閉じて遠い故郷を偲ぶ「光の旅」・「哀愁のカトマンズ」等十曲余を演奏して下さる予定になっております。また「天の道」は神仏への感謝の念を込めた自作の曲のようですが、ヒマラヤの風が運んでくれる、仏教の故郷の香りも感じとりたいものです。

101 いい人生で終わる10の習慣

最近僅か二ヵ月の間に、友人・知人三人が相継いで亡くなりました。いずれの方も私と同じ年に生れた八十才です。ご遺族の方の話では夫々それなりに従容《しょうよう》として死を迎えられたとのことですし、後継者も立派に育っておられるので、他人事ながら安心なことです。

とは云え、同じ年齢ということが気懸りだった最近、テレビでも取り上げられた『〝いい人生だった〟といえる10の習慣』（青春出版社）が出版されました。著者の大津秀一先生は緩和《かんわ》医療医として一〇〇〇人余の人々の終末期医療に係わった医師です。この本はこのような先生の体験から「悔いの残らない人生を終えた」あるいは「いい人生を全うされた」と感じられた何人かの方を例に挙げ、こうした人生を終えられた方々に共通してい「人生の過し方の習慣」言葉を代えれば「悔いの残らない人生を終える秘訣」を示し、読者の方も習慣・秘訣を参考にして「いい人生」を送ってほしいとの願いを込めて世に出された本といえます。紙面の制限上、先生が提示された「10の習慣・秘訣」のうち若干、それも表題だけを紹介いたしましょう。

習慣1、「今日が最後かもしれない」と思って暮らす

末期の緩和医療医としての実感から生まれたこの習慣は、一昨年の東北大災害の折東京都の要請に応えて参加した陸前高田の仮設診療所で、多くの被災者から、夢も希望も人生の全てを一瞬のうちに失って亡くなられた、身族の死を悔いて語る言葉を聞かされ〝成さなければならぬ事は、生きている間に全力で成せ！〟との考えを一層強めたようです。先生が他例として挙げている末期患者の方が、成したいことのため一生懸命になられる姿には心から感動いたします。こうした感銘を覚えるにつけても、親鸞上人の『明日ありと思う心のあだ桜、夜半にあらしの吹かぬものかは』の句を思い出します。また同じ法然上人の弟子二祖鎮西聖光上人の「生きてあらんこと今日ばかり、ただ今ばかりと真実に思うべきなり。かく思えば忍びがたきこともやすく忍ばれて、後世のつとめもいさましきなり」の言葉も同一趣旨のものとして受取れます。成すべきことは直ちに実行してこそ価値が増すとの教えは、他の様々な経典に説かれ、先人の言葉としても残されていますが、実例を伴った大津先生の言葉には、身に滲みる説得力があります。

さて、第一の習慣を実践するにしても、それが思い通りの結果を生むには、周囲の諸条件、とりわけ身近な人の協力・理解は欠かせないことでしょう。そこで大津先生は、

習慣4、身近な人こそ大切にする

習慣5、自分の幸せと大切な人の幸せをすり合わせる

を挙げられています。この事項に関連した経典の一つに「大乗十法経」があり次のように教えています。「慈悲とは生きとし生ける者に対する絶えざる温かい配慮であり、絶対無条件のこころである。慈悲による心の解脱を実行し、完成し、積み重ねれば十一の利益を期待することができる。㈠、やすらかに眠る。㈡、やすらかに目ざめる。㈢、悪い夢を見ない。㈣、人々に愛せられる。㈤、人間以外のものからも親しまれる。㈥、神々が守護する。㈦、火や毒や刀も効果がない。㈧、速やかに心が集中する。㈨、顔色が穏やかである（健康である）㈩、心が動揺することなく死に就く。(十一)、死後には安楽国に住せる」。この経句など、大津先生と同じ視点、同じ目的を説いたものでしょう。先生が最後に挙げている習慣は次です。

習慣10、「ありがとう」と伝える

前記の習慣4・5等を心掛ければ、自然に出てくる言葉が「ありがとう」でしょう。言葉の持つ力については「他に苦しみをあたえるにより、おのれの楽しみを求むるもの、怨憎《おんぞう》のワナに陥入り自らも苦しむ（法句経291）」ですが「あらあらしき言葉をかたらず、道理と真実の言葉を語り、言葉によりて人に安らぎをあたうる人、かかる人を聖者とよぶ（スッタニパータ三」ですから、「いい人生を全うしたい」と希うかぎり、最後に出てくる言葉は感謝のこの言葉しかありません。

ところで、大津先生のこの御著に異論を称えたり、他意を持ったりする心算りは全くありませんが、仏教では「臨終の三愛」ということを説いています。すなわち、人は死に臨むと誰でも三つのことに心を悩ます（愛）。一つは後に遺していくものについての心配（境《きょう》界愛《がいあい》）、二つは死にたくないという悩み（自体愛《じたいあい》）、三

つはどうしたら悩みや悔いが残らない死後を送れるだろうかという憶い（当生愛《とうしょうあい》）の三種です。私達浄土教の教義から云えば、この三愛を超越できるのは、阿弥陀仏の本願を信じ心から〝南無阿弥陀仏〟と称える以外に無いとするものですが、他の宗派で説く貴い教えもあります。この意味で、大津先生の示された〝10の習慣〟も便法として優れた価値を持つものと考えられます。

102 大晦日・元旦を流行語大賞で迎えよう

大掃除がすんで、お・も・て・な・し の心で一杯のお節料理も出来上れば、後はゆっくり紅白歌合戦を楽しむというのが、一般的な昨今の大晦日の過ごし方ではないでしょうか。さらにその後で、昔からの伝統的行事である除夜の鐘を聞きながら乾杯でもして祝うというのも大晦日の行事です。

梵鐘は本来僧堂で、修行僧達に行動を知らせる合図として鳴らすものでしたが、後代では人々に時刻を知らせる役を果たすようになり、人々の日々の勤めは寺の鐘音から知ったので「日」と「寺」を合わせて「時」の字が出来たとの通説が生まれています。今からほぼ一世紀前に刊行された「稿本武蔵梵鐘志」によると、小石川地区でも伝通院・護国寺はじめ十数ヶ寺に梵鐘が存し、時を知らせていたようです。しかし、環境問題がとりわけ喧しくなった現在、住民の騒音との苦情から全く鐘は撞けなくなってしまいました。しかし、除夜の鐘だけは大目に見られており、現在でも数ヶ寺では行っています。ところで除夜の鐘は、百八回鳴らすというのが決まりですが、これは一年間に積った四苦（4×9→36）八苦（8×9→72）合わせて一〇八煩悩を突き除くためとされています。尤も、江戸時代の「類衆名物考」には、一年間を二十四等分して季節に相応しい名称をつけた節気、一つの節気を三等分して一年を七十二等分した七十二候から、一年12ヶ月24節気・72候合計一〇八、つまり一年間を意味する数だと説いています。一年間の出来事を反省し、新しい一年を考え、丁寧《ていねい》に撞くことを奨《すす》めたものでしょう。さて、梵鐘の音色について、次のような逸話があります。

江戸の末曹洞《そうとう》宗の管長となられた諸嶽奕堂《もろたけえきどう》禅師がま

だ暗い早朝、大勢の修行僧たちと坐禅を組んでいると、壮重な鐘の音が鳴り響いてきた。それはいままでに聞いたことがない、こころにしみ入る音色でした。坐禅を終えた禅師は役僧に命じ、今朝鐘をついた者を自室につれて来るように云いつけました。やがて部屋に入って来たのは、まだ入堂して間もない森田悟由《ごゆう》師でした。森田師は禅師に問われるまま「自分がまだ名古屋の大光院に入門し出家の道に入ったばかりの頃、師匠から修行とは学問や坐禅だけではない。日常の仕事すべてが修行、仏さまにお仕えする所業だと思うように。たとえば掃除ひとつにしても心を込めて仏さまのおいでの所を浄めようと励めば、きっと仏さまは悟りの真意を教えて下さる。鐘撞きも仏さまのお声を世の中にお聞かせするのだと思って撞くようにと、教えて下さったのでその通り撞いたのです」とお答えになりました。もちろん禅師も大いに肯くところでした。森田師は一層修行に励み、禅の道を深められついに禅師の後を継いで越前永平寺の貫主となられ、近世屈指の曹洞宗の聖者と仰がれることになりました。

　話を戻して除夜の鐘ですが、ゴォ〜ン・ゴォ〜ンを御思・御恩と聞きとるのも、余韻を残しながら静かに消える音色から諸行無常の響きと感じとるのも、撞く人・聞く人の心次第ということです。さて、今夜の鐘の音はどのように聞こえていますか。今でしょ！　鐘の音が聞けるのは—。

　こうして迎えるのが元旦です。ここで気分を代え、明るく楽しい落語にしましょう。

　呉服屋の五兵衛《ごへい》は、何事にも縁起をかつぐ「かつぎや」です。正月元旦は五兵衛の家ではわざと雑煮のモチの中に銭《ぜに》を入れておき、お金が餅から出て来た！ますます金持ちになると云って祝う習慣があります。すると、なんでも逆らう飯炊きの権助が、「お金の中から餅が出たら金持ちだけんど、モチの中からお金が出たんだから、こりゃ店の身代《しんだい》モチカネるというものだ」と云って、五兵衛のご機嫌をすっかり損ねてしまいます。丁度その時、宝船屋が通りかかります。宝船屋と云うのは、正月に七福神の絵を売って歩く商売で、この絵を枕の下に敷いて寝ると良い初夢が見られるといわれます。仏頂面《ぶっちょうずら》のまま五兵衛が値段を聞くと、そこは人の気をそらさない宝船屋は「良い新年のお正月、四文《よもん》です」と答えます。ご機嫌を直したご主人「うれしい云い方をしてくれる。全部買ってあげるから置いていきなさい」「有難うございます。でも買ってもらって言うわけではありませんが、お宅は七福神がおそろいで結好ですなぁ」「どうして?」「ご主人はニコニコしていて恵比寿《えびす》さま、奥さまはお美しくて弁天さま」「それでは二福じゃないか」「いえ、ご商売が呉服（五福）でございます」

鐘の音に関する禅僧の話、七福神の笑い話、いずれも気配り心掛け次第でその後に明るい道が開けて行くという〝こころの大切さ〟を教わる話ではないでしょうか。

103 想定外の事、異常?、正常?

八十年余の人生経験から学習し蓄積してきた知識から判断し、想定外の出来事が、今年に入ってから二カ月の間に相継いで起きたような気がします。

第一話。都心住まいの小訥にはそれほどの影響はありませんでしたが、テレビ等が伝える全壊した農業用ハウスや、除雪が追いつかず国道に何日間も停まったままの長い車列の状況等を見ると、一週間に二度降った二月の大雪は、豪雪地帯とは云えぬ関東地方の人々には、想定外のものでした。しかし、専門家によれば地球温暖化によって海水が蒸発して大気中の湿度が上がり、集中豪雨や予想外の暴風雪は決して異常とはいえないことになる可能性を指摘しています。

第二話。不正入手した障害者手帳を楯にして「現代のベートーベン」を気取った作曲家佐村河内守氏の偽作事件も想定外のことです。全聾の上に身体的障害も重なり、人生の困難を一身に背負っても挫けず、それなりに完成された曲を多数発表し、ＮＨＫスペシャルが特集番組「魂の旋律」で絶賛したこともあって多くの人々に感動を与えたことです。しかし、良心を咎《とが》めながらも永年に亘って影で彼を支えた真の作曲家の告白を聞いて、全く想定外でただ唖然とするばかりでした。今後、大曲「交響曲第一番ヒロシマ」や東日本大震災の被災者のための「鎮魂のソナタ」あるいは冬季オリンピックで高橋大輔選手が使用した「ヴァイオリンのためのソラチネ」等の曲はどのような運命で扱われるのでしょうか。将軍のご落胤と偽り天下を奪うとして大岡越前守に見破られて失敗した江戸時代の「天一坊《てんいちぼう》」にも似た異常な想定外の事件です。

第三話。一月三十日付新聞各紙が一斉に報道した「万能細胞ＳＴＡＰ作製」のニュースも想定外の大ニュースでした。ノーベル賞学者山中伸弥教授のｉＰＳ細胞にも驚かされましたが、複雑精密な遺伝子操作によって作製されることから何か納得するものを感じましたが、ＳＴＡＰ細胞は、脾臓《ひぞう》から取り出した白血球の一種のリンパ球を紅茶程度の弱酸性液に25分間浸して培養するだけ、との事を知り、今まで数え切れないほど紅茶を飲んでいるのに一向脳細胞が活性化して頭が良くならない小吶には想定外以外の何物でもありません。さらに、このような大成果を発表した科学者が、ピンクと黄色の壁紙にムーミンのステッカーを貼った研究室で、白衣の代りにカッポー着を着た若い女性であることにも想定外のことでした。もっとも現在一部の学者からこの研究に疑問が出されていますが、くれぐれもこの発表成果が正常なものであり、将来の治療医学に大貢献することを望みます（その後の経過は残念ながら皆さまご存知のとおりとなりました）。

第四話。研究結果を実証するためとはいえ、ご自身の腸にサナダムシを飼育して悦に入っている寄生虫博士藤田紘一郎先生の『脳はバカ、腸はかしこい』（三五館）も想定外の稀書です。早くから書店で見掛けていましたが最近買って読んでみました。理由と云うほどのものはありませんが、私達は何となく〝脳が腸をはじめ身体全体を支配し、脳はかしこく、腸はバカ〟

と思っておりましたが、先生の思考の大前提である〝地球上にはじめて現れた生物は腸・消化器だけで生きており、それから何億年も経って消化器から脳が派生独立した、また脳に必要な養分（ホルモン等の原料？）は腸が供給している〟を容認すれば、書名の意味も理解できます。このような考えから先生は、経験的に身体の仕組み全体のバランスのことを考えられない脳の司令（欲求）のままに、腸なら下痢とか腹痛によって拒否するであろう偏った食物を、脳が満足するまで摂取することに、うつ病等の心身症や少産少子化といった現代社会の問題点の遠因があるとまで言及しておられます。専門用語も多く、多岐にわたる論証のため、この本の全容はお伝え出来ませんが、ややセンセーショナルな表現ですが表紙カバーに記してある文言をご紹介しましょう。「このように脳はうわべだけの満足ばかり求め、意志薄弱でうぬぼれも強いのです。（人の身体（略）ところが腸は反対に意志が強固です。（人の身体について）だましたり、だまされたり、勘違いなどしません」。ご一読をおすすめいたします。

以上、最近一カ月余の間におこった想定外の出来事を挙げてみました。もっとも想定外といっても、小訥の価値観・知識を基準にしてのことで、出来事の真の正邪・善悪とは無関係です。一般論になりますが、私達は生きて行く上で、その時その場でどちらを選ぶべきか判断をせまられることがよくあります。そのような場合、自分なりの基準で最善最適と考える方を選択します。しかし結果的に思わぬ結果を招くことがあります。人生山あり谷ありだから面白いと云ってしまえばそれまでですが、人生を左右することだってあります。前述の例話も私の基準から云えば想定外ですが、他の基準から見ればどのように評価できるでしょうか。この意味でどのような価値観・基準を持つかは人生を送る上で重要なことです。春彼岸、墓参においで下さり、神仏・ご先祖さまから正しい基準・価値観をいただくようおすすめいたします。

104 防災標語「お・は・し・も」

広島市北部の豪雨に伴う土砂災害は、発生後三週間の現在も、消防・警察・自衛隊員等の懸命の活動にもかかわらず不明者が全員発見されていないという甚大な被害をもたらしたものであったことは、今更申し上げるまでもないことです。今夏（平成二十六年）は全く異常気象で、今は北海道が大被害を受けていますが、高知県・京阪地区・長野県等々と、全国的に経験したことがないような雨量が長時間降り続き、それによる土砂災害が頻発した夏でした。一方、東京圏等関東地方は、集中豪雨による土砂災害は大したことはなかったものの、猛暑日が平年の二倍以上続き、熱中症による患者数も倍増するという有様でした。現在、七十年振りにデング熱が発生し流行しそうな気配ですが、これも気象異常に関係あるのではないでしょうか。

初期の仏典によると、世の末が近づくと、小の三災・大の三災といって、火災害・水災害がしきりに起こり、それに伴って兵災害（道徳心の低下と争い等）が見られるようになり、やがて風災害（スーパー台風や巨大竜巻・火山爆発・悪疫の流行等）が襲いその社会は滅亡すると、預言的に警告しております。

天台宗の開祖伝教大師最澄《さいちょう》は、衆生救済のため比叡《ひえい》山《ざん》に籠るに当り「牟尼《むに》の日久しく隠れて、慈尊の月未だ照らさず。三災の危きに近づき、五濁《ごじょく》の深きに沈む（釈迦が亡くなられ、次の仏様も未だ現れない。世の末が近いというのに、人々は誤った道を歩もうとしている」という「願文《がんもん》」を残され修行に邁進《まいしん》されていきます。確かに平安末期は天災が続いたり疫病が流行ったり、現在と似ていなくはありません。しかし、『日本歴史災害事典』（吉川弘文館）を見ると、外国のことはいざ知らず、日本は海に囲まれた山国、しかも火山国であるためか、記録的には九世紀の貞観大災害（暴風雨・富士山噴火・悪性風邪）以降、鎌倉時代の大冷害、室町時代の大彗星群の出現（炎旱《えんかん》・疫病）、江戸時代の浅間山の大噴火等々、そして平成二十三年三月の東日本大震災まで毎年と云っても過言ではない位大小さまざまな災害が歴史上起きていたことに驚かされます。特に今後は、地球温暖化と海水温の上昇によって、偏西風の流れが変り、海流も変化することから、想定外の風水害は常態化するとも考えられ心配なことです。

ところが、最澄や空海のように神仏と直接通じあえる威神力を持ち合せていない凡夫の私達、そうかといって文政十一年（一八二八）十一月七十一歳で越後の大地震（マグニチュード6.9）を体験した後で「災難に逢う時節には、災難に逢うがよく候《そうろう》。死ぬ時節には死ぬがよく候。これは災難をのがるる妙法にて候」の名文句を述べた良寛さんの心境にも程遠い私達は、各自で防災に努めるより方法はないのではないでしょうか。

もちろん、政府行政も砂防ダムを築いたり堤防を嵩《かさ》上げしたり、地震観測網を整備したり等々防災対策を行ってはいるようです。しかし、財源上の制限や労働力不足、何より自然力は人智を超えるものであり、しかも土砂災害の起りそうな危険箇所だけでも52万箇所もあるとのことですから、政府行政だけを頼るわけにはいきません。平成七年一月の阪神淡路大震災の後、この時の災害を教訓に改定された政府の「新防災基本計画」にも「国や自治体だけに頼る防災には限度がある。自らの安全は自ら守る自覚を持つことが防災の基本である」とあり、国民の防災活動の範囲を定めています。その頃政府の中央防災会議の専門委員や東海地震の判定会議の責任者等を務められていた東京大学地震研究所教授溝上恵《みぞがみめぐみ》先生も「防災対策で助かると思ってはいけません。国や行政は決して命を助けてはくれないのです。自分の身は自分で守るのが原則です……」（平井敬也著『天災・人災格言集』興山舎より）と述べられています。つまり国や自治体は堤防を築いたり避難所を設置したりするまでで、それらを活用し災害から逃れ命を守るかどうかは私達自身の責任なのです。この自覚の上で、災害の危険を逸速《いちはや》く察知し避難を行う場合、防災知識の有無、日頃の訓練は何より大切です。東日本大震災の折、「釜石の奇跡」として有名になった市立東中学校の教諭は「揺れがおさまった後、直ちに避難を開始し、途中、高齢者や小学生、保育園児達の手を引いて逃げたことは、普段から行ってきた津波避難訓練の通りで、その結果として小中学生の死傷者ゼロがついてきただけです」の言葉は千金の値があります。大正十二年の関東大震災を記念し九月一日を防災の日と定め各団体・各地域で防災訓練が行われていますが、その折には、おさない・はしらない・しゃべらない・もどらないの頭文字をとった「お・は・し・も」を標語にして集団避難の訓練をしているそうですが、災害の時には落着いて防災知識の全てを動員して安全を確保する心構えが大切です。

105 日本三大遺訓より……

年末が近づいて、テレビではクリスマスに因む映像に交って、成田山新勝寺等有名寺院のスス払いの様子も映されています。若い修行僧達が数メートルはあろうかと思われるスス竹で大広間の欄間《らんま》等を清掃している姿を見たりすると、雑務や寺だよりの原稿に追われ正月を迎える準備など何もしていない小衲等は、少々焦《あせ》りを感じます。ところで先日、必要があって先代老僧が生前大切にしていた書類や手回り品等を納めていた小さな戸棚を久し振りに開いてみました。先ず永年積もったホコリを拭《ふ》き払い手前の物を取り出してみたところ、古びたファイルが一緒になって落ちてきました。何気なく中を見たところ「日本三大遺訓」と題した一枚の黄ばみかけた印刷物が入っていました。次に掲載させて頂きますが、仙台伊達《だて》藩主貞山政宗公、徳川将軍家康公、諸国漫遊で名高い水戸光圀ご老公お三方のご遺訓です。

一、貞山政宗公遺訓

仁《じん》に過ぐれば弱くなる
義に過ぐれば固くなる
礼に過ぐればへつらいとなる
智に過ぐれば嘘をつく
信に過ぐれば損をする

気長く心穏やかにして万《よろず》に倹約
を用いて金を備ふべし
倹約の仕方は不自由を忍ぶに
あり　この世の客に来たと思
へば何の苦もなし朝夕の食事
うまからずともほめて食ふべ
し　元来客の身なれば好嫌《すききらい》は
申されまじ今日《こんにち》の行をおくり
子孫兄弟によく挨拶して
娑婆《しゃば》のおいとま　申すがよし

二、徳川家康公遺訓

人の一生は重荷を負て遠き道
を行くが如し急ぐべからず
不自由を常と思へば不足なし
心に望おこらば困窮《こんきゅう》したる時
を思い出すべし　堪忍《かんにん》は無事
長久の基　怒りは敵と思え
勝つことばかり知りて負くる
ことを知らざれば害その身に
至る己《おの》れをせめて人を責るな
及ばざるは過ぎたるに勝《まさ》れり

三、水戸光圀公遺訓

苦は楽のたね楽は苦のたねと
知るべし　主人と親とは無理なる
ものと思い恩を忘ること
なかれ下人はたらわぬ《（至らぬ）》ものと
知るべし　子程に親を思い子
なきものは身にくらべて近き
を手本とすべし　掟《おきて》に怖《お》ぢよ
分別なきものに怖ぢよ　朝寝
すべからず　長座すべからず
小事もあなどらず大事も驚く
べからず　慾《よく》と色と酒はかた
きと知るべし　九分は足らず
十分はこぼるゝとしるべし
分別は堪忍にありと知るべし

正直は一生の宝　堪忍は一生の相続　慈悲は一生の祈祷と知るべし

現在NHK日曜大河ドラマ「軍師官兵衛」が最終回を迎えようとしていますが、このドラマを見て感ずる特色に、軍師としての勝れた戦略振りはもちろんですが、官兵衛や他の武将達が奥方様や他の家族、また信頼する家臣達に見せるこまかい心くばりがあることではないでしょうか。視聴者の心を引き付けるためのドラマ上のテクニックという点を差し引いても何ともやさしい気配りではないでしょうか。応仁の乱以降、約一世紀間続いた戦国時代、全国の諸大名達は国内の統一強化・富国強兵のための分国法・家法を制定しております。例えば甲州武田家の「信玄家法」、越前朝倉氏の「敏景十七ヶ条」等々がそれですが、人間関係の条項にしても喧嘩《けんか》両成敗《りょうせいばい》であり長子相続制の規定など厳しい規制が特色です。ところが官兵衛の時代になると、戦国の争いも末期になり天下の趨勢《すうせい》はほぼ固まり、それが徳川家康によって実現したことはご承知の通りです。従ってこの期の諸大名は富国強兵の統制策より、国内人心の結束を重視するようになり、その為の他への心くばり、道徳心の涵養《かんよう》が必要になったものと思います。このことから、かつての家法もご遺訓のような形をとるようになり、こうした傾向が官兵衛の人間性の上にも反映したものと推測します。現在の日本は泰平が続き人間同士の結び付きが重要視されており、この意味で前掲の三大遺訓に役立つものがあるかも知れません。

法然上人と同時代の高僧の一人に明恵《みょうえ》上人高弁《こうべん》がおられます。京都栂尾《とがのお》の高山寺の開山上人で戒律重視の観点から、法然上人のお念仏を激しく批判した上人ではありますが、そのお言葉の一つに「水を飲んで牛は乳に変え、水を飲んで蛇は毒に変える」とあります。前掲三遺訓から何を得ようとご自由ですが、水を乳に変える牛の立場で読んで頂きたいと思います。

106

差別と格差の世の中

鴨長明《かものちょうめい》は「方丈記《ほうじょうき》」の序文で、「ゆく川の流れは絶《た》えずして、しかも、もとの水にあらず。淀《よど》みに浮かぶ泡沫《うたかた》は、かつ消えかつ結びて、久しくとどまりたるためしなし。世の中にある人と住みかと、またかくのごとし」と記しておりますが、諸行無常・有為転変《ういてんぺん》の仏教語の通り、世の中には次々と新しい事件が起きたりし新聞ダネには事欠かない有様です。もちろん、これらの事件や出来事にはそれなりの原因理由があって、それが複雑奇妙に因縁し合ってそういう事象が起きるのでしょうが、ほとんどの出来事はその基因など正確には判らないのが現実です。

こうした出来事・ニュースの中で、最近一番関心を持たれ気になったのが、イスラム過激派のＩＳ（イスラム国）の動向です。私などつい一か月余り前に、日本人ジャーナリストが虐殺されるテレビを見てはじめてイスラム国の存在を知り、あわてて本屋に行き何冊かのイスラム国関係の本を買い多少の知識を得た程度です。それによればイラク・シリアの混乱に乗じて二〇一四年頃から急に台頭し、既設の国境を無視して活動し、広大な領土を獲得して国家を称するようになったそうです。そして、イスラム教の聖典「コーラン」を独自に偏狭に解釈しイスラム法に基づくと称し、住民から徴税し、捕虜や住民を大量処刑し、女性を奴隷として売る等、とても私達の常識では考えられないような恐怖政治を行っているようです。とかく一神教は他教徒や異民族に対して狭量であると思われていますが、それにしても「コーラン」をどう理解すればメディアで報道されているような残虐なことが行えるのでしょうか。おそらく既存の秩序を破壊し、イスラムに基づく新秩序を樹立するための過渡的処置とでも強弁するのでしょうが、とかく性善説に与みしたい私達の常識とは掛け離れていそうです。それにしても懸念されることは、この過激思想に共鳴し、その過激活動に参加したいと希望する若者が、欧米諸国からも東南アジアの国々からも多勢いるということです。こうした若者達の希望理由は雑多でしょうが、国枝昌樹氏はじめイスラム国研究の識者達が一様に指摘していることは、これら若者達は出身国で人種的・宗教的・経済的に差別を受け、社会の底辺に追いやられていることだそうです。不当な差別ほど人々の心を傷つけるものはないことは、イジメを受けて自殺する子供達が多勢いることでも容易に理解できます。差別によって心を病んでいる若者達にとって、自分達を苦しめている現存の秩序を壊し、新しい秩序を作ろうという過激派の主張は魅力あるものに思えるのでしょう。私達も冷静に現代社会のもつ矛盾点を見直す必要があるのではないでしょうか。

存在する複数のモノの間を区別するという意味で共通する概念をもつ「差別」に似た用語に「格差」があります。この格差に関して最近話題になったニュースに、パリ経済学校教授トマ・ピケティ氏の『21世紀の資本』という世界的ベストセラーがあります。ピケティ教授によれば「資本主義経済が発展すれば、富が多くの人々に均等に行き渡って所得配分は平均化されるとされていたが、過去二〇〇年にさかのぼって二十余ヶ国の税務調査をしたところ、資本収益率（土地財産・貯金等からの収入）は、生産成長率（労働による賃金収入等）より常に上回り、貧富の格差・持てる者と持たざる者の金銭格差は増大化する傾向にある」という主張です。たしかに私達庶民の実感としては消費税が上がったり、逆に福祉サービスが低下気味だったりすることもあり、アベノミクスが効果を上げているという首相の言に反して、好況感はほとんど感じられません。そのことはさておいて、資本主義経済の矛盾については、早くマルクスは私有財産の禁止、いわゆる共産主義を説いていますが、ピケティ教授も資本主義経済野放し、経済格差を放置したままだとやがていろいろな社会問題まで発生しかねないとの危機感から、資産に対する累進加税の強化、それによる税収を福祉・教育・健全な若者の育成に支出するよう提案しておられます。ただ夢物語だが、とやや自嘲的なところは気懸りですが、資産の加税に当っては、税金の安い国、金利の高い国等々各国で事情が異るので、国際間の協調は絶対欠かせないとの重要な指摘をされています。

最近世界的ニュースになっている差別・格差についての事象を記しましたが、私達は冷静に現在の世の中に多く存在する差別・格差の問題を認識し、その解決に当って行かなければならないと思います。

阿弥陀経によると極楽の蓮池に育つ蓮の花は、青い花はあくまでも青く、黄色の花はあくまでも黄色く、赤い花はあくまでも赤く、白い花はその白さをほこって真白く咲いている。それでいて他の色の邪魔になることはなく全体として調和を保っており、何ともいえぬ美しさを見せている、と記しています。お彼岸の墓参によってご先祖さまや仏さまのお力をいただき、故意に自分と他を区別し、差別や格差を原因とする争いを引き起こしたりすることがない、和やかな世の中を作って行くようにしましょう。

107 国病の禁物四味と妙薬三味

江戸後期の俳人小林一茶に「涼しさや　弥陀成仏《みだじょうぶつ》の　此のかたは」の一句があります。阿弥陀如来がいらっしゃる極楽には何ともいえぬ涼し気な清風が吹いているということだが、秋になって木々の間を吹き抜けてくるこの清々しい風は、極楽から流れてくる風の一端だろうか、という意味でしょう。ところで甲州武田家の滅亡と共に焼き殺された恵林寺《えりんじ》の快川《かいせん》和尚《おしょう》なら「心頭滅却すれば、火もまた涼し」と一笑に付すことでしょうが、凡夫の私達には耐えられぬほどの今夏の猛暑続きでした。しかも暑さによる不快感を一層増加させるような出来事が次々と起こったのも今夏の特色だと思います。川崎や大阪の寝屋川でおきた中学生の殺害という社会事件、憲法違反の疑いが拭《ぬ》ぐえきれない安保法案を多数世論を無視して成立させようとする政治等は不快な暑さをつのらせるものでしょう。さらにまた、いったんは承認された新国立競技場を中心とする整備計画が白紙撤回されたり、大会の象徴的な存在の五輪エンブレムが取り下げられ使用中止になるというのも不快なことではないでしょうか。しかもこういう異常事態を招き、貴重な国費すら無駄にしたというのに、責任者達が何ら責任あるけじめを付けようとしないことには唖然とするばかりです。

話はそれますが、貧しい農民の子として生まれながら、大政大臣にまで昇りつめた豊臣秀吉《とよとみひでよし》に次のようなエピソードが伝えられております（奈良康明外監修「日本例話大全書」より引用）。秀吉は側近の者達に「わたしが世の中を見て感ずることは、君臣朋友の間に不和が生ずるのは、すべて上の者のわがままからきているようだ。自分の好むこと必ずしも家来が好むとはかぎらない。上に立つものはこのことに注意し、ときには目付役に命じて、自分のどこが受け入れられ、どこが嫌われているかを調べさせることが必要だ。こうして自分の長所、短所を知り、常に注意を払わなければいけない。自分の過ちに気が付かないでいると、その過失が次第に大きくなって、諸人にうとまれついには家を滅ぼし、国を失ってしまう」と語り、気さくに多くの人々と会って意見を聞いたということです。さらに秀吉は「国を滅ぼす原因となる『国病』を防ぐのは〝禁物四味〟を去り〝妙薬三味〟をつねに服用することだ」と述べたとも云われています。

その禁物四味とは、

一、私心を持つこと。

二、邪悪な心を持つこと。

三、物事を怠ること。

四、非義を行うこと。

妙薬三味とは、　※左（　）は住職補注

一、天を畏《おそ》れること。（憲法を守る）

二、身を修めること。（世論を心で聴く）

三、節倹《せっけん》を守ること。（無駄使いをしない）

の七項目です。とくに変わった点があるわけでなく、常識的な範囲から一歩も出てはいません。しかし、権力を握ぎり周囲の者達を自分の意のままに動かせる地位につくと、このような常識的なことが実践できなくなるものです。日本中の人々が楽しみにし、〝おもてなし〟の心で盛り上げようとしていた東京オリンピック開催に、大汚点をつけながら平然としているエライ人達は、秀吉の教訓をどう受け止めることでしょうか。秀吉すら晩年老化（？）のため自身の掟に反して朝鮮戦争を起こしたりしたため一代で豊臣家は終わったではないでしょうか。余裕はありませんが二〇二〇年まで日時はあります。世界に誇れる東京五輪が開催できるよう努力してほしいと思います。

と、言うのも私事で恐縮ですが、この私も男子の平均寿命を何年か前に超えました。そこで六年後のオリンピックを見ることを一つの目標にして心を引締め長生きしたいと思っていたものですから。そのため、十六万人の脳画像を見てきた脳医学者・東北大学加齢医学研究所教授瀧靖之『生涯健康脳―イキイキ脳は日常生活でつくれる！』（ソレイユ出版）を座右に置いて生活の参考にしております。紙面の制限上、本のキャッチフレーズにもなっている目次を整理しながらご紹介することだけにさせていただきます。

○見た目と脳は一致している。脳がイキイキしている人は動作もキビキビして、身なりも整っている。

○脳の最高の栄養素は「知的好奇心」！楽しい嬉しいが脳を元気にする。新しいことをやると、脳の各部分が活性化する。

○音楽は百利あって一害なし。楽譜を見て、楽器を奏でれば申し分ありませんが、聴くだけでも報酬系とよばれる脳が活性化する。

○充分な睡眠によって認知症の原因物質アミロイドベータが脳外に排出され易くなる。

この他いろいろ日常生活の中で出来る「生涯健康脳」のつくり方について説明されていますが省略いたします。これまで何回か老化防止法について記したことがありますが、可能なら読み返してみてください。年齢にとらわれず、心身を適宜に働かせることが、老化予防の最高の方法としていることは、どの専門家にも共通した意見です。

108 悉有仏性《しつうぶっしょう》を引き出そう

先日、気心の知れたある方から「住職は少々メタボ気味だから、この本を参考にして身の回りにある自然の恵みを利用した身近な食材でカラダを調えたらどうですか」というご親切な忠告とともに、日本の伝統行事や文化・民間習俗等の研究家瀬戸内和美さんの『日本の知恵ぐすりを暮らしに』（東邦出版）という本を頂戴しました。残念ながらメタボの自覚のある小訥は早速拝読いたしました。序文を抜粋してご紹介しましょう。

私たち日本人は、身の回りの食材に備わる「健康を支える力」を引き出し用いる術を長い歴史の中で編み出してきました。先人にかかれば、道端に生えているのは雑草ではなく薬草、野菜の皮だって生ゴミではなく薬です。先人の知恵の結集ともいえるそれらを、私は「知恵ぐすり」と呼んでいます。知恵ぐすりは、おまじないや思い込みではありません。食材の持つ薬効がきちんと体に作用して理に適っています。栄養学や科学が発展していない昔から、体験的に必要な食べ物を私たちの祖先は取捨選択してきたのです。しかし西洋医学が根づくことにより、知恵ぐすりの数々は台所から追いやられてしまいました。今では頭痛薬・胃薬・鎮痛剤といった市販薬とサプリメントが、家庭の救急箱に入っています。（中略）本書では、知恵ぐすりの中でも比較的簡単に作ることができるものを厳選し紹介しています。食材も大根、ショウガ、梅干し、日本茶・味噌など、身近でどの家の台所にもあるものを中心にしました。（後略）

このような序文を受けた本文では、第一章知恵ぐすりになる食材として野草・野菜・果実・穀物・その他に分類した食材約三十種を挙げ、その薬効と処理法を記述しています。続く第二章では不調を助ける知恵ぐすりと題し、風邪、発熱・頭痛・胃もたれ・便秘・花粉症等々不調の症状三十余に適した食材と有効成分の抽出の仕方と手当の方法を紹介し、最後の第三章痛みをやわらげる知恵ぐすりの章では、切り傷・ねんざ・ヤケド等外傷の治し方を教えて下さっています。全容をご紹介できませんが、第一章第一編「野草」の項の冒頭で取り上げている〝ドクダミ〟の説明文で、原子爆弾が投下され焼け野原になった広島で、一番最初に芽吹いた植物がドクダミで、それを見た医師たちは、ドクダミには殺菌作用だけではなく、放射性物質を分解する効力もあるのではないかと考え、ドクダミ茶の飲用を被爆者にすすめ、実際効果もあったという証言も得られている、とエピソードを記しておられます。正確な因果関係は不明ですが、治ろうとする意志力を刺激し強めたことは確かだろうと思います。

ところで、本書でも取扱われているコンニャクですがインド原産のサトイモ科に属する植物の根のイモを加工して作られる食品ですが、根の芋が大きくて重いし、加工が面倒なので早くから日本に伝えられながらあまり普及していませんでした。ところが近世になって茨城県の寒村の農民中島藤右衛門が、収穫し忘れ畑の隅にころがって乾涸《ひから》びていたイモを何気なく手にとり揉《も》んでみたところ容易にボロボロに砕けます。このことに気付いた藤右衛門はイモを薄く輪切りに天日に干して乾かし石臼で挽《ひ》いて粉にすれば良いと考えます。こうして粉で作ったコンニャクは舌ざわりもなめらかで味も良くしかも原料のコンニャク粉は運搬も楽なので全国的に広まり賞味されるようになったとのことです。身の回りにある何気ないものから人々にとって役立つ有用なものが工夫によって生まれた例の一つでしょう。余談になりますが、先日毎朝八時十五分からのNHKテレビ家庭番組「朝いち」でコンニャク特集を行っていましたがイタリアでは主に健康のためスパゲッティの代りに糸コンニャクを使い、その専門店まで作られているとのことでした。

話を戻して、身近なものから有用なものを見出す例ですが特筆すべきことは、本年ノーベル医学生理賞を受賞した北里大学特別栄誉教授大村智先生の業績でしょう。アフリカ大陸に多く見られる寄生虫によって発症するオンコセルカ症（河川盲目症）の特効薬は、近所のゴルフ場の土の中から採集した微生物が原資となっているそうですが、何百万という人々を救った有効物質が身近な土地の中にあったとは全く驚きです。ほぼ一世紀前青カビから抗生物質ペニシリンを開発し、無数の人々の命を救ったフレミング博士の業績にも匹敵する快挙ではないでしょうか。身近なものにはまだまだ有用なものが沢山かくれているようです。

「涅槃経《ねはんぎょう》」に「一切衆生悉有佛性《いっさいしゅじょうしつうぶっしょう》（一切衆生にはみな佛になる種子を有っている）」とありますが、この句の逆の意味は、自身の努力によって、あるいは他人がその佛性・特質・宝ものに気付き、それを引き出してあげることが大切であることを示したものでもあるのです。こうしてこそ宝ものを持っていた者も、それを掘り出した者も仏さまとして尊敬されるのです。

小訥も知人の忠告を素直に受け、本書を読んで実行し、今年の申年に因んでメタボからサルように心掛けようと思っています。

109 格差・差別にもスロープを！

二十余年前、現本堂再建と客殿改修の大事業を行った折、今後の長寿老齢社会・福祉社会の到来を予想し、バリアフリーの建築を目指し、ある程度実現させましたが、必要とされる大玄関入口前の階段は、敷地の諸条件から保留となり五段の階段がそのままになっておりました。ところが最近、カーボンファイバーという新素材の開発実用化が進歩し、他の素材のものに較べはるかに軽くて丈夫で、たわみに耐えられるスロープが製作されるようになりました。そこで早速これを利用し段差解消を計ることにしました。傾斜角度九度ですから、足の弱いお年寄りでも登れますし、もちろん車椅子が使えます。また軽量ですから寺行事の次第によって一時取りはずして玄関前を広くすることも出来ます。

格差・差別にもスロープを！

五年前に起きた東日本大震災の記念日三月十一日を前に、テレビでは連日のように大津波の猛威の様子、その跡の海岸都市の惨状等を放映しておりますが、先日あるテレビでアナウンサーのインタビューに答えて、まだ十代半ばと思われる幼さの残る若い女の子が「確かに大震災・大津波で家を流され、身内や友人を失う等表現しきれない程貴いものを失ったけれども、避難所生活を通して新しい友人も出来たし、家族はもちろん見知らぬ人々から感謝しきれない程の人間の善意の貴さを学ぶことが出来、思いもかけぬ貴いものを得ることが出来ました。震災故《ゆえ》に続くこれからの未知の人生も、新しい貴いものが得られるのだと思って前向きに頑張って行こうと思います。」という趣旨のことを話されていましたが、この言葉を聞いて私は何とも云えない感動を覚え、勇気をもらいました。

話は一変しますが、云うまでもないことながら、テレビでは大震災関連映像ばかりでなく世界中のニュース等も報らせています。こうした報道の中で、私はアメリカ大統領選の候補者指名投票の趨勢について気掛りなものを感じます。私共日本人にとってはアメリカ大統領のことですから誰が大統領に成ろうと直接的な関係はありませんが、現在アメリカ国民の人気を集めている候補者の人々を引き付けている主張について気掛りなものを感じるのです。例えば、共和党候補の中で圧倒的な支持を得ているトランプ氏は、ご自身が億万長者であることに少々違和感を感じますが、現在のアメリカ社会には貧富の格差が拡大して存在することを認め、その解消を説いていることに、低所得者の白人労働者層を中心に支持を得られているとのことです。ただし、格差解消法として説いている話には、白人優位性と移入異民族の蔑視、国境に新万里長城の構築、宗教差別等々非現実的しかも思い付き的強圧策に過ぎてとても承認できるものではありません。しかし、個人主義的自由主義から資本主義を是認するアメリカでは、従来は少々の経済格差が存することに触れないでいたのに、選挙という公式の場で経済格差や貧富の差の存在を公言したことに、新しいアメリカ社会の胎動のようなものを感じます。一方民主党でも、本命視されていたクリントン氏に肉迫する勢いでサンダース氏が善戦していますが、サンダース氏も現存する経済格差貧富の差の解消を訴えていることはトランプ氏と同じです。ただ彼はゆるやかな社会主義的考えから、富の配分を計ろうとし、奨学金でやっと大学生活を送っているような若い大学生の支持を得ているとのことです。

資本主義経済が内蔵する欠点については、早くドイツの経済学者カール・マルクスが「資本論」で説いたところですがそれはさて措いて、前述したことですがアメリカ留学後、資本主義経済こそが国家を富ませその富が国民の間に広く行きわたるようになり自由平等な社会が生まれるものと確信し、政権の中にあってその邁進に努めたものの、結果として弱肉強食の拝金主義が蔓延《まんえん》し、人々の心を分断し人間関係の希薄化が格差社会を拡大化し貧富の差を生んだことから『資本主義はなぜ自壊したのか』（集英社）を著した中谷巌氏ばかりか、同じく「資本主義経済が発展すれば、富が均等に人々に分配され所得配分は均一化するとされていたが、過去二〇〇年にさかのぼって世界二十余ヶ国の税務調査の結果、資本収益率（預金・財産等からの収入）は生産成長率（賃金収入等）より常に上回り貧富の格差、持てる者と持たざる者の格差は拡がるばかりである。この傾向を野放しにすれば社会問題化しかねない」と『21世紀の資本』（みすず書房）で警告したフランスの経済学者トマ・ピケティ教授の予言が現実化してきているのではないかと懸念《けねん》するのです。資本主義経済の本場アメリカでも、資本主義経済の現実をもはや触れずにいられなくなり、公言するようになったことが今回の選挙に顕われはじめたのではないでしょうか。現オバマ大統領のあとを誰が継ぐのか判りませんが、誰がなるにしろ〝社会間格差・貧富の差の拡大と解消〟は避けて通れないことでしょう。

現在世界中を騒がせている諸問題も根底には各種差別・格差が関係していることは、折りにふれて述べていたところですが、例えばシリアでの紛争も同じイスラム教でも宗教観の異なるシーア派とスンニ派の差別、それにからんでクルド人を巡る人種の差別等が解決を困難にしていますし、殺略と文化財の破壊だけが趣味のようなＩＳ国の問題も、各地のテロ事件等も根底に各種の差別・格差がかくれています。先人の至言に「貧しきを歎くにあらず、等しからざるを憂《うれ》う」とありますが、格差や差別ほど人の心を傷つけるものはないからです。

　新大統領でもよし、国連総長でもよし、誰か階段にスロープを掛けたように、世界中に見られる格差や差別にスロープを付け、皆が安らかな気持ちになるようにしてもらいたいものです。それまでは冒頭で述べた少女に見習って前向きな気持ちでこの社会を生きていきましょう。

あとがき

「まえがき」でも触れましたが、小吶の住職として過ごした半生を振り返ってみる一つの手段としてこの書をまとめてみましたが、通読してみると、本当に多くのことを感じさせられました。とりわけ、檀信徒はいうまでもなく、何と多くの友人、知人、そして先人たちからさまざまな御力をいただいてきたことか、と強く感じます。

第一部（浄土宗の基本）は、浄土宗の僧侶として、それなりの自覚にもとづいてまとめたものですから、そうした意識はさほど感じませんでしたが、第二部（宗教と暮らし）を通読すると、これまで住職として大過なく勤めてこられたのには、実に多くの方々からのお力添えをいただいてのことであったかと改めて思い知らされます。

ここでは、それらの方々すべてのお名前を挙げて御礼申し上げるべきながら、紙幅の都合もあって叶いませんことお詫びいたします。ただ、少々照れくさいことですが、小吶の家内、澄子の名だけは挙げさせていただきたく思います。家内とはある方の紹介で結ばれたのですが、在家出身にもかかわらず、実に良く寺の雑務運営に精励し、とりわけ檀家の方々の応対には誠意をもって尽力してくれ、小吶と表裏一体となって真珠院の発展に寄与してくれたと痛切に感じ、「有難う」と述べさせていただきます。

本書のなかでもしばしば書いていることですが、仏教の特色は因縁の道理を説くところにあります。それぞれの個性ある特性が良い縁となって寄り集まれば、良い結果が生まれるという道理をつくづく思い知らされます。この雑文をまとめるに際してご協力いただいた西田書店社長の日高徳迪氏との旧い付き合いもそうしたご縁のひとつであります。

今後もより多くの方々のお力が良縁となり、真珠院がますます発展していくことを心から祈ります。

平成二十九年十一月

著者識

著者略歴
真誉道彦（しんよ　どうげん／石井道彦）
昭和八年（一九三三）、東京・大田区田園調布に生まれる。
千葉大学文理学部卒業後、慶應義塾大学大学院修士課程修了。
昭和五十七年浄土宗真珠院第一七世住職に就任。
平成二八年同職退任。
その間、浄土宗東京教区豊島組長、保護司などを歴任。
住所：〒112-0002東京都文京区小石川三―七―四

真珠院という真珠―浄土教小智識
平成二十九年十二月八日初版第一刷発行
著　者　真誉《しんよ》道彦《どうげん》（石井道彦）
発行者　日高徳迪
発行所　株式会社西田書店
東京都千代田区神田神保町二―三四山本ビル
TEL〇三―三二六一―四五〇九
FAX〇三―三二六二―四六四三
装丁　臼井新太郎装釘室
印刷　平文社
製本　高地製本所
© Shiyo Dougen 2017 Printed in Japan
ISBN978-4-88866-621-3　C0015